军事情报学

—— A STUDY ON MILITARY INTELLIGENCE ——

高金虎 著

江苏人民出版社

图书在版编目(CIP)数据

军事情报学/高金虎著. --南京:江苏人民出版
社,2017.3(2025.8 重印)
(解放军国际关系学院情报研究丛书)
ISBN 978 - 7 - 214 - 20008 - 2

Ⅰ.①军…　Ⅱ.①高…　Ⅲ.①军事情报　Ⅳ.①E87

中国版本图书馆 CIP 数据核字(2016)第 305434 号

书　　　名　军事情报学
著　　　者　高金虎
责 任 编 辑　戴亦梁　范渊凯
责 任 校 对　陈　颖
装 帧 设 计　许文菲
责 任 监 制　王　娟
出 版 发 行　江苏人民出版社
地　　　址　南京市湖南路 1 号 A 楼,邮编:210009
照　　　排　江苏凤凰制版有限公司
印　　　刷　江苏凤凰通达印刷有限公司
开　　　本　718 毫米×1000 毫米　1/16
印　　　张　28.5　插页 2
字　　　数　382 千字
版　　　次　2017 年 3 月第 1 版
印　　　次　2025 年 8 月第 10 次印刷
标 准 书 号　ISBN 978 - 7 - 214 - 20008 - 2
定　　　价　88.00 元

(江苏人民出版社图书凡印装错误可向承印厂调换)

目　录

导　论

军事情报学是研究军事情报特性、军事情报工作规律和军事情报工作指导规律的学科,是人们对军事情报工作实践的理性思考和概括总结,是指导军事情报工作的理论基础。其基本任务是揭示军事情报工作规律,阐明军事情报工作的理论与方法,指导军事情报工作实践。

第一节　军事情报学的发展历程

军事情报学是军事情报工作发展到一定阶段的产物,其历史极为悠久。在从事军事情报活动的过程中,人们对军事情报工作逐步有了理性认识,军事情报学开始形成。

一、军事情报工作简史

情报始于战争,最早的情报活动践行者是间谍和侦察兵,以间谍为核心的人力情报是最主要的情报来源,间谍活动几乎是情报活动的代名词,早期情报史实际上是间谍活动史。因此,英国学者菲利浦·奈特利

(Phillip Knightley)称间谍为"世界上第二种最古老的职业"①。

早期的情报活动多是一种自发性活动,而不是一种自觉行为,因此多呈片断性或脉冲性。战前的间谍活动相当频繁(如孙子要求"凡军之所欲击,城之所欲攻,人之所欲杀,必先知其守将、左右、谒者、门者、舍人之姓名,令吾间必索知之"),而一旦战争结束,这些战时的间谍则作鸟兽散,完全不存在现代秘密人力情报工作所强调的专业性、连续性、预见性。这种现象在20世纪之前都无改变。

由于缺乏专业情报机构,间谍活动多为决策者亲自掌控。在很多时候,决策者甚至亲自充当间谍。从残留的埃及象形文字中,我们可以发现埃及法老用间的实例。公元前18世纪的文献表明,古巴比伦王汉谟拉比曾向敌后派遣间谍,并要求他们尽量捕捉"舌头"以获取情报。中国有记载的用间实例始于夏之少康:少康"使女艾谍浇,使季杼诱殪,遂灭过、戈"。孙子也提到"昔殷之兴也,伊挚在夏;周之兴也,吕牙在殷"。伊尹和姜尚既是决策者,也是情报工作的组织者。犹太人的先知摩西也是如此。在常设性情报机构成立之前,这是一种普遍现象。

间谍以获取对手的实力和意图为目的,但在战争中,仅了解敌情是不够的,明智的军事家还需要了解天候与地形,如孙子指出:"知彼知己,胜乃不殆;知天知地,胜乃可全。"天候、地形与敌情构成了战场环境,是一个指挥官所必须掌握的知识,地图测绘部门因而成为第一个专业的"情报机构"②。公元前2300年的古巴比伦泥版文书保留了世界上最古

① Phillip Knightley, *The Second Oldest Profession: Spies and Spying in the Twentieth Century*, London: Pimlico, 2003。中文版翻译为《谍海风云》,北京:军事译文出版社1988年版。

② 有些国家迄今未将地图测绘作为情报机构的职能,但美国的地形情报工作相对发达。1972年美军整合地形测绘机构成立国防测绘局,2003年成立国家地理空间情报局。美军《联合情报》规定:"联合部队所属各种部队拥有极其广泛领域的信息,包括己方、中立方、敌军和平民等。同样,还有涉及天气、地形、文化因素和作战环境其他方面的大量信息。这些信息经过处理后被提炼成情报,用于预测敌方的能力和意图。正是这种预测性使情报有别于指挥官拥有的其他海量信息。"参见 U. S. Joint Chiefs of Staff, *Joint Publication 2-0*, *Joint Intelligence*, 22 June 2007, Chapter I, p. 1。

老的陆地地图；古希腊的地图制作技巧相当熟练；出土于马王堆汉墓的西汉地图的精确度相当高，主区的精度超过采用现代测绘技术以前的种种地图，就是比之于清代以实测为基础绘制的《大清一统舆图》也毫不逊色。① 至迟至隋代，朝廷已设有专门负责地图事务的职方司，隶属于兵部尚书。此种情景，在其他文明古国亦然。

从1618年开始，欧洲各国爆发了一场持续30年的大规模的国际战争。欧洲各国的民族主义开始兴起，独立的民族国家开始形成。随后出现的工业革命则使资本主义完成了由工场手工业向机器大工业的过渡，生产力得到了极大发展，出现了一系列重大的发明和创新，科学技术有了突飞猛进的发展。

政治制度的变革、战争的实际需求和经济、技术的革命，为军事革命奠定了深厚的物质基础。从尼德兰革命开始，欧洲开始了一场持续200年时间的军事革命。军队的体制、编制发生了重大变化，出现了建立在普遍义务兵役制基础上的常备军，出现了类似于现代军队的专业作战指挥机构——司令部。战争指挥的复杂化，使以单个统帅为核心的军事指挥体制，让位于由受过训练的职业军人组成的常设性的总参谋部指挥体制。在这种新的指挥体制下，决策者只就战争与和平的问题作出最终决策，而战争指挥则交给总参谋部去完成。

这里面最重要的是1789年发生的法国大革命和随后的拿破仑战争。革命时期的法国四面受敌，法军不得不在多个战线同时作战。为了适应这种新的战争需求，拿破仑设立了由参谋长办公室和总参谋部组成的统帅部。这种制度成为近代参谋制度的萌芽。当普鲁士人重建军队之时，沙恩霍斯特（Gerhard Johann David von Scharnhorst）首先在军政部成立了一个特殊组织，以收集情报，考虑战略和战术问题，具体准备作战行动。这是参谋部的雏形。19世纪下半叶至20世纪初，奥匈帝国、法国、俄国、日本、美国和英国等先后建立起总参谋部或类似的机构。

---

① 参见葛剑雄《中国古代的地图测绘》，北京：商务印书馆1998年版，第3页。

　　总参谋部制度是军事统帅体制的重大变革,它对于军事情报工作有着重大影响。在总参谋部体制下,军事情报机构成了统帅体制的组成部分。由于总参谋部本身是一个常设机构,依附于它的军事情报机构也因之改变了间隙性、暂时性特点,而成为常设性机构。比之于萌芽时期的情报工作,总参谋部情报体制的创立是一个划时代的变革。

　　新的指挥体制使作战指挥的效率大为提高,但由于人们对战争、战略认识的局限,近代情报工作在情报机构的设置、情报的搜集、情报分析水平和情报—决策关系方面,都存在着严重的缺陷。在 19 世纪末,即便是最成熟的陆军情报机构,其情报工作水平依然很低。①

　　第一次世界大战使人们认识到,以机器大工业和四通八达的铁路网为依托的现代战争,已经把全体国民(不分阶级)绑在了战车上,前方和后方的界限日益模糊,以王霸为目的的王朝战争,已经转变成一场卷入全民族的总体战争。决定战争胜负的不仅仅是常备军的数量,还要看一个国家的总体经济实力、战争潜力和抵抗侵略的民众士气。人们逐渐认识到,在军事安全与国家安全之间不能画等号。情报工作开始涉及经济因素、国民士气等非军事领域,战略情报观念开始形成。第二次世界大战中,情报发挥了非常重要的作用。同时,第二次世界大战也推动了情报工作的发展,促进了情报观念的成熟,并直接影响了战后的情报工作。消除情报工作中的重叠现象,提高情报机构的工作效率,为决策者提供协调一致的情报,成为各国情报界的共识。为战略决策服务的国家情报机构和国防情报机构开始形成。

　　第二次世界大战后,科学技术的飞速发展对情报的搜集、处理与分发带来了深远的影响。新的情报搜集手段不断出现,专业的情报搜集机构随之建立,"烟囱式"情报体制就此形成。在这种"烟囱式"情报体制下,各个情报门类都有独立的搜集、处理、分析和分发途径,情报搜集的

---

① 参见 Christopher Andrew, *Secret Service : The Making of the British Intelligence Community*, London: Guild Publishing, 1985, p. 20。

效率大为提高,但它们之间互不连通,各个部门之间的信息不能共享。

冷战结束后,随着全球化和信息化的兴起,国际安全环境发生巨大变化,恐怖主义、大规模杀伤性武器扩散等非传统安全威胁成为影响国家安全的主要因素,而传统的"烟囱式"情报体制在应对这些非传统安全威胁时明显反应不力,情报失误频频发生。革新"烟囱式"情报体制,动员全民族的智力资源,整合情报界掌握的全部信息,共同应对传统与非传统安全威胁,满足国家、军队和其他部门对情报的需求,形成一个分统有序、协调一致、信息共享的情报体制,是情报改革的必然选择,也是 21 世纪情报工作的发展方向。

随着信息技术在军事中的广泛运用,战场的透明度大幅提高。2001年,美国国防部率先提出了 C^4KISR 的新概念,将各类武器平台,即"射手"的杀伤、摧毁能力加入了 C^4ISR 系统。分布在不同空间的各类传感器构成了一个巨大的传感器网络,对战场进行全方位、全频谱、全时段的侦察监视,一体化 C^4ISR 信息系统将传感器探测到的目标信息迅速传输到武器系统,指挥和控制武器系统对目标进行打击。实时的情报侦察、指挥控制、火力突击以及实时的战损评估集成一体,"从传感器到射手"实现了无缝链接。

搜集技术的发展和搜集能力的提高,导致信息数量激增。各种信息如雨后春笋般涌现,传媒的发达和资讯的易得性,使每个掌握一定技巧的人都能从事情报工作。情报的知识性、信息性特征更为明显。美国中央情报局资深分析家布鲁斯·伯尔考威茨(Bruce D. Berkowitz)和阿兰·古德曼(Allan E. Goodman)以毋庸置疑的口气声称"情报就是信息"(Intelligence is information)[1],这种表述过于绝对,但并非全无道理。

信息技术的发展使信息获取能力获得极大提升,但信息处理能力却

---

[1] Bruce D. Berkowitz & Allan E. Goodman, *Best Truth : Intelligence in the Information Age*, New Haven, Conn. : Yale University Press, 2000, preface, x.

没有获得同步提升,信息处理成为制约情报工作的瓶颈。尽管计算机技术的发展已经使信息处理部分实现了智能化,但这种智能处理技术远没有达到与情报搜集能力相匹配的程度。大量的信息沉睡在数据库中。美国学者帕特里克·麦克加维指出:"我们几乎拥有不受限制的信息搜集能力,但只有很少人对这些信息的效用提出质疑……结果是可怕的:越来越多的信息被搜集,而它们的价值却越来越小。"①

传统情报分析以动向为中心,分析人员围绕动向组织其工作流程,大量的时间被用来追踪时事,评估其重要性,发出预警。然而,信息技术和全球化迅速改变了这一情报分析环境,传统的情报分析模式趋于过时。在信息化和全球化的背景下,分析人员应超越传统的政治分析,把目标转向非传统安全威胁问题,帮助决策者理解复杂的技术问题,识别和理解新出现的各种传统与非传统安全威胁。情报分析不仅应描述事实,更应进行趋势分析,识别那些打破先例和趋势的突变性事件,帮助情报用户理解情报现象后面蕴藏的真实含义,并提供多样化、可读化和可视化的情报产品。

信息时代的信息安全工作面临着更大的挑战。网络成为信息社会的基本架构,网络协议的开放性方便了网络互联,同时也为非法入侵者提供了方便。非法入侵者可以获得主机系统网络设备的超级用户口令,轻易地进入系统,实时窃取网络上的各种信息。手机、电脑、存储系统、电磁波……成为泄密"元凶",信息安全成为各国情报与安全机构亟待解决的难题。为了挫败敌人的进攻,维护国家安全,情报机构必须发展强大的反情报能力,筑起信息安全的高墙。针对信息时代的网络安全问题,美国政府于 2003 年 3 月颁布了《确保网络安全国家战略》,明确美国在网络安全方面的战略目标是阻止敌对势力对美国重要基础设施的网络攻击,消除国家在面对网络攻击时的脆弱性。2008 年美国《国家反情

---

① Patrick J. McGarvey, *C. I. A.: The Myth and the Madness*, New York: Penguin Books, 1972, pp. 94 – 95.

报战略》特别指出网络反情报是美国反情报工作的重要使命,2009 年美国《国家情报战略》把加强网络安全作为情报界的第五大任务目标。

二、影响军事情报工作发展的因素

各个国家的情报工作水平各有不同,各个阶段的情报工作发展速度也不统一,生产力和科学技术水平、决策者对战略环境及情报工作的认知以及情报文化,构成了影响军事情报工作发展的主要因素。

生产力的影响。科学的产生和发展是以人们的生产实践活动为基础的,对科学的发展具有决定性意义的,首先是物质生产的发展。军事情报工作也是如此。军事情报工作是军事和政治斗争的产物,它的直接作用对象是战争。战争形态越是复杂,对军事情报工作的要求越高,军事情报工作的发展越快。而对战争形态起决定作用的,正是物质生产水平。这是战争的物质基础,是进行战争的前提。诚如恩格斯所说,"没有什么东西比陆军和海军更依赖于经济前提。装备、编成、编制、战术和战略,首先依赖于当时的生产水平和交通状况"①。因此,从根本上讲,生产力水平是推动军事情报工作发展的第一要素。生产力水平决定了战争形态,决定了军事斗争和政治斗争的水平,并最终决定军事情报工作的水平。

古代的生产力水平落后,战争规模有限,情报需求水平不高,情报搜集的局限性很大,人力搜集是主要的情报搜集手段,情报在战争期间的作用有限,决定战争胜负的是军事实力,而非情报。

近代工业革命促进了生产力的发展,武器装备随之发生飞跃,战争的规模与激烈程度有了空前提高。战争的复杂化要求交战双方在战前就制定出详细的作战计划。为了满足这种战争需求,情报工作得到快速发展,敌国的军队数量、武器装备、军事学说、指挥体制、战争潜力成了情报搜集的目标,常设性的军事情报机构开始形成,军事情报理论开始成

---

① 《马克思恩格斯选集》第 3 卷,北京:人民出版社 1972 年版,第 206 页。

型,出现了若米尼的《兵法概论》、克劳塞维茨的《战争论》等一系列军事名著。

进入 20 世纪后,由于生产力水平的发展和交通运输能力的提升,军队的机动能力大幅提升,战争规模进一步扩大,出现了总体战、闪电战等一系列新的战争形式。新的战争形态对情报的实时性提出了更高的要求,军事情报工作随之进入了一个新阶段。

科学技术的推动。在军事情报工作的发展过程中,有一个因素非常活跃,它影响着军事情报工作的发展,对军事情报工作产生了巨大的推动作用。这就是科学技术在军事情报工作中的运用。

人类早期认识自然的能力十分低下,反映在军事情报工作中,就是军事情报技术的贫乏。早期的军事情报活动几乎全部依靠人力侦察。虽然出现了密写、密码等技术手段,但发展十分迟缓;畜力、烽火台、旗语是最基本的情报传递手段。情报处理全部依靠人的智慧。这种局面一直延续到 17 世纪初。

工业革命和科学技术的发展促成了近代情报搜集技术的进步。1608 年,荷兰人利比斯赫(Hans Lippershey)制成了世界上第一架望远镜,并用于荷兰与西班牙的战争中。1772 年法国人约瑟夫·米歇尔·蒙戈尔菲耶(Joseph-Michel Montgolfier)发明了热气球,1794 年法国大革命期间革命军使用气球进行了人类历史上首次航空侦察。1837 年发明的照相机为情报的记录和搜集提供了方便。美国内战期间,气球专家撒迪尤斯·洛(Ttaddeus S. C. Lowe)建议林肯总统用气球搜集情报,但由于气球的摆动及照相机拍摄的速度慢,侦察效果不佳。[1] 1903 年秋,美国的莱特兄弟(Wright brothers)成功制造出世界上第一架动力飞机"飞行者 1 号"(Flyer I),实现了人类飞行的梦想。航空侦察开始成为人类一种重要的侦察手段。

---

[1] 参见[美]迈克尔·贝斯洛斯《五一风云——U-2事件内幕》,北京:军事译文出版社 1986 年版,第 95 页。

　　近代信息传输技术也取得了突破。1835 年底,莫尔斯(Samuel
Finley Breese Morse)制成第一台电报机。1838 年 1 月,莫尔斯 3 英里收
发电报的试验获得了成功。1842 年,美国国会通过了开发电报技术的议
案,随后决定拨款 3 万美元架设华盛顿和巴尔的摩之间的电报线路,全
长 64.4 公里。1844 年 5 月 24 日,莫尔斯在美国国会大厅成功进行了电
报机通信实验。电报的发明使远距离快速传递信息成为可能。有线电
报促成了现代编码学的产生。1883 年,荷兰语言学教师奥古斯都·科克
霍夫(Auguste Kerckhoffs)出版了《军用密码》(*La Cryptographie
Militaire*),提出了密码编制的六条原则,编制出圣西尔密码(St.-Cyr)。
1888 年,德国物理学家赫兹(Heinrich Rudolf Hertz)发明了一种电振动
器,证实了电磁波的存在。1895 年前后,意大利科学家马可尼
(Guglielmo Marconi)和俄国科学家波波夫(Alexander Stepanovitch
Popov)根据赫兹的电磁波原理,分别发明了无线电报,实现了远距离通
信的即时传输。

　　无线电使地球上任意两点间的通信成为可能,使战场上的军队可以
随时与司令部保持密切联系,依靠马匹和信使传递情报和命令的日子一
去不复返了。到第一次世界大战爆发时,发明不到 20 年的无线电,已经
成为一种广泛使用的通信手段。飞机、舰艇、部队、军车上,到处可以见
到无线电收发报机的影子。无线电技术的发展也导致了加密与破译技
术的发展,现代密码分析学就此形成,技术搜集开始成为一个重要的情
报搜集手段。第一次世界大战时期,无线电密码破译作为一种主要的情
报手段,已经初露端倪。第二次世界大战期间,以"超级"(Ultra)和"魔
术"(Magic)命名的信号情报成为盟国克敌制胜的重要武器。战后,由于
电子计算机技术的发展,无线电破译成了一个非常重要的情报来源。20
世纪 70 年代后,由 C⁴ISR 组成的作战指挥系统融情报、通信、指挥、控制
于一体,情报既是决策的依据,也是一种有效的打击力量。如果没有科
学技术突飞猛进的发展,情报的这种功能是很难想象的。

　　总的说来,科学技术对军事情报的推动是间隙性、跳跃性的,这与科

学技术本身的属性有关。古代科学技术经历过长时期的停滞,在进入近代以后开始飞速发展,越向后发展速度越快。这种属性,深刻地影响了军事情报工作的发展。可以预见,军事情报技术必将随着科学技术的发展而继续呈跳跃性地向前发展,科学技术对军事情报工作的推动必将表现得更为突出。

重要情报人物对情报工作的影响。在影响军事情报工作发展的诸因素中,生产力水平、战争形态和科学技术都是硬指标,它们对军事情报工作的影响是一种客观存在,呈现出一种规律性、内隐性的特征。也就是说,它们的影响不会直接表现出来,而必须通过军事情报实践的主体——人——表现出来。

马克思主义认为,人是决定性的因素,"客观因素具备这种变化的可能性,但实现这种可能性,就需要正确的方针和主观的努力。这时候,主观作用是决定的了"①。由于人的认识能力有高有低,他们对客观事物的看法不可能完全一致:他们有的把握了客观事物的本质,并在实践中遵循客观规律,而有的则没有把握客观事物发展的规律,在实践中逆规律行事。

军事情报工作也是如此。在同样的时代、同样的生产力水平和科学技术水平下,人们对军事情报工作的认识却不一样。中国春秋战国时期的孙子在其兵法中提出决策者必须知天知地知彼知己,并说"知彼知己,百战不殆;不知彼而知己,一胜一负;不知彼,不知己,每战必殆",这里面已经隐含了孙子对战争的一些规律性认识。但直到19世纪拿破仑战争时代,西方兵家还认为战争缺乏规律。法军将领萨克森伯爵莫里斯(Maurice comte de Saxe)②说:所有的科学都有原理,惟战争独无。③ 德

---

① 《毛泽东选集》(合订本),北京:人民出版社1964年版,第454—455页。
② 萨克森伯爵莫里斯(1696—1750),萨克森人,原名赫尔曼-莫里斯(Hermann Maurice),波兰国王奥古斯特二世和情妇奥罗拉·柯尼希斯马克(Aurora Königsmarck)的私生子,12岁开始在萨克森的欧根亲王手下服役,13岁授步兵上尉,1745年擢升法国元帅,1747年晋升大元帅,其所著《梦想》(又译《我的沉思》)是18世纪的重要军事理论著作。
③ 转引自[瑞士]若米尼《兵法概论》,北京:军事科学出版社1994年版,第17页。

国铁血宰相俾斯麦断言：在战争问题上，一个人永远无法有把握地预料上帝是怎样安排的。① 这种认识上的差异，必然会深刻地影响到军事情报实践本身。中国古代在军事情报理论方面长期走在世界前列，与以孙子为代表的中国古代军事家的贡献是分不开的。这充分说明，不同的人，对军事情报工作的影响也是千差万别的。有的人认识并掌握了军事情报工作的基本规律，进而根据这种规律来规划、指导军事情报工作，他们对军事情报工作所起的作用是积极的。当然，也有人认识不到军事情报工作的本质规律，做出了种种违反军事情报工作规律的举动，阻碍了军事情报工作的发展。这样的人主要包括国家或军队的决策者，军事情报工作的领导者、实践者，以及情报理论家。他们影响情报工作的方式各不相同。

情报工作的最终目的是消除战争迷雾，破解对手的行为密码，为决策者提供一个透明的决策环境。决策者既是情报工作的决策者，也是情报的最终用户，同时还是情报质量的评判者。他们对情报工作的认识直接影响着情报工作的发展。这种认识主要体现在两个方面：一是对本国所处安全环境的认识，即安全观；一是对情报工作的认识，即情报观。

决策者对本国所处安全环境的认识对情报工作有着直接影响。一个自以为安全环境优越、不存在外来威胁的"守成"型决策者，对发展军事力量不会有什么兴趣，对情报工作更不会有什么兴趣。如20世纪之前的美国不存在明显的对手，这段时间美国情报工作的发展就十分缓慢。1914年第一次世界大战在欧洲打响，1916年美国竟然撤销了陆军情报部。史汀生国务卿曾以"君子不看他人信件"为由，取消了对亚德利（Herbert O. Yardley）"黑屋"的财政支持，最终导致了这一密码破译机构的消失。

但是，如果决策者意识到本国存在着重大的安全隐患，或者奉行进

---

① 转引自［苏］M. A. 米尔施坦因等《论资产阶级军事科学》，上海：上海人民出版社1960年版，第75页。

攻型的对外战略,那么,他就会采取措施,扩充军备,扶持情报机构。如欧洲大陆沦陷后,英国被迫困守英伦三岛。丘吉尔认为,英国的存亡完全系于情报工作的质量。因此,英国情报工作的发展得到了优先保证。①

决策者对情报工作本身的认识也是影响军事情报工作发展的一个重要因素。如吉米·卡特总统认为情报机构是一头偏离了法制轨道的"离群之象"(Rogue Elephant),因而对中央情报局大加限制。而里根总统却认为情报机构是遏制共产主义的武器,因而废除了束缚中央情报局手脚的第 12036 号行政命令,重新赋予中央情报局从事隐蔽行动的权力。

决策者如何看待情报在决策中的作用,直接影响到情报与决策的关系。从本质上说,情报要真实、客观,分析人员要能够透过纷繁复杂的世象,认清客观事物的本质,真实性、客观性是情报的生命。但是,由于情报与决策之间是领导与被领导的关系,决策者对情报产品的评价直接影响着情报人员的晋升、前程,因此,情报人员自觉地把自己置于服务与服从的地位。当自己的判断与决策者相左时,情报人员往往不敢坚持正确认识,而是屈从于决策者的意志。如苏联卫国战争之前,斯大林大权独揽,排斥异己,情报机构成了清洗的对象,情报人员哪里还有勇气违背斯大林的意志,坚持自己的意见?结果,情报成了对斯大林观点的诠释,符合斯大林观点的情报就是真实的,而与斯大林意志相悖的就是虚假的,是"帝国主义的阴谋"。同样,希特勒对情报也是实用主义的。凡是与他意见相一致的情报,他即认为是真实的情报,而与他意见相左的情报,则成了假情报。在希特勒的统治下,情报完全成了政治的婢女,失去了独立存在的意义。希特勒的这种情报观念,成了扼杀德国情报机构的杀手。

在决策者与情报人员的双重关系中,决策者的个人素质,包括他的

---

① 参见 Christopher Andrew, "Churchill and Intelligence," *Intelligence and National Security* 3, no. 3(1988)。

个人品格、从政经验、领导作风、知识结构,都对情报工作有着举足轻重的影响。一个心胸开阔、乐于听取不同意见的领导人,对情报人员提出的不同意见总是比较宽容,也易于接受。相反,一个作风武断的领导人是不大可能听取情报人员的不同意见的。一个对情报事务有着深刻了解的领导人,会耐心倾听情报人员的意见,而一个不懂情报甚至对起码的参谋业务都缺乏了解的领导人,是不可能处理好情报与决策的关系的。

情报工作的实践者是影响情报工作发展的又一重要因素。一个对发展情报工作没有多少主见的情报机构领导人,是不可能把这个机构引向繁荣的。而一个对军事情报工作有自己见解的领导人,总是想方设法在情报史上打上自己的印记。没有拉尔夫·范德曼(Ralph Henry Van Deman)就没有美国现代军事情报机构,没有多诺万(William Joseph Donovan)也就没有战略情报局,没有艾伦·杜勒斯(Allen Welsh Dulles)也就没有现在的中央情报局。正是由于多诺万认识到学者在情报工作中的作用,战略情报局才设立了研究分析处和分析家委员会,情报分析始成为情报工作的中心环节;同样,由于多诺万对隐蔽行动的过分热衷,才导致战略情报局热衷于行动而忽略情报分析,才有了后来研究分析处的萎缩和隐蔽行动机构的极度膨胀。

在描述人对军事情报工作的影响时,我们不能忘记对军事情报理论有过独到见解的情报理论家的贡献,如孙子、克劳塞维茨、若米尼、毛泽东。他们大多具有情报实践,对情报工作有切身体会。他们的论述使人们对情报工作的认识从感性认识升华到理性认识,如孙子对"知彼知己"的论述,克劳塞维茨对战争"不确定性"的论述,若米尼对战略情报内涵的论述,毛泽东对实事求是的论述。这些论述总结了前人对情报工作的认识,是我们进一步进行情报研究、搞好情报工作的基础,无疑对情报工作的发展有着极大的影响。如果没有他们的研究,我们对情报工作的认识可能还停留在第一次世界大战时甚至更早的水平上。离开了人的因素,世界各国军事情报工作的发展水平就可能千篇一律,不会呈现出现在这种水平高低错落的多样性了。

情报文化的影响。在影响军事情报工作的诸因素中，文化传统的影响最持久、最稳定、最隐蔽。作为一种观念性的因素，这种影响很容易为人们所忽视，但它最终还是通过军事情报工作反映和折射出来。

情报文化的底蕴和根基是其思想文化，每一个国家和民族的情报文化都带有其固有的民族文化的烙印。因此，塑造一个国家情报文化的首要因素，是其思想文化。

以美国而论。新教文化是美国文化的核心，新教的信念、价值观影响着美利坚民族的生活、社会和思想。这种价值观也对情报观念产生了深刻的影响。传统上，美国人并不崇尚情报工作。尽管在美国出现过像内森·黑尔(Nathan Hale)和伊丽莎白·范卢(Elizabeth Van Lew)这样的情报英雄，但美国人在内心中觉得情报工作尤其是间谍活动是见不得人的，从事间谍活动的情报人员要么是骗子要么是掮客。间谍活动与其核心价值观相冲突。因此战争甫一结束，战争中涌现出来的间谍英雄即解甲归田，"泯然于众人焉"。他们不再谈起战时的辉煌业绩，即便如乔治·华盛顿这样的情报首脑亦是如此。第一次世界大战时，美国总统威尔逊因得知德国特务计划从墨西哥进攻美国而对德宣战，在谈到遍及欧洲的情报机构及其活动时，他充满了鄙夷。①

新教文化的另一个特点是强调个人权利的保护。乘坐"五月花"号轮船来到美利坚的清教徒，非常重视个人的隐私权。他们对一切有可能威胁其个人自由的制度和行为持有本能的戒心。内战期间，拉法耶特·贝克(Lafayette C. Baker)建立了反情报机构——国家侦探局(National Detective Bureau)，监视南方邦联分子在加拿大的活动，并在邮局进行邮检。这样的举动使贝克在美国情报史上声名狼藉。② 1944 年，威廉·多诺万企图建立一个中央情报机构，引得美国各大报刊集体发文抨击。新

① 参见 David Kahn，"Woodrow Wilson on Intelligence，" *Intelligence and National Security* 9，no. 3(1994)，pp. 534 – 535。
② 参见[美]内森·米勒《美国谍报秘史》，南京：译林出版社 1991 年版，第 111 页。

闻报道勾勒出一个可怕的景象："新政派正在筹划建立一个拥有无限权势的情报机构，向战后的世界开展间谍活动，同时刺探国内公民的生活"，从而在美国舆论界引起轩然大波，并与当时美国的党派政治斗争混合在一起。参议员埃德温·约翰逊声称反对"民主党人的盖世太保"，众议员约翰·斯帕克曼认为"许多人会把新情报机构看作是超级的盖世太保"，众议员克莱尔·霍夫曼称新政是"沿着希特勒道路采取的又一行动"。① 由于舆论出现了一边倒，罗斯福不得不将多诺万建立中央情报局的提议搁置，此举直接导致了战后初期战略情报局的解散。

此外，国家的安全环境认知和对外战略取向，国家的行政体制、情报工作实践，都会构成塑造情报文化的核心因素。

情报文化是民族文化在情报工作中的反映，也是情报实践在历史中的沉淀，对情报工作产生着深远的影响。这样的影响表现在对情报工作的认知、情报体制建设、情报力量的使用等各个方面。

首先，情报文化影响一国对情报工作的态度。不同的国度有不同的情报认知。如第二次世界大战之前的美国，曾认为情报是可有可无的事务，不值得为此花费宝贵的美元。这种认知严重影响了情报工作的开展。在两次世界大战期间，美国情报经费被极度压缩。1939 年 8 月，海军情报部长安德森（Walter S. Anderson）在向海军部长所作的备战报告中指出：海军情报部在海外进行的工作，仅限于武官们写来的报告，以及陆军部、国务院、商务部的材料，"真正经过组织，能够执行间谍和反间谍等项勤务的隐蔽情报工作并不存在"，其主要原因是"海军情报机构目前没有经费可供开销"②。陆军情报部的情况也差不多。第二次世界大战后，美国人充分认识到情报是国家安全的第一道防线，在情报建设方面，

---

① 参见［美］托马斯·特罗伊《历史的回顾——美国中央情报局的由来和发展》，北京：群众出版社 1987 年版，第 314—315 页。
② 参见 United States, Congress, Joint Committee on the Investigation of the Pearl Harbor Attack, *Pearl Harbor Attack*, Hearings, 79th Congress, Washington, D. C. : Government Printing Office, 1946，part 2, p. 785.

美国人不再吝啬。法国人对情报的扭曲认知使其认为,情报机构是政治斗争的工具,情报机构对世界的看法是不客观的。因此,法国的情报建设远远落在美国、英国等西方大国之后。

其次,情报文化影响一个国家的情报体制建设。在设计情报体制的时候,沉淀在人们脑海中的情报文化观念就会在体制设计时体现出来。

苏联的情报文化崇尚高度集中,又相信对政治制度的威胁不仅来自外部,也来自内部。这种观念体现在情报建设上,就是高度集中,内外并举。从建国伊始至苏联解体,苏联的国家安全机构一直凌驾于军事情报机构之上。庞大的克格勃把其90%以上的人力用于国内安全事务,与此相对照的则是英国和美国的情报机构,它们把90%的力量用于对外情报工作。①

美国情报文化中有分权倾向。不让情报机构干涉国内政治,情报建设必须纳入法制轨道,是美国情报文化的主流。因此战后在重构国家安全决策体制和情报体制时,适度协调、避免出现情报"沙皇"的考虑占据了主导地位。依此思路设计的美国情报体制,具备了一定程度的协调性(如设立了中央情报主任,设立了中央情报局这样一个中央情报机构),但又强调情报机构的竞争性,保持了情报界各成员机构的独立。此外,美国的法律对情报机构有严格控制,如中央情报局是根据《国家安全法》设立的,法律明文禁止中央情报局从事对内情报事务,对其他机构也有类似限制。

再次,情报文化影响具体的情报活动。

世界各国的情报工作千差万别。有的国家重视单纯的情报活动;有的国家则强调情报的行动职能,通过隐蔽行动秘密推行国家的外交政策是情报机构的重要职能。有的国家强调人力情报的重要作用,有的国家则强调技术搜集的能力。有的国家视情报分析为科学,强调情报评估的

---

① 参见 K. G. Robertson, ed. , *British and American Approaches to Intelligence*, London: The Macmillan Press LTD, 1987. p. 6。

重要性,要求情报分析人员把评估置于重要位置;有的国家则强调情报搜集尤其是秘密搜集的重要性,对决策者而言,情报分析人员最好对情报资料不作任何"主观分析"。有的国家强调情报与决策的紧密结合,要求情报融入决策过程;有的国家则认为,情报与决策是截然分开的两个系统,两者性质不同,工作对象不同,因此不能混在一起。有的国家强调情报工作必须与国内政治斗争隔绝,情报工作不能政治化;有的国家则强调情报机构是政治斗争的工具。千差万别的情报观念,决定了千差万别的情报工作。

情报文化是一种历史沉淀,它具有恒久稳定性,一旦形成,很难改变。如苏联解体后,俄联邦的情报方针出现重大调整,大一统的克格勃被肢解,但是没过多久,俄罗斯的情报机构又围绕俄联邦安全局整合。目前,除俄罗斯对外情报局维持独立地位以外,原先从克格勃分离出去的情报机构均整合到联邦安全局旗下。这就是文化发展的恒久作用。

然而,情报文化并非一成不变。在合适的条件下,情报文化也会发生变化。如果国家对外战略取向发生变化,如果发生灾难性的情报失误,如果出现了审时度势的领导人,情报文化都会发生变化。

三、军事情报学的形成

随着军事情报活动数量的增多,人们对军事情报工作的认识逐渐深入,军事情报学开始形成。

中国古代战争频频,军事情报活动频繁,人们对军事情报活动的理性思考较为充分。中国古代对军事情报工作的理性思考以及留下的历史记录,远较其他国家丰富。

中国古代兵家高度重视情报,认为情报是决策的先导,决策(行动)必须建立在情报的基础之上。先秦兵书《军谶》指出:"用兵之要,必先察敌情。"《尉缭子·勒卒令第十八》中指出,"夫蚤决先定。若计不先定,虑不蚤决,则进退不定,疑生必败""先定其规蓦,而后从事。先定者可以谋人,不先定者自谋常不给,而况于谋人乎?""凡与敌战,必须料敌,详审而后出兵。若不计而进,不谋而战,则必为敌所败矣。"《管子》认为,"不明于敌人之政不能加也,不明于敌人之情不可约也,不明于敌人之将不先军也,不明于敌人之士不先阵也"。《孙膑兵法》中有"料敌计险"的记载,《荀子》中也有"察敌观变"的说法。《吕氏春秋》也强调"知",即"先知"、"先识"和"知道"。"计"(情报)之于行动的重要性,由此一目了然。

中国古代兵家高度重视情报的预警作用。商代的甲骨卜辞中已有侦察敌情和原始的军事预测活动的记录。《周易》中有许多直接记载战事和情报预测的卦爻辞,反映了作者古朴的军事情报思想。《易传》认为,战争胜负、宫廷政变、人事吉凶等社会现象的变化是事物刚柔、阴阳的矛盾运动的结果,导致这些变化的初始迹象和征兆是"几",即"动之微,吉凶之先见者也",也就是事物发生初始的萌芽状态,以及客观形势变化的最初征兆,因此,人们应"早辨"、"知几",要善于发现苗头,提前判断事物的发展趋势。[①]《管子》认为,聪明的军事统帅,不仅要"知",更应该"早知":"兵无主,则不蚤知敌",只有拥有了事先知晓敌人的能力,才能"早知敌人如独行"[②],"为兵之数……在于遍知天下,而遍知天下无敌。"将领必须要"知形"、"知能"、"知意":"人之众寡,士之粗精,器之功苦,尽知之,此乃知形者也;知形不如知能;知能不如知意。"作为将领必须具备这三方面的能力,才能"闻无极"[③]、"见未形"、"知未始"。

中国古代兵家十分重视剖析情报现象与本质之间的联系。《吕氏春秋·仲夏纪·侈乐》提出了"知道"这一概念。所谓"知道",即"知之道",其内涵为"知其所以知",指的是认识规律或事物的本质。孙子在《行军篇》中对如何见微知著、识破敌方的诡计有详细说明:"敌近而静者,恃其险也;远而挑战者,欲人之进也;其所居易者,利也;众树动者,来也;众草多障者,疑也;鸟起者,伏也;兽骇者,覆也;尘高而锐者,车来也……"这

---

① 参见储道立、熊剑平《中国古代情报史论稿》,银川:宁夏人民出版社 2010 年版,第 17—29 页。
② 《管子·七法》。
③ 无极:古代哲学范畴,指派生万物的本体。以其无味、无臭、无声、无色、无始、无终,无可指名,故曰无极。

种建立在经验之上的判断表明,孙子时代的情报搜集已经能够透过事物的表面现象,深入事物的本质,看清敌人的真正意图了。

中国古代兵家对战略要素的认识相当完备。孙子提出在"庙算"时应"经之以五事,校之以计,而索其情"。"五事"构成了孙子基本的战略要素。《管子·八观》明确了战略情报搜集的具体内容,即通过"行其田野,视其耕芸,计其农事"以知其饥饱状态,"行其山泽,观其桑麻,计其六蓄之产"以知其"贫富"状况,"入国邑,视宫室,观车马衣服"以知其"侈俭"状况,"课凶饥,计师役,观台榭,量国费"以知其"实虚"状况,"入州里,观习俗,听民之所以化其上"以知其"治乱"状况,"入朝廷,观左右,求本朝之臣,论上下之所贵贱者"而知其"强弱"状况,"置法出令,临众用民,计其威严宽惠,行于其民与不行于其民可知也"而知其"兴废"状况,"计敌与,量上意,察国本,观民产之所有余不足"而知其"存亡"。这些要素,涉及政治、经济、军事、外交等各个方面,从而丰富与发展了孙子的"五事七计"。①

中国古代兵家对情报评估有精彩的认识,并规定了一套全面的评估机制,"选将、量敌、度地、料卒、远近、险易,计于庙堂也"②,这就是所谓"庙算"。"庙算"包括对敌我双方的战争潜力进行对比分析,制订战争计划,作出战略决策。在战略学上,这是战略决策的基本程序,而情报工作在这一程序中发挥了关键作用。

中国古代兵家对秘密人力情报工作的认识十分深刻。中国史书和兵书中用以表示侦察含义的有"斥"、"候"、"谍"、"察"、"相敌",以及"刺"、"探"、"间"、"伺"、"觇"等词。中国古代兵书《六韬·龙韬·王翼篇》把"主往来,听言视变,览四方之事,军中之情"的股肱羽翼称为耳目。《孙子兵法·用间篇》对用间的意义和作用、间谍的类型及其性质、各种间谍的使用方法、反间的重要性进行了系统详尽的论述。这些论述,构

---

① 参见储道立、熊剑平《中国古代情报史论稿》,银川:宁夏人民出版社 2010 年版,第 66—73 页。
② (春秋)孙武撰、(三国)曹操等注:《十一家注孙子》,郭化若译,上海:上海古籍出版社 1978 年版,第 1 页。

成了今天秘密人力情报学的基本内容。

中国古代兵家也十分重视反情报工作。孙子认为在战争过程中要做到"形人而我无形","故善攻者,敌不知其所守;善守者,敌不知其所攻","善守者,藏于九地之下","故形兵之极,至于无形;无形,则深间不能窥,智者不能谋",要达到"微乎微乎,至于无形;神乎神乎,至于无声"的地步,"故能为敌之司命",即把自己的"形"藏得一丝不露,像鬼神一样在暗中制敌之命。为做到"形人而我无形",孙子提出应该实行严格的保密措施,包括"夷关折符,无通其使","军旁有险阻、潢井、葭苇、山林、翳荟者,必谨复索之,此伏奸所藏也。"对军事机密泄露后的补救措施,孙子提出"间事未发而先闻者,间与所告者皆死"。孙子还提出通过反间来误导敌人:"必索敌人之间来间我者,因而利之,导而舍之,故反间可得而用也……五间之事,主必知之,知之必在于反间,故反间不可不厚也"。

中国古代兵书对情报工作多有涉及,但对情报工作最全面的认识来自《孙子兵法》。《孙子兵法》系统阐述了情报工作中的基本理论问题。孙子的名言是"知彼知己,百战不殆"。"知"贯穿于《孙子兵法》全篇,构成了《孙子兵法》的基础和核心。《孙子兵法》涉及战略要素(情报的内容)、情报搜集(用间与相敌)、秘密人力情报理论(用间)、情报的分析与评估(庙算)、反情报(反间)与情报谋略("诡道"),甚至涉及情报人员的基本素质("上智为间")。这些内容正是今天情报研究的主要内容,现代情报工作大致按此内容展开。因此,《孙子兵法》是世界上最早的军事情报学著作,这一点当无疑问。

孙子构建的军事情报学体系,是中国军事情报史乃至世界军事情报史上的第一座高峰,它对中国的军事情报工作产生了长久的影响。继《孙子兵法》之后,中国历代的兵书战策中不乏军事情报工作的论述,反映了当时人们对军事情报工作规律的认识,但总体上它们都没有超出《孙子兵法》的水平。

与中国相比,世界其他文明古国,如希腊、罗马、巴比伦、埃及的军事情报实践未必逊色,但其对军事情报工作的本质认识则远较中国为逊。

我们从希罗多德、修昔底德的史学巨著中,可以找到大量的战典,但只能找到一鳞半爪的关于情报工作的认识,鲜有类似《孙子兵法》这样的系统性军事著作。古罗马的政治家和军事理论家塞·尤·弗龙蒂努斯著有《谋略》一书,阐释了大流士、居鲁士、腓力、亚历山大、汉尼拔、恺撒、马略等著名统帅机智用兵的军事谋略,从这些案例我们可以看出古罗马军事家对情报工作的重视。但《谋略》远非对战争与军事情报工作的理性思考。西罗马帝国灭亡以后,欧洲进入了停滞的中世纪,军事学术更是无从谈起。

　　从文艺复兴开始,西方在世界政治、经济和军事舞台上迅速崛起,产生了像马基雅弗利、黑格尔、康德这样的思想巨人,出现了像拿破仑、若米尼、克劳塞维茨、老毛奇这样的军事巨人。与此同步,西方的情报工作也有了飞速发展。以克劳塞维茨和若米尼为代表的西方兵家,对军事情报工作形成了初步认识,近代军事情报学开始成形。然而与《孙子兵法》对"知"的系统全面认识不同,近代西方兵家对情报的认识不成体系。

　　克劳塞维茨在《战争论》中专辟一章论述"战争中的情报"。他指出:"情报是指我们对敌人和敌国所了解的全部材料,是我们一切想法和行动的基础。"[1]这一阐述成为情报的经典定义。克劳塞维茨指出,制定战争计划和实施战略不应该"没有充分的根据,只凭单纯的推测"[2],实施战略的前提是必须有客观和具体的根据。一位统帅只有"考虑到战争涉及多少重大的问题"并且具备了"非凡的洞察力"[3],才能制定出基本符合战争客观实际情况的战争计划。因此,"在每次战争中,首先必须根据政治因素和政治关系产生的概然性来了解战争的特点和主要形态。如果根据这种概然性,战争的特点越接近于绝对战争,战争的轮廓包括交战国的群众越广和把他们卷入旋涡越深,那么战争的各次事件之间就越有联

---

① [德]卡尔·冯·克劳塞维茨:《战争论》,北京:商务印书馆1978年版,第93页。
② [德]卡尔·冯·克劳塞维茨:《战争论》,北京:商务印书馆1978年版,第695页。
③ [德]卡尔·冯·克劳塞维茨:《战争论》,北京:商务印书馆1978年版,第176页。

系,就越有必要在迈出第一步以前先考虑好最后一步。"①

克劳塞维茨关于情报不确定性和概然性的认识对西方军事情报工作影响极大。克劳塞维茨将情况的不确定性和偶然性视为战争活动的两大基本特征。他指出:"战争中得到的情报,很大一部分是互相矛盾的,更多的是假的,绝大部分是相当不确实的","战争是充满不确定性的领域。战争中行动所依据的情况有四分之三好像隐藏在云雾,是或多或少不确实的"②,"战争中的一切情况都很不确实……因为一切行动都仿佛是在半明半暗的光线下进行的,而且,一切往往都像在云雾里和月光下一样,轮廓变得很大,样子变得稀奇古怪。这些由于光线微弱而不能完全看清的一切,必须靠才能去,或者靠幸运解决问题。"③克劳塞维茨提出,"我们对情况的了解增加了,但是不确定性不仅没有因此减少,反而增加了"④,由于各种情况和估计的不可靠,以及偶然性的不断出现,指挥官在战争中会不断发现情况与原来的预期不同,他的计划,或者至少同计划有关的一些设想,会因而受到影响。⑤

然而,克劳塞维茨并不认为战争中的不确定性无法消除。他指出:"像没有超出我们认识能力的任何对象一样,战争这个对象用研究精神也是能阐明的,它的内在联系也是或多或少可以弄清楚的"⑥,"既然敌对双方不再是抽象的概念,而是具体的国家和政府,既然战争不再是抽象的东西,而是特殊的行动过程,人们就自然可以根据实际现象所提供的材料,来推断那些应该知道而尚未知道的将要发生的事情了"⑦。

克劳塞维茨认为,认识情况,必须遵循"概然性"规律:"敌对双方的任何一方都可以根据对方的特点、组织和设施、状况以及各种关系,按概

---

① [德]卡尔·冯·克劳塞维茨:《战争论》,北京:商务印书馆 1978 年版,第 859、862—863 页。
② [德]卡尔·冯·克劳塞维茨:《战争论》,北京:商务印书馆 1978 年版,第 68 页。
③ [德]卡尔·冯·克劳塞维茨:《战争论》,北京:商务印书馆 1978 年版,第 121 页。
④ [德]卡尔·冯·克劳塞维茨:《战争论》,北京:商务印书馆 1978 年版,第 69 页。
⑤ 参见[德]卡尔·冯·克劳塞维茨《战争论》,北京:商务印书馆 1978 年版,第 69 页。
⑥ [德]卡尔·冯·克劳塞维茨:《战争论》,北京:商务印书馆 1978 年版,第 136 页。
⑦ [德]卡尔·冯·克劳塞维茨:《战争论》,北京:商务印书馆 1978 年版,第 32 页。

然性的规律推断出对方的行动,从而确定自己的行动"①。在遵循"概然性规律"的前提之下,指挥官必须运用如下几种精神力量去克服战争中的"偶然性"、"不确定性"因素给军事行动带来的困难。"如果事先已经冷静地考虑过一切,曾经毫无偏见地寻找过和研究过可能性最大的情况,那么,就不应该放弃既定的看法,应该对新接到的情报进行分析,把几个情报相互比较,并派人搜集新的情报等等。这样,错误的情报往往立即被否定,或者最初得到的一些情报就得到证实。在这两种情况下,都可以作出确切的判断,并根据这两种判断定下决心。"②

《战争论》对情报工作的本质有较深入的认识,但对情报搜集、情报分析则几乎没有涉及。与克劳塞维茨同时代的若米尼在《兵法概论》一书中阐述了战略要素和侦察、想定等问题,从而使近代西方对军事情报学的认识趋于完整。

《兵法概论》第二章专门阐述了"军事政策或战争哲学"问题,实际上涉及影响战争胜败的主要因素,即"有关战争计划的一切手段",如敌对民族的战斗意志、军事组织、现役兵力、预备兵力、经济资源,以及他们对本国政府或国家制度的忠诚程度,以及"国家领袖和军队长官的特性和才干,以及政府或军事委员会在首都能对战争的进行所施加的影响"③。

若米尼指出:战争中实施巧妙机动的最重要的条件之一,是在下达命令之前切实掌握敌人行动的情报。不了解敌人在干什么,就不能确定自己应该干些什么。④ 判断敌军行动有四种方法,即用间、部队侦察、审讯战俘、信号法和推测。最可靠的方法是用间,其次是部队侦察。若米尼认为有两类侦察,"第一类侦察是纯属测地和统计方面的。其目的是:获取有关某个国家及其地形、天然障碍、道路、隘路、桥梁等的基本情况,了解它的各种资源和财政状况……第二类侦察是要查明敌人的行动情

---

① [德]卡尔·冯·克劳塞维茨:《战争论》,北京:商务印书馆1978年版,第33页。
② [德]卡尔·冯·克劳塞维茨:《战争论》,北京:商务印书馆1978年版,第991页。
③ 参见[瑞士]若米尼《兵法概论》,北京:军事科学出版社1994年版,第62页。
④ 参见[瑞士]若米尼《兵法概论》,北京:军事科学出版社1994年版,第300页。

况。这类侦察往往要派一支稍强的部队去执行。如果敌人已在当面编队，则应当由主将或参谋长亲自前往进行侦察；如果敌人还在行军之中，则可派几个骑兵师去突破敌军周围所设的哨幕。"①

若米尼用大量的篇幅谈到了假设问题，即根据已经掌握的情况，预先作出几种可能性判断，然后判断敌情的未来走向，制定相应的预案。若米尼曾断言："成为一个军事天才的秘密就在于在任何情况下都可以做出合理的假设。"②他在《兵法概论》一书中共讲了七个问题，其中所作的"假设"就有 200 多个。仅"退却和追击"一节，就从时间和空间的不同角度假设了 19 种情况。若米尼将"假设法"用于军事指挥，常产生出一种"未来之事先知"的功能。所以，他判断敌情、处理情况言必有中，处置裕如。通过"想定"的情景假设，弥补情报的不确定性，这种情报分析方法与现代情报分析中的"情景分析"（Scenario Analysis）相似。

总体而言，近代西方军事情报学并无一个完整的框架，其认识不如两千年前孙子的认识全面、系统和深刻。

20 世纪上半叶是一个激荡的世纪。两次世界大战刺激了情报工作的发展，急剧变化的时局和战争形态对情报工作提出了新的要求。战争大大刺激了军事情报工作的发展，催生了新的情报观念，人们对军事情报工作的理性思考更为成熟。20 世纪中期，随着美国的崛起，美国的情报工作引领世界情报工作潮流，情报研究在美国成为一门显学，军事情报学科正式成立。

第一次世界大战以后，一种新的情报观就在英国和美国等西方国家出现。这种新的情报观念认为，情报搜集不能解决情报工作中的不确定性问题，情报分析才是情报工作的中心环节，情报研究同社会科学研究没有什么区别，具备了科学世界观、掌握了科学方法的情报分

---

① ［瑞士］若米尼：《兵法概论》，北京：军事科学出版社 1994 年版，第 299—300 页。
② Jay Luvaas, "Napoleon's Use of Intelligence：The Jena Campaign of 1805," *Intelligence and National Security* 3，no. 3（1988）.

析人员,可以对事态发展进行科学预测。20世纪30年代,英国工业情报中心(Industrial Intelligence Centre)通过分析德国海关的进出口统计,得出德国正在秘密重整军备的结论。它的情报资料80%以上来源于相关的出版物、报纸、工业期刊和时事通信、年鉴、国际联盟出版物。第二次世界大战爆发后,工业情报中心等机构被重组成经济作战部,其经济情报职能由经济作战部情报处承担。在战争期间,经济作战部情报处一直关注着德国的石油供应对德国战争能力的影响,并就此作出了多种评估。

英国的情报实践对美国影响很大。律师威廉·多诺万(William Joseph Donovan)认为,有关战略的情报,不仅要由军事情报人员去加以分析,还应该交给经济学家、心理学家和工程技术人员及财政专家去分析。这些学有专长的学者可以通过各种分析方法,对书本、杂志、文件等公开资料进行研究,从中得到有价值的情报。在多诺万的领导下,战略情报局成立了研究分析处,设立了分析家委员会。一大批学界精英以国会图书馆的公开资料为情报来源,通过学术研究,把自己的学识贡献给国家,为政府的决策服务。

以威廉·兰格(William L. Langer)和谢尔曼·肯特(Sherman Kent)为代表的美国战略情报局的分析家们,相信社会科学研究与自然科学研究类似,情报分析与他们拿手的历史研究是一回事。他们相信情报分析不仅是一门技艺,更是一门科学。只要掌握基本信息,通过小心的假设、缜密的推理,他们完全可以得出正确的结论。肯特明确提出要运用"科学的"方法研究过去的事件,分析当前的复杂形势,判断未来可能的发展趋势。这样的情报思维深深影响了早期情报分析实践,促进了情报分析的科学化。

谢尔曼·肯特是美国军事情报研究的奠基者。他认为必要的情报文献储备是情报学科发展的基础。在《战略情报:为美国世界政策服务》(以下简称《战略情报》)一书中,他系统论述了战略情报的定义、战略情报的分析、情报体制建设、情报与决策关系等军事情报学基本理论。此后,肯特加盟中央情报局,长期担任中央情报局国家评估办公室(Office of National Estimate)主任职务,成为美国首席情报分析人员。这一职务,使他越来越体会到情报研究的重要性。在1953年12月的一份备忘录中,肯特称"情报是一门没有积累的学科","情报语言的不精确——这从国家安全委员会的指令可见一斑","没有情报组织历史知识的事实"①,等等,深刻表明了肯特对情报理论建设的担忧。肯特提议建立情报研究中心,创办相应的学术刊物。1955年9月,中央情报局的内部刊物《情报研究》创刊,肯特为创刊号发表了《情报文献的必要》一文,重申了情报图书资料对情报学科发展和情报工作的必要性。此后,肯特在《情报研究》上就情报理论和情报工作建设发表了9篇文章和11篇书评,为情报理论和情报学科的发展奠定了极其重要的基础。而他的《战略情报》一书自1949年出版后已经有23个版本,被全世界700余家图书馆收藏,成为情报研究领域的奠基之作。

《战略情报》一书讨论的重点是情报定义、情报分类、情报分析、情报与决策关系等,对情报工作的其他要素,如情报搜集、反情报、隐蔽行动,《战略情报》一书基本没有涉及。从学科体系上说,肯特的《战略情报》是有局限的。这种局限性后来由艾伦·杜勒斯的《情报艺术》(The Craft of Intelligence)一书弥补。该书涉及情报的基本功能、导弹时代的情报需求、情报的搜集和分析、反情报的基本技巧、战略欺骗、开放社会与安全保密、政治体制与情报机构的运作等内容。这正是今日军事情报学研究的主要内容。70年来,美国和英国的情报研究大家云集,代表性的作家有研究情报历史的戴维·卡恩(David Kahn)、欣斯利(F. H. Hinsley)、迈克尔·汉德尔(Michael Handel)、迈克尔·赫尔曼(Michael Herman)、克里斯托弗·安德鲁(Christopher Andrew),研究情报失误的罗伯塔·沃尔斯泰特(Robert Wohlstetter),研究突然袭击的理查德·贝兹(Richard Betts),研究战略预警情报工作的辛西

---

① Harold P. Ford, "A Tribute to Sherman Kent," *Studies in Intelligence* (Fall 1980).

娅·格拉博(Cynthia Grabo),研究战略欺骗的巴顿·惠利(Barton Whaley),研究情报分析认知心理的小理查兹·霍耶尔(Richards J. Heuer),研究情报分析流程的罗伯特·克拉克(Robert M. Clark),研究情报分析技巧的杰克·戴维斯(Jack Davis)……今天,在美国、英国和加拿大等英语国家,情报研究已经成为一门显学,是社会科学研究的重要组成部分,而在法国和俄罗斯这样的非英语情报大国,情报研究刚刚起步。

在经历了千年的停滞后,中国的军事情报理论研究在进入现代后重新得到发展。1911 年清政府被推翻,继之而起的内战使中国陷入了持续的动荡,情报工作在战争中发挥了重要作用,情报工作自身也得到了发展,《空中侦察教程》、《游击队的警戒与侦察》、《谍报勤务草案》、《野战情报业务教令》、《情报八大战法》等培训教材问世。1940 年,郑介民出版的《军事情报学》成为我国第一部以"军事情报学"命名的理论著作。[①] 该书较系统地阐述了军事情报学的基本理论,涉及情报工作的各个要素,其基本观念与西方的情报理念极为一致。

在长期的革命斗争中,以毛泽东为代表的中国共产党人形成了自己的情报理论体系。毛泽东"知己知彼,百战百胜"的情报观、周恩来的白区情报斗争理论、朱德和刘伯承的军事侦察理论,对人民军队的军事情报实践给予了精湛的指导。中华人民共和国建立后,人民解放军认真总结战争经验,积极探索军事情报理论,产生了可喜的成果,出版了《合成军队侦察概则》、《师(团)攻防战斗侦察保障》、《先遣侦察支队行动》等情报著作。1988 年出版的《军事情报学概论》奠定了我军军事情报理论研究的基本框架。进入 21 世纪后,随着军事情报工作的改革和任务的转型,军事情报理论取得了长足的进步,一批优秀成果相

[①] 郑介民在该书自序中称:"迄民国二十九年,抗战已至最严重的阶段,在战场上作战的部队长,多数还不明白军事情报工作的重要,因此,不但对日军作战,常常吃亏……这都是由于许多将领不懂或不能重视情报作业的结果,于是著者再实行写作本书;当时由军事委员会印刷分发……"故确定郑著《军事情报学》写作于 1940 年。

继问世,如张晓军的《美国军事情报理论研究》、孙建民的《战后情报侦察技术发展史研究》、任国军的《美军联合作战情报支援研究》、李景龙的《情报分析:理论、方法与案例》、刘强的《情报工作与国家生存发展》、熊剑平的《中国古代情报史》,以及拙著《军事情报学》、《中西情报史》、《中西情报思想史》、《情报分析方法论》。这些著作丰富了军事情报学的研究成果,深化了军事情报学的理论研究水平,并在实践中发挥了很好的作用。具有中国特色的军事情报学学科体系开始形成。

第二节　军事情报学学科体系

学科体系(Discipline System)有两个含义,其一是指某学科的内在逻辑结构及其理论框架,其二是指某学科的范围和各个分支学科构成的一个有机联系的整体。学科体系是对各分支学科按其内在联系加以归类,以符合逻辑的排列形式表述出来,具有规范性、稳定性、系统性和开放性特点的一个稳定的开放系统。一个合理的学科体系,可以客观地反映科学研究的现状,揭示科学发展的规律,并在一定程度上预测科学发展的趋势。①

在长期的发展过程中,军事情报学形成了自己的学科体系。恰当地阐述这种体系,有利于军事情报学学科的科学发展。

一、军事情报学的学科体系

军事情报学学科合理的内在逻辑结构是什么?哪些内容构成了军事情报学的学科范围?军事情报学的学术边界是什么?换句话说,军事情报学的研究对象是什么?厘清这些问题,对促进军事情报学的研究,确立军事情报学的发展方向,防止研究人员误入歧途,具有重要

---

① 参见叶继元《国内外人文社会科学学科体系比较研究》,载《学术界》2008 年第 5 期。

意义。

《中国军事百科全书·军事情报》分册认为,军事情报学按照其研究对象特殊的矛盾性、学科的整体结构和层次、学科创立的条件和与军事学分支学科相对应等原则,分为军事情报史、军事情报思想、合成侦察情报学、军种情报学、专门侦察学、军事情报处理学、军事情报力量建设等分支学科。张晓军的《军事情报学》认为,按照学科构成的常规,一门成熟的学科至少应该包括如下子学科,即历史研究、理论研究和方法研究、相关知识研究。所谓相关知识,即情报对象的"军事、政治、经济、文化(历史、风俗、宗教等)"[①]。

国外没有以"军事情报学"命名的学科,在以美国为代表的西方情报大国,研究国家安全情报工作的学问被称为情报研究,其研究范式被执法情报领域和竞争情报领域所借鉴。[②] 70年来,美国的情报研究取得了丰硕的成果,研究领域可分成军事情报的理论和应用两大方面,前者包括军事情报的基本概念和术语、性质、作用、功能、流程以及情报分类、情报历史、情报转型等,后者则包括情报分析及其失误、情报分析心理、各种情报手段的使用、联合作战的情报支援、拒止与欺骗对情报分析的影响、情报体制的管理与控制等。

本书认为,军事情报学主要探讨军事情报工作的基本理论和运用理论,从整体上认识军事情报工作的一般发展规律,揭示军事情报工作的本质,提升军事情报工作水平,更好地服务于政治、经济、军事和外交决策。军事情报学的学科体系包括历史研究、理论研究、应用研究。

军事情报历史主要研究军事情报工作的产生、发展过程及演变规律,军事情报工作在政治、军事、外交决策中的地位与作用,其研究对象包括情报体制的演变、重大的情报事件、重要的情报人物及其思想,以及

---

① 张晓军主编:《军事情报学》,北京:军事科学出版社2001年版,第13页。
② 参见 Hallen D. Allison, *Entry-level Analyst's Tools and Skills Project*, p. 1。

重大情报技术的发展与演变路径等内容。

军事情报基础理论主要研究军事情报的概念、特性、分类、作用,军事情报的组成问题(即所谓军事情报要素),军事情报工作的流程,反情报和情报斗争,隐蔽行动,联合作战中的情报保障问题等。

军事情报应用理论主要研究军事情报工作的组织与实施,即情报工作是如何开展的。它包括:军事情报工作的组织实施,军事情报体制、布局、部署,这部分内容可以归结为情报体制研究;军事情报队伍建设,即各类情报人员的素质与培训,这部分内容可以归结为情报人才问题研究;各种情报手段的性质、特点、地位、作用、任务、运用原则、使用方法、相互关系及综合运用,这部分内容可以归结为各种类型的军事侦察学,如秘密人力情报工作学、公开来源情报问题研究、无线电侦察学(信号情报学)、网络侦察学等;情报分析的原则与方法,如情报分析学、情报分析方法论、情报分析心理学、情报失误问题研究;情报与决策关系,如情报政治化问题研究、情报与决策关系问题研究。

《中国军事百科全书·军事情报》分册将军种情报学纳入军事情报学学科体系,认为军事情报学学科体系中包含陆军情报学、海军情报学、空军情报学、战略导弹部队情报学、武装警察部队情报学,并认为其主要研究各军种侦察情报工作的特点、原则、任务、力量、手段体系及其运用、情报处理等。① 本书认为,无论哪一军种,其具体的情报需求或情报内容可能不完全一致,但其获取情报的手段、分析情报的方法、处理情报资料的流程完全一致,因此,所谓的"军种情报"或"军种情报学"并不存在。对照一下相关词条,我们发现,它们除了在个别手段、个别内容上有所差异外,其他表述完全一致。

本书认为,当前的军事情报学学位教育将对象国情况研究纳入军事情报学的研究范畴,混淆了军事情报理论研究与军事情报实践活动

---

① 参见刘宗和主编《中国军事百科全书·军事情报》,北京:中国大百科全书出版社 2007 年版。

之间的区别,模糊了军事情报学的学科边界,阻碍了军事情报学的学科发展。

情报机构以对象国的政治、军事、经济、科技、文化状况为研究对象,其目的是准确认识对象国的基本情况,分析对象国的行为,预测对象国的意图,帮助决策者确定相关对策,履行"耳目"与"尖兵"的职能。但对象国研究(相关知识研究,即具体的军事情报实践、科技情报实践和图书情报实践)不属于情报理论研究范畴,而属于情报工作的具体内容,它与历史研究、国际关系研究、军事战略研究、文化研究有更多的交集。如果把对象国的相关知识研究纳入军事情报学的研究范畴,那么军事战略学、国际关系学等学科还有存在的必要吗?军事情报学与军事战略学、国际关系学,以及美国(学)研究、日本(学)研究等学科的学术边界各在哪里?如果对象国的相关知识是情报学的研究对象,那么,像《美国研究》《日本研究》这样的学术刊物,刊登的对象国的政治、经济、外交、军事、法律、科技、文化、历史、艺术以及思潮等各个领域的文章,是否也属于军事情报学的研究文章?不得不说,中国的情报学研究之所以步履蹒跚、发展艰难,与这种错误的学科认知有着密切的关系。

二、军事情报学与信息科学

情报起源于战争,而"间谍是第二种最古老的职业",当我们谈到情报和情报工作的时候,一般会想到间谍、詹姆斯·邦德、中央情报局、克格勃这类概念。但中国学术界所谈论的情报和情报工作,却与公众的认知有着天壤之别。他们谈的不是军事情报工作,而是信息检索、信息服务等,他们所说的情报学当然也不是军事情报学或安全情报学,而是"图书馆、情报与档案管理"。他们甚至于认为情报学产生于第二次世界大战,或者将1956年中国科学院情报研究所的成立作为中国情报工作甚至是情报工作的起点。这样的学科,在西方被称为信息科学(Information Science),其研究主题是信息的创造、存贮、检索、传递及其效用发挥,研究内容包括信息管理、信息检索、知识管理、情报分析研究、竞争情报、数字图书馆等,研究方法则是量化分析、引文分析等。

然而,西方学术界不仅有 Information Science,更有 Intelligence Studies。美国的许多大学都开设有 Intelligence Studies 课程,美国国防情报学院(现国家情报大学,National Intelligence University)于 1973 年就开办 Master of Science of Strategic Intelligence (MSSI) 课程,并于 1980 年获得立法授权。今天的美国国家情报大学设有 Center for Science and Technology Intelligence,School of Science and Technology Intelligence,授予 Bachelor of Science in Intelligence, Master of Science and Technology Intelligence, Master of Science of Strategic Intelligence,并与马里兰大学合办情报学博士点。在欧美学术界,Intelligence Studies 已经是社会科学研究的一个重要组成部分。Intelligence Studies 与 Information Studies 虽然有联系,但大家都承认两者相互独立,是两个不同的学科。

由于汉译的问题,西方学术界在 Information Science 领域所做的大量研究,包括信息检索、信息计量、信息组织、信息服务,在中国学术界被译成"情报××",而 intelligence 及由此派生出的许多相应概念,却没有被引入中国学术界的研究术语体系。由此造成了一种后果:我们在"情报学"名义下所进行的研究和教学,有相当一部分内容不属于情报学,而属于信息科学(Information Science),真正的情报研究被遗忘了。[①] 正如包昌火老先生所说,中国的情报学人可能从来就没有研究过 intelligence,而只是研究了 information。在我国许多情报学杂志和情报学者的论文中,除了"情报学"一词还有"情报"二字以外,再也难觅情报的芳踪。[②]

进入 21 世纪以后,中国情报学界的迷航引起越来越多的有识之士

[①] 参见沈固朝《两种情报观:Information 还是 Intelligence? ——在情报学和情报工作中引入 Intelligence》,载《术语标准化与信息技术》2009 年第 1 期,第 25 页。

[②] 参见包昌火《让中国情报学回归本来面目》,载《情报杂志》2011 年第 7 期,第 1 页。

的关注。包昌火先生批评"中国的情报研究学者,长期将情报研究定位于图书馆学、信息科学、管理科学、智能科学等相邻科学之间,把信息学作为情报学来研究,与信息科学和图书馆学争夺地盘,为他人做嫁衣裳,偏离了情报生产这一核心领域,与我国老一辈革命家所倡导的情报思想相违离,严重影响了我国情报产业的发展,削弱了我国情报机构在国家和企业决策中的地位"。由陕西《情报杂志》发起的"华山情报论坛"多次讨论中国情报学的定位与情报研究的转型问题。但是,转型之路如何开启,军事、安全情报学界与科技情报学界、社会科学情报学界如何融合,却是众说纷纭。

包昌火先生认为,中国科技情报工作和情报学研究的基本任务是information 的 intelligence 化,即弘扬情报工作耳目、尖兵和参谋的作用,以转变我国情报工作的发展走向。这种观点从另一个角度承认军事情报学的研究范式应该对我国的科技情报学界和社会科学情报学界的转型有效。沈固朝教授认为,情报学不能图书情报学界谈的是一个,军事、安全、政治、外交谈的又是另一个。我们的情报学视野应该从长期面向图书馆工作的圈子里脱出来,面向大到国家小到企业或一个组织更为关切的问题上来。虽然 15 年来竞争情报研究开了一个很好的头,但图书情报背景的浓厚色彩使大部分研究与西方的研究有很大差距。考虑到情报学在我国的发展历史、具体的国情和学科建设的需要,与其在术语上作反复讨论,不如在内容上探讨如何具有我国自己的特色——在 Information Science 中引进 Intelligence,打破我们对情报学的思维定势,形成"服务于安全和发展国家战略的一体两翼式情报学体系"。苏新宁教授认为,传统的情报学学科架构、理论方法、情报教育以及情报工作的主导思想已完全不能适应时代的发展要求,情报学学科必须变革。应建立现代情报学理论方法体系,辨识数据、信息、知识、情报之间的差异,确保情报学理论方法真正成为产生情报的基础和手段,真正使情报学充满情报元素。赵冰峰则认为,中国的图书情报学界的核心理论 Information Science 虽然冠以"情报学"之名,但解决的理论问题却是图书馆管理和信息资源管理,与安全和军事学界解决国家安全治理等问题的Intelligence 的理论和学理根基截然不同,根本不存在两大学科整体融合的可能,美国的状况也证明了这一点。在学科发展方向上,中国的现代情报学应与图书情报学形成并行式发展与交叉式融合关系,根本上改观不彻底的情报"改名运动"造成的情报学科分歧与混乱局面(即只调整情报机构名称和研究课题为"信息",但遗留了"情报"的学科设置和学术用语)。①

本书认为,情报学应以情报工作为研究对象,而不是以信息为研究对象。军事情报学研究的应是军事情报工作,科技情报学研究的应是科技情报工作,而竞争情报学研究的应是企业之间的情报工作。这样的研究可以区分于以信息为研究对象的信息科学。传统的科技情报研究和图书情报研究,很少以具体工作为研究对象,从而模糊了学科的边界,导致学科属性的迷失。包昌火先生批评这样的情报研究荒了自家的地,耕了人家的田,完全符合事实。②

如果我们承认信息科学与情报研究分属于两个不同的学科,有着不同的研究对象,其理论和学理根基截然不同,那么,情报学与信息科学就没有必要强行融合。把研究对象不同的两个学科"融合"到一起,势必无法建立起一个纯净的、科学的"情报"概念,导致情报概念的泛化。③ 此外,不同的研究主题和对研究者不同的知识背景要求,足以令企图融合者望而生畏,最终使这种融合难以实现。

当然,情报学与信息科学不能整体融合,并不意味着两大学科之间

---

① 参见赵冰峰《论面向国家安全与发展的中国现代情报体系与情报学科》,载《情报杂志》2016年第 10 期,第 8 页。
② 请注意区分"情报理论研究"和"情报工作实践"的区别。批评中国情报学界"不务正业",并非指科技情报工作实践者荒废了本职工作,而是指科技情报的研究人员没有以真正的科技情报工作为研究对象,没有去探索科技情报工作的基本理论和基本规律。这也是我不同意将"对象国知识研究"作为情报理论研究主题的原因之一。
③ 参见王忠军等《科技情报机构实践创新发展专家访谈》,载《情报理论与实践》2017 年第 12期。真臻语。

不能相互借鉴。情报是经人的智力（文字理解能力、认知能力、推理能力和处理各项关系的能力）将序化了的数据所加工成的更高层次的信息，是激活成决策所需的知识。信息科学已经为这种加工和转变在理论、方法和技术方面打下了雄厚的基础。信息科学擅长的信息搜集方法（感知、检索、交流和通讯技术）、组织方法（分类、编目、索引、文摘）、分析方法（聚类、判别、回归、趋势外推、时间序列、仿真、博弈、内容分析等）是从事学术研究的基本工具[①]，这样的工具为军事情报工作提供了高效的武器，弥补了传统军事情报工作在分析工具方面的缺陷。所以，在军事情报分析中引入定量分析方法，提高情报分析的科学性，使传统的定性分析与定量分析相结合，是摆在军事情报研究人员面前的任务。这样的研究必将丰富军事情报研究的主题，提升军事情报工作的理论水平和实践水平。至于中国的科技情报学和社会科学情报学是否考虑引入军事情报学的研究范式，将其研究主题从一般的科技信息和图书信息拓展到国家安全信息，将其主要工作从建库、建网、建平台、数字化资源建设等信息服务职能转移到信息分析、智库建设上来，将其主要方向从信息组织、信息服务、信息检索延伸到对信息的"研判、洞察"，实现 information 的 intelligence 化，履行国家赋予的"耳目、尖兵和参谋"责任，完成其与信息科学的分离，提炼出自身的学科属性，则有赖于其学科自觉。

三、军事情报学的科学性

军事情报学以军事情报理论和实践为研究对象，系统探索军事情报工作发展的本质规律。它属于社会科学范畴，具有鲜明的阶级性和民族性，但同时也有超越国情与意识形态的共同认识，体现出鲜明的科学性。

[①] 参见沈固朝《情报与信息：一船两夫——读〈隐秘与公开：情报服务与信息科学的追忆与联系〉》，载《情报探索》2010 年第 2 期。

毋庸置疑,不同的国情,不同的意识形态,决定了一个国家对情报工作的不同认识,体现了情报研究的民族性和阶级性。例如,苏联认为影响国家安全的既有外部势力,也有内部敌人,因此苏联情报机构高度重视国内安全情报工作。美国认为情报机构必须在法律框架内行动,情报机构不应威胁公民的个人权利,因此立法禁止对外情报机构从事国内情报活动。由此,苏联和美国的情报工作体现出鲜明的民族性。

然而,军事情报学的本质在于揭示军事情报工作的本质规律,这种本质规律并不因国家利益、阶级性和意识形态而发生改变。不管是哪个国家,何种意识形态,情报体制都必须协调一致地运转,获取的信息应该共享,并进行客观分析,以洞察事态发展的本质,预测事态的发展趋势。这种规律超越了意识形态和民族特性的影响。例如,孙子认为"故明君贤将,所以动而胜人,成功出于众者,先知也",1955 年美国胡佛第二委员会认为情报处理的是采取行动之前都必须知晓的事务。[①]孙子与胡佛第二委员会两者虽然经历了时空转换,但强调的重点完全一致,即情报对行动的先导作用。这说明,情报工作的发展虽然受到意识形态等政治因素的影响,但其本质特点和发展规律,尤其是对这种规律的认识,是一致的。

第三节　军事情报学的基本范畴

范畴是人的思维对客观事物的普遍本质的概括和反映,是反映事物本质属性和普遍联系的基本概念,是人类理性思维的逻辑形式。范畴是主观与客观的辩证统一。范畴作为思维的形式是主观的,范畴的内容是客观的,范畴是对现实的反映,是对现实事物和现象的本质的概括。每门科学都有自己的一些基本范畴,它们构成了各门学科的范

---

① 参见 Allen W Dulles, *The Craft of Intelligence*, New York: Harper & Row, 1965, p. 11。

畴体系。

军事情报学是研究军事情报工作规律和指导规律的学科,有其自身的科学范畴,有支撑起军事情报学这门学科的基本概念。从这个角度出发,我们可以归纳出一系列军事情报学的基本概念或基本范畴,如知彼与知己、实力与意图、对外情报与反情报、公开与秘密、人力搜集与技术搜集、搜集与分析、情报科学或情报艺术、情报分析与战略决策,等等。本节重点讨论知彼与知己、实力与意图、情报分析的科学性与艺术性、对外情报与反情报、搜集与分析、情报分析与战略决策等几对基本范畴。

一、知彼与知己

“知彼知己”涉及情报工作的基本对象,这是情报理论的原点。这个问题搞不清楚,那么,对情报的定义也就搞不清楚,对情报机构职能的认识就会存在争议。因此,它是情报研究最基本的范畴。

最早将情报定位于“彼方”的,是冯·克劳塞维茨。他认为“情报是指我们对敌人和敌国所了解的全部材料”,与己方情况无关。这一定义对美国和其他西方国家的情报工作影响甚大。这样的认识在西方情报界比比皆是。近代中国的情报研究者全盘接受了西方情报界的观点,将己方情况排除在外,而将情报完全定位于彼方情报。如 1915 年版《辞源》将情报定义为“军中集种种报告,并预见之机兆,定敌情如何,并报于上官者”。1939 年版《辞海》将情报定义为“战时关于敌情之报告”。《中国大百科全书·军事情报》认为,情报是“为保障军事斗争需要而搜集的敌对国家、集团和战区的有关情况以及对其研究判断的成果。它是制定战略方针、国防政策和各级指挥员下定决心、指挥作战的重要依据”。

与此同时,情报工作应该“知彼知己”这种认识从来没有消除,许多中外理论家均认为情报工作应该知彼知己。

中国古代没有“情报”一词,中国兵家多用“情”或“知”、“计”来指代

"情报"。孙子反复论述了知的重要性,如"知彼知己,百战不殆;不知彼而知己,一胜一负;不知彼不知己,每战必殆"。在决定战和大计时,决策者要进行庙算,即对敌我双方的情况进行对比分析,即:"主孰有道? 将孰有能? 天地孰得? 法令孰行? 兵众孰强? 士卒孰练? 赏罚孰明?"这种知彼知己的实践后来成为中国的兵学传统,如《李卫公问对》强调,"先料敌之心与己之心孰审,然后彼可得而知焉;察敌之气与己之气孰治,然后我可得而知焉。是以知彼知己,兵家大要","今之将臣,虽未知彼,苟能知己,则安有失利者哉?"

有意思的是,中国古代"知彼知己"、"知天知地"的情报认知观念,在美国情报学界遇到了越来越多的"知音",美国人向情报专属彼方的定义发起了挑战。

美国情报学者法拉戈(Ladislas Farago)认为,情报为有价值的消息,即可靠的、富有意义的,对其重要程度曾及时进行过鉴定的消息。[1] 2005年美国大规模杀伤性武器情报能力调查委员会报告指出:情报是关于我们周围世界的知识。它能辅助文职和军事领导人作出更加博闻的决定,准备应对并反制潜在的和正出现的对美国利益的威胁。[2] 美国情报学者艾布拉姆·舒尔斯基(Abram N. Shulsky)认为,情报是一种与政府制定和执行政策相关的信息,以保证国家安全利益,应对现实及潜在对手的威胁。舒尔斯基并没有刻意指出情报究竟是否仅属于关于对手的知识,不过他指出,对手并非仅指敌人,有时盟邦也会成为对手。[3] 美国国家情报委员会负责情报评估的副主席马克·洛文塔尔(Mark Lowenthal)指

---

[1] 参见［美］拉·法拉戈《斗智》,北京:群众出版社1983年版,第5页。

[2] 参见 The Commission on the Intelligence Capabilities of the United States Regarding Weapons of Mass Destruction, *Report to the President of the United States*, Washington, D. C.: Government Printing Office, March 31, 2005, p. 581.

[3] 参见［美］艾布拉姆·舒尔斯基《无声的战争:理解情报世界》,罗明安、肖皓元译,北京:金城出版社2011年版,第7页。

出,情报是对国家安全具有重要意义的特定类型的信息。[①]

上述定义都没有刻意指出情报的彼方属性,它们追求的目标有二:一是情报的知识性,二是情报是对我们周围环境的认识。既然是环境,己方当然是处于这个环境里的。

本书认为,情报工作必须注重"知彼知己"问题。仅讲知彼,忽视知己,是不可能做好情报工作的。

首先,情报的预测性要求情报工作必须知彼知己。

情报工作的本质是从杂乱无章的情报现象中,发现各种情报现象之间的内部联系(相关性),洞察事物的本质,预测其可能的发展趋势。对此,学术界没有异议。中央情报局《情报用户指南》认为情报是"对我们周围世界的知与先知"。谢尔曼·肯特更将情报分成三种形态,即基本描述类、动向报告类和评估预测型。一份情报文件,要描述已经发生的事实,分析正在发生的事态,并就事态的进一步发展趋势作出评估和预测。

怎样才能做好评估与预测?怎样才能把情报分析人员与算命先生区分开来?这只有通过发现事物之间的内部联系才能做到。用毛泽东的话说就是,"指挥员使用一切可能的和必要的侦察手段,将侦察得来的敌方情况的各种材料加以去粗取精、去伪存真、由此及彼、由表及里的思索,然后将自己方面的情况加上去,研究双方的对比和相互的关系,因而构成判断"[②]。这一过程,我们可以简单地概括为"实事求是",即透过纷繁复杂的情报现象,洞察情报事件的本质,预测其进一步的发展趋势。

要使情报体现出预测性,仅关注彼方情况是不够的。从军事辩证法的角度看,知彼和知己是情况认识过程中的两个环节,两者互为依据。离开对己方情况的认识,我们对彼方情况的认识则是不完整的。割裂彼方情况与己方情况之间的联系,不对敌我双方的情况进行对比分析,就

---

① 参见 Mark M. Lowenthal, *Intelligence：From Secrets to Policy*, Washington, D. C.：Congressional Quarterly Press, 2012, p. 9。

② 《毛泽东选集》(合订本),北京:人民出版社 1964 年版,第 163 页。

不能认清客观事物发展的本质，预测事物发展的方向。我们常说不能过低估计敌人，过高估计自己，但实际上，两者之间是相互联系的。过低估计了敌人，也就是过高估计了自己，反之亦然。因此，孙子在讲"知"的时候，把"知彼"与"知己"联系在了一起，在"五事"和"七计"中，特别提出要就双方各方面的情况进行对比分析，以得出最终结论。谢尔曼·肯特明确指出，无论是驻外秘密人力情报人员，还是情报分析人员，首先都应了解本国的情况，了解决策者的决策需求。① 在评估敌方可能采取的行动方案时，需要用到"形势评估"这一著名公式。这个公式大体遵循以下几条：(1) 环境知识，即地理、天气和气候、水文地理、后勤等；(2) 对敌人武装力量及其部署的了解；(3) 己方力量；(4) 敌方可能的行动方案。这种行动方案主要用于军事行动领域，也可用于政治和经济领域。② 这种评估被称为"纯净评估"（Net Estimate）或"司令官评估"（Commander's Estimate）。在这一评估过程中，情报人员和其他人员要回答下列问题：敌方的实力，使用实力的意图，我方的实力，可能的反应计划。在回答这些问题的基础上，决策者下定最后决心。因此，要认清事物之间的内部联系，洞察事物的本质，就必须把彼方情况与己方情况联系起来。

其次，知识与信息升华为情报离不开对己方信息的掌握。

情报是复杂的人类认知活动的产物，情报不仅是一种结果，也是一种过程，即探求事物本质、了解事物发展规律的过程。这一过程我们称之为情报分析。情报分析是通过对全源数据进行综合、评估、分析和解读，将处理过的信息转化为情报以满足已知或预期用户需求的过程。③ 这个全源数据，不仅包括彼方情况，也包括己方情况和自然情况。"天"、"地"、"彼"、"己"各方情况构成了情报分析的原料，而情报是这种分析的

---

① 参见［美］谢尔曼·肯特《战略情报：为美国世界政策服务》，北京：金城出版社2012年版，第五章。
② 参见［美］谢尔曼·肯特《战略情报》，北京：金城出版社2012年版，第四章。
③ 参见 U. S. Joint Chiefs of Staff, *Joint Publication 1 - 02*, *Department of Defense Dictionary of Military and Associated Terms*(as amended through 9 May 2005)。

结果。

英国情报学家布鲁克斯(B. C. Brookes)认为,情报与知识一样,是知识结构的微小单元。情报或许要依赖于感觉观察,但是所接收到的信息必须用知识结构进行主观解释才能成为情报。知识的增长不是简单的堆加,情报被吸收后,它所引起的不是知识的简单相加,而是对知识结构的某些调节,甚至是重组。① 信息重组后,才能变成情报。

美军《联合情报》规定得更为清楚:"联合部队所属各种部队拥有极其广泛领域的信息,包括己方、中立方、敌军和平民等。同样,还有涉及天气、地形、文化因素和作战环境其他方面的大量信息。这些海量的信息经过处理后被提炼成情报,用于预测敌方的能力和意图。正是这种预测性使情报有别于指挥官拥有的其他海量信息。"②

这些情报观念正是孙子"知彼知己"、"知天知地"情报观念的另类表述。情报是信息的增值与升华,经过升华的信息才能成为情报。因此,我们不能说"彼方情报"或"己方情报",只能说关于彼方的情报资料或关于己方的情报资料。它们糅合在一起,经过情报分析人员的提炼加工后,形成了情报。作为成品的情报,可能看不出哪些是己方的,哪些是彼方的。我们唯一可确定的是,它是我们关于某个问题的知识、判断,这种知识或判断是决策者据以行动的基础。

再次,预测敌方动向,评估敌方计划,离不开知彼知己。

为满足决策需求,情报机构需要提供敌方的情况,分析敌方的意图,预测敌方可能的行动方案,评估己方行动计划以及敌方可能作出的反应。美军《联合情报》明确指出,情报军官要了解己方计划未来要采取的行动,同时对下列因素作出预测:敌人发现己方行动的可能性,敌方会如何解读己方行动,以及敌人最可能作出的反应。为恰当履行这一职能,情报机构当然必须了解己方情况,因此,《联合情报》同时规

① 转引自陈思彤《布鲁克斯情报学思想研究》,东北师范大学硕士学位论文,2009 年 5 月。
② U. S. Joint Chiefs of Staff, *Joint Publication* 2 - 0, *Joint Intelligence* (22 June 2007), I - 1.

定,在联合作战中,情报行动与联合作战行动的其他组成部分应协调同步。指挥官在制定联合作战行动计划的最初阶段就应让情报计划人员参与进来。①

了解对手的实力,判断对手的意图,是情报工作面临的最大挑战。因为敌我双方处于不断互动的动态过程中,对手的行动,可能是其主动行为,但也可能是对手对我方行动所作出的反应,这就是克劳塞维茨所谓"相互作用的过程"。如果分析人员不能了解己方的计划,那么,在判定对手意图的时候,就可能出错。所以,美国学者唐纳德·麦克拉克兰(Donald Maclachlan)指出:"如果不充分了解己方的行动或计划,有关敌方的情报就是不完整的,无效的。只有与己方部队正在或计划开展的行动相联系,敌方正在开展的行动才有意义。因此必须向情报机构提供总体的形势……作战人员和计划制定者必须向情报人员透露他们正在做或准备做什么,并且情报人员也应该在不暴露他们如何知晓的前提下,向作战人员透露他们所知道的一切。"②

美国学者迈克尔·汉德尔(Michael Handel)指出,作战情报实质上是敌情,但它必须与我情相结合才能有效地发挥作用:情报的根本目标是优化决策,作战情报实质上就是有关敌方的最新信息,这些信息由专家对原始资料进行处理和提炼而成,为了使情报搜集和分析有效地支援军事行动,这些专家也必须清晰获知己方的行动计划,只有获得符合这些条件的情报,才能在战场上以更低的代价达成最好的结果。③

因此,情报是政府、军队和企业为制定和执行政策而搜集、分析与处理的信息,情报是决策者据以行动的知识与判断,情报来源于对全源数

---

① 参见 U. S. Joint Chiefs of Staff, *Joint Publication 2 - 0*, *Joint Intelligence*(22 June 2007),II - 26 - 27。

② Michael I. Handel, ed., *Intelligence and Military Operations*, London: Frank Cass, 1990, p. 1。

③ 参见 Michael I. Handel, ed., *Intelligence and Military Operations*, London: Frank Cass, 1990, pp. 1 - 2。载张晓军主编《美国军事情报理论研究》,北京:军事科学出版社 2007 年版,第 22—23 页。

据的分析研究。"知彼知己","知天知地",正是情报人员的天职。

　　从目前流行的情报定义看,将知彼作为情报机构的任务较容易理解,大部分情报机构也是这样实行的。在总参谋部体制下,情报与作战指挥是截然分开的,知彼被视为情报部的职能,而知己则是作战部的职能。情报人员无权了解己方的机密,当然也无从进行敌我力量对比。但这种局面在20世纪50年代和60年代的美国多次被打破。艾森豪威尔明确要求中央情报局在编写《国家情报评估》时要结合敌我双方的实力和意图,进行对比分析。这种被艾森豪威尔称为"司令官估计"的情报,曾是艾森豪威尔时期战略决策的基础。在肯尼迪执政时期,国防部长罗伯特·麦克纳马拉也曾迫使军方同意向中央情报局提供己方情况,供情报分析人员作对比分析之用。① 可见,真正的战略估计(战略情报)是不能把彼方情况与己方情况分开的。

　　这里有必要强调一点,即知彼与知己的结合主要发生在情报分析阶段,亦即在掌握基本敌情的基础上,了解己方情况,对敌我双方的力量作对比分析,以发现事物的本质,把握事物发展的趋势。己方情况不需要使用侦察手段去获取,而是由己方相关部门提供。此种情景无论古今中外皆然。如美国国防部不愿意向中央情报局提供己方情况,中央情报局并没有使用侦察手段去获取这种情况,而是由国防部长麦克纳马拉向五角大楼施加压力,迫使其提供这种情况。此外,知己主要发生在战略情报层次。只有这个层次的情报工作需要有专门的智囊人员对敌我双方的情况进行综合研究,以供最高决策者参考。在形成战场态势的时候,敌情、我情以及构成战场环境的基础数据,构成了态势情报的主要来源。

---

① 罗伯特·麦克纳马拉对扩大情报机构在了解己方情况的权限方面起过巨大的推动作用。当时,美国决策者迫切需要了解美苏双方在战略武器方面的力量对比情况,各军种情报机构却无法承担这样的重任。为此,罗伯特·麦克纳马拉设立了国防情报局,负责战略情报的研究工作。然而,即便如此,他依然觉得国防情报局不能满足他的需要,从而越来越多地求助于中央情报局。此举引发了中央情报局与军事情报机构间的争论,因为要对美苏之间的军事计划作对比研究,情报机构必须了解美国的军事能力,而军方则认为,中央情报局无权获取这样的机密。迫于麦克纳马拉的压力,五角大楼还是向中央情报局提供了美方的情况。

在战术层次,因为情况比较简明直观,己方情况还是由指挥人员直接掌握,情报人员专注于获取敌方情况即可。

二、实力与意图

情报工作要知彼知己,就知彼而言,我们应该知道对方的哪些东西呢? 我们的回答是:了解对方的实力,探究对方的意图,是情报工作的两大主题。

有史以来,情报机构就把获取对方的实力作为最重要的目标。传统的情报机构,擅长的也就是了解对方的实力。这样的实力有很多内容。《管子》的"八观"、孙子的"五事"、克劳塞维茨的"战略要素",都是实力的具体体现。

肯特在《战略情报:为美国世界政策服务》一书中详细列举了战略要素应该包含的内容:基本背景、国家特征、人口、经济、交通、军事地理、军事建制、政府重要人物的传记资料,当地地理术语,河流、运河、湖泊的描述,发电厂的清单和详细说明,公路的描述,飞机场和最重要着陆点的清单,主要电话和电报线路的清单,金融、影响力、计量单位,海滩(能用于两栖登陆)。从这一列表我们可以看出,实力可以是有形的,也可以是无形的。有形实力包括武器装备、行动计划以及军队数量,这些都很难掩藏。无形实力包括其机构组成、军队士气、作战条令等。无论是有形还是无形,这样的东西均不难获得。在现代以前,情报机构需要通过间谍获取这样的情报,而在今天,我们只需要看看报纸、做做统计,就可以大致掌握一个国家的基本情况。在评估对手的实力方面,我们必须避免的一个错误就是仅仅关注那些可见的、可量化的实力,而忽视那些无法精确评估的、非物质的军事实力。然而近代西方军事情报机构基本上没有考虑过国民士气、经济实力这样的非物质因素,而只考虑军队数量、武器装备这些有形的物质因素。

但是,情报机构要完成的另一个任务就没有这样轻松了。美军 2007 年版《联合情报》指出:判定敌人的企图是情报工作面临的最大挑战。尽管情报必须查明和评估对手的全部能力,但对于未来形势和对手意图的关注更有价值。评估应能够准确地判断对手的意图,为作战行动提供支援,并详尽预测对手下一步的行动方案,以采取应对措施。[①] 这就为情报机构设定了一个高难度的目标。我们可以在统计公报上找到美国的军事力量、美国的经济力量、美国洲际导弹的数量、美国在夏威夷的驻军情况,但对于它如何使用这些力量的情况,我们却不太可能通过公开途径获得,甚至也不可能通过秘密渠道获得。

所谓意图,也就是没有变成现实的东西,在时态上,它属于将来时,而不是过去时或现在进行时。判断意图的核心要件是预测。孙子云,"故明君贤将,所以动而胜人,成功出于众者,先知也";《管子》认为:"为兵之数……在于遍知天下,而遍知天下无敌。"将领必须"三具",即要"知形"、"知能"、"知意",将领必须具备这三方面的能力,才能"闻无极","见未形"。

要预测一个没有发生的事情,需要极高的智慧。俗话说,"天有不测风云",生长中的生命可能会夭折,高速行驶中的汽车可能会爆胎,一个公司可能会突然倒闭,一个国家可能会突然解体。因此,预测是件极难的事情。克劳塞维茨说,战争是交战双方一种"活的反应",这是一种相互作用的关系:对方的行动,不仅是它自身战略选择的结果,同时也可能是对我方活动作出的反应。敌我双方的实力,敌我双方使用实力的意图,构成了一个复杂的过程。要从这样的体系中判断出对方的意图,当然风险极大。如果一国发现了其他国家敌对的战略意图,就会扩张其军事实力进行应对。如果我方的军事实力发生了变化,或者敌方认为我方的军事实力发生了变化,那么就会造成其恐惧和怀疑心理,从而改变自己的战略意图。这样一来,就会激化对抗情绪,极端的情况下就会引发对方抢先发动战争。战略意图的评估过程显示,我们不仅仅要全面地掌

[①] 参见 U. S. Joint Chiefs of Staff, *Joint Publication* 2 - 0, *Joint Intelligence*, 22 June 2007, Chapter I - 26。

握敌方的战略意图和军事实力,还要了解敌方如何认知我方的战略意图和军事实力,且作何反应。要完成这一系列评估,其难度可想而知。尽管谢尔曼·肯特信心满满,认为,"如果你掌握大弗鲁斯纳战略地位方面的知识、了解其命门所在,知道她如何看待这些问题,同时了解其他相关国家的弱点和战略地位,那么你就很有希望预测它可能采取的行动",但同时,他又为预测开出了一个极高的条件:评估是最珍贵的情报产品,只有最有能力的研究人员才能提供。评估类情报要求其生产者必须精通本领域的主要内容,面对新证据时客观公正,在发展研究技巧上具有天分,在做出假设时能充分发挥想象、警惕自己在分析流程中的主观偏见,娴熟展示自己的结论。生产者必须接受过最优秀的专业训练,具有极高的天分和广博的睿智……评估是一种微妙的知识,它只能来源于那些知识渊博、天资聪慧的大师级人物。[①] 但即便是肯特自身,也在预测中犯过错误,而要让这样的大师在情报机构长期服务,又谈何容易。所以,近代的情报参谋们都把"知能"放在了至高无上的地位,他们满足于搜集敌方的能力,而把"知意"的职责拱手让给了作战参谋;在知形方面,他们满足于搜集敌方的有形能力,而把无形的能力,如军队素质、国民士气,抛到了脑后。这种局面,导致近代情报机构在决策体系中的地位一落千丈。

意图难以判断,还与对方的决策者相关。在很多情况下,对方的决策者并没有下定最后决心,他的主意随时可能改变。在这个时候你要判断他的意图就十分困难。例如,1941 年春季,在苏德战争爆发前,理查德·佐尔格(Richard Sorge)等苏联情报人员一再向决策者告警,但这些告警没有一次兑现,佐尔格等人在斯大林那里失去了信誉。之所以出现这种结局,并不是因为佐尔格的情报不准,而是希特勒根本没有下定最后决心。一连串的意外事件打乱了希特勒的部署。

意图难以判断,还与敌方的欺骗有关。情报工作本质上是对立情报机构之间的认知对抗。一国情报机构会竭尽所能,了解对手的总体实力

---

① 参见〔美〕谢尔曼·肯特《战略情报》,北京:金城出版社 2012 年版,第 49、53 页。

和战略意图。而对手也不可能主动公布其战略意图,相反,它会想方设法隐藏自己的实力和意图,引导对方作出错误的判断。这就是战略欺骗。美国学者惠利(Barton Whaley)指出,不进行欺骗也可以达成突然性,但如果进行欺骗,则可以保证达成突然性。[①]　美军统计了1914年来军事冲突中突然袭击的发生情况,结果认为如果不使用欺骗,则只有50%的可能达成突然性,如果使用欺骗,则有近乎百分之百的可能达成突然性。[②]　为了达成行动的突然性,一个明智的决策者不可能不诉诸欺骗,这就增加了意图判断的难度。

当然,我们说意图难以判断,并不是说意图不可判断。客观对象的本质总会以现象的形式表现出来。即使是最善于保密的领导人,他的意图也可通过各种形式表现出来。只要读过《我的奋斗》,你就不应该怀疑希特勒吞并世界的决心;只要看看报纸,你就可以体会到海湾危机爆发前伊拉克对科威特的敌意。

仔细研究所有有关对方军事实力的证据,能更好地掌握对方的战略意图。军事准备活动是发动战争的前提。有些国家对我们充满敌意,但如果其没有做好军事准备,那么这种敌意也不可能成为现实,因此从预警的角度而言不值得我们去关注。我们关注的重点应是敌方对我进行军事打击的能力有多大,而不是其在政治上对我的敌对性有多强。因此,我们应该把力量花在对军事征候的搜集上,而不是花在对政治征候的搜集上。如果对方领导人怀有进攻的意图,他就会加大军事投入,扩张军事实力,偏爱远程进攻型武器。因此,研究对方的有形实力,掌握一些战略征候,对判明对方的意图大有裨益。西方情报机构视军队调动、民防动员、重要人员疏散为判断敌情的指标,就是因为这些指标与战争爆发有着密切的相关关系。在古巴导弹危机期间,苏联驻美情报官员奉命点数美国五角大楼亮灯窗口的数目,也是因为窗口亮灯说明美国军方

---

① 转引自[美]唐纳德·丹尼尔等编《战略欺骗》,北京:军事科学出版社1990年版,第167页。

② 参见 Department of Army, *FM 90 - 2: Battlefield Deception*, Washington, D. C., 3 October 1988, Chapter 1. http://www.fas.org/irp/doddir/army/fm90 - 2/90 - 2ch1.htm。

在加班,危机确实有可能向战争转变。

通过征兆指标判断对方的意图,讲得最清楚的是毛泽东:"战争没有绝对的确实性,但不是没有某种程度的相对的确实性。我之一方是比较地确实的,敌之一方很不确实,但也有朕兆可寻,有端倪可察,有前后现象可供思索。这就构成了某种程度的相对的确实性,战争的计划性就有了客观基础。"①很明显,这种征兆和端倪,就是敌方活动的表象,通过对这种表象的分析,我们就可以猜测对方的意图。至于说猜测的准确性如何,那就看各人的修行了。

三、公开与秘密

公开与秘密,是情报研究中不可回避的两个问题,它涉及对情报的认识、对情报力量的配置,以及情报的使用诸问题。

传统的情报观念认为秘密是情报的重要属性。《中国军事百科全书·军事情报》认为,军事情报事关国家安全和战争胜负,一旦泄露将会对国家和军队造成重大损害。由此出发,人们对情报工作形成了一整套认识:情报机构存在的目的是挖掘其他国家的秘密,部分情报活动在秘密状态下进行;情报搜集是情报工作的中心环节,通过搜集即能了解敌方的意图;秘密人力情报工作是主要的情报来源;情报资源应该围绕情报搜集配置;情报关乎国家安全,因此,情报的使用者只能是国家和军队的决策者。这种传统的情报观持续了千年之久。

然而,从 20 世纪 30 年代开始,一种新的情报观开始显现。英国工业情报中心通过分析德国海关的进出口统计,就得出德国正在秘密重整军备的结论。它 80% 以上的情报资料来源于相关的出版物、报纸、工业期刊和时事通信、年鉴、国际联盟出版物。② 美国战略情报局的创

---

① 毛泽东:《论持久战》,载《毛泽东选集》(合订本),北京:人民出版社 1964 年版,第 462 页。
② 参见 Jeffrey Richelson, *A Century of Spies: Intelligence in the Twentieth Century*, New York: Oxford University Press, 1995, p. 208。

始人威廉·多诺万曾大声疾呼,战略情报不仅要由军事情报人员去分析,还应该交给经济学家、心理学家和工程技术人员及财政专家去分析。① 他在战略情报局设立了分析家委员会和研究分析处,大批泰斗级的学者依据国会图书馆的公开资料分析德国、日本的意图,试图找出这些国家的"阿喀琉斯之踵"。美国第二任中央情报主任霍伊特·范登堡(Hoyt S. Vandenberg)曾谈道,有 80% 的情报是依靠发掘公开资料获得的。② 福特总统的中央情报主任威廉·科尔比(William Colby)指责传统情报工作是"君主、将领等一小撮人的私人领地。政府与军队间谍打探其他国家的秘密,目的是为其主子在与对手打交道时获得优势。秘密特工极力通过阴谋和颠覆活动,败坏对手声誉,支持对手的反对派"③。

新情报观的集大成者是谢尔曼·肯特。肯特认为,情报这个词听起来有些神秘,但实际上是每个人都会碰到的:当一个家庭主妇需要购物时,她需要对某种商品有一定的了解和认识,这就是情报。因此,情报是一件简单的事情:作为一种活动,它是对某种知识的追求;作为一种现象,它是由此而产生的知识。

肯特认为,秘密搜集不可或缺,但绝大多数信息都可以通过公开的、光明正大的观察和研究获得。例如,一个国家的基本情况,无论是其政治制度、社会状况、经济状况,还是军备建设、国民士气,通过公开途径均可得到,但如何对其作出正确评估却十分困难。因此,评估是最珍贵的情报产品,评估类情报的生产者必须接受过最优秀的专业训练,具有极高的天分和广博的睿智。

肯特指出,搜集并不能解决所有的问题。有些情况非常重要,国家

---

① 参见 Robin W. Winks, *Cloak & Gown*, *Scholars in the Secret War*, 1939 – 1961, New York: William Morrow: 1987, p. 67。

② 参见 John Ranelagh, *The Agency*: *The Rise and Decline of the CIA*, New York: Simon and Schuster, 1986, p. 56。

③ William E. Colby, "Intelligence in the 1980s," *The Information Society* 1, no. 1 (1981), pp. 53 – 54。

迫切需要,然而在最需要它时,它竟然尚未存在,相关事情还未发生。1950 年朝鲜战争爆发时,苏联人需要确定美国究竟会不会出兵。即便苏联特工能看到美国的档案,他们也不可能找到这样的文件,因为杜鲁门总统在战争爆发之后才作出了决定:"因此,如果通过阅读他的私人文件而预测他的意图,而且其制定政策的基础是他自己的发现,那么就本身而言,政策几乎肯定会破产。"①这样的情况不可能通过秘密搜集获得,却可以通过研究美国的行为、声明、政策获得。因此,反映敌国意图的知识只有通过分析研究才能获得,分析研究是揭示真相或接近真相的途径。换句话说,情报分析是情报工作的中心环节。

肯特的认识破除了千古以来笼罩着情报工作的神秘面纱,使人们对情报工作有了一个全新的认识。随着时间的流逝和分析工具的改进,肯特的观点在美国情报界找到了越来越多的信徒,成为美国情报界一种主流的情报思维。布鲁斯·伯尔考威茨和阿兰·古德曼直言,信息革命不仅改变了情报机构监控的内容,更改变了情报机构的工作方式。在信息时代,信息即是情报,信息的提供不再是专业情报机构的禁脔,决策者自己也可以通过各种渠道获取情报,并对信息进行分析。② 冷战后公开来源情报工作的倡导者罗伯特·斯蒂尔(Robert David Steele)指出,公开来源情报可以成为秘密搜集的补充。有些情况,如一个国家的经济情况、交通运输情况、气候情况,通过公开途径可以轻易获得,但通过秘密渠道却无从下手。有些地区因为其不具备战略上的重要性,因此传统的情报搜集能力通常不会覆盖这些区域,而军队却需要在此开展反恐、维和和人道主义救援行动,在这种情况下,公开来源情报往往是对这种情报需求作出快速反应的唯一手段。再如,有的突发事件发展迅速,秘密情报手段根本无法及时跟进,但公开来源情报却可以迅速覆盖。这样的观点进一步冲淡了情报工作的秘密色彩。

---

① Sherman Kent,"Preface to the 1966 Edition," *Strategic Intelligence*, xxiv.
② 参见 Bruce D. Berkowitz & Allan E. Goodman, *Best Truth: Intelligence in the Information Age*, New Haven, Conn.: Yale University Press, 2000, Chapter 3。

　　当然,这种新的情报观也有批评者。情报之所以成为情报,是因为它与秘密息息相关。特雷弗·罗帕评论道:"秘密情报是公开情报的继续,只是方式不同而已。只要一些政府把他们的部分活动隐藏起来,另一些政府,如果想使政策建立在充分而正确的信息的基础之上,就必然会寻机刺破伪装,探出实情,这就不可避免地要采用各种各样的手段和方法。但是,尽管方式不同,结果却是一样的。秘密情报填补了公开情报的不足,因为公开情报是通过公开的或至少是通过合法手段获得的资料进行合理分析研究的产物。事实上,公开情报和秘密情报二者是不可分割的。"①

　　表面上看,这场公开与秘密之争充满了火药味,但实际上,双方之间的距离并不遥远。肯特在强调情报的公开属性的同时,并没有遗忘秘密情报手段。他也明白战争时期因为敌方加强了保密措施,情报获取的难度会加大许多。② 由此可见,反对派与肯特的观点并非对立,而只是侧重点不同。肯特更多地强调了情报来源的公开性,而反对派更多地强调了秘密情报来源的重要性。公开与秘密相互补充,这正是情报工作的魅力所在。

四、情报分析的科学性与艺术性

　　情报分析究竟是一门科学还是艺术,涉及情报观问题。从第二次世界大战开始,以谢尔曼·肯特为代表的情报分析家认为,情报搜集不能解决情报工作中的不确定性问题,情报分析是情报工作的中心环节。肯特指出:"这种知识的一部分可以通过秘密手段获取,但大部分还是通过没有丝毫浪漫色彩的公开观察和研究获得。"③社会科学研究与自然科学研究类似,情报分析与历史研究是一回事。自然科学与社会科学的研究

① Kurt M. Campbell and Michele A. Flournoy, *To Prevail: An American Strategy for the Campaign Against Terrorism*, Washington, D. C.: The CSIS Press, 2001, p. 81.
② 参见[美]谢尔曼·肯特《战略情报》,北京:金城出版社 2012 年版,第 53 页。
③ [美]谢尔曼·肯特:《战略情报》,北京:金城出版社 2012 年版,第 4 页。

方法,完全可以用于情报研究。只要掌握基本信息,通过小心的假设、缜密的推理,一个情报分析人员就可以得出正确的结论。这样的情报思维深深影响了早期情报分析工作的发展,促进了情报分析的科学化。中央情报局分析专家唐纳德·斯图理(Donald P. Steury)评价肯特"在其职业生涯中使情报分析成为一个专门学科,并且建立了井然有序的方法论"①。肯特倡导的基于历史研究的情报分析方法,成为美国情报界进行情报分析的主要方法之一。肯特对社会科学方法的坚持,反映了"20 世纪 40 年代和 50 年代对社会科学的一种普遍乐观情绪"②,即认为一旦接受了科学的方法(诸如各种定量研究方法)和科学的观点(如行为主义),就能使情报研究成为一门科学。

然而,肯特的情报观并非没有缺陷。肯特强调了情报工作与社会科学研究的一致性,却忽视了情报工作的艺术性。他注意到秘密搜集的局限性,却忽视了情报分析对情报资料的依赖性:没有可靠的情报来源,情报分析就成了无源之水和无本之木。他看到了科学研究方法在了解对方实力时的有效性,却忽视了科学研究方法在分析对方意图时表现出来的局限性。

情报分析之所以不完全是一门科学,是因为情报分析的对象与科学研究的对象不同。科学研究的对象是自然现象与社会现象。囿于人们的认识能力,自然现象与社会现象较难认识,但只要掌握了科学的方法,认识它们是可以做到的。而情报工作的目标在于揭示对手的实力和意图。对手当然不希望自己的实力和意图为我们察知,它会千方百计地隐蔽自己的实力和意图,引导我们作出错误的分析和决策。因此,情报工作远比社会科学研究复杂。仅靠情报人员的智慧和科学方法,并不一定能得出正确的结论。

肯特十分强调情报研究方法的重要。他明确提出要运用"科学的"

---

① Donald P. Steury, *Sherman Kent and the Board of National Estimates*: *Collected Essays*, Introduction. https://www.cia.gov/cia/publication.html.
② [美]艾布拉姆·舒尔斯基:《无声的战争》,北京:金城出版社 2011 年版,第 270 页。

方法研究过去的事件,分析当前的复杂形势,判断未来可能的发展趋势。所谓"科学的"方法,即分析、综合、归纳、演绎、类比和证实等。但实际上,这些思维方法本质上都有局限,并不能保证得出必然的结论。肯特认为,评估一个人的意图是可能的,因为评估对象是理性的行为者,思维正常,了解本国实力,清晰本国的国家利益所在,了解国家追求的目标。他并不能随心所欲地作出决定。了解他决策时的限制因素,就可以正确判断他的行为。在某种意义上,这一观点是正确的。但实际上,决策者的行为并不完全受规律制约,"因果法则可以解释事件出现的必然性……但这并不意味着在相同情形下,个体不会偶尔用截然不同的方式行动。"①即便在相同的情境下,不同的行为者也会有不同的决策风格。1962 年古巴导弹危机发生前,以肯特为首的美国情报委员会一再坚信,苏联没有在古巴部署导弹,理由是,这样做不符合苏联的行为模式,苏联从来没有在境外部署过进攻性武器,即便在东欧也是如此。但他们完全忽略了赫鲁晓夫个性中冒险的一面。这就是情报分析的艺术性的一面。肯特自己后来也意识到这种分析思维的局限。他多次指出,情报分析人员应该注意自己的思维局限。分析人员应该特别注意思维偏见对情报分析的影响,不要落入一相情愿的陷阱。他也承认:社会科学决不可能像自然科学那样精确,从来也不可能达到那般程度。②

　　肯特以后的美国情报界恰当地认识到了情报分析的艺术性。中央情报主任艾伦·杜勒斯指出:"情报评估不仅仅是针对一些已经察觉但还不明显的事情,它还涉及一些未知的事情。"这些未知增加了情报的难度。杜勒斯认为,评估对方的意图非常困难,意图随时都可能改变,有时甚至完全颠倒,因此,情报评估往往不那么令人满意。"情报评估者所面临的问题往往很复杂,特别是政治方面(如决策者要求预测形势的发

---

① Woodrow J. Kuhns, "Intelligence Failures: Forecasting and the Lessons of Epistemology," in *Paradoxes of Strategic Intelligence*: *Essays in Honor of Michael Handel*, eds. Richard K. Betts and Thomas G. Mahnken, London: Frank Cass Publishers, 2003, p. 86.
② 参见[美]谢尔曼·肯特《战略情报》,北京:金城出版社 2012 年版,第 50 页。

展）。不仅电子计算机永远不可能分析人的行为和预见到人的反应,即便是最聪明、最优秀的分析人员,对这些问题有些也难以回答",因此,"情报机构估计局势……不仅必须考虑到自然的、正常的情况,而且必须考虑到反常的、野蛮的、意外的情况,然后设身处地去估计苏联的行动……谁都难以了解任何一个特定局势的一切有关因素,谁也不能料事如神地指出,那些决定历史的领袖们的头脑究竟是怎样思想的。事实上,即便我们着手估计我们自己今后几年内的政策会怎样,我们也会茫然无知如入迷境,何况估计别人的做法。很不幸,情报机构估计局势的过程,永远也不会成为一门纯粹的科学。"① 另一位美国情报学者艾布拉姆·舒尔斯基指出,尽管社会科学研究已经取得重大进步,但是这种进步远没有使其能对社会现象进行准确预测。依托社会科学研究能力的情报预测能力也要大打折扣。因此,情报研究与科学研究存在质的差别。② 这种观点匡正了第二次世界大战以来在美国情报界占主导地位的谢尔曼·肯特的情报观念,反映了二战以来美国情报工作的新特点,更能反映美国情报工作的真实情况。

五、对外情报与反情报

现代情报理论将整个情报活动分成两个部分,即以获取对方实力与意图为目标的进攻型的对外情报,以及阻止对方获取我方实力与意图、以防御为特征的反情报。对外情报与反情报是一对对立的范畴,二者相互依存。但在传统的军事情报工作中,对外情报是关注的重点,而反情报基本被忽略。无论是在观念认知、机构设置还是资源投入、人员配置方面,反情报的发展都相对滞后。

1947 年美国《国家安全法》将反情报定义为"为防范由外国政府、外

---

① Allen W Dulles, *The Craft of Intelligence*, New York: Harper & Row, 1965, p. 158.
② 参见 Abram N. Shulsky and Gary J. Schmitt, *Silent Warfare*, Washington, D. C. : Potomac Books, Inc. , 2002, pp. 171 - 173。

国机构、外国人员或国际恐怖主义组织或其代表开展的间谍活动、其他
情报活动、破坏或暗杀行动,而搜集的信息,以及开展的行动"。
谢尔曼·肯特在写作《战略情报》时没有考虑过反情报问题,他为战略情
报增加了"积极的"这样一个限定词,认为反情报对维护国家安全福祉并
非不可或缺,从而把"消极的"反情报排除在战略情报范畴之外。1981 年
12 月 4 日里根总统颁布的第 12333 号行政指令规定:反情报是为了防范
外国势力、组织、个人或恐怖组织及其代表进行的间谍活动、其他情报活
动、破坏活动或者暗杀行动而搜集的情报和遂行的行动,但不包括人员、
物理、文件或通信安全项目。① 这些定义都鲜明地反映了反情报的消极
特征。

　　这种认识在反情报工作中产生了一系列消极的后果。以美国而论,
这种消极的认识使美国的反情报工作一直得不到发展。联邦调查局是
一个庞大的执法机构,反间谍仅仅是其一个很小的职能。中央情报局反
间谍处的编制不到整个行动分局的 3%;联邦调查局在调查间谍案的时
候,习惯于围着案子转,抓到一个间谍就是特大成就,要在报纸上大肆渲
染,鲜有从战略高度整体计划反情报工作的,更没有想到可以操控这些
间谍,了解敌方情报机构的意图,了解其活动方式,从而更有效地策划反
情报工作。

　　然而,反情报工作实际上与对外情报工作同等重要,在某种程度上
其重要性甚至还高于对外情报工作。情报工作的成功在很大程度上取
决于反情报工作的成功。设想,如果反情报工作失败,己方情报工作的
大量秘密被敌方所掌握和操控,想要取得情报工作的成功并保证国家安
全无异于天方夜谭。

　　孙子特别重视反情报工作,认为反间是"五间"之一种,且是"五间"
的钥匙,"必索敌人之间来间我者,因而利之,导而舍之,故反间可得而用
也……五间之事,主必知之,知之必在于反间,故反间不可不厚也。"用死

---

① 参见 http://www.archives.gov/federal-register/codification/executive-order/12333.html。

间传递假情报,通过反间了解敌方意图,用反间计除掉对手,这是中国兵家的拿手好戏。1936年,英国军情五局(MI 5)意识到可以把捕获的德国间谍作为双重间谍使用,一方面以获取更多的德国间谍的情报,另一方面又可以通过他们向德国人传递假情报。从那时起,英国安全机构就营造了一个欺骗德军的双十体系(XX System),西方的用间理论和用间实践上了一个台阶。

在世界大国中,俄罗斯对反情报的认识十分独到。在苏联的情报体系中,国家安全系统发挥着十分重要的作用。它不仅从事对外情报活动,也从事国内安全活动。后者的重要性远远高于前者。苏联叛逃者维克多·苏沃洛夫(Viktor Suvorov)曾经指出:对苏联而言,来自国内的敌人与来自外部的敌人一样可怕。克格勃是防止苏维埃政权因内部动乱而崩溃,而格鲁乌则是防止苏维埃政权因外部打击而崩溃,双方的职能是一致的。所以,克格勃更多地把力量放到了国内安全方面。①

苏联情报机构十分重视渗透对手的情报机构。国内战争爆发后,契卡一方面通过恐怖手段镇压反革命的活动,另一方面通过间谍渗透从内部挫败反革命分子的活动。20世纪30年代,以金·菲尔比(Kim Philby)为代表的"剑桥五杰"(Cambridge Five)渗透了英国各大情报与安全机构。从1949年开始,菲尔比担任秘密情报局驻美联络员,参加英美情报机构对苏联和东欧国家渗透行动的策划。根据他提供的情报,英美情报机构派遣的特工在踏上苏联的领土之后即落入法网。菲尔比的成功确保了苏联情报机构的安全,也使敌对情报机构陷入瘫痪之中。

因此,真正的反情报工作,是最有力的安全保卫工作。它是国家情报体系的一个有机组成部分,是极具进攻性的情报手段,是威力极大的

---

① 参见 Viktor Suvorov, *Soviet Military Intelligence*, London: Grafton Books, 1986, pp. 66 - 67。

情报手段,而绝非消极,在国家安全事务中无足轻重。

"9·11"事件后,美国的反情报工作进行了整体转型。美国意识到反情报工作对于维护国家安全不可或缺,反情报不仅可以使美国的情报机构免受敌对情报机构的渗透,还可以使情报机构对敌方情报机构的情报行为具有敏锐的洞察力,从而削弱外国的情报能力。2005年,布什总统对反情报工作重新定位,把"识别、评估、消除、利用外国情报威胁"作为国家安全的首要规定,并整合反情报工作,将其纳入国家安全计划,将反情报搜集及行动作为促进国家安全目标的工具。[1]　2008年的《国家反情报战略》明确指出:通过反情报工作,可以了解外国政府与敌对组织的安全目标、战略能力、战略局限和战略计划,并及时向决策者发出预警。这样的情报对决策者、任务规划者以及行动人员至关重要。这就说明反情报不仅是防御型的"消极情报",同样可以向决策者提供进攻型的"积极情报"。2009年美国的《国家情报战略》首次将"反情报"纳入国家六大使命任务。[2]

传统反情报工作侧重于采取具体行动,这类反情报工作被视为"行动反情报"。"9·11"事件后,美国面临的情报威胁呈现出多样化和不确定性,反情报工作必须深入挖掘这些威胁背后的潜在意图,从全局出发制定对策,反情报工作呈现出明显的战略性,这类反情报工作被视为"战略反情报"(Strategic Counterintelligence)。首任反情报执行官米歇尔·范·克里芙(Michelle Van Cleave)认为战略反情报是"使反情报的搜集和行动成为实现国家安全政策目标的工具,并站在战略高度,开展进攻性行动,以破坏针对我国的外国情报活动及其情报能力"[3]。

根据战略反情报的观念,反情报机构应该把握先机,判断出对方的

① 参见 Office of the National Counterinteligence Executive, *The National Counterintelligence Strategy of the United State*, March 2005。
② 参见 Office of The Director of National Intelligence, *National Intelligence Strategy*, Aug. 2009。
③ Michelle Van Cleave, "Strategic Counterintelligence: What is it and What should we do about it?" *Studies in Intelligence* 51, no. 2(June 2007).

战略意图,从而有针对性地开展活动,把敌方的情报攻势扼杀在萌芽状态。因此,反情报机构应该洞察外国情报活动的弱点和可乘之机,改变"围绕案子转"的思维方式,站在战略高度审视敌方情报机构的活动。要改变过去的被动反应模式,要强调先发制人,最终目标就是渗透对方情报机构,操纵对方行为,使其按照己方意图行动,并影响对方的评估,误导对方的决策和随后的行动。

六、情报搜集与情报分析

所谓情报搜集,即获取信息,并将该信息提供给处理部门。情报分析,则是通过综合、评估、分析和解读各种来源的数据,把信息转换成情报的过程。

关于这两大环节孰轻孰重,学术界和情报界的看法很不一致。一部分人认为情报搜集是情报工作的逻辑起点,情报搜集是情报活动的基础,如果没有情报搜集,整个情报事业的意义微乎其微。他们认为,情报分析就是一种拼图游戏,情报分析人员掌握的线索越多,则拼出的图像越完整,因此,情报分析的准确性主要依赖于相对完整的准确信息。一条条细小信息构成了图画的原始材料,缺乏信息是作出准确判断的最大障碍,因此搜集和存储这些信息非常重要。

另一派人则认为情报分析是一门科学,使用科学的分析方法,分析人员能填补因情报搜集不足而出现的空白,把片断的情况连点成线,得出确凿的结论。但是,情报资料的多少与分析结论的正确性并不存在相关关系。认知心理学的发现表明,零散信息能够拼入许多不同的图中。分析人员并非将所有零散信息拼在一起形成一幅图画,而是先设想一幅图画,然后再去寻找合适的零散信息。经验丰富的分析人员只需要掌握少数支配性要素,就可以作出准确判断。更多信息并不会提高其判断的准确性(但确实可以增强分析人员对于自身判断的信心),但过多的信息尤其是矛盾的信息,反而会降低而不是增强分析人员的信心。因此,准确的判断固然有赖于所搜集到的零散信息的数量,但同样有赖于形成图画时采用的思维模型。较之于信息,分析人员的判断能力更为重要。①

本书认为,上述两种观点都有可取之处,但相对而言,第二种观点更准确地反映了情报工作的实际。日益开放的世界使情报搜集与情报分析之间的界限变得模糊,但"最出色的观察者不是间谍机构的首脑,更不是那冷冰冰的卫星,而是那些即将掌握事物本质的人,即分析人员"②。

在引起情报失误的诸因素中,由于情报搜集能力的薄弱而引起的情报失误十分少见,但并非不存在。例如,在珍珠港事件前,"魔术"提供的线索是模棱两可、含糊不清的。它没有提供日本进攻的时间、地点,并没有一份电报提到要进攻珍珠港。尽管"魔术"情报透露了日本对珍珠港的格外关心,但"魔术"同时发现,日本对菲律宾、美国西海岸和巴拿马也同样有兴趣。综观 1941 年 8 月 1 日到 12 月 6 日之间"魔术"破译的日本电报,有 59 份是关于菲律宾的,有 24 份是关于巴拿马运河的,只有 20 份是关于珍珠港的。③ 如果不加特别分析,没有特别的警惕性,情报人员很难意识到日本海军的真正目标所在。仅依据"魔术"提供的情报,并不一定能得出日本即将偷袭珍珠港的判断。

美国情报界关于 1979 年伊朗宗教革命判断的失误同样与搜集力量不足有关。为了不得罪美国"在本地区最好的朋友",美国情报机构屈从于巴列维国王的压力,不从事针对伊朗本国的情报活动。美国情报界对伊朗反对派的情况几乎一无所知。从 20 世纪 70 年代中期开始,美国官员就没有与伊朗的反对派打过交道。国家安全局未窃听巴列维国王的电话。美国中央情报局在国王身边没有耳目,连国王生了癌症都不清楚。在危机发生前,中央情报局没有掌握任何情报。

在 1998 年的印度核危机发生后,美国中央情报主任乔治·特尼特

---

① 参见 Richards J. Heuer, *Psychology of Intelligence Analysis*, Washington, D. C.: Central Intelligence Agency, 1999, p. 62。

② Gregory Treverton, *Reshaping National Intelligence for an Age of Information*, New York: Cambridge University Press, 2001, p. 10.

③ 参见 David Kahn, "The Intelligence Failure at Pearl Harbour," *Foreign Affairs* 70, no. 5, Winter 1991/1992, p. 280。

(George John Tenet)承认:"我们的确没有得到情报。"①中央情报局在印度没有谍报资源,美国国家图像与测绘局只有一名专职情报分析人员负责分析印度的核试验情况,他与中央情报局、国防情报局和国务院情报机构没有合作,再加上印度的拒止与欺骗,美国情报界对印度核试验的问题作出了错误的判断。

"9·11"事件发生前,美国情报界就恐怖袭击发出过大量警告,但这些警告没有涉及恐怖袭击发生的时间、地点,甚至连是发生在海外还是在美国本土都没有搞清楚。美国情报界实际上并不清楚恐怖袭击的真正目标。

情报搜集不足肯定会影响情报分析人员的判断。在古巴导弹危机发生前,以谢尔曼·肯特为首的美国情报委员会对苏联在古巴部署进攻性武器的可能性评估不足,而造成这一失误的直接原因就是中央情报局掌握的相关资料不足。中央情报局在古巴缺乏可靠的人力情报来源,因为天气原因 U-2 的航空侦察暂时停止,这些因素造成美国情报界无法发现苏联在古巴部署进攻性武器的迹象,情报评估人员只能依据苏联过去的行为,以判断其未来的政策走向,造成失误就很难避免。

当然,这种情报搜集的不足也是相对的。珍珠港事件前,美国起码破译了日本的外交密码,知道日本即将向美国发动进攻;伊朗宗教革命发生前,美国有大量的情报人员在伊朗活动,且美国驻伊朗大使馆也发回了大量的报告,只不过这些警告都被忽略了。假如情报分析人员有足够的警觉,假如情报分析人员掌握了先进的科学分析方法,那么,他们并非完全不可能从这些蛛丝马迹中察觉对方的企图。

使用自己的专业知识,帮助决策者解读情报事实,洞察事物的本质,预测事物的发展趋势,是情报分析人员的使命。然而,由于分析能力、文化背景等方面的差异,不同的情报分析人员对同一现象的解读可能完全

---

① Gregory Treverton, *Reshaping National Intelligence for an Age of Information*, NewYork: Cambridge University Press, 2001, p.1.

不同。在《吕氏春秋·似顺论·似顺》中有这样一个战例:荆庄王欲伐陈,使人视之。使者曰:"陈不可伐也。"庄王曰:"何故?"对曰:"城郭高,沟洫深,积蓄多也。"宁国曰:"陈可伐也。夫陈,小国也,而积蓄多,赋敛重也,则民怨上矣。城郭高,沟洫深,则民力罢(疲)矣。兴兵伐之,陈可取也。"同样的事例,使者(侦察人员)与宁国(谋士)得出了截然不同的结论,足见宁国已经能够透过现象认清事物的本质,而一般的侦察人员则只看到了事物的表面现象。《吕氏春秋·仲夏纪·侈乐》中说:莫不以其知知,而不知其所以知。知其所以知之谓知道,不知其所以知之谓弃宝。所谓"知道",即"知之道",其内涵为"知其所以知",指的是认识规律或事物的本质。这样的判断,对分析人员的素质要求极高,因此,孙子一再强调"知"是一门斗智的艺术,从事"知"的情报人员,必须具备高度的智慧。他在《用间篇》中提出"惟明君贤将,能以上智为间者,必成大功",且"非圣智不能用间,非仁义不能使间,非微妙不能得间之实"。克劳塞维茨指出:"要想不断地战胜意外事件,必须具有两种特性:一是在这茫茫的黑暗中仍能发出内在的微光以照亮真理的智力;二是敢于跟随这种微光前进的勇气。前者在法语中被形象地称为眼力,后者就是果断。"[①]

美国情报界认为,要克服情况的不确定性,有两种途径,一是通过情报搜集,另一种是通过情报分析。在情报手段建设方面,美国情报界不遗余力,投入了大量的金钱,建成了世界上最发达的情报搜集系统,但情报失误并没有减少。显然,先进的情报搜集装备只能看到有形的物质,而看不到隐藏在对方决策者心里的意图。因此,在大力发展情报搜集力量的同时,美国又大力发展科学的情报分析方法,希望通过量化情报现象,规范情报研究流程,使用恰当的情报分析方法,提升情报分析的科学性,更准确地解读情报现象,真正了解对方的意图。从这个角度讲,情报分析比情报搜集更为重要。

---

① [德]卡尔·冯·克劳塞维茨:《战争论》,北京:商务印书馆 1978 年版,第 69 页。

七、情报分析与战略决策

军事情报学不应讨论决策,哪怕是情报与决策的关系,这似乎不应该存在争议。在决策过程中,情报与决策分属两个不同的环节,情报机构负责提供决策所需要的情报,决策者负责制定决策计划,两者的分工泾渭分明。与此相联系,传统的情报周期理论认为,情报工作是一个封闭的、线性的周期,所有的问题都在这一周期中得到解决,而决策者显然处于这个周期之外。因此,决策与情报根本无需联系起来考虑。

然而,这种观念起码忽视了以下事实:其一,并不存在一个真正封闭的情报周期。在实际存在的情报流程中,情报固然是由情报机构提供的,但决策者在很大程度上也参与了情报生产过程。比之于情报分析人员,决策者甚至是更重要的情报分析者,他们的政策取向、预设的立场、对情报的态度,决定了情报分析的方向,影响了情报分析的结果。美国学者理查德·贝茨(Richard Betts)把致命情报失误的根源归咎于决策者,认为此种失误并非由于搜集不足而产生,也很少是由于分析失误而产生,而大多是由于决策失误而产生。[①] 因此,为改进情报分析的结果,进而提高决策的质量,需要把决策者纳入情报生产流程来进行考虑。其二,情报的价值取决于其决策咨询作用,而能否发挥这一作用,并不完全取决于产品的质量,在很大程度上,情报能否在决策中发挥作用,取决于情报分析产品是否与决策相关,情报分析人员是否与决策者建立了密切的联系,决策者是否真正了解情报的作用及其局限。

英美情报界十分重视情报与决策的关系。它们认为,情报是一种商品,情报人员是它的生产者,决策者则是它的用户。如同生产者应生产产销对路的商品一样,情报机构也必须研究决策者对情报的需求,提供合适的产品。但是,在此过程中,情报机构应该克服各种偏见,保持情报

---

① 参见 Richard K. Betts, "Analysis, War, and Decision: Why Intelligence Failures Are Inevitable," *World Politics* 31, no. 1(October 1978), p. 61。

分析的客观性,避免落入情报政治化的陷阱。

英美情报界对情报与决策关系的认识,集中体现在谢尔曼·肯特和肯达尔两人的论战(Kent-Kendal Debate)中。

肯特认为,情报务必紧贴政策、计划和行动,以便得到最大限度的指导,但又不能太近,以免丧失了判断的客观性和完整性,也就是说情报与决策之间要保持一种不即不离的状态。肯特希望能在两者之间寻找到一个理想的平衡点,从而指导情报与决策关系的良性发展。

肯特认为,情报机构不应是目标的设计者、政策的起草者、计划的制定者、行动的执行者,而是它们的辅助者。通俗地说,情报机构就是服务者。情报机构的任务是保证执行部门消息灵通,用恰当的情报提请他们注意那些可能被忽视的事实,并且应他们的要求分析各种可能性。从这个意义上来说,情报机构必须得到执行部门的专业指导,没有这种指导,它将无法完成任务,并丧失参与任务的激情,从而形成一种恶性循环。

肯特认为,如果情报与决策关系过于密切,也会产生危害。这种危害主要体现在两个方面:其一,情报机构会丧失独立性和完整性。一旦和决策部门联系过密,情报人员就会发现自己经常被当作可任意使唤的后备精英,从事一些非情报性质的工作,情报机构的独立性和功能完整性由此遭到破坏。决策部门会使情报人员花费大量的时间和精力从事一些当前急需解决的问题,而忽视对长远问题的研究。其二,情报机构会丧失客观性。当情报组织疲于理解行政当局多变的"政策"之时,其分析产品的客观性也就荡然无存了。这里的"政策"并不是指官方已经确认的政策,而是指一些尚未提出的潜在的政策,也就是通常所说的"倾向"、"观点"、"立场"等。由于时间和其他因素的制约,这种"政策"有时忽略了必要的事实,有时是由经验或直觉形成的,由此它的执行也就充满了风险。这就需要处于外围的情报机构提供客观公正、不偏不倚的理性分析和判断。情报机构的专家学者在预防自身的思维弱点时受过专门的训练,这可以制约他们的非理性分析。但是,如果情报机构屈服于政策,就会违背原则,成为现行政策的辩护者。

如何解决情报与决策关系过远与过近的问题？肯特认为唯一的方法就是折中，即保证情报机构拥有行政上和实质的独立性，并利用一切方法使情报用户和情报生产者相互熟悉对方的组织结构，从而使情报机构能得到专业指导，同时又能保证其产品的客观性。

肯特的观点对美国情报界和学术界影响很大。许多有经验的情报分析家自觉地把自己限定为情报提供者，认为自己没有资格提出政策倡议。

但肯特的观点并非没有争议。1949年，耶鲁大学教授威尔莫·肯达尔（Willmoore Kendall）在一篇题为《情报的职能》的书评中，严厉批评了肯特关于情报与决策之间应该不即不离的观点，认为情报的作用是直接帮助决策者确定对美国影响敏感的事务，实现美国的外交政策目标。他认为情报工作的最终目标是优化决策。这就要求决策人员能考虑事情的来龙去脉，提出针对性的对策。但是，由于决策人员每天要处理大量的事务性工作，根本没有时间静下心来考虑这些问题。最适合从事这项工作的，莫过于没有冗杂事务缠身的情报分析人员。一项中长期的对策分析可以用数周、数月甚至数年的时间来进行考虑。因此，有关国家安全利益的战略分析主要应由情报分析人员进行，国家安全利益要求把情报分析人员的努力有效地融入整个政策制定程序。在肯达尔看来，一个情报分析人员，实际上就应该像国家安全委员会负责某一地区事务的中层决策人员一样，自己对情况进行分析，自己提出政策建议。

肯达尔的观点在美国也不乏拥趸。从20世纪70年代开始，老一辈的分析家相继谢幕，肯特对情报与决策关系的看法越来越遭到质疑，新一代的分析家向传统的情报与决策关系发起了挑战，从而使美国情报界关于情报与决策关系的认识发生潮流转向。

新生代情报分析家代表性的人物是罗伯特·盖茨（Robert Gates）、杰克·戴维斯（Jack Davis）和保罗·沃尔福维茨（Paul Wolfowitz）等人，其中前两人为情报界人士，有长期的情报界工作经历，也有国家安全委员会等决策部门的履历。这种两栖经历使他们了解情报工作，了解决策需求,从而对情报与决策关系问题上的痼疾有较深刻的认识。他们认为情报与决策之所以脱节,是因为情报分析人员不了解决策流程与决策者。盖茨用嘲讽的语气说道,中央情报局的分析人员熟知世界上每个政府的运转方式,但惟独不了解美国政府是如何运作的。① 这种疏远的情报与决策关系,导致分析产品脱离实际,成为坐而论道的学术产品,不能在决策中发挥作用。而在《分析的专业性与决策过程——对挑战性关系的问与答》一文中,戴维斯自问自答,回答了情报与决策关系中的九个问题,对其中的大多数问题的解答,戴维斯都站在了决策者一边。戴维斯认为,情报分析是原本就不可靠的解释和预测,对政策分析来说是一种资源,但不能替代政策分析。

　　盖茨和戴维斯认为,要消除情报分析人员与决策者之间的紧张关系,分析者应该认清现实,即他们是为制定美国政策服务的。无论政策官员采取了什么措施,化解情报与决策文化分歧的主要担子还是落在情报人员身上。戴维斯指出,如果分析人员不能切身感受决策中的政治压力,他就不能生产出完善且独特的情报产品。因此,情报管理者应该安排分析人员在决策部门中短暂任职,此种经历将使分析人员更好地了解政策出台的过程,了解关键情报用户是如何使用情报并进行决策的。这就是盖茨所说的:除非情报分析人员能和决策者身处同一战壕理解问题、知道美国的目标所在、知道程序如何运转、了解何人掌权,否则他们就无法提供及时、相关的情报,帮助决策者作出有依据的决策。② 分析人员在其从业之初就要花时间从各方面分析华盛顿的工作是如何开展的,尤其要理解客户同时作为行动官员和政策分析人员的角色。分析人员应扮演政策客户,评估各种政策选项面临的机遇和风险,从而帮助决策者塑造未来,而不仅仅是预测未来。

---

① 参见 Jack Davis,"The Kent-Kendall Debate of 1949," *Studies in Intelligence* 35, no. 2 (1991), p. 99。

② 参见 Jack Davis,"Improving CIA Analytic Performance: Analysts and the Policymaking Process," *Occasional Papers* 1, no. 2(2002), pp. 7 – 8。

其次,情报界应生产出有针对性的情报产品,提供可行性分析,直接支援决策。如果分析人员能够提供有用的看法和具有操作性的情报,而不只是提供传统的警告和最坏情况评估,那么他就更有机会接触到关键性的政策制定者。戴维斯认为,情报分析不是纯粹的学术研究,分析人员提供的情报产品,必须为决策者和行动人员量身定制。分析人员应该用最简洁的语言,评估美国的国家安全问题,帮助美国决策者发现可以通过外交、军事、经济手段和公共外交、隐蔽行动推进美国利益的机会,外国领导人、政党和组织在战略和战术上的弱点,确定美国可以施加影响的因素,以及美国的行动对外国社会可能产生的结果。[1] 前情报分局负责人道格拉斯·麦凯岑(Douglas MacEachin)曾经通过一个比喻来解释这种情报与决策的关系:如果把足球比赛中的教练比喻为决策者,分析人员所担任的角色就是球探(Scout-coach)。球探的任务不是预测比赛的最终比分,而是在赛前仔细评估对手的强项和弱项。结合球探的评估,教练就能制定一份适合本球队的比赛计划。比赛进行的时候,球探需要做的是手持双筒望远镜观看,随时报告教练他所能利用的对手的具体薄弱环节。[2]

这一理论也被称为机遇分析(Opportunity Analysis)。机遇分析可以用一句话来概括,即分析人员应像用户一样思考,应像用户一样来回答问题。情报产品应能有效契合用户的需求,使其完全能够依此来作出决策,但是情报产品本身又不显露出任何政策建议。[3] 这一理论由肯尼斯·格拉芬雷德(Kenneth de Graffenreid)首倡,继而在美国情报分析理论界产生重大反响。戴维斯认为,情报分析人员的任务是,"利用深入而扎实的专业知识和全源信息,使用理智的分析方法,向政策制定者

---

[1] 参见 Jack Davis, "Improving CIA Analytic Performance: Analysts and the Policymaking Process," *Occasional Papers* 1, no. 2(2002), p. 6。

[2] 参见 Jack Davis, "Improving CIA Analytic Performance: Analysts and the Policymaking Process," *Occasional Papers* 1, no. 2(2002), p. 6。

[3] 参见 Office of Training and Education, *Analytic Thinking and Presentation for Intelligence Producers*, Washington, D. C: Central Intelligence Agency, p. 62。

提供独特的增值服务,以保护并推进美国的安全利益"①。国家情报总监办公室制定的分析标准要求情报产品必须及时,分析人员与政策制定者应有互动,分析人员应知道政策制定者正在处理什么问题,以及什么时候将作出决策,从而确保情报与决策的相关性。

关注决策需求,像一个决策者那样思考,并不意味着分析人员可以越过情报与决策关系的红线,越俎代庖。戴维斯指出,分析人员应支持决策过程但不应干预决策。分析人员应该指出决策者可以面临的对策选择,但究竟选择哪一种对策,那是决策者的事情。支持决策的情报分析有时需要界定和说明对手的弱点,以及美国对盟国、第三方和敌人产生影响的原因,但为选择何种行动承担责任和风险的仍然是决策者。一旦决策者已经下定决心,他们就有权要求情报分析人员提供行动分析,即对该政策面对的机遇和挑战进行专业评估。而分析人员也有义务做出改变,为行动提供量身定制的分析。但分析人员应把重点放在评估潜在的成本和风险以及收益的机会上,避免沦为鼓吹某种政策的工具。因此,在每项情报评估中都要就其关键判断明确指出对美国政策的隐含意义,每项评估都要强调目标政策受众面临的某种机遇和挑战,不跨越情报与决策之间的红线,从而回应了肯特1949年提出的观点:如果情报分析人员无法熟知决策者的世界,那么他们就没有尽到应尽的职责。

本书认为,关于情报与决策的关系,有几点是明确的。

其一,情报必须紧贴决策需求。情报的主要职能是优化决策。情报是计划的先导,是决策过程中不可分割的组成部分。因此,了解决策者的需求、发现敌方的能力、判断对手的意图、分析敌方对己方弱点的了解程度、协助决策者制定出符合客观实际的计划,是情报工作的应有之意。脱离了决策需求的情报工作,与大学的学术研究没有区别,对决策没有帮助,是不可能起到预警或辅助决策的作用的。第二次世界大战期间美国战略情报局撰写的大量研究报告,之所以只有少部分在决策中发挥了

---

① Davis, "Tensions in Analyst-Policymaker Relations: Opinions, Facts, and Evidence,"p. 9.

作用,是因为只有这些研究报告紧密结合了决策需求和战争需要,因而受到决策者的高度重视,而其余的大部分研究报告只是刚刚走出书斋的大学学者打上情报标签的学术著作。它们远离了实践,远离了决策需求,不受决策者青睐,就不值得奇怪了。

因此,情报人员必须关注决策需求,预测决策需求,"等到政策需要了解它需要了解的情况时,情报才通过开发新来源或加快它的分析能力来做出反应,通常为时已晚。"[1]即便是主张情报客观性的谢尔曼·肯特也强调,情报不是纯粹的知识,而是服务于开展行动所需的实际事务的知识。因此,情报应尽可能贴近政策、贴近计划、贴近行动,尽可能为他们提供指导,但是这种指导不能以牺牲情报的客观性和判断的诚实性为代价。只有完整、准确、及时且对拟解决的问题有帮助的情报才是有益的。因此,无论是情报搜集人员还是情报分析人员,都必须对国内的政策需求有清晰的了解。如果情报人员对行动计划和实施情况一无所知,他就无法生产出符合要求的知识。[2] 这种观点,与罗伯特·盖茨的观点并无本质区别。罗伯特·盖茨与肯特之间的对立也许是虚构的对立,他们之间并无本质区别。

其二,情报政治化应该避免。保持情报与决策的相关性,并不意味着情报工作应该政治化(Politicized Intelligence)。也就是说,情报是决定政策的因素之一,决策者不能为了推行某种政策而将自己的判断强加于情报机构。情报机构也不应该为了满足政策的某种偏好而刻意歪曲事实。情报与决策之间应该有严格的界限,其职能应该分立。肯特指出,情报人员并不是政策目标的确定者,也不是政策文件的起草者、计划的制定者,更不是政策的执行者。他是上述各项因素的附庸,是为上述因素而存在的。他是一个服务者。他的工作是使决策者耳聪目明,他站在他们身后,当他们需要的时候,把书翻到他们需要的那一页,对他们有

---

① Gregory Treverton, *Reshaping National Intelligence in an Age of Information*, New York: Cambridge University Press, 2001, p. 179.
② 参见[美]谢尔曼·肯特《战略情报》,北京:金城出版社 2012 年版,第 148—149 页。

可能忽略的问题,他要提醒他们,引起他们的重视,并在他们的要求下,就事态发展进行可行性分析,但并不指出他们应该作何选择。因此,情报官员应当保持职业客观性,不推动某种具体政策、对策选择或结果,如果情报人员进行政策倡议,那就侵入了决策领域。

　　既保持情报客观性,同时又使其满足决策需求,肯特更多地描述了情报与决策关系的理想状态,但现实中有无数因素可以阻止这种理想状态的实现。相关性与客观性之间的度确实很难把握,稍有不慎就有倾覆的可能。肯特在其情报生涯的后期,更多地看到了情报政治化的倾向,因此愈发强调情报的独立与超然,而较少强调来自决策方的指导。他曾经告诫一位同事,不要老是往城里跑(中央情报局兰利总部位于华盛顿的郊区,而其他政府机构依然留在市区),那样会成为一个政策鼓吹者,其后果是情报分析人员不是为真理服务,而是为权力服务了。肯特在最后一次有关情报与决策关系的演讲中,更是大声疾呼要保持情报的独立性,而对来自决策者的指导未置一词:"我想如果我们这些干情报的人有一天被给予三个希望,即全知全能,受人信任,再加上在政策事务上能施加影响……这太糟糕了,仅仅是希望施加影响这个念头本身就足以使情报毫无影响。由于过于追求情报对决策的影响力,有朝一日我们也许会看来像是另一个政策声音,然而没有人希望听到这种声音。"①然而,这种超然的态度导致中央情报局的情报产品越来越脱离决策需求,成为象牙塔里面的学术研究。到威廉·科尔比上台时,负责《国家情报评估》生产的国家评估办公室被取消。后来的"政治化"主张无疑有矫枉过正之嫌,鼓吹"塑造未来"而非"预测未来"的机遇分析理论也已经在偏离正常的情报与决策关系的道路上迈出了关键的一步,其引起非议是可以想见的。

　　其三,应该加强情报生产者和情报用户之间的相互理解与沟通。肯特认为,情报工作中最重要也是最微妙的问题是情报提供者与情报用户

---

① *Foreign Service Journal*, April 1969.

之间的关系。这种关系并不是天然存在的，它要求情报与决策双方进行大量的有意识的努力，一旦放松这种努力，这种关系也就可能消失了。肯特指出，如果情报人员不了解决策者的所思所想，那就不能履行自己的服务职能；如果他不能赢得决策者的信任，他也不能履行自己的服务职能。

但是，情报与决策的这种互动主要是单向的。尽管情报机构是决策体系的有机组成部分，情报工作需要决策者的指导，决策者也对情报产品提出了极高的要求，但在情报与决策的互动中，决策者居于绝对主动的地位。他可以接受或拒绝情报机构做出的评估，而给出自己的分析结果。这种情景在实际工作中屡见不鲜。例如，尼克松政府的外交转型完全基于基辛格的智囊班子自己的判断，而与中央情报局的《国家情报评估》无关；海湾危机前，布什基于自己的私人情报源，拒绝了中央情报局和国防情报局关于战争即将爆发的判断；2002 年，负责政策事务的副国防部长道格拉斯·菲斯（Douglas Feith）创立了一个办公室，从事情报分析。在很多情况下，决策者不仅不向情报机构提供恰当的指导，甚至拒绝提供关于情报产品的反馈意见，致使情报机构根本得不到任何有价值的指导。

所以，在改善情报与决策关系的时候，情报人员应该采取主动。除了与决策者加强沟通，了解其决策需求外，情报人员还应该了解决策过程，理解其在不同过程中对情报的不同需求，理解其对不同产品的认知，这样才能提供合适的情报产品。

第一章　军事情报概述

情报是人类社会的一种基本现象,情报的定义是情报研究的起点,但是对情报的认识,则受历史、国情、文化传统等多种因素的影响。千百年来,人们对情报与军事情报形成了各种各样的认识。

第一节　情报与军事情报

什么是情报?什么是军事情报?这是军事情报学研究的首要问题,是军事情报研究的起点。长期以来,人们对这个概念产生了非常混乱的认识,情报、信息和知识三者不分,严重影响了实际情报工作的开展。

本书认为,情报是政府、军队和企业为制定和执行政策而搜集、分析与处理的信息,情报是知识与信息的增值,是对事物本质、发展态势的评估与预测,是决策者制定计划、定下决心、采取行动的重要依据。与此相对应,军事情报则是国家和军队为制定国防方略、指导战争全局、遂行军事行动而搜集、分析与处理的信息。

一、情报是信息

情报学研究碰到的首要问题就是区分信息与情报之间的关系。长期以来,人们对这两个词产生了许多误解。

信息(information),即以适合于通信、存储或处理的形式来表示的知识或消息。人通过获得、识别自然界和社会的不同信息来区别不同事物,得以认识和改造世界。在一切通信和控制系统中,信息是一种普遍联系的形式。

追根溯源,"信息"在中文中最早使用。南唐诗人李中《暮春怀故人》云:"梦断美人沉信息,目穿长路倚楼台。"宋陈亮《梅花》诗:"欲传春信息,不怕雪埋藏。"《水浒传》第44回写道:"宋江大喜,说道:只有贤弟去得快,旬日便知信息。"这是我们看到的最早的关于信息的记载。这里的信息,用的是其本意,亦即消息。

信息作为一个科学术语被提出和使用,可追溯到1928年。哈特利(R. V. Hartly)在《信息传输》一文中认为:信息是指有新内容、新知识的消息。克劳德·香农(C. E. Shannon)认为,信息是用以消除随机不确定性的东西(信息是肯定性的确认,确定性的增加)。美国数学家、控制论的奠基人诺伯特·维纳(Norbert Wiener)在其专著《控制论——动物和机器中的通信和控制问题》中认为,信息是"我们在适应外部世界、控制外部世界的过程中,同外部世界交换内容的名称"。总之,信息是自然界、人类社会及人类思维活动中存在和发生的一切宏观和微观现象,一切消息、知识、数据、文字、程序和情报等都是信息。不同的事物有不同的运动状态与方式,因而会产生不同的信息。

英语中同时用"information"和"intelligence"来表示情报,但早期"information"用得更多。美国情报机构长期使用information来指代情报。美国内战时期成立的波托马克河军区军事情报局名为Bureau of Military Information,1885年成立的美国陆军情报机构名为陆军情报部(Division of Military Information),1899年美菲战争爆发后,美军远征军设立的情报机构名为军事情报局(Bureau of Military Information),1908年美军取消陆军情报部后,陆军总参谋部的情报职能由军事情报委员会(Military Information Committee)承担,美国第二次世界大战时期建立的战略情报机构名为情报协调局(Coordinator of Information)。所以,美军一直使用 information 来指代情报。只是到 1946 年,美国才成立了中央情报组(Central Intelligence Group, CIG,中央情报局的前身),从这时起,美国使用 intelligence。Information 专门用来指代信息,指的是片断的事实、知识和获得这些事实、知识的过程,intelligence 则译为"情报",是一个从得到的信息中勾画出对象全貌的过程。美国情报界认为,情报机构搜集的原始资料只能称为数据(data),数据必须经过加工处理后形成信息(information),信息经分析处理后成为情报(intelligence)。所以,美国《国防部军事与相关术语辞典》严格区分了信息和情报。在这部辞典中,信息是指任何形式或任何媒介的事实、数据或指令(facts, data, or instructions in any medium or form),而情报则是对信息进行搜集、处理、综合、评估和分析、解释的结果。① 美国海军陆战队第 2-1 号出版物《情报行动》(2003 年版)则告诫说,原始数据、信息与情报之间有一重要区别,情报不是无重点的数据的集合,也不是相关事实的堆砌,数据必须与相关背景联系起来,才能向指挥官提供准确的、意义丰富的敌方态势,成为情报。② 因此,信息需要通过分析、综合、解读和评估,才能转化为情报。信息与情报之间的差距,一目了然。

这种看法与英国情报界的看法颇有不同。英国情报界很少使用 information 一词,而大量使用 intelligence。例如,1873 年英国成立陆军部情报处(War Office Intelligence Branch),1878 年成立印度情报处(Indian Intelligence Branch),1882 年海军成立国外情报委员会(Foreign Intelligence Committee)。英国情报界认为情报机构搜集的就是情报(或

---

① 原文如下:The product resulting from the collection, processing, integration, evaluation, analysis, and interpretation of available information concerning foreign nations, hostile or potentially hostile forces or elements, or areas of actual or potential operations. 参见 U. S. Joint Chiefs of Staff, *Department of Defense Dictionary of Military and Associated Terms* (as amended through 9 May 2005).

② 参见 U. S. Marine Corps. *MCWP* 2-1. *Intelligence Operations*, Washington, D. C., 2003, pp. 1-3。

者是"原始情报",Raw Intelligence)。它对秘密情报的定义是：一种信息，其获取违反了信息源头或信息拥有者的意愿，通常是在其不知情的情况下进行，搜集得到的情报，在本质上是片断的或不完整的。① 秘密情报局(SIS 或 MI6)的主要功能是搜集秘密外国情报(Collection of Secret Foreign Intelligence)，而政府通信总部(GCHQ)负责通过通信截收搜集情报(Gathering Intelligence through the Interception of Communications)。从上述用法可知，英国情报界对"信息"与"情报"的区分并不如美国那么严格，通常情况下它更倾向于使用 intelligence，无论其所指是"情报"还是"信息"。

日本的情报观念与英国颇为相似。日本最早把 information 译成"情报"，并像老黄牛一样辛辛苦苦地搜寻各种信息。日本最著名的民间情报机构满铁在中国广泛从事各种调查活动，十分重视搜集公开发行的各类图书、报纸、文献等出版物，通过翻译、研究，从中挖掘有价值的情报。为了充实图书馆的文献资料，日军曾展开大规模的文献劫掠活动。这种将情报信息化的做法后来产生了消极的后果。直到现在，日本人还没有搞清"information"和"intelligence"的区别。不少日本大学设有"情报科学"学部，其实是"信息科学"学部，是搞 IT 的，而不是说日本培养那么多大学生去做特务。日本通产省曾经考虑从中文引进"信息"一词用来替换日语中用来翻译"information"的"情报"，防卫厅和自卫队都坚决支持通产省，说当年把这两个词混为一谈吃的苦头实在太多了。但还是有许多人反对，说没有见过这个词，瞎用起来混乱更大，因而作罢。②

同美国一样，中国军事情报学界对信息与情报有着严格的区分。郑介民认为军事情报"乃对于实际或假想的敌人，与作战地区(含天候与地形)情形所需要的一切情报资料，经汇集、鉴定、分析、比较、整理、研判等

---

① 原文如下：Secret intelligence is information acquired against the wishes and (generally) without the knowledge of the originators or possessors. Intelligence, when collected, may by its nature be fragmentary or incomplete. 参见 *National Intelligence Machinery*, Annex a。
② 参见俞天任《有一类战犯叫参谋》，北京：语文出版社 2009 年版。

程序所得的成品,而为我军事行动达成使命(目的与任务)所必须者"①。
《中国军事百科全书·军事情报》中认为军事情报是"为满足军事活动需
求而搜集的有关国家安全环境、作战指挥和军队建设情况以及对其研究
判断的成果"②。

但是,中国的科技情报界对情报的定义迥异于军事情报学界,以信
息取代情报的现象十分普遍。例如,严怡民认为"自从有了人类,就有了
情报"③,钱学森造出了"信息情报"这一个词汇,认为"情报是人们的思维
和行为所需要的、激活了的知识和信息"④。混乱的概念造成"科技情报"
遍地开花。1956 年 10 月 15 日,中国科学院科学情报研究所成立,其他
部委级和省市级情报机构相继建立,1978 年以武衡为理事长的中国科技
情报学会成立。与此同时,由于保密的因素,情报工作的正宗源头——
军事情报工作却被遗忘了。进入 21 世纪后,这一状况有所改观。包昌
火先生一再主张,信息是情报的素材和载体,情报是信息的激活和升华;
信息是原料,情报是产品。人们获取信息的目的是为了生产用于决策活
动的情报和谋略,information 应该 intelligence 化。

二、情报具有知识性

知识(knowledge)是人类社会实践经验的总结,是人的主观世界对
于客观世界的概括和如实反映,是人类对自然和社会运动形态与规律的
认识和掌握。知识是人们在改造世界的实践中所获得的认识和经验的
总和,是人的大脑通过思维重新组合的系统化的信息集合。知识是经人
脑思维加工而有序化的人类信息。知识一旦被记录、固化在一定的载体
上,就成了我们常说的资料或文献。情报蕴含在文献之中,但并非所有

---

① 郑介民:《军事情报学》,台北:"国家安全局"1958 年版,第 66 页。
② 刘宗和主编:《中国军事百科全书·军事情报》,北京:中国大百科全书出版社 2007 年版,第
　1 页。
③ 严怡民:《情报学概论》,武汉:武汉大学出版社 2000 年版,第 1 页。
④ 董光荣:《论情报意识》,载《中国图书馆学报》1992 年第 3 期,第 11—17 页。

文献都是情报。

　　1918年2月14日,在巴勒斯坦战场上,英军第60师奉命进攻驻扎在杰里科的土耳其军队。他们必须先攻取一个叫做密抹的小村。它位于进攻路线上一座很高的石头山顶上。维文·吉尔伯特少校记得密抹这个名字曾经在《圣经》上出现过。他回到帐篷里,在烛光下翻阅《圣经》,在《撒母耳记》第十三章和第十四章里,他找到了密抹这个名字。这一段描写了该地地形以及扫罗和他的儿子约拿单从小路夜袭高地上的非利士人的经过。约拿单从隘口爬上山顶,睡梦中的非利士人醒来了。他们以为陷入了扫罗军队的包围,便在混乱中奔逃。扫罗指挥全军猛攻,取得了对非利士人的第一次胜利。

　　吉尔伯特不知道,随着岁月的流逝,巴勒斯坦的地形是否发生了改变。如果没有改变,他们就可以像扫罗那样,把土耳其人打个措手不及。为了核实《圣经》中记载的情况,侦察分队被派出去重新调查这片古老的地方。他们发现,在月光之下那条小路和在密抹顶上的一小片高地仍如《圣经》上所形容的那样,"经过了多少世纪,巴勒斯坦竟完全没有变动。"他们立刻改变了先前的强攻计划,悄悄地消灭了为数不多的哨兵,在天亮之前顺利地到达高地。土耳其人从睡梦中惊醒,就像从前的非利士人那样,以为陷入包围,四散逃跑。最终,英军借助《圣经》上的知识轻而易举地取得了胜利。[①] 这是知识转化成情报的一个生动的案例。

　　中国兵家在论及情报时大多用"情"或"知"、"计"来指代"情报"。如《鬼谷子·谋》称,"凡谋有道,必得其所因,以求其情"。《孙子兵法》中多次使用"情"字,如"校之以计,索其情","先知者……知敌之情者也",但用得更多的是"知":"知吾卒之可以击,而不知敌之不可击,胜之半也;知敌之可击,而不知吾卒之不可以击,胜之半也;知敌之可击,知吾卒之可以击,而不知地形之不可以战,胜之半也。"据统计,在《孙子兵法》中,"情"共出现了7次,而"知"则出现了79次。这里要指出的是,"知"显然

---

① 参见[美]拉·法拉戈《斗智》,北京:群众出版社1962年版,第83页。

是动词,而其结果"情"则是一个名词。"知"与"情",是一个问题的两种表述,翻译成英文,应该分别是"know"和"knowledge",也就是我们今天所说的"知识"。这一定义对中国学者的影响显而易见。《中国大百科全书·军事情报》定义情报是,"为保障军事斗争需要而搜集的敌对国家、集团和战区的有关情况以及对其研究判断的成果"。

西方对情报的知识性亦有同样的认识。克劳塞维茨认为"情报是指我们对敌人和敌国所了解的全部材料",强调的同样是情报的知识性。近代英国第一个情报机构被命名为军事知识部(Depot of Military Knowledge)。近代情报机构的主要情报来源就是:图书馆里的资料,报纸上的新闻,驻外人员在海外的旅行见闻。在帝国主义瓜分非洲时,英国赴埃及的远征军军官随身带着情报机构编撰的《埃及手册》。手册的内容既涉及埃军的战斗序列,也包括埃及的面包产量。布尔战争爆发前,陆军情报部为英国远征军总司令莱德弗斯·布勒(Redvers Buller)准备的《南非手册》,也就是介绍南非的风土人情、兵要地志等知识性情况。因此,知识,与情报密不可分。

关于情报最有名的定义,来自谢尔曼·肯特。他用非常直截了当的语言将情报定义为知识。他说情报并不神秘,当一个家庭主妇需要购物时,她需要对某种商品有一定的了解和认识,这就是情报。因此,情报是一件简单的事情:作为一种活动,它是对某种知识的追求;作为一种现象,它是由此而产生的知识。无论是出于本能,还是出于深思熟虑,情报工作本质上都是对唯一的最好答案的追求。① 以上几个因素结合在一起,可以得出情报的定义:情报是某种组织通过行动而追求的特定的知识。图书馆的资料,报纸上的新闻,以及军人在海外旅行时观察到的情况,都是情报,因此,情报组织"必须拥有合适的设施,主要是有一个图书馆和一个安静的工作场所。图书馆应该收藏公开出版的参考著作和各类资料,这些资料是今天的新闻,也是明天用于分析的素材"。

_____

① 参见[美]谢尔曼·肯特《战略情报》,北京:金城出版社2012年版,第1—2页。

肯特认为,基本描述类的情报有一项重要的情报内容,即所谓"现场情报"(Spot Intelligence),又称"问问福斯特先生"。它所提供的知识通常用来回答听起来比较天真的问题,例如:在苏联的佩琴加汽车应从哪侧行驶? 阿拉伯南部最好的地图是哪种? 横贯卡萨布兰卡的横堤沿线的水深是多少? 博尔矿出产了多少铜? 香港的水供给情况好吗? 苏联的行政管理区划都是哪些? 等等。回答这种问题用几句话即可,也可用地图、图表或示意图、照片表示。① 这种知识也能满足决策者很大部分的需求。

肯特这个定义提出后,得到了美国情报界和学术界的普遍认同。美国中央情报局前副局长弗农·沃尔特斯(Vernon Walters)认为:情报是可能影响我们生活和人民安全的外国的力量、资源、能力和意图方面的信息。② 2005年美国大规模杀伤性武器情报能力调查委员会报告指出:"情报是关于我们周围世界的知识。"③今天,美国情报理论界和官方普遍认为,情报是一种"知识"、"信息",这是其最重要、最本质的含义,在不同的语境中,英文"intelligence"也可理解为活动或组织④。但是,对中国人而言,我们完全没有必要把这三个含义一锅煮,而用"情报"、"情报工作"和"情报组织"三个词来分别指代英文"intelligence"的三个含义。

中国科技情报界也认为情报的本质就是知识,没有一定的知识内容就不能成为情报。知识性是情报最主要的属性。如钱学森认为,"情报就是为了解决一个特定问题而需要的知识";肖自力称,"情报就是知识,是知识中动态的、有针对的、有时间性的,为未来服务,为人们思考与行动所需的一部分,是知识中活跃的、积极的、变动的一部分,是知识中

---

① 参见[美]谢尔曼·肯特《战略情报》,北京:金城出版社2012年版,第24页。
② 参见 Vernon Walters, *Silent Missions*, Garden City, NY:Doubleday, 1978, p. 621。
③ The Commission on the Intelligence Capabilities of the United States Regarding Weapons of Mass Destruction, *Report to the President of the United States*(March 31, 2005), p. 582.
④ 参见张晓军主编《美国军事情报理论研究》,北京:军事科学出版社2007年版,第37页。

的精华,是产生新知识的催化剂"①;赵红洲认为,"情报是科学知识所形成的社会存在方式"②。

三、情报是信息和知识的增值

无论是孙子还是克劳塞维茨,他们都强调了既有知识的重要性。但是,仅具知识性的情报显然不能真正满足决策者对情报的需求,不可能成为"我们一切想法和行动的基础"。真正有价值的情报,必须与决策或行动联系起来。这就是情报的效用性,缺乏效用性的信息只能是信息,而不能是情报。③ 信息必须通过用户的特定指向进行加工,以实现信息的增值。如果没有经过包装、分析和过滤,其对决策者是无用的。情报产品的作用是提供给决策者有关外部世界的相关信息,以使其在被充分告知后作出选择,简洁地说,"情报定义为事实,提供给能用行动加以改变的人。"④包昌火先生指出,信息的序化和转化,或者再聚焦一下,信息的获取和分析,即广义的 information 的 intelligence 化,是一切情报活动的基本任务。俞天任在所著《有一类战犯叫参谋》中指出,日本在公开情报搜集方面不遗余力,但分析信息、提炼情报的能力却很弱,它看到了劫掠来的堆积如山的书籍,却没有意识到这些图书毕竟不是情报,并不会自动告诉日本中国的国力情况,更不会告诉日本中国决策者的意图,对真正的情报工作(即信息的增值)却很少重视。因此,第二次世界大战中日本的战略情报工作一团糟。

美军《联合情报》指出,信息本身是一个或一系列可能对指挥官有用的事实,但是当把它与有关作战环境的其他信息联系起来,或根据以往

---

① 肖自力:《信息、知识、情报》,载《情报科学》1981 年第 3 期。
② 赵红洲:《从中介世纪看图书情报》,载《情报学报》1982 年第 1 期。
③ 参见 William S. Brei, *Getting Intelligence Right*:*The Power of Logical Procedure*, Occasional Paper Number Two, Washington, D. C.: Joint Military Intelligence College, January 1996, p. 4.
④ Cody Burke, *Freeing Knowledge*, *Telling Secrets*:*Open Source Intelligence and Development* (CEWCES Research Papers), pp. 1 - 2.

关于对手的经验予以分析时,它就会产生一组新的事实,即情报。情报分析人员将一组信息与另一组信息进行联系,通过一系列逻辑思维过程,由此得出结论,这就是情报生产的基本流程。① 美国《国防部军事及相关用语辞典》将情报定义为:情报指对所获得的有关外国或地区的信息进行搜集、处理、综合、分析、评价和诠释所得到的产品,也指通过监视、调查、分析或理解而获得的有关对手的信息和知识。通过对全源数据进行综合、评估、分析和解读,信息将转化为情报,可以满足已知或预期的用户需求。② 这个全源数据,不仅包括彼方情况,也包括己方情况和自然情况。③ "天"、"地"、"彼"、"己"各方情况构成了情报分析的原料,而情报是这种分析的结果。英国情报学家布鲁克斯(B. C. Brookes)认为,情报与知识一样,是知识结构的微小单元。情报或许要依赖于感觉观察,但是所接收到的信息必须用知识结构进行主观解释才能成为情报。知识的增长不是简单的堆加,情报被吸收后,它所引起的不是知识的简单相加,而是对知识结构的某些调节,甚至是重组。④ 因此,情报是信息或知识的增值,而不仅仅是知识或信息本身。美国的企业界倾向于用信息指代情报,但现在也越来越多地借鉴情报界的做法,将国家安全情报工作的模型引入企业界。⑤ 美国海军陆战队《情报行动》条令(2003 年版)指出,给指挥官提供一切数据而不对其含义进行解释,只会增加情况认识的不确定性,这些支离破碎、自相矛盾、彼此无关的信息会使其造成

---

① 参见 U. S. Joint Chiefs of Staff,*Joint Publication* 2 - 0,*Joint Intelligence*(22 June 2007),Chapter I - 1。

② 参见 U. S. Joint Chiefs of Staff,*Department of Defense Dictionary of Military and Associated Terms*(as amended through 9 May 2005)。

③ 美军《联合情报》指出,"联合部队所属各级部队拥有极广泛领域的信息,包括己方、中立方、敌军和平民等。同时,还有涉及天气、地形、文化因素和作战环境其他方面的大量信息。"参见 U. S. Joint Chiefs of Staff,*Joint Publication* 2 - 0,*Joint Intelligence*(22 June 2007),Chapter I - 1。

④ 转引自陈思彤《布鲁克斯情报学思想研究》,东北师范大学硕士学位论文,2009 年 5 月。

⑤ 参见 Lisa Krizan,*Intelligence Essentials For Everyone*,Washington,D. C. ,Joint Military Intelligence College,1999,p. 6。

信息过载。因此,对数据和信息必须进行分析和综合,由此生产出"关于威胁和环境的知识",这样的情报才能在决策中使用。[1]

知识或信息的增值主要体现在情报机构的情报产品是否摆脱了简单的陈述事实或解读事实这一层次,而能够前进到由此及彼和由表及里这一层次,即实现知识或信息升华。如罗伯特·克拉克(Robert M. Clark)所说:叙述过去的事件,不是情报分析,那是历史。最高级形式的情报分析是对可能发生的情况进行预测的结构性思考(Structured Thinking),真正的情报分析总是预测性的。[2]因此,除了预测未来的发展趋势外,所谓基本描述类战略情报和动向报告类情报,实际上都不是情报工作的真正目标,它们只是情报分析的基础,或者说,是达成情报分析终极目标的一个阶段性目标,而不是终极目标本身。不能预测事态发展趋势的情报产品,充其量只是一些事实的堆砌,不可能为决策者驱除战争迷雾,不可能真正满足决策者对情报的需求。

第二节　军事情报的功能

关于军事情报的功能,或者说其地位与作用,中外学者多有论述。考虑到军事情报工作种类繁多,既涉及搜集、分析,也涉及安全、行动,不同类型的军事情报工作所起作用明显不同,和平时期、临战之前、战争时期,军事情报工作的作用也有差别,因此,我们需要分别考察军事情报工作的作用。

一、情报是维护国家安全的第一道防线

情报机构是国家机器的一部分,维护国家安全是情报机构的根本职

---

[1] 参见 U. S. Marine Corps. *MCWP* 2 - 1. *Intelligence Operations*, Washington, D. C. , 2003, pp. 1 - 3. 笔者非常认同张晓军教授对情报、信息与知识的解读。参见张晓军主编《美国军事情报理论研究》,北京:军事科学出版社 2007 年版。

[2] 参见[美]罗伯特·克拉克《情报分析:以目标为中心的方法》,北京:金城出版社 2013 年版,第 238 页。

能。情报工作的这一职能,无论古今,无论中外,概莫能外。如萌芽时期的对外情报工作缺乏连续性,但维护政权稳定,保卫君王安全,却是萌芽时期情报机构的重要职能之一,须臾不可或缺。如上古时代的亚述建立了世界上最早的秘密警察制度,秘密警察被称为"国王的信使",表面上是为国王传递邮件,实际上监视着各地的动向。① 公元前 1 世纪,罗马出现了秘密警察弗鲁曼塔里伊(Frumentarii)。到 3 世纪时,罗马的秘密警察已经无处不在,"前三头"和"后三头"②都建立了完备的暗探网络,以获取对手的情报。政治情报工作的发达导致罗马成立了专业性的反间谍机构——公安局(Agentes in Rebus,也译为探事官)。中国在汉武帝时始置"司隶校尉",作为监督京师和京城周边地方的秘密监察官。后汉时曹操恐"中丞,司隶不为己用",设立了规模更为庞大的"校事"、"典校"及其附属机构。唐代宦官李辅国设置"察事厅子"数十人,侦查官员活动,官吏有小过,无不伺知,即加传讯。明时朱元璋设置锦衣卫,其最高长官为指挥使,下设同知、佥事等官职,其下有官校,专司侦察。有明一代,缇骑四出,上至王公贵族,下至平民百姓,都处于锦衣卫的监视之下,全国上下笼罩在一片恐怖气氛中。1565 年,伊凡四世建立了近卫军(Опричнина,Oprichnina)以对付挑战皇权的封建领主,秘密警察成为沙皇维护皇权的手段之一。在现代社会,以维护国内安全为使命的反情报工作依然是一国情报工作的主要职能之一,在苏联,以国内安全为主要职能的克格勃,其地位与实力远远超过以对外情报为主要职能的格鲁乌。通过出色的反情报工作,苏联情报机构挫败了国内外敌对分子的渗透,使敌对情报机构的情报行动陷于瘫痪,维护了国家安全。因此,安全情报工作维系一国安全,这种说法并不为过。

美国情报界原先对安全情报工作颇为忽视,安全情报工作被称为"消极"的情报工作,不是战略情报工作的组成部分。但"9・11"恐怖袭

---

① 参见[美]厄内斯特・沃克曼《间谍的历史》,上海:文汇出版社 2009 年版,第 13 页。

② 公元前 60 年,恺撒、克拉苏和庞培组成政治联盟,被称为"前三头";公元前 43 年,屋大维、安东尼和雷必达组成政治联盟,被称为"后三头"。

击表明,美国的安全威胁不仅来自境外,也来自境内。2004 年《情报改革与恐怖主义预防法》(*Intelligence Reform and Terrorism Prevention Act*)重新定义了"国家情报"的定义,将对外情报、国土安全情报与军事情报并列为国家情报的三大内容。从 2005 年开始,美国颁布了多部反情报战略,阐述美国面临的安全威胁。2009 年的《国家情报战略》规定,美国情报界必须在美国政府范围内,开展一致、全面和协调的工作,利用攻击性和防御性的反情报措施,确认、欺骗、利用、破坏这些威胁,同时又将反情报工作延伸到网络领域,保护关键基础设施的安全。

二、情报是最高统帅部的战略哨兵

第二次世界大战中,突然袭击大行其道。战争策源地德国和日本,通过突然袭击手段,夺取了战争初期的战略主动权,赢得了战争初期的优势地位;在战争中后期,盟国也通过突然袭击手段,隐蔽自己的进攻企图,在进攻时间和进攻方向上达成了突然性,从而为扭转战局取得战争胜利奠定了基础。因此,预防突然袭击成为战后各国决策者关心的主要问题。

防止突然袭击,主要的手段就是先期发现敌人的战争图谋,通过政治、外交和军事斗争,应对敌人的突然袭击。在这里面,情报机构发挥了重要作用。美国总统杜鲁门在总结珍珠港事件的经验教训时这样说道:"如果政府能够有一个互通声气的情报机关,那么日本偷袭珍珠港,即使不说不可能,至少也要困难一些。"[1]基于这一想法,美国在战后重组了国家安全机构,建立了中央情报局,并研发高空侦察飞机,建立起初步的预警手段。

在信息化和全球化背景下,国际安全环境发生了巨大变化,传统安全威胁依然存在,但恐怖主义、跨国犯罪集团、大规模杀伤性武器扩散等

---

[1] Harry S. Truman, *Memoirs*, *Years of Trial and Hope*, Garden City, NY: Doubleday, 1956, p. 56.

非传统安全威胁成为影响国家安全的重要因素。情报机构必须就这些非传统安全威胁提供战略预警,使决策者、军政当局能够有效遏制、预防和应对这些威胁,同时利用各种机遇。

三、情报是行动的先导

所谓先导,即先有情报,后有决策(行动),决策(行动)必须建立在情报的基础之上。没有经过周密计算的决策是鲁莽的决策,没有经过周密筹划的行动是鲁莽的行动。因此,情报是科学决策的根本。

通常认为情报是决策(行动)的保障,"情报保障"一词耳熟能详,美军的"情报支援"概念表达的是同一种意思。这种表述鲜明地表达了情报之于决策(行动)的被动角色。理性的决策者和行动人员固然可以依赖高明的情报作出重要决策,但鲁莽的决策者也完全可以忽视情报的存在,完全凭一己之见作出决定。这样的例子在历史上并不鲜见。欧洲的十字军东征大多没有情报支持;第二次美国独立战争时期的美军准将威廉·赫尔(William Hull),美墨战争时期的美军将领泰勒(Zachary Taylor),在发动进攻时连地图都没有;希特勒在发动侵苏战争时根本不考虑德苏两国的实力对比;第二次世界大战后,当民族独立运动风起云涌之际,法国统治者却逆潮流而动,做出了维护殖民统治的决策。

这些鲁莽的决策者之所以如此蔑视情报,是因为他们对情报工作有着根深蒂固的偏见。希特勒曾有一句名言:"有了坦克、飞机、防坦克炮和高射炮,我们就能打胜仗。"[1]决定胜负的是进攻(战术)和实力。他把大量人力和物力用于发展军备,对情报工作却很少重视。情报的地位被空前贬低,有人竟然扬言,他宁可要"高尚的无知,也不要用不正当的手段取得的有用的情报"[2]。1930 年德国颁布的《战时参谋部工作手册》明

---

[1] David Kahn, *Hitler's Spies*: *German Military Intelligence in World War II*, New York: Macmillan, 1978, p. 529.

[2] David Kahn, *Hitler's Spies*: *German Military Intelligence in World War II*, New York: Macmillan, 1978, p. 532.

确规定了情报军官的从属地位:"作战参谋处理德军的作战问题,在司令官和参谋长不在时,可以负责一切",而情报参谋是作战参谋在判定敌人情况时的助手。① 美国第二任中央情报主任霍伊特·范登堡(Hoyt S. Vandenberg)证实,珍珠港事件前,美国人民"有一种情绪,认为要打赢一场战争——如果再发生另一场战争的话,只需要有准确射击的本领就可以了"②。这样的片面认识,成为他们忽视情报的依据。

然而,并不是所有的决策者都如此鲁莽。许多高明的决策者十分重视情报对决策(行动)的先导作用。中国古代有"庙算"传统,国家凡遇战事,要告于祖庙,议于庙堂,分析潜在作战对象的实力与意图,评估战争的可能进程,预测战争的可能结果,从而为决策者决定战和大计提供支持。

传统上我们对"庙算"的理解是"先知",即预见敌我交战的前景,而很少强调情报对决策的先导作用。实际上,孙子在讲完"庙算"以后接着阐述"诡道",即用兵的法则,在"庙算"与"诡道"中间有一个关键的连接句"计利以听,乃为之势"。这句话在《计》篇的全篇结构上起着承上启下的作用,反映了孙子对筹划战争"不可逾越的程序"③。"计利以听,乃为之势"意味着必须先"计利",后"为势",只有在分析结果有利于己的情况下,决策者才作出开战的决策,并通过"诡道"等各种手法,将之转化为"势",以争取胜利,而不是盲目开战,摸着石头过河。正如杜牧指出,应"于庙堂之上,先以彼我之五事计算优劣,然后定胜负;胜负既定,然后兴师动众"④。如果严格按照这一程序决策,那么,决策者起码可以选择战

---

① 参见 John Ranelagh, *The Agency: The Rise and Decline of the CIA*, New York: Simon and Schuster, 1986, p. 400.

② John Ranelagh, *The Agency: The Rise and Decline of the CIA*, New York: Simon and Schuster, 1986, p. 56.

③ 关于情报的先导作用,学界多有论述,但以储道立教授论述最为出色。笔者十分赞成他对"计利以听,乃为之战"的解释。由此出发,笔者得出情报对决策的"先导"作用而非"保障"作用的认识。参见储道立、熊剑平《中国古代情报史论稿》,银川:宁夏人民出版社 2010 年版,第 33—36 页。

④《十一家注孙子》,上海古籍出版社,第 1 页。

还是不战,"故用兵之法,十则围之,五则攻之,倍则战之,敌则能分之,少则能逃之,不若则能避之。"这正是孙子自信"百战不殆"的底气所在。

所以,孙子指出:"胜兵先胜而后求战,败兵先战而后求胜。"所谓先胜,即战前就能预见胜利,胜券在握,不打无准备之战;所谓先战,即先打起来再说,摸着石头过河。对一个高明的将军而言,他在开战前已经就情况做过充分的评估,对战局的进程与结果了然于胸,因此他可以自信地作出决定。而一个鲁莽的将军则完全不了解对手的情况,对战争进程完全没有预计,只能走一步看一步。到他发现身陷泥潭的时候,才发现胜利已经遥不可及。这样的决策者,被孙子痛斥为"不仁之至也,非民之将也,非主之佐也,非胜之主也"。

"先胜"与"先战",何者为先,何者为后,反映了决策者对情报作用的根本认识,也是高明的将领与鲁莽的指挥官之间的本质区别。

中国兵家对情报的先导作用("先胜")有多种论述。先秦兵书《军谶》指出:"用兵之要,必先察敌情。视其仓库,度其粮食,卜其强弱,察其天地,伺其空隙。"[①]《管子》认为,"不明于敌人之政不能加也,不明于敌人之情不可约也,不明于敌人之将不先军也,不明于敌人之士不先阵也"[②]。敌情不明根本就不应有所行动。孙子更明确指出,"是故不知诸侯之谋者,不能预交;不知山林、险阻、沮泽之形者,不能行军;不用乡导者,不能得地利","故知战之地,知战之日,则可千里而会战;不知战之地,不知战日,则左不能救右,右不能救左,前不能救后,后不能救前","故惟明君贤将,能以上智为间者,必成大功。此兵之要,三军之所恃而动也"。情报是"兵之要",是三军行动之基础。这里,情报对于战和大计的作用,就不是我们传统所理解的保障作用或支持作用,而是根基作用。计与不计,决定了国家的安危。情报工作对国家安全的影响,一至于斯。

---

① (汉)黄石公:《三略·上略》。
② 姜涛编译:《管子名言》,济南:齐鲁书社1992年版,第114页。

　　西方近代兵家对情报也有同样认识。拿破仑认为,"每一个将军,只要他不是在沙漠里,而是在有人的地方,若是他不能充分了解自己的敌人,那他就不精通自己的业务"①。他声称,"在这些年来我指挥的战役中,我从未向军团发出一条错误的指令",因为"在行动之前,我对形势把握得一清二楚"。普鲁士战略家冯·克劳塞维茨也认为,情报是我们一切想法和行动的基础。一位统帅只有"考虑到战争涉及多少重大的问题"并且具备了"非凡的洞察力"②,才能制定出基本符合战争客观实际情况的战争计划。尽管他一再强调情报的不确定性,但他还是指出:"敌对双方的任何一方都可以根据对方的特点、组织和设施、状况以及各种关系,按概然性的规律推断出对方的行动,从而确定自己的行动。"③这同样体现了先计而后战的特点。

　　如果说,在生产力比较落后、战争结果取决于交战双方的有形物质能力的冷兵器战争时代和机械化战争时代,情报的先导作用表现得还不够明显,鲁莽的指挥员有可能凭蛮力侥幸取胜的话,那么,在非传统安全威胁肆虐的时代,情报的先导作用就更为突出。没有情报,就没有办法执行任务,更不可能取得胜利。例如,恐怖分子居无定所,飘忽不定,隐藏在社会的各个角落,如无出色的情报,则警方根本不可能找到他们,更不用说打赢这场非对称战争了。美国洛克菲勒委员会指出:"情报是为政府的政策制定者搜集的信息,它为政策制定者提供了可供选择的范围,并使其做出决断。好的情报不一定导致明智的决策;但若无准确的情报,国家的政策制定和行动就不能有效地反映实际情况,也不能体现国家的最高利益即确保国家安全。"④

　　20世纪90年代,英国的犯罪率居高不下,警方的工作效率和经济效

---

① [苏]E.契尔尼亚克:《秘密战五百年》,北京:群众出版社1980年版,第395页。
② [德]冯·克劳塞维茨:《战争论》第一卷,北京:商务印书馆1978年版,第176页。
③ [德]冯·克劳塞维茨:《战争论》第一卷,北京:商务印书馆1978年版,第33页。
④ 转引自龙小农《跨国危机管理——理论、方法及案例分析》,北京:中国传媒大学出版社2005年版,第126页。

益受到质疑,革新警务战略的呼声日益强烈。1997 年皇家督察出版《警务与情报》研究报告,正式提出"情报引导警务"这一概念,以解决警务决策和警力部署的科学化问题。这是一种主动先发的警务模式,对应于被动反应式的警务模式。它以犯罪情报的分析与解读作为决策依据,其目标是通过情报解读犯罪环境,通过情报影响决策环境,通过决策改变犯罪环境。"情报先导"这一概念更直观地反映了情报在警务工作中的作用,它必将渗透到整个国家安全工作中。

就军事情报工作而言,情报的先导作用体现在军事行动的各个阶段。情报要了解战场环境的相关方面并使之可视化,详细分析天气、地理环境和其他相关因素对军事行动的影响,塑造一个透明的战场环境;查明敌人的实力,协助识别敌人的重要链路、关键节点、高价值目标和重心,先敌了解、预测战场态势,帮助指挥官形成信息优势;判明敌人的意图,预测敌人可能采取的各种行动方案,指出其最可能采取的方案,以及对我方威胁最大的方案,帮助指挥官形成决策优势;扮演蓝军,评估敌我双方的行动方案,制定详细的应对方案,将决策优势转化成行动优势。

四、情报是战斗力倍增器

战争是残酷的实力对抗,国际社会的本质同样是赤裸裸的权势的争夺。在竞争与对抗中,不论是进攻者还是防御方,首先要考虑的就是实力的对比问题。实力决定了态势,改变了实力就等于改变了态势。而情报则可以发挥力量倍增器的作用,帮助决策者更好地配置资源,从而改善己方的战略地位。

战略上最重要而简单的准则是集中兵力。"兵散则势弱,聚则势强",最好的战略首先在总兵力方面,然后在决定性的地点上始终保持十分强大的力量。马克思、恩格斯在谈到拿破仑时曾指出,这位威震欧洲的军事人物的秘诀在于集中。苏联出版的《战术》一书也把"在需要的时候在主要方向上坚决集中军队的基本力量"作为现代合同战斗艺术原则之一，并认为"这一原则的运用对以往大多数战斗和交战的结局起了决定性的作用"①。

　　集中兵力是制胜的法宝，那么，一个高明的军事家就要把分散敌军的兵力放在至关重要的位置，促使敌人违反"节约用兵"的原则，让敌方在不重要的方向，甚至是不存在的目标上损耗资源。如孙子言："吾所与战之地不可知，不可知，则敌所备者多；敌所备者多，则吾所与战者，寡矣。故备前则后寡，备后则前寡，备左则右寡，备右则左寡，无所不备，则无所不寡。"敌人的兵力分散了，而我方的兵力却可以相对集中，"我专为一，敌分为十"，以众击寡，焉能不胜？

　　造成敌人分兵的策略就是战略欺骗。有效的欺骗会让对手耗费更多的资源，无法集中兵力，使其将兵力调离决定性的进攻地点，或者削弱其兵力，并且将其大部队困在非进攻区域，错过最佳时机，还可以将其注意力从关键性区域转移到无关紧要的区域，麻痹其警戒心，弱化其战备，增加其困惑，降低其确定性。

　　在第二次世界大战中，希特勒通过"海狮计划"这一骗局，迫使英国把本就稀少的步兵、装甲兵和空军单位徒劳地部署在英格兰地区，等待一场不可能发生的入侵。在"汀达尔"行动（Operation Tindall）和其后续的"北方坚韧"计划（Fortitude-North）中，盟军通过欺骗把十余个德国师牵制于挪威，时间长达 29 个月。② 在不列颠战役中，英国建造了一些假目标，通过干扰德国的电子导航设备，使其进攻了一个并不存在的机场和工厂。海湾战争中，美军一再声称，这场战争的目的是"解放科威特"，但首轮空袭地点却是伊拉克的心腹之地巴格达。伊军在科威特花费巨资构筑的防线在战争打响后却始终未派上用场。多国部队在海上部署了一支 1.8 万人的海军陆战队，迫使伊军在科威特沿岸部署了大量部队。为了迷惑伊军，多国部队多次进行两栖登陆作战演习，并夺取了科

---

① 转引自马金生《军事欺骗》，北京：军事科学出版社 1992 年版。
② 参见 Barton Whaley, *Stratagem：Deception and Surprise in War*, Boston：Artech House, 2007, Chapter 5 and Case 45。

威特的第二大岛法拉卡,并于地面战开始前 15 天在科威特湾进行扫雷活动,这些都造成了美军行将登陆的假象。以上欺骗措施牵制了伊军七个师的兵力。这些战略欺骗行动浪费的都是对手的关键性资源,几乎改变了对立双方的实力和态势,此消彼长间欺骗者优势立现。①

五、情报是推进国家利益的秘密工具

英国情报学专家约翰·布鲁斯·洛克哈特认为,"情报"主要包括以下五个方面:一是由政府规划其情报需求和优先工作顺序;二是通过公开、秘密和技术手段来获取情报;三是反情报和安全工作;四是隐蔽行动,即运用秘密非法手段来延伸政府政策;五是分析评估所有获取的情报。② 所谓行动,即隐蔽行动(Covert Action)。在美国情报术语中,它是政府为了实现其外交政策目标,通过秘密行动,对外国政府或外国政治、军事、经济、社会事件及社会环境施加影响的一种努力。

情报机构自古即具有隐蔽行动的职能。中国春秋战国时期的游士,凭借其三寸不烂之舌,纵横于列国之间,游说各国君主,改变其对外政策取向,苏秦的"合纵"、张仪的"连横"都是典型的例子;古代的专制君主通过暗杀政治对手,以维护自己的利益;为了挫败西班牙无敌舰队对英国的进攻,英国国务大臣沃尔辛厄姆(Francis Walsingham)先是动用占星术在欧洲散布谣言,说一个大帝国将被摧毁,接着又动用海盗袭扰,焚毁了西班牙无敌舰队的军舰,最后,他还向热那亚的银行家施加压力,不让其向西班牙贷款以建造无敌舰队,这些隐蔽行动措施直接削弱了西班牙的战争准备;沙俄秘密警察机构中央特别部(Особое От деление)在巴黎进行爆炸,然后栽赃于民粹分子,借法国警察机构的力量来消灭民粹分子;第一次世界大战时,德国间谍在纽约港口实施大爆炸,以延宕美国的

---

① 关于情报在战略欺骗中的作用,详细阐述参见拙著《战略欺骗》,北京:金城出版社 2015 年版。

② 参见 K. G. Robertson, eds., *British and American Approaches to Intelligence*, London: Macmillan, 1987, p. 37。

战争努力;第二次世界大战时,各国情报机构的隐蔽行动更是如火如荼……这些事实说明,隐蔽行动从来就是情报机构的职能之一。

第二次世界大战后,主要大国情报机构普遍认识到隐蔽行动的重要性。苏联情报机构将其作为维护苏维埃政权的盾牌、推进苏联国家利益的工具。克格勃利用隐蔽行动渗透反苏维埃地下组织和民族分裂组织,摧毁了其抵抗;当战后民族独立运动兴起之时,克格勃和美国中央情报局在新独立的民族国家激烈竞争,争夺中间地带;美国中央情报局更是将隐蔽行动视为政府推行外交政策的第三只手,中央情报局在 20 世纪 70 年代以前进行了 900 多场隐蔽行动,涉及大小几十个国家,推翻了伊朗、危地马拉、智利等国家的合法政权,吴庭艳、特鲁希略、阿连德等国家元首在政变中死于非命;法国情报机构也不甘示弱,隐蔽行动成为其维护殖民统治、重振大国地位的工具……

今天世界主要大国的情报机构,如美国的中央情报局,俄罗斯的对外情报局、俄军情报总局,法国的对外安全总局,以色列的摩萨德(Mossad)和军事情报部的赛雷特·马特卡尔[1],都具有隐蔽行动职能。它们在推行国家秘密外交、打击恐怖主义和国际贩毒组织等方面,发挥了重要的作用。可以说,将隐蔽行动作为推进国家对外政策的辅助工具,是各国情报机构的共识。

六、情报是进行威慑的有力武器

威慑,即"以实力为后盾的威胁,通过这种物质性的威胁,构成一种非物质的心理上的障碍,使对方认识到由于面临无法承受的后果而不敢贸然采取行动,或使其行动有所收敛,或被迫停止某些行动,从而达到征服对手的目的"[2]。情报威慑是通过显示情报实力,直接或间接地对敌对

---

[1] 虽然这些机构对隐蔽行动的叫法不同,如苏联称之为"积极措施"(Active Measures),以色列称之为"特别行动"(Special Activities),但实质与美国的隐蔽行动是一样的。苏联的"积极措施"分公开和隐蔽两部分,其中隐蔽部分由情报机构执行。

[2] 杨旭华、蔡仁照:《战略论》,北京,国防大学出版社 1990 年版,第 1 页。

一方造成巨大的心理压力,迫使对方屈从,以实现己方的战略目的。

美国前中央情报主任艾伦·杜勒斯认为:"情报机构处于戒备状态,情报机构有可能就突然袭击发出预警,这一事件本身对潜在敌人发动突然袭击的欲望就是一个有效的遏制因素。这样的预警武器不应该保密,而应该广为周知,而预警的手段和机制当然是保密的。"①他认为,情报不应该成为一种禁忌,美国要建立世界上最有效率的情报机构,应该广为周知地强化情报的威慑职能,从而对对手产生巨大的震慑作用。

在军事对抗中,情报实力是一种重要的软实力,其强弱能够影响到行动的最终结果。如果拥有情报优势,能够掌握对方的一举一动,并使对方认识到这一优势的存在,就能从心理上使敌不敢轻举妄动。例如,有很多突袭行动在决策过程中,由于考虑到对方强大的情报能力,认为隐蔽不可能实现,难以达成突然性而放弃实施。因此,恰当地展示自己的情报能力,有时会有意想不到的效果。

尽管情报实力在"情报——决策——行动"链中处于重要的地位,但它不真正具有惩戒能力,因而对其他威慑手段具有一定的依赖性,必须配合使用。如果只有情报优势,而没有使对方感受到真正的惩戒威胁,那么情报威慑就很难发挥作用。1991年1月9日,海湾战争爆发前,美国国务卿贝克和伊拉克外长阿齐兹在日内瓦进行了最后一次会谈。在谈判桌上,贝克向阿齐兹展示了一套高清晰度的伊军兵力部署、军事设施乃至萨达姆公寓的彩色卫星照片。贝克希望通过展示自身的情报实力,迫使伊拉克屈服,达到"不战而屈人之兵"的目的,但仅仅通过展现情报优势进行的威慑并没有取得预期的效果,不久战争就爆发了。因此,情报威慑与实力威慑应当配合使用。在防止大规模杀伤性武器扩散方面,许多国家慑于美国强大的情报监视能力与联合国制裁威胁,因而放弃了大规模杀伤性武器研制计划。

展示情报能力,不可避免地会向对方泄露己方的情报能力,从而损

---

① Allen W Dulles, *The Craft of Intelligence*, New York: Harper & Row, 1965, p. 52.

害当前的情报来源,为未来情报斗争的被动埋下伏笔。例如,为迫使印度放弃核计划,1995 年 12 月,美国向印度出示了图像侦察卫星拍摄的印度核试验照片,印度因而了解了美国的图像侦察能力。在 1998 年的核试验之前,印度采取了有效的拒止措施,美国情报机构对其核试验一无所知。因此,使用情报威慑,还需要在保密与威慑之间达成恰当的权衡。

第三节　军事情报的分类

根据分类学的不同标准,军事情报有多种分类方法。例如,按获取手段,分为人力情报和技术情报;按使用层次,分为战略情报、战役情报、战术情报;按内容和性质,分为军事政治情报、军事经济情报、军事科技情报、军事地理情报等;按载体形式,分为文字情报、信号情报、数字情报、声像情报、网络情报、实物情报等;按情报产品类型,分为基本描述类情报、动向报告类情报、预测评估类情报和征候与预警类情报等。

把国防科技情报与战略情报、战役情报和战术情报并列为军事情报的四大类型,这在中国学者中间比较普遍,但就分类学角度而言,战略情报、战役情报和战术情报三者之间存在层次递减的关系,但国防科技情报与它们显然不存在这种关系。

与传统分类方法不同,有些学者认为,现代战争的特点已经不是战役情报和战术情报所能概括。某些战役、战斗界线模糊的短期战争,如海湾战争,战役情报和战术情报就很难区分,战事结束后有关敌方经常性活动的情报,就更难判定其属于战役情报或是战术情报了。所以,在军事情报的分类上,以战场情报包括、取代战役情报和战术情报更为合理,涵盖更全面。本书倾向于使用这种分类方法,将情报分成战略情报和战场情报,事关全局性的国防科技情报归属于战略情报范畴,而直接可以用于作战的科技情报归属于战场情报范畴。

一、战略情报

战略情报是"有关国家安全和战争全局的情报,是进行战略决策、制定战略计划、筹划和指导战争的重要依据"①。战略情报以军事为核心，兼及政治、经济、科技、文化、自然、地理、历史等各个方面，而绝不是纯军事的。战略情报贯穿于和平到战争的各个阶段，不仅战争时期需要战略情报，和平时期也需要战略情报。如谢尔曼·肯特认为，战略情报是"高层次对外积极情报"，是国家必须掌握的有关其他国家的知识，其目的是确保政治家和军事家在制定计划和行动方案时，不会因为无知而使事业遭受损失、行动蒙受失败。它是国家制定针对其他国家的高层次国家政策的依据和基础。

不过，今天美国情报界多用"国家情报"来指代"战略情报"，"战略情报"这一名词已经很少使用。这与美国情报观念的转变有着密切关系。第二次世界大战爆发前，美国的战略情报主要由军事情报机构提供，但由于战略指导的缺失和情报工作本身的局限，军事情报机构在战略决策中影响甚微。战争期间，军事情报机构作用日趋式微，战略情报工作由新成立的战略情报局（Office of Strategic Services, OSS）承担。根据参谋长联席会议的指令，战略情报局的职责是为参谋长联席会议搜集与分析战略情报，并在参谋长联席会议的指示下规划与从事隐蔽行动。②

1944年，美国联合情报委员会（Joint Intelligence Committee）的下属机构——联合情报参谋部提出了一份名为《战后美国的情报政策》的文件。文件中，联合情报参谋部指出，无论是在和平时期还是在战争时期，美国的情报活动都没能完全满足国家的需求，在国家政策层次上，情报的缺陷尤其明显。③ 文件建议成立中央情报局，局长将由总统任命，对由陆军部长、海军部长和国务卿组成的委员会负责，负责确定国家情报政策，协调情报活动，从事秘密情报搜集，确定与评估情报责任，评估情

---

① 刘宗和主编：《中国大百科全书·军事情报》，北京：中国大百科全书出版社 2007 年版，第 144 页。

② 参见 William R. Corson, *Armies of Ignorance：The Rise of the American Intelligence Empire*, New York：Dial Press/James Wade Books, 1977, p. 187。

③ 参见 David F. Rudgers, *Creating the Secret State：The Origins of the Central Intelligence Agency*, Lawrence, KS：University Press of Kansas, 2000, p. 16。

报资料,生产国家情报。这是"国家情报"这一概念第一次提出。1947 年《国家安全法》沿用了这一用法,法案规定:"国家情报"是有关国家安全的、由多个部门参与生产的特定情报。①"国家情报"有特定的服务对象,即总统、国家安全委员会等国家最高决策层。在整个冷战期间,这一概念都没有太大变化。2004 年《情报改革与恐怖主义预防法》界定了"国家情报"的含义:"'国家情报'和'有关国家安全的情报'是指无论其来源的一切情报,而且也包括在美国国内或国外搜集到的信息。(A)它们属于多个美国政府部门,并经确定与总统颁布的所有指令一致;(B)它们包括:对美国及其人民、财产或利益构成的威胁;大规模杀伤性武器的发展、扩散或使用;任何针对美国国家或本土安全的事务。"②美国军方认为,"国家情报是经过各情报部门综合加工后的情报,涉及国家政策和安全的广泛领域。其生产不可能由一个机构单独完成,而需要多个部门共同努力"③。所以,在指代涉及国家安全领域的情报时,美国通常使用"国家情报",而较少使用"战略情报"。

考虑到中国的情报研究学科远未成熟,因此本书沿用中国军事情报学界传统的做法,使用"战略情报"这一提法,但其内涵等同于"国家情报"。战略情报的服务对象是国家的最高决策者、军队指挥当局,以及其他政府部门。战略情报的内涵不限于军事情况,还涉及政治、经济、科技、文化等各个领域;战略情报的作用时间不仅限于战争时期,也包括战争与和平的各个时期、各个阶段。战略情报的主要功能是协助制定国家战略和政策,监控国际态势,发现潜在的风险,参与拟定军

---

① 参见"*National Security Act of 1947*(as Amended),"in *Compilation of Intelligence Laws and Related Laws and Executive Orders of Interest to the National Intelligence Community* (June 2003,as Amended through 25 March),pp. 5 - 6,http://intelligence. house. gov/ Media/PDFS/IntelligenceRelatedLaws2003. pdf.本部分定义在"9·11"事件后经过了修正,在"对外情报"和"反情报"中增加了"国际恐怖主义活动"的内容。

② *Intelligence Reform and Terrorism Prevention Act of 2004*,108th Congress 2nd Session (Dec. 2004),p. 26.

③ Htpp://www. tpub. com/conten/USMC/mcwp211/css/ mcwp211_145. htm.

事计划,遂行战略行动。为此,战略情报必须了解对象国的基本情况,监控其政治、军事动向,预判其战略意图,协助制定切实可行的应对之策。用谢尔曼·肯特的话说,就是了解其过去,监控其动向,预测其未来。由此,我们可以把战略情报的基本内容分成四个方面,即基本描述类战略情报、动向报告类战略情报、预测评估类战略情报,以及征候与预警类战略情报。

基本描述类战略情报。即一个国家的政治、经济、军事、外交、科技和文化、社会等各方面的情况。战争是力量的竞赛,实力是实施战争的基础。战争力量是诸种因素的集合,这些因素包括政治因素、经济因素、军事因素、自然因素、国际环境和主观指导因素。① 它们构成了一个国家的综合国力,也是将帅在制定战略计划、作出战略决策时所必须了解的战略要素。战略要素是一个国家的政府部门和军事统帅在制定战争计划时,必须考虑的那些实际存在的、能够影响到"战斗的准备和运用"的各种物质和精神的要素。用孙子的话说,它就是"道"、"天"、"地"、"将"、"法"。战争的胜利取决于交战双方在"五事"、"七计"方面的较量。孙子指出,"地生度,度生量,量生数,数生称,称生胜"②,战争的胜负不仅取决于双方的军事力量对比("称"),更取决于国土面积大小("度")、人口的多寡("数")、经济实力的强弱("量")。这些内容构成了战争的物质基础。战争的精神基础和自然状况,加上战争的物质基础和国际环境,构成了孙子的国家实力评估平台。根据这种评估平台,决策者可以完成对国家实力的评估,从而确定是否开战,并预测战争的可能结局。这种说法与克劳塞维茨的分析如出一辙。克劳塞维茨指出,"胜负的决定取决于总的情况,而不取决于个别情况","人们大体上可以知道敌国有多少金钱、财富和信用贷款,也可以知道敌国有多少军队。在战争开始时大量增加这些东西是不可能的","知道了敌人最多有多大的力量,自己不

---

① 参见林伯野《军事辩证法》,北京:解放军出版社 1985 年版,第 161—162 页。
② 《孙子兵法·形篇》。

致遭到完全的毁灭就有了相当的把握；意识到自己力量有限，就会选择适当的目标。"①

所以，评估一个国家的基本情况，是战略情报的主要任务之一。

肯特在《战略情报：为美国世界政策服务》一书中详细地列举了战略要素应该包含的内容：

Ⅰ. 基本背景。位置、疆域、面积、历史、政府管理结构。

Ⅱ. 国家特征。地表形成、土壤、地表覆盖、气候、水供给。

Ⅲ. 人口。民族、语言、信仰、人口分布、定居点、健康、社会结构。

Ⅳ. 经济。农业、工业、贸易和商业、采矿业、渔业。

Ⅴ. 交通。铁路、公路、港口、机场、内陆航道。

Ⅵ. 军事地理。（详细的地区分类）

Ⅶ. 军事建制。陆军：战斗序列，固定防御设施，军事设施，供给。海军：战斗序列，舰队，海岸设施，海军航空兵，供给。空军：战斗序列，军用飞机，空军设施（见飞机场清单等、特别附录），轻飞行器，供给。

Ⅷ. 特别附录。政府重要人物的传记资料；当地地理术语；河流、运河、湖泊的描述；发电厂的清单和详细说明；公路的描述；飞机场和最重要着陆点的清单；主要电话和电报线路的清单；金融、影响力、计量单位；海滩（能用于两栖登陆）。

这仅是基本情况研究的一个框架，在每一个大类下，我们可以进行更详细的研究。例如，在"交通"一类，需要考虑各种交通系统的细节。在"公路"栏，首先要了解一个国家的公路网地图，然后一公里一公里地跟踪其主要路线，对其表面、宽度、等级、弯曲度、填充材料、剖面、桥梁等进行观察，随后对整条路线进行总体评价，从而推测出从 A 处到 B 处，最庞大最笨重的运载工具可以通过的最高时速，以这种速度运行，这条公路最大可以承载多少辆这样的运载工具？在"港口"栏，情报机构要了解的港口情况有：受保护的水域范围、水深（通常以春季潮汐的低水位计

---

① ［德］卡尔·冯·克劳塞维茨：《战争论》，北京：商务印书馆 1978 年版，第 871 页。

算）、码头及其周边水深、码头上的吊车、清理码头和海港的运输方式、仓储设施、海港泊船、当地装卸情况、燃料贮存、灭火设备以及修理设施。这是夺取这个港口时情报机构需要了解的情况，但为了在夺取港口后更有效地使其为我所用，情报机构还需要了解更多的东西。①

这是美国战略情报局在第二次世界大战时的做法，即便用 60 年后的眼光看，这种做法并未过时。这种基本情况研究类同于关于对象国的一部百科全书。例如，美国中央情报局每年出版 *World Factbook*，提供世界上 260 余个国家和实体的基本情况，包括其历史、人民、地理、交通、运输、政府、经济、军事，以及跨国问题。有些国家把这种研究分成国情研究、军情研究、人物研究等几个部分。

动向报告类战略情报。肯特指出，倘若不是人类活动的流动性，这些积累的知识基本上就是战略情报所需的。然而对人类社会而言，这种静止是不存在的，人类在生存斗争中最重要的特征就是变化，旨在服务大战略需求的知识，必须永远考虑到变化这一因素。因此，战略情报研究不可能离开对战略动向的把握，情报机构必须严密监控世界最新的发展变化，敏锐洞察新变化中的新动向，及时掌握新动向的态势与趋势，判断其发展脉络、意义及影响。肯特将这种战略情报称为动向报告类战略情报。动向报告类情报会不断地向基本描述类战略情报添加新鲜内容，在描述类情报和预测评估类情报之间架起一座桥梁。

动向报告类战略情报与基本描述类战略情报并不重复，而是在此基础之上的延伸。例如，就人物分析而言，基本描述类战略情报会对过去特定时期的重要人物形成传记性文件，但是动向报告类战略情报则需跟踪这些人物的发展情况及其联系，需要透过前领导人的表面情况洞察明天将涌现的人物。未来决不会随意选择官员，他们一定是本国政治活动的必然结果。动向报告类工作就是找出这些即将涌现的人物，观察他们的发展动向，了解他们的性格和抱负、他们的政治观点、他们的弱点、他

---

① 参见［美］谢尔曼·肯特《战略情报》，北京：金城出版社 2012 年版，第 12—13 页。

们能施加的影响、他们承受压力的程度,了解他们的亲朋好友及政治、经济和社会圈子。只有清楚这些情况,才能判断他获取的权力大小和掌权后的政治走向。至于说一个国家的军事动向,如其军事政策、军事战略、军事学说、军事训练、武器装备、战略战术的调整,更是动向报告类战略情报所必须跟踪的。

除更新基本情况之外,动向报告类战略情报人员还把跟踪重大国际问题的变化作为自己的研究任务,这样的研究主要包括常态动向情报研究、应急动向情报研究、专项动向情报研究等。

常态动向情报是战略情报研究中的一种日常动向,情报人员要跟踪日常动向,敏锐察知各种可能具有潜在情报价值的动向,研究其来龙去脉,判断其可能对我方产生的影响。应急动向情报研究主要针对那些突发事件、紧急情况,具有很强的应急性。在出现重大突发事件之时,情报人员要迅速作出反应,确定事态发生的原因、对方的主要意图、事态可能的发展路径、对我方的影响,以及我方的应对举措。例如,在古巴导弹危机爆发之际,美国情报界迅速行动起来,就苏联部署导弹的性质、苏联领导人的意图、导弹对美国国家安全利益的影响、美国可以采取的主要举措、苏联可能的反应等关键性问题,迅速作出判断,并形成了《国家情报评估》特刊(SNIE),供决策者参考。

专项动向情报研究主要是就某一重大战略动向展开定向研究。这种研究的应用范围有三:其一是在常态动向研究的基础之上,针对那些需要进一步深化的重大战略动向,展开追踪性、连续性的定向研究;二是在应急性动向研究的基础之上,针对那些突发事件的后续发展,展开跟踪性、持续性的动向研究;三是依据决策层的战略需求,针对重大动向中反映出来的问题,展开命题性的专题研究。这种综合研究,不是对一系列事件动向的汇总罗列,也不是对一事一物的聚焦式分析,而是对某一重大事件或问题的全方位、多角度、跨阶段的描述与分析。它不仅要对事件本身进行描述,还要对事件的背景、成因进行全面分析;不仅要对事件的当前状态进行总结,还要对其未来发展趋势进行全面梳理;不仅要把事件的来龙去脉说清楚,还要对其可能对我方利益产生的各种影响进行评估,并且提出切实可行的对策性建议。过程、背景、趋势、影响和对策,构成了这种专题动向研究的理想模式。

预测评估类战略情报。战略的最终目的是通过行动改变历史的演进趋势,使事态向有利于己的方向演变。法国战略思想家博弗尔有一段精彩的比喻:"一列火车不可能在十米之内停下来,一辆汽车也不可能在两米以内停下来,你从窗口跳出,则一定会落在地面上。这些粗浅的比喻在战略领域中都可以找到类似的例证。要想改变演进的过程,则必须尽量趁早下手。所以必须向前看,而绝不可采取传统而错误的观望政策,人们必须发挥其智勇以争取其自由。当历史的风吹起时,虽能压倒人类的意志,但预知风暴的来临,设法加以驾驭,并终于使其为人服务,这又是在人力范围之内的事情。战略研究的意义即在于此。"[1]赫尔曼·卡恩更是进一步指出:"如果我们想对于危机和困难能够预防、避免或有较好的准备,如果我们想设计较佳的安全体系,如果我们想操控我们自己的命运,那就需要一种较好的机构以从事前瞻的思考。"[2]所以,战略设计必须具有前瞻意识,要预见到未来形势的发展。正如孙子所言:"故明君贤将,所以动而胜人,成功出于众者,先知也。"[3]

战略设计应该具有前瞻性,为此服务的战略情报工作也必须具备前瞻性。战略情报人员不能满足于掌握基本情况,跟踪动向情况,还必须在此基础上对事物的发展趋势进行预测。这就是所谓预测评估类战略情报,其主要任务是根据所掌握的情报,分析其本质特征,预测其未来的发展趋势。美国前国家安全顾问布伦特·斯考克罗夫特评论说,"对决策者而言,情报判断应该提醒他有哪些力量在起作用,趋势是什么,以及

---

[1] 转引自钮先钟《战略研究》,桂林:广西师大出版社 2003 年版,第 212 页。
[2] 转引自钮先钟《战略研究》,桂林:广西师大出版社 2003 年版,第 237 页。
[3]《孙子兵法·用间篇》。

他必须考虑哪些可能性。"①

预测建立在掌握基本情况的基础之上。肯特指出,要预测一个对象国的战略动向,战略情报人员必须了解两点,其一是其战略地位,其二是对其战略地位构成限制的致命弱点,也就是其薄弱环节。倘若战略情报人员能回答这两个问题,那么就能顺利回答以下问题:它可能主动采取的行动方式,它对其他地区所采取的行动,有何种应对之策。所谓战略地位,就是对象国"所拥有的胡萝卜和大棒的总和,以及具体运用这些手段时所体现的意志和熟练程度"②,也就是通常所说的战争潜力。所谓薄弱环节,也就是其面对我方的能力所表现出的脆弱一面。如果情报机构掌握了这方面的知识、了解其"命门"所在,知道它如何看待这些问题,同时了解其他相关国家的弱点和战略地位,那么你就很有希望预测它可能采取的行动。

为加强预测的可靠性,情报机构还应再掌握另外两类知识。

首先是对象国过去的行为准则。它的外交政策是否具有连续性,它是一直遵循某些国际行为准则(这些行为准则已经固化为传统),还是追求一些虚幻的不切实际的神话?这些惯例或神话会对它今天的行动产生影响吗?冷战初期,乔治·凯南对苏联行为的分析,就建立在对沙俄传统的行为分析基础之上。

其次,情报机构应该尽可能弄清对象国如何评估自身的战略地位。在形势判断方面,对象国也可能犯错误,如法国大革命期间的拿破仑、一战前的德国、二战前的德国和日本,它们均错误判断了形势,高估了自己成功的机会,低估了对手的力量。因此,了解对象国如何评估自身的战略地位,了解其特定的战略关切,了解其解决战略困境的筹码,对判断对手的行为具有重要意义。

---

① Woodrow J. Kuhns, "Intelligence Failures: Forecasting and the Lessons of Epistemology," in *Paradoxes of Strategic Intelligence: Essays in Honor of Michael Handel*, eds. Richard K. Betts and Thomas G. Mahnken, London: Frank Cass Publishers, 2003, p. 96.
② [美]谢尔曼·肯特:《战略情报》,北京:金城出版社 2012 年版,第 36 页。

基本描述类知识和动向报告类情报均可以通过搜集和简单的整编获得,但预测评估类情报则不可能通过搜集获得。它是分析的产物。肯特指出,预测类知识并不是一种通过搜集而得来的普通产品。评估类情报要求其生产者必须精通本领域的主要内容,面对新证据时客观公正,在发展研究技巧上具有天分,在作出假设时能充分发挥想象、警惕自己在分析流程中的主观偏见,娴熟展示自己的结论。

征候与预警类战略情报。情报是国家安全的第一道防线,情报机构是最高统帅部的战略哨兵。在危机来临之前适时向决策者发出警告,是情报机构的首要职能。印度情报局前任局长纳拉亚南(M. K. Narayanan)指出,情报机构的基本职能就是"向国家决策者和军事指挥官提供早期预警"①。曾经担任美国中央情报局局长的老布什(George H. W. Bush)说过:"情报是预测危险的基本工具。情报工作应该是而且永远是我们的第一道防线。"②因此,所有的情报机构,都把预警放在最重要的位置。

要实现预警功能,情报机构需要回答这样的问题:战争会不会发生?什么时间发生? 是否可以避免? 交战对手是谁? 战争的规模和性质及对我影响如何? 回答这些问题,情报机构需要了解潜在对手的战略意图,对方的战争潜力,对方的战争准备情况,双方面临的国际环境和战略态势。这样的情报工作,被称为征候与预警情报。

征候与预警情报这一概念出现较晚。1947 年谢尔曼·肯特撰写《战略情报》时,只考虑过基本描述类情报、动向报告类情报和评估预测型情报。在美军参谋长联席会议 2007 年发布的《联合情报》中,征候与预警类情报与动向情报、总体军事类情报、目标类情报、科技情报、反情报与

---

① N. C. Asthana&Anjali Nirmal, *Intelligence and Security Management*, Aavishkar Publishers, Distributors, 2008, vii.
② 龙小农:《跨国危机管理——理论、方法及案例分析》,北京:中国传媒大学出版社 2005 年版,第 124 页。

评估情报并列为情报的七大类型。①

　　根据《联合情报》的定义,所谓征候与预警类情报,是指可能威胁美国,美军或盟军,美国的政治、经济利益,或者海外美国公民的外国发展情况。此类情报具有很强的时效性,它可能的预警内容包括:敌方的行动或企图,即将发起的针对美国、驻外美军或盟国的核攻击与常规攻击,敌方对美国活动的反应,恐怖袭击,以及其他类似事件。如果撇开定义中专指的美国,那么,我们可以给征候与预警类情报下一个定义:征候与预警类情报是关于敌方或第三方发起的、有可能影响我安全利益的军事行动与威胁方面的情报。

　　通常认为,征候与预警情报是动向情报分析的副产品,只有跟踪掌握动向情报的分析人员才有资格对未来的敌对行动作出预警判断,预警判断需要的就是最新的动向。但实际上,这种理解是不全面的。征候与预警情报和动向情报虽然紧密相关,但两者在内容、目的、涉及情况范围、运用程度上均有区别。

　　首先,动向情报和征候与预警情报关注的重点各有侧重。动向情报分析人员每天要处理大量的材料,其关注的是每天的事态进展,很少有时间和精力关注过往的情报信息,更不太可能根据新情况去重新评估过往信息。征候与预警情报人员则不然。征候与预警情报人员认识到,绝大多数危机的爆发都有很深的根源,对手在发起行动之前会有大量的准备工作,而在真正的敌对行动发起前几周或数日,出现的敌情征兆反而比早些时候要少些。对这种情况,动向情报人员会认为威胁正在减少,而预警情报人员则会在综合分析的基础上作出相反判断。

　　其次,动向情报与征候与预警情报涉及的内容不同。动向情报分析人员的主要工作,是生产高质量的动向情报,而非撰写预警分析报告。一个动向情报分析人员,会在报告中忽略许多已有的或潜在的征候情报,其理由可能是:其情报要素不全,与其他情报矛盾,有的情况已经报

---

① 参见 U. S. Joint Chiefs of Staff, *Joint Publication 2 - 0*, *Joint Intelligence*(22 June 2007)。

过,不具备时效性,等等。预警情报的分析则完全不同。预警情报分析人员需要接收并跟踪最新的信息,但其预警判断并非仅仅基于对当前情况的认真分析,还需要对几周或几个月甚至数年来的相关信息进行回顾和分析,详细了解敌人的行动目标、政策原则和行为习惯、组织结构等情况,这样才能作出正确的预警分析判断。因此,预警情报建立在扎实的基本情况的基础之上,同时又对事态的发展进行了全面跟踪,从而对可能发生的威胁提出可能性判断。

当然,动向情报与预警情报之间也存在着紧密的联系。预警情报只有对情况发展进行长期跟踪,才能厘清事态发展轨迹,通过历史分析、对比分析、联系分析等形成结论。因此,动向情况所提供的快速及时的新情况,是预警情报工作中需要不断吸纳和分析的。在预警情报所面对的危机中,既有长期积累、从量变积累逐步发展到质变爆发的危机样式,也有因突发事件而爆发的危机样式,预警情报和动向情报工作很有可能在目的、内容等方面都完全一致,实质上就是同一种样式的情报工作。

征候与预警情报工作有一个标准程序。美国国防情报局情报分析家辛西娅·格拉博将其概括为编制征兆指标列表、监控动态(搜集原始情报数据)、分析征候、发出警告等程序。

编制征兆指标列表。整编征兆指标列表,掌握对手发动突然袭击的主要模式,为情报搜集提供指导,是预警情报工作的第一步。任何突发事件,不管其多么隐蔽,总是有征兆可寻,有端倪可察,影响国际安全的重大国际危机更是如此。危机的发起方为挑战既定的国际秩序,必须在政治、军事和外交等方面有所动作,这些动作构成了预见危机的指标。一个或两个征候或许不能反映敌人的真正意图,但许多征候集中在一起,则可以明确地反映出敌方的动向,这些征候就构成了征兆指标列表。

整编征兆指标列表,分析人员需要掌握三方面的知识:逻辑学或历史先例,有关对象国军事理论或军事实践的具体知识,有关对象国在近期战争或国际危机中表现的经验总结。战争准备自有其内在的逻辑性,所有国家在采取敌对行动前总会做一些事情,如实施军事动员,向前线调动部队，向前线部队提供作战物资，提升战备等级，下达作战命令。这些行动构成了一个国家发动对外战争的内在逻辑，也是一个国家在发动战争之前的惯例，再次发动战争它必遵循同样的惯例。

对手发动战争的理论，存在于其军事理论和条令条例中，了解、掌握对象国的军事或政治理论以及具体做法，对判定对手的意图极具价值。例如，如果我们了解对手战时空降兵使用的军事理论和学说，或了解对手的民防计划，我们就能更好地制定出征兆指标列表，知道哪些事项我们需要一直关注。了解对手在危机中的实际表现同样重要。对手在最近一次危机或战争前的准备，是对其历史惯例和理论条令的修正，可以更准确地反映对手当前的行为准则和习惯。因此，一份经过慎重研究、精心准备的征兆指标列表应该包含不同类型的信息，既有理论性的，也有从实践中归纳总结出的，包括了潜在敌人可能采取的各种行动样式。但没有哪一份表格能够包罗万象，罗列所有的战争征候，也不是列在征兆指标列表上的所有征候在危机或战争爆发前都会出现，即使是最优秀的情报部门，也不能洞察敌人所采取的所有准备措施。一些重要动向，特别是那些在敌对行动即将爆发前出现的征候，尽管情报机构发现的可能性不大，但依然要将其列入征兆指标列表中，因为情报搜集系统可能因为偶然的机会发现这类征兆。

监控态势。一旦确定征兆指标列表，就应该系统监控可能引发国际危机的相关要素，这是一个情报搜集过程，也是发现危机征候的过程。几乎所有的危机在发生之前都会有或多或少的警告信号，这样的信号有些被情报机构所发现，有些则为情报机构所忽视。信号接收的多少，反映了一个情报机构的情报搜集能力。情报搜集的手段多种多样，本书有专章阐述，此处不赘。

分析征候。预警情报工作的核心是情报分析，而不是搜集。只有对搜集到的情报资料进行深度分析，预警情报人员才有可能发现各种情报资料之间的相互联系，认清事物的长期趋势。

征候分析需要把握如下几点：第一，我们的情报搜集能力是有限的，我们发现的可能不过是冰山一角。许多事情可能正在发生，但我们可能并不知晓。预警分析人员必须能够根据已知推导出未知。例如，在古巴导弹危机发生前数月，苏联把 2 万人的作战部队运往古巴，包括大量的坦克、短程导弹以及许多空军、海军及电子装备，但美国对苏联境内的监视竟然没有发现这些情况。

第二，为达成行动的突然性，对手会采取措施，隐蔽其行动计划，所以，突然袭击的风险是存在的。在古巴导弹危机中，美国的情报搜集之所以失败，苏联的拒止与欺骗是一个重要因素。苏联严格限制了知悉范围，当时担任驻美大使的多勃雷宁和担任联合国代表的佐林也被蒙在鼓里。[①] 所以，预警分析人员必须持一种本能的怀疑态度，去研究每天掌握的敌方动向，必须每天问问自己敌人的意图有没有值得怀疑的地方。必须仔细研究每一份不寻常的情报报告，判断其是否可能是敌人将发起军事进攻和其他突袭的最初预兆。分析人员不能轻易放弃任何一份未经验证的具有潜在预警性的重要情报，除非这些信息被验证是错误的，或者有其他可信证据解释当前的异常情况。分析人员不能轻易接受对某些异常事态的解释，对无法解释的异常情况要时刻保持警惕，并始终关注那些具有潜在预警价值的碎片信息。

第三，应尽可能客观地进行预警分析。能否在分析数据时保持客观，对形势作出合乎实际的判断，是决定预警情报分析能否成功最重要的一个因素。客观性就是要把自己之前关于对象国应该会怎么做的先入之见搁置一旁，尽可能现实地看待所有的情报，这是预警情报分析成功的关键，也是确保每一阶段都能作出准确判断的保证。但事实上我们每个人都会在某种程度上受到自身先入之见、信仰信念、受教育水平和早年受训情况及其他多种经验性因素的影响。没有总能保持绝对客观的分析人员。

第四，尽可能快速得出结论。预警情报分析十分复杂，而且所涉及

---

① 参见［俄］阿纳托利·多勃雷宁《信赖》，北京：世界知识出版社 1997 年版，第 82—83 页。

的问题又可能对国家安全产生非常严重的威胁,分析人员有时需要在信息占有不充分、对证据的核实和评估也不充分的情况下作出判断。分析人员对情况感到不确定,有疑惑,这是很正常的现象。他必须在有疑惑的情况下尽力得出结论,推断出有最大可能的那种结论。

征候分析通常包括军事征候分析和政治征候分析等。

军事征候。一场国际危机,无论其最终目标是否是战争,都离不开军事调动。军事准备是发动战争的前提,展开军事准备的成本相当高。一旦进行军事准备,那么,国家沿着既定轨道发展的趋势就相当大,发生危机的可能性就相当大。因此,在征兆指标列表上,军事征候占有非常重要的位置。远远超出正常所需或防御目的的大量军力集结是判断对手军事意图最可靠的征候。例如,在苏联入侵捷克斯洛伐克前,华约集团在捷克斯洛伐克周围部署了大量的部队,但对这种部署却有三个不同的解释:入侵捷克斯洛伐克、展示武力、试图"威胁"捷克斯洛伐克。实际上,苏联从未宣布其集结部队,这种集结是悄悄进行的,有些部队还是借演习名义进入捷克斯洛伐克的;苏联从未威胁过要入侵捷克斯洛伐克,也没有公开展示其军事实力,捷克斯洛伐克的侦察能力也不可能发现这么大的军事集结。如果只是向捷克斯洛伐克施加压力,它根本不需要进行这种大规模的部队集结,因为其规模之大,已经符合苏联的军事理论:即使可能遭到抵抗,仍然会发起进攻。

一场大规模的军事行动必定会有大规模的后勤举措。如果预警情报分析人员非常了解敌方后勤准备的范围、层次和种类,他就能清楚地把握敌方的能力,也更能准确地洞察其意图。例如,1990 年伊拉克入侵科威特之前,伊拉克的卡车向科威特北部边界的伊拉克军队运送弹药、燃料和水,这一现象被美国情报机构发现。面对这一过长的后勤"尾巴",中央情报主任威廉·韦伯斯特和参谋长联席会议主席鲍威尔都认为,这是他们所看到的最有说服力的证据——伊拉克可能入侵科威特,而且迫在眉睫。

与后勤有关的动员也会对民众的生活产生较大影响。在大规模动员的过程中,国家将全面接管运输系统,正常的交通运输系统就会被打乱。例如,1950年夏秋之交,我军大量向东北调动,打乱了正常的运输秩序,这一迹象就被美国情报人员发现,据此他们判断中国正在向东北调动军队。①

此外,高层领导的动向,部队警戒和战备等级的提升,异常的军事演习活动,或常规的演习活动突然中止,都是重要的军事征候。

分析军事征候必须结合战斗序列分析。预警最终是要以事实数据为依据的,正确理解和评估敌方能力,是判断其意图的前提条件。对于预警情报而言,确定敌方战斗序列的相关数据具有决定性意义。

按照美军参谋长联席会议《美军军语联合用法词典》中的解释,战斗序列是指"一支军事力量的番号部别、战斗力、指挥体系、人员及组织配备、装备部署情况"②,这些因素构成了敌方的军事能力。在和平时期,一个国家的战斗序列通常保持稳定,对其战斗序列的分析往往是一个逐渐累积的过程。经过一段时间,分析人员逐渐形成一套成熟的方法和标准来判断某支部队是否存在于战斗序列中。分析人员需要确凿的证据来证明某支部队的存在、实力和编成、驻地、番号,其判断完全基于掌握的情况,如果他手头只有"一两支部队开始调动"的证据,就决不会说成是"几支部队开始调动"。在理想状态下,所有部队都是经过确认的,其位置、番号、人员、装备和满员率,都应与战斗序列中的编制和装备表一致。但事实上,这种理想状态可能永远不会出现,预警情报人员编制的战斗序列表可能滞后于实际情况。因此,在分析有关部队调动部署和其他战斗序列方面的情报时,应给予征候分析人员或其他动向情报分析人员平等表达自己观点的机会,此外还应上报另一类敌军战斗序列状况报告,更多关注一些"可能是什么"或"应该是什么"的征候,上报有关战斗序列

---

① 参见 Cynthia Grabo, *Anticipating Surprise : Analysis for Strategic Warning*, Washington, D. C. : Joint Military Intelligence College, 2002, p. 55。

② Cynthia Grabo, *Handbook of Warning Intelligence : Assessing the Threat to National Security*, Lanham, MD: Scarecrow Press, 2010, p. 119.

状况正发生改变的征候，并对这些情报的重要性和含义给出初步评估。

与战斗序列分析密切相关的另一个因素是动员分析。通常认为，只有在战争即将爆发时，国家才会进行动员，因此大规模调动往往是战争爆发的征候。几乎所有的国家都制定了应对紧急情况的动员计划，包括征召预备役人员入伍，动员全体武装力量并增加编制，甚至进行全国总动员。这样的动员通常很难掩盖。如果情报人员有确切的证据证明敌方正在进行动员，这时就应该抓紧进行预警情报分析。由于情报搜集能力的限制和对手的拒止与欺骗，有的时候情报机构无法确定对方动员的规模（全面动员或部分动员），也不能证实其某支或某几支作战部队已被动员，但必须接受此类动员已实施的事实，从而对迫近敌对行动的可能性有所警觉，并给上级发出预警。

政治征候。与军事征候的直观性相比，政治征候具有较大的不确定性，不能直接反映事态的发展，对具体情况的判断可能失之于主观，但依然是一个重要的因素，甚至于具有根本意义。在某种程度上，政治环境可以决定敌人是否会采取相应的行动。如果没有重大的军事准备活动或缺乏开展军事行动的实力，单纯的政治征候并不可信，我们完全可以将其视为夸大其词或宣传。如果没有出现政治危机或国际形势的恶化，单纯的军事征候也不会具有可信度。当然，如果对手的军事准备超过了一定限度，即便两国政治氛围相对"友好"，那还是应该关注。因此，将政治征候与军事征候联系起来，可以更准确地分析军事征候，评价军事征候是否具有价值。可以说，政治因素从一开始就确定了预警分析的方向，是预警分析过程的关键，贯穿情报分析始终。

在预警分析中需要考虑的政治性因素主要包括如下几类：

对象国家的外交与对外政策。克劳塞维茨认为，战争是政治的继续。只有当一个国家不能通过政治手段实现其目标时，这个国家才会诉诸战争，因此，外交政策和外交活动在展示国家目标方面具有非常重要的价值。从历史上看，两国交恶最明显的标志就是外交关系的恶化。例如，两次世界大战爆发的最早标志，就是国际政治环境的明显紧张，使人感到战争即将来临。日本偷袭珍珠港前,美日关系明显恶化。在苏德战争爆发前,尽管表面上德苏两国都宣称两国关系友好,但了解内情的人都知道德苏关系暗流汹涌。

对象国的公开宣传及外交信息。宣传反映了某种关注,是判断一个国家领导人关注事项的重要依据。如果关于某方面的宣传持续时间很长,宣传量很大,那么就表明该国领导人对此问题关注程度很高。一个国家不会在宣传中持续扭曲其目标或对象,虚假宣传对其自身也是一种危害。当敌对行动迫近的时候,进行适度的对敌仇视宣传或恐吓宣传固然重要,但领导人不可能总是误导民众。官方权威的声明非常重要,许多国家对新闻进行严格管控,新闻报道都是按规定进行,重要事件往往由高层官员撰写评论,这样的评论就带有较高的预警情报价值。1990 年7 月 23 日,《巴格达观察家报》发表题为《是的,愤怒突然发作》的评论,点名攻击科威特副首相兼外交大臣谢赫·萨巴赫·贾比尔是准备执行美国反伊计划的"科威特罪犯"。事后看来,这些新闻宣传真实地反映了萨达姆对科威特的愤怒,从中确实可以分析出萨达姆的意图。有时,对象国通过第三国或中立方提供的信息同样具有重要价值。如中国曾通过印度驻华大使向美国传递警告:如果"联合国军"越过三八线,中国将参加朝鲜战争。但这样的警告当时也没有引起美国情报人员和决策人员的重视。

对象国领导人的性格特征与态度演变。正确了解一个国家军政首脑的性格、态度和个人倾向,可以帮助情报人员分析其对外政策取向。1941 年 10 月东条英机上台执政,美国政府判断:"日本内阁总辞职可能会使事态严重起来。下届内阁可能由一些强烈反美的国家主义者组成……日本似乎认为,所以发展成现今这种绝望的局面是由美英两国一手造成的,因此,日本也有进攻这两个国家的可能性。鉴于这种可能性,你们应当采取适当的戒备措施,但以不惊动居民和暴露战略意图为度。"[①]虽然

---

① Roberta Wohlstetter, *Pearl Harbor: Warning and Decision*, Stanford: Stanford University Press, 1962, pp. 132—133.

美国没能避免珍珠港的突然袭击,但这一判断是正确的。因此,对象国军政领导人的性格分析,是预警情报工作的重要内容。

应该指出,这些战争准备活动不会单独出现,相反,它们是同时出现的。如果对手真的在准备战争,那么这些准备活动在一定逻辑上还会相互关联。例如,如果没有提升军队战备等级的军事准备活动,也就不会有紧急的大规模民防准备活动;如果没有其他战争动员活动,领导层要求执行某些战时法规这样的政治征候也不会出现。不可能会有单纯的军事征候或政治征候,至少在某种程度上,政治领域与军事领域的动向会一致或相互印证。

发出预警。如果预警情报分析人员确认危机正在来临,那么他有责任让决策者知道这一点,由其决策采取恰当的应对措施。发出预警的时间节点把握非常重要。预警时间过早,危机刚刚露出苗头,相关的征候还不足以让决策者相信分析人员的警告;预警时间太迟,则有可能让决策者失去反应时间,从而坐失良机。

传统的情报与决策观念认为,战略预警是情报界的职责,而是否对预警作出反应则是决策层的职能。两者泾渭分明,互不相干。但如果决策者不相信情报机构的预警,或者不能采取必要的预警反应措施,那么预警就是失败的。例如,在“9·11”事件之前几个月,美国情报机构曾多次上报,称“基地”组织很可能在美国境内发动大规模恐怖袭击,但相关部门并未采取适当的措施,提高对恐怖袭击的防范水平。所以,如何让决策者相信预警,就成为摆在预警分析人员面前最重要的问题。这方面,扎实的征候分析、严谨的分析逻辑、科学的分析方法、分析人员的信誉,以及分析人员与决策者良好的关系,对预警的实现至关重要。美国中央情报局分析家杰克·戴维斯认为,应该将战略预警定位为政府职责,而不仅仅是情报界的职责。[①] 在配置情报资源,筛选预警主题,实行

---

① 参见 Jack Davis, "Strategic Warning: If Surprise is Inevitable, What Role for Analysis?" *Occasional Papers* 2, no. 1 (2003), p. 15。

通用分析标准,确定具体预警方法,以及选择和监控指标以掌握危险的可能性、影响、时间和特点变化等预警情报的各个阶段,决策者应该全程参与,发挥直接的作用。① 这一体系能够使战略预警的提出更为顺畅,同时可以建立起战略预警反馈等机制,从而不断改善情报界与决策层之间的合作,提出有效的战略预警。

二、战场情报

战场情报是为谋求作战胜利和一切军事行动的顺利实施所需要的军事情报,是指挥员了解战场态势、定下作战决心、实施正确指挥的基础,也是决定战争胜负的重要因素。

战场是两军对战的空间,对战争的实施和结果起着重要的影响。历代兵家都很重视战场感知。孙子把天候与地形("天"与"地")列为"五事"的重要内容,置于与彼方情况和己方情况同等重要的地位,并认为"知彼知己,胜乃不殆;知天知地,胜乃不穷";克劳塞维茨则把制高点、山脉、江河、森林、道路等地形的影响列为影响战争进程的物质要素之一。随着战争形态的演变和科学技术的发展,"战场"这个概念已经远远超过了"天"和"地"的层次,海洋、天空、太空、网络(赛博)空间和电磁领域成为交战的重要战场。

美军联合出版物 2-01.3《联合作战环境情报准备》把"战场"称为"作战环境",亦即"能够影响战斗力的使用和指挥官的决策的所有条件、情况、势力的总和"。美军认为作战环境包括物理区域和信息环境,物理区域包括指定的作战地域,以及在地面、海上、空中、外空领域内实施作战行动必需的相关影响地域和关心地域,信息环境则由相互关联的物理域、信息域和认知域组成。

---

① 参见 Jack Davis, "Tensions in Analyst — Policymaker Relations: Opinions, Facts, and Evidence," *Occasional Papers* 2, no. 2 (2003)。

（一）战场情报的基本内容

战场情报的基本内容与战略情报基本相同,包括作战地区的自然条件、社会状况、重要目标以及敌军的兵力部署、作战意图等。在信息时代,这些内容可以通过机器或人工的方式进行融合、加工和处理,并通过图表形式在显示设备上呈现出来。这些内容被称为战场态势。有些战场态势实际上具有重大战略意义,因此可以归入战略情报之列。为了清楚分类,本书把态势分成两类,即战略态势和战场态势,后者的层级比前者要低。

战场自然条件。军队的调动、集结和作战,都是在一定的空间进行的,这种空间构成了作战环境。对这一空间的了解成为战场情报的重要任务。如前所述,高技术条件下的作战环境,包括陆、海、空、天、电磁与赛博空间。

陆地域。对陆军来说,自然条件是作战区域的地形,诸如城市、山地、平原、沙漠、河流,以及沼泽地带和丛林地带等,还有天候、气象、水文等。这些都构成了不同的作战条件。陆地域分析的重点是诸如交通系统(公路和桥梁信息)、地面物质、地表水、自然障碍物(如大型水体和山脉)、植被类型与分布、地面排水布局等地形特征。地形分析必须始终考虑天气效应以及军事行动造成的变化。例如,寒冷造成的表面冻结,使河流或沼泽不再成为部队机动的障碍。同样,作战区域的机动性也可能受到军事行动的影响,如建筑物被夷为平地,水坝和桥梁被毁,大批难民集结阻断交通线等。同样,要重视分析风力、温度、湿度、阳光、地形和降水对生化武器的运用可能造成的综合影响。分析之后,要对陆地域如何影响军事行动进行评估。地形分析不是联合作战环境情报准备程序的最终产品,而是一种手段,可用于判断己方哪些行动方案能最好地利用地形提供的机会,地形如何影响敌方的可用行动方案。

海洋域。世界各大洋、海、海湾、入海口、岛屿,沿海地区、濒海区和上述这些区域上空的空域,是一个巨大的机动空间。海洋域的关键军事方面可包括机动空间和瓶颈点，天然港口和锚泊地，人造基础设施，海上交通线和海洋水面与水下特征，濒海特征。在此基础上，评估海洋域对敌我双方军事行动的影响，以确定它们是否构成关键地形。

对空军来说，除作战空域的天候情况外，还必须考虑到在活动范围内的海、陆战场情况。此外，对严重影响军队行动和战斗力的特殊自然条件如严寒、酷暑、缺水、缺氧、水质不良及各种流行性疾病、传染病等亦应有充分和确实的了解。

美军《联合作战环境情报准备》将上述因素称为物理域。除了这些直接与战区相关的地域以外，战场情报还必须考虑影响地域和关心地域。影响地域是指挥官能够对己方行动、敌方行动或当地居民的活动和看法直接施加影响的一个地理区域，通常环绕并包含受领的作战地域。下属司令部的影响地域是上级指挥官为下属司令部划定作战地域时考虑的一个因素。关心地域是指挥官关注的区域，包括影响地域、与影响地域毗邻并延伸至敌占区内当前行动或计划采取行动的目标地域。关心地域的划定，便于把情报保障的重点放在监控作战地域以外可能影响当前行动和未来作战行动的敌方、中立方的活动或其他活动上。关心地域可远远超出影响地域的范围，并且不受政治分界线的限制。例如，在战斗行动中，如果己方当前行动或计划行动的目标位于受领作战区外，那么关心地域一般要延伸到敌占区内的这些目标。同样，如果某个邻国的政局或对敌方的支持可能会影响任务的完成，那么该国就应该纳入关心地域。如果敌方友好国家的战区弹道导弹发射场能够打击或影响作战地域内的目标，那么这些发射场应被纳入关心地域。

战场信息环境。信息环境是人类依据信息进行观察、定向、决策和采取行动的环境，是主要的决策环境。应分析信息环境的影响，以便考虑信息环境的重要特点如何影响己方、中立方和敌方的能力和重大行动方案，确定可被己方或敌方利用的信息环境优势和薄弱点。信息环境由相互关联的物理域、信息域和认知域组成。

物理域包括计算机硬件和网络,构成了网络世界。网络世界也是一个脆弱的世界,在未来的战争中,网络将是攻击的第一目标。在评价网络空间的影响时,要确认那些被认为对军事行动的计划和实施最为关键的信息系统和网络,并对它们进行优先排序,并评估每个关键系统的相对脆弱性,确定任何备份系统、"替代办法"或冗余链接。

信息域包括计算机软件、数据、操作员等。信息域将认知域和物理域联系起来。信息域的重点是信息内容和信息流,指挥官在此领域内传达意图并指挥和控制军队。信息域各个方面的相对脆弱性,结合敌方计算机网络攻击的复杂程度,可以帮助分析人员判明敌方潜在的攻击方法。

认知域包括那些传递、接收信息,对信息作出反应,或根据信息采取行动的人员的思想。在此领域,人们进行思考、感知、构想、理解和决策。这些活动可能会受到指挥官心理特征、个人动机和培训水平的影响。诸如领导、士气、部队凝聚力、情感、智力状态、训练水平、经验、态势感知能力,以及舆论、媒体、公共信息和谣言等因素都会影响认知。认知域分析需要确认和评估可能影响全体人民、军队普通官兵和高级军政领导人行为的所有个性特点,并评价这些个性特点对军事行动的影响。应对人类环境的特点进行评估,以确定平民和军人的士气状态。士气不仅是评价一支军队整体能力的一个重要因素,而且也是评估平民对军事行动支持力度的重要因素。评估对政权的支持程度,不仅要考虑平民的情况,也应考虑统治集团内其他领导人的情况。了解敌方军政领导人的心理,有利于理解敌方的行为,评估敌方是否容易受到欺骗,评估敌方采用各种行动方案的相对概率。

战场重要目标。又称高价值目标。这是敌方成功完成其任务所必须具备的资产。包括敌方指挥枢纽、领导人及其驻地、重兵集团、高技术装备、基础设施,以及其他敏感目标和禁止攻击目标等。攻击这样的高价值目标,便于发挥高技术兵器优势,控制作战进程、范围和规模,提高攻击效果,减少作战损耗和损失。有些目标对作战任务取得成功至关重要,对所属各部支援性行动十分关键,或对采用联合作战各分支或后续行动计划至关重要,这些目标也构成高价值目标。

在美军军语中,"目标"(Target)有四层意思:"1. 可能对其实施打击或其他行动的实体或对象;2. 在情报领域,指情报行动所针对的某一国家、地域、设施、机构或者人员;3. 一个指定的编号区域,用于未来火力打击;4. 在炮火支援方面,指命中目标的弹着爆炸点。"①任何有助于达成作战目的的实体或对象,都可成为目标。它"可以是一块地域、一幢建筑物、一个设施、一支部队、一套装备、一种能力、一项功能、一个人、一个群体、一个系统或某一行为"②。因此,目标既包括用兵力火力等"硬"手段打击的有形目标,如敌方军政指挥中心、雷达站、导弹发射阵地等关键军事目标的位置、性质和能力,敌方机场、港口、桥梁、通信中心、油料加工设施等大型基础设施的准确方位,敌野战军阵地编成、兵力部署、工事构筑和战场环境情况等,也包括用计算机网络战、心理战等"软"手段攻击的无形目标,如敌方无线电通信和雷达参数,敌军各类雷达和军用电台的精确方位、性质和活动情况。

专门以战场目标为研究对象的情报工作,称之为目标情报工作。目标情报工作是选择目标并根据其重要性排序的过程,其作用是达成既定目的,并根据作战要求和能力,用恰当的措施对付不同的目标。它涉及与己方任务、目的及指挥员可以使用的力量相关的敌方人员、部队、部署、系统和节点,以用于识别和提名具体的重心和高价值目标。美军名将哈普·阿诺德指出:"目标选择与打击是情报和作战的综合运用。"③美

① U. S. Joint Chiefs of Staff, *Joint Publication 1 - 02: Department of Defense Dictionary of Military and Associated Terms*, Washington, D. C.: GPO, 12 April 2001(As Amended Through 30 September 2010), p. 459.

② U. S. Joint Chiefs of Staff, *Joint Publication 3 - 60: Joint Targeting*, Washington, D. C.: GPO, 13 April 2007, p. I - 1.

③ U. S. Joint Chiefs of Staff, *Joint Publication 2 - 01. 1: Joint Tactics, Techniques, and Procedures for Intelligence Support to Targeting*, Washington, D. C.: GPO, 9 January 2003, p. I - 3.

军著名军事理论家约翰·沃登也认为：“情报是目标选择与打击的关键。”①美军 2004 年版《对军事行动的联合与国家情报支援》条令明确指出：“详细的情报对于目标选择与打击而言至关重要。”②

在目标情报工作的全过程中，分析人员必须充分考虑已经掌握的信息，对信息进行研判，恰当地提名、拟定和评估目标。一旦对象或实体被作为目标得到确认，它们即被列入联合目标清单、限制打击目标清单和不得打击目标清单。限制打击目标清单包含的目标具有军事价值，但由于作战阶段划分或其他敏感原因，在时机或兵力使用方面受到限制。不得打击目标清单所包含的对象或实体受武装冲突法、战区交战规则、国家政策或其他规定的保护，只要出现在清单内就不得打击。在海湾战争中，美军就把掌握当地宗教情况作为战场情报工作的一项重要内容。美军将伊拉克和科威特的宗教场所列入禁止轰炸目标清单，以防因宗教冲突引起多国联盟的瓦解。在 42 天的空袭行动中，没有一颗导弹或炸弹击中宗教场所，避免了麻烦和争端。

战场敌情。包括敌人的作战企图和军队的状况。军队是战场上最活跃的因素，而作战企图又是军队行动的灵魂。军队状况主要包括如下内容：敌军的实力、编成、配置，战术、技术和程序，训练状况，后勤，效能，电子技术数据，指挥员个性，作战企图是敌军可能采取的所有行动方案。

战场社会情况。又称人文地形图（Human Terrain Mapping）或文化情报，包括战区的政治、经济、民族、宗教、语言、风俗习惯等。19 世纪，英属印度著名学者拉迪亚德·吉卜林（Rudyard Kipling）在其小说《大博弈》（*The Great Game*）中描述了人类学调查（Ethnological Survey），实际上就是人文地形建模。1878 年，印度军需部门的情报机构开始通过各种

---

① Department of Air Force, *USAF Intelligence Targeting Guide*, *Air Force Pamphlet 14 - 210: Intelligence*(1 February 1998)，p. 130.

② U. S. Joint Chiefs of Staff, *Joint Publication 2 -01: Joint and National Intelligence Support to Military Operations*, Washington, D. C. : GPO, 7 October 2004，p. Ⅲ - 46.

来源建立人文地形模型。[①] 在伊拉克战争和阿富汗战争中,美军认识到非常规作战不仅取决于军事力量,更取决于军队对部落政治、社会网络、宗教影响和文化道德等社会文化因素的理解。2007 年,美军开发出"人文地形图"模型(Mapping the Human Terrain,MAP-HT),通过可视化的方式,将战区政治、经济、社会以及军事方面的详细信息快速绘制成易于理解的人文地形测绘图,从而使专家和指挥官更直观地掌握某一战区的社会结构分布信息,进而采取预防性措施,提高对突发事件的反应速度。[②] 美国陆军《人文地形分队手册》规定,人文地形系统的核心使命是:开展与作战有关的开源社会科学分析,为旅团级及师级指挥官及参谋提供新的知识能力,为作战计划制定、决策和评估建立统一的文化分析框架。[③] 人文地形分队具有五项关键任务:针对作战环境,提前研究作战地区的社会文化信息,制定人文地形研究计划,协调文化研究活动;将分析结果与部队作战计划制定过程有机衔接;通过观察分析,确定能够影响当地民众的文化因素,向指挥官及参谋建议应该采取的恰当措施;评估作战地区的人文地形效果,动态评价交战双方行动对当地民众产生的影响;对全体部队就相关社会文化问题进行培训。

如同本书所强调的,己方情况是情报的重要来源之一。因此,在进行态势研判的时候,己方情况应该融入整个数据链中,以形成完整的战场态势。

(二) 战场情报工作的主要内容

一场重大军事行动,包括战前准备、行动实施、行动结束,一般会持续相当长时间。战场情报保障与军事行动的组织和实施伴随始终,它包

---

① 参见 Penelope Tuson, "British Intelligence on Russia in Central Asia, c. 1865 – 1949," *IDC Publishers*, 2005, www. idc. nl/pdf/453_brochure. pdf。

② 参见 Jack Marr, John Cushing, Brandon Garner, and Richard Thompson, "Human Terrain Mapping: A Critical First Step to Winning the COIN Fight," *Military Review* (March-April 2008), pp. 18 – 24。

③ 参见 N. Finney, *Human Terrain Team Handbook*, Fort Leavenworth: Human Terrain System, 2008, p. 4。

括如下步骤：明确作战环境；评估作战环境对敌方、我方和中立方军事能力与重大行动方案的影响；评估对手，确认并评估对手的能力与局限性；判明敌方的行动方案，达成对对手可能意图和未来战略的详细理解；参与兵棋推演，评估敌我双方行动方案；制定与执行欺骗计划；反欺骗；作战保密；评估打击效能等。

明确作战环境。作战环境由条件、环境和影响力等要素综合构成，它们影响作战能力的运用，并与指挥官的决策息息相关。了解作战环境对战场情报准备程序的结果至关重要，"情报系统和情报工作的核心就是作战环境"①。

美军认为，提高作战环境感知能力是信息优势的关键组成部分，"情报最重要的作用是协助联合部队指挥官及其参谋部门理解作战环境并实现作战环境各相关领域的可视化"，作战环境可视化"不仅需要透彻了解作战地域的特征，以及敌方与中立方部队的当前部署和活动，而且应通过对天气、地理及其他相关因素的详细分析，掌握敌方部队在整个作战环境中的当前能力与未来作战能力，理解敌人的目标，确定其达成这些目标的方法及准备程度"②。

明确作战环境需要考虑七个要素，即确定可能的战场区域，分析任务和指挥官的意图，确定作战环境的重要特点，建立联合部队关心地域界限，确定可用时间内所需和可行的详细程度，确定情报和信息缺口、不足和优先事项，搜集材料并提交申请以支持进一步分析。

评估作战环境的影响。即对作战环境的所有相关物理和非物理方面进行分析，从地理空间角度认识作战环境，并通过对相关社会文化因素和系统、子系统节点以及链接的分析，从系统角度认识作战环境，并形成描述地理、气象与海洋因素、人口统计数据和信息环境的军事影响的

---

① U. S. Joint Chiefs of Staff, *Joint Publication 3 - 0*, *Joint Operations*, Washington, D. C. : GPO, 17 September 2006, Chapter I - 2.

② U. S. Joint Chiefs of Staff, *Joint Publication 2 - 0*, *Doctrine for Intelligence Support to Joint Operations*, Washington, D. C. : GPO, 9 March 2000, Chapter I - 1.

透明图和矩阵，进行社会文化因素评估，构建与敌方和中立方政治、军事、经济、社会、信息和基础设施及其他系统有关的网络分析图。

评估作战环境的影响可从三个要素入手。首先，从地理空间角度认识作战环境，要对作战环境的每一个方面进行评估，分析其相关特征，评估其对军事行动的潜在影响。其次，从系统角度认识作战环境，通过确认并分析己方、敌方和中立方系统与子系统中可能事关作战成败的重大要素，形成对作战环境的系统认识。最后，描述作战环境对敌我双方能力和重大行动方案的影响，形成一份单一的综合评估，支持己方联合行动方案的制定与评估工作，并从敌方角度评估作战环境，根据整体作战环境影响对敌方每一个行动方案的支持程度，对敌方整套军事行动方案进行优先排序。

评估对手。即确认并评估对手的能力与局限性、当前态势、重心和敌军的条令、作战样式和战术、技术与程序。评估对手可从四个要素着手：

第一个要素是更新或创建对手模型，描述对手理论上的作战方式，或经观察发现在相似条件下的实际作战模式。这种模型由三个主要部分构成，即与特定行动方案有关的敌作战样式图，敌首选战术与方案想定，高价值目标清单。

第二个要素是判明敌方态势，包括其编成，配置，实力，战斗、技术和程度，训练状况，后勤、效能、电子技术数据，指挥员个性，以及有助于增长知识的信息。

第三个要素是查明敌方的能力与薄弱环节。敌方能力可以通过比较当前敌方态势与已建立的每一个敌方模型来判明，包括敌方进行进攻、防御、增援与后退等常规作战行动的能力，以及核生化武器的使用能力，发动两栖突击、电子战或欺骗行动的能力。通常，敌方的实际能力与敌方模型所代表的理想能力有不同程度的出入，达不到先前作战模式或敌方军事理论所要求的能力被确定为薄弱点，而符合或超过这一要求的能力则被视为优势。

　　第四个要素是查明敌人重心。即通过连续评估敌方领导层、作战部队、资源、基础设施、人口、交通运输系统以及内外关系，以判明敌方从哪些要素获得行动自由、实际力量或战斗意志。重心提供士气或实际力量、行动自由和行动意志的力量源泉，包括部队的特征、能力、位置、关键链接、重要节点、高价值目标等。这些目标一旦遭到摧毁或破坏，就会导致敌方军事行动的失败。因此，寻找与打击敌方的重心是一个重要的作战概念，可以一举瘫痪敌方整个作战体系。情报可以帮助识别敌方的重心，就如何最有效地打击敌方重心提出建议。① 重心始终与目标联系在一起。如果目标发生变化，重心也会发生变化。查明重心的最有效方法，就是设想每个重心相对于各种系统和子系统的作用与功能。

　　在进行作战环境情报准备时，分析人员应查明和研究潜在的决定点，并判明这些决定点中有哪些能够为间接攻击敌重心、扩大己方作战范围或运用己方部队与能力提供最佳机会。决定点可以是一个地理位置、特定关键事件、关键因素或功能，在决定点采取行动，能够带来对敌优势，或对任务成功作出重大贡献。查明这些潜在的决定点，判明这些决定中有哪些能够为间接攻击敌重心、扩大己方作战范围或运用部队与能力提供最佳机会。理解重心的关键能力、需求与薄弱点之间的关系，就能发现决定点。最重要的决定点可通过分析关键因素来判明。

　　判明敌方的行动方案。即基于对作战环境的整体认识，详细理解对手可能的意图和未来战略，确认敌方最有可能采用的行动方案，以及对己方部队或任务构成最大危险的行动方案。

　　判明敌方的行动方案，可以从五个要素入手：

　　第一个要素是分析当前敌方的军事和政治态势、战略和战役能力以及社会文化特点，确认敌方可能的目标和预期的最终状态。

---

① 参见任国军《美军联合作战情报支援研究》，北京：军事科学出版社 2010 年版，第 84 页。

　　第二个要素是确认敌方整套行动方案,列举所有与敌方条令或作战样式相符的行动方案,可能影响己方任务的所有敌方行动方案,以及从敌方近期活动中推断敌方可能采取的所有行动方案。每一个被确认的敌方行动方案应满足五个标准,即适用性、可行性、可接受性、独特性、与敌条令或作战样式的一致性。

　　第三个要素是评估敌方的每一个行动方案,依据其可能被采用的顺序进行排序,从而为制定作战计划提供基础。评估敌方行动方案,要意识到这些行动方案只是对敌方意图的判断,而不是事实,这些判断应随着客观情况的变化而调整。要意识到战争是交战双方活的反应,己方的行动可能会导致对方放弃原有方案,敌方还可能会进行欺骗,以隐蔽其真实的意图。因此,判定敌方的行动方案,情报军官必须了解己方计划未来要采取的行动,同时对下列因素作出预测:敌人发现己方行动的可能性,敌方会如何解读己方行动,以及敌人最可能作出的反应。①

　　第四个要素是尽可能详细描述敌方各项行动方案,包括军事行动的类型,军事行动可能开始的最早时间,行动的地点,以及行动方案的各个分目标;作战计划;目标或预期的最终状态。应根据每一个方案的采用概率,按顺序对它们进行描述,其中应包括态势模板、行动方案描述和高价值目标清单。

　　第五个要素是分析敌方的活动,预测敌对活动可能发生的地点,判断敌方采用了哪种行动方案,从而为情报搜集提供指导。

　　参与兵棋推演,评估敌我双方行动方案。我方在判明敌情的基础上制定我方相应行动方案,但具体实施哪一种行动方案则依赖于兵棋推演的结果。在兵棋推演的过程中,熟悉对手的情报分析人员推演"蓝军",他们试图站在敌方立场上,从敌方的视角,去理解其实力、意图、重心和

---

① 参见 U. S. Joint Chiefs of Staff, *Joint Publication 2 - 0*, *Joint Intelligence*, Washington, D. C.: GPO, 22 June 2007, Chapter II, pp. 26 - 27。

薄弱环节、对当前局势的判断、对我方行动的判断与解读。这种方法要求分析人员了解对手的历史与文化,了解对手的思维过程和思维方法,了解其战略思想、战略能力和战略困境,并站到对手的立场上进行思考。这样的重任只能由以研究外军为己任的分析人员承担。

"蓝军"分析实际上涉及对敌我双方行动和潜在行动方案的评估。美军《联合作战环境情报准备》条令明确将此功能列为各级联合参谋部情报处的职能①,由情报分析人员扮演敌方的指挥官。在兵棋推演过程中,我方先描述行动方案,启动推演过程,对方视情打断我方描述,描述自己作出的反应,我方再打断对方,描述自己的反制行动。每次打断都代表着双方指挥官必须作出的一个决定。推演中,我方的每个行动方案必须首先与敌方最可能的行动方案进行推演,然后与敌方最危险的行动方案进行推演。

以上是军事行动发起前的战场情报工作程序,美军称为"联合作战环境情报准备"。这是一个分析过程,通过确定敌方重心,在合适的时间和地点集中进行情报搜集,分析作战环境对军事行动的影响,帮助指挥官洞察敌方意图和最有可能采取的行动方案,以达成信息优势。在军事行动实施期间,战场情报工作还包括制定与执行欺骗计划、反情报与作战保密、战场打击效能评估等环节。它们与联合作战环境情报准备一起,构成战场情报工作的基本内容。

策划与实施欺骗。战略欺骗是达成进攻突然性的有力武器。出敌不意是一切军事统帅和指挥员追求的作战指挥艺术,而要想在对手意想不到的时间、地点,以其意想不到的方式,给予其意想不到的打击,必须先隐藏真实情况,使敌方察觉不到真正的进攻行动。战略欺骗也是战斗力的倍增器。按照迈克尔·汉德尔的说法:"一场成功的突然袭击将帮助攻击者用更少的成本摧毁敌人大部分的军事力量,暂时减弱敌人的对

---

① 参见 U. S. Joint Chiefs of Staff, *Joint Publication 2 - 01. 3, Joint Intelligence Preparation of the Operational Environment*, Washington, D. C. : GPO, 16 June 2009, Chapter 1。

抗,使敌人本来很强的防御造成心理失衡。"①在各方实力均等的情况下,使用欺骗可以进一步扩大实力,最终以较小的代价和较低的伤亡率更快地获取成功。战略欺骗本质上是用信息来控制对手的思维模式,进而引导其作出错误决策。因此,战略欺骗也是夺取制信息权的有力武器。

基于以上认识,军事欺骗成为夺取战场优势的主要手段之一,也成为作战筹划中必须考虑的关键要素。美军对战略欺骗高度重视,先后颁布了多部关于军事欺骗的条令,1994 年美军颁布《军事欺骗联合条令》,并多次对其进行修改完善。这些条令不再将欺骗局限于战术和战场层面,而是更突出联合作战层面的运用,表明美军对军事欺骗的认识跃升至一个全新高度。2012 年版《军事欺骗联合条令》将军事欺骗置于信息化条件之下,明确将军事欺骗列为信息战五大核心能力之一,并专门论述了其与其他核心能力、支援能力、相关能力②之间的关系。该条令也将军事欺骗纳入联合作战框架,始终强调军事欺骗是联合作战行动的一部分,一切以实现联合作战目标为准,欺骗计划的制定和实施应当在联合作战框架下进行,不应与整体作战行动及其他支援行动发生冲突。指挥官、欺骗行动监督部门、欺骗计划小组、欺骗行动实施者等欺骗主体之间应密切配合,军事欺骗行动应与其他作战行动、支援行动相互协同并提供支持。该条令也明确规定了情报机构在军事欺骗计划制定与实施过程中的职责、角色及具体工作,强调情报在军事欺骗行动中的重要作用。

在制定欺骗计划的过程中,以知彼为使命的情报机构发挥关键作用。对方的战略取向是什么? 对方怎么看待当前的局势? 对方的决策程序是什么? 哪些因素影响了对方的决策? 对方最担心什么? 对方如何看待我方的行动? 情报分析人员应对这些问题作出回答。在作战环

---

① Miahael Handel, "Intelligence and the Problem of Strategic Surprise," In *Paradoxes of Strategic Intelligence : Essays in Honor of Michael I. Handel*, eds. Richard K. Betts & Thomas G. Mahnken,London: Frank Cass,2003,p. 102.
② 美军将信息作战能力分为核心能力、支援能力和相关能力三类。核心能力包括心理战、军事欺骗、作战保密、电子战、计算机网络战,支援能力包括信息保障、物理安全、物理攻击、反情报、战斗照相,相关能力包括公共事务、军事—民事关系、公共外交等。

境方面,要弄清作战地区的地理、气候、交通、民情等,以评估该地区是否有利于实施军事欺骗,胜算把握有多大。在敌方情况方面,除作战意图、作战计划、决策者、决策程序、惯用做法外,情报机构需要查明敌方情报侦察与搜集能力。情报机构应当查明敌方陆地、航空、航天侦察能力,人力情报、信号情报、公开情报搜集能力,各种侦察与监视手段的优缺点,敌方最为依赖的侦察手段和情报来源。情报机构还应该查明敌方潜在侦察资源,是否有可能通过情报合作、情报交换等途径从盟国或其他第三方获取关于军事欺骗的信息。①此外,情报机构还要确定敌方有权决策并采取行动的核心机构和人员,以及向欺骗对象传递欺骗情节的渠道网络。②

反欺骗。战场情报人员不仅应参与己方欺骗计划的制定和执行,也应识破对手的欺骗,防止己方受骗上当。消除"战争迷雾",让混沌的战场图景趋向透明,让决策者看到真实的图像,为决策者解疑释惑,就成为情报机构的使命所在。要识破对手的欺骗,消除"战争迷雾",情报机构必须建设强大的搜集手段,通过正确的情报分析方法,对情报资料进行正确解读,舍此别无他法。

美军指出,要将反欺骗作为欺骗的组成部分,帮助己方顺利实施欺骗,实现行动目标。③反欺骗包括防御性反欺骗、进攻性反欺骗和利用性反欺骗三种类型。防御性反欺骗指保护己方指挥与控制系统和决策者免受敌方欺骗,从而有利于掌控局势,采取防御性信息作战。进攻性反欺骗是指迫使敌方暴露其真实的和欺骗性的意图与目标,并假装尚未发现敌方欺骗行动,诱导其投入欺骗资源,继续实施实际上已被己方发现的欺骗行动。利用性反欺骗是指在阻挠敌方阴谋的同时,利用欺骗战

---

① 参见 U. S. Joint Chief of Staff, *Joint Publication 3 -13.4*, *Military Deception*, Washington, D. C.: GPO, 2006, IV-4。

② 参见 U. S. Joint Chief of Staff, *Joint Publication 3 -13.4*, *Military Deception*, Washington, D. C.: GPO, 2006, IV-5。

③ 参见 U. S. Joint Chief of Staff, *Joint Publication 3 -13.4*, *Military Deception*, Washington, D. C.: GPO, 2006, p. II-1。

术,影响敌方决策。

在反欺骗过程中,情报主要在以下几方面发挥着作用:一是了解对手的欺骗历史,包括此前其使用欺骗的时机、模式、手段、渠道等,从中发现对手进行欺骗的一些特点和规律。二是发现对手欺骗行动,即通过反映对手已经采取、正在采取和即将采取的措施,揭露敌方欺骗企图。在情报分析中,欺骗检查法是一个有效的方法。分析人员通过欺骗检查,发现对手可能的欺骗阴谋。三是掌握对手的欺骗计划,完整揭示敌方欺骗意图、行动、情节等核心信息,便于己方采取应对措施。四是为实施反欺骗提供依据,即不断了解敌方情况,使己方反欺骗行动更具针对性、合理性。

作战保密。作战保密(Operations Security)指通过确定、控制和保护关于策划、实施敏感行动的公开信息,防止敌方获取己方能力、意图方面的情报①,其目的是确定敌方情报能力,采取措施阻止其获取有关己方的关键信息。保密和欺骗相辅相成,互为支撑。例如,孙子认为在战争过程中要做到"形人而我无形","故形兵之极,至于无形;无形,则深间不能窥,智者不能谋",要达到"微乎微乎,至于无形;神乎神乎,至于无声"的地步,"善守者,藏于九地之下"。为做到"形人而我无形",孙子提出应实行严格的保密措施,包括"夷关折符,无通其使","军旁有险阻、潢井、葭苇、山林、翳荟者,必谨复索之,此伏奸所藏也"。对军事机密泄露后的补救措施,孙子提出"间事未发而先闻者,间与所告者皆死"。美军也认为,作战保密是实施军事欺骗的前提,是军事欺骗的重要组成部分。它通过隐藏真实意图和行动,限制和封锁可能危及军事欺骗的信息与征候,使敌方看到所设计的"事实"。没有安全保密措施,一切军事欺骗都将暴露在敌人面前而毫无用处。因此没有"隐真",也就没有欺骗。所以,作战保密成为战场情报工作的重要职能。

---

① 参见 U. S. Joint Chief of Staff, *Joint Publication 3 - 13 4*, *Military Deception*, Washington, D. C.: GPO, 2006, p. II - 3。

打击效能评估。在军事行动进行期间,情报机构要对敌军事目标进行打击效果评估,即确定对目标损伤数与现存数进行估算的比率,以评价完成预定作战任务的有效程度,评估作战效率,及时掌握战场态势,了解战争进程。这是衡量作战方案优劣、掌握敌我双方力量对比、调整作战方案的基本依据。

美军认为,战斗评估是对军事行动中部队整体使用效力的判断,包括战斗损伤评估(Battle Damage Assessment)、弹药效力评估(Munitions Effectiveness Assessment)和重新打击建议(Reattack Recommendation)三个部分。战斗损伤评估是对军事力量所造成的损伤结果进行评估,包括物理损伤评估、功能损伤评估和目标系统评估等三个阶段。战斗损伤评估"主要是一项情报职能",情报机构必须"协调一致地努力,全面了解联合部队指挥官的作战目的及其与敌方特定目标的关系,制定周密的战斗损伤评估计划,详细掌握各种情报搜集系统的能力及可用性,实现情报、监视与侦察资源的同步"。战斗损伤评估不仅包括"对某个特定目标所受损害或影响的微观审查",而且包括"对整个目标系统功能受损情况的宏观结论"①。战斗损伤评估的"典型数据来源"包括地理空间情报、飞行报告和任务报告(包括空中任务命令和空中打击计划)、飞机座舱视频和武器系统视频、炮兵目标监视报告、信号情报、人力情报(包括战斗部队、特种作战部队、前进部署的空中/地面观测人员的直接报告等)、测量与特征情报、公开来源情报、地对地火力的任务结束报告等。② 弹药效力评估是就武器系统和弹药的使用效力进行评估,确定是否需要对武器系统、弹药或其使用方法、战术、引爆方式和发射参数进行调整,以提高军事力量的使用效率。这部分评估主要由作战部门进行,情报部门参与协调。重新打击建议是一项综合性的作战与情

① U. S. Joint Chiefs of Staff, *Joint Publication 3 – 60*, *Joint Targeting*, Washington, D. C.: GPO, 13 April 2007, p. C – 4.
② 参见 U. S. Joint Chiefs of Staff, *Joint Publication 3 – 60*, *Joint Targeting*, Washington, D. C.: GPO, 13 April 2007, pp. C – 4 – 5。

报职能,是战斗损伤评估和弹药效力评估的最终目的。在这一阶段,作战与情报部门要综合战斗损伤评估和弹药效力评估的评估结果及各种来源的情报资料,就作战目的的实现程度,是否需要采取后续行动,未来打击目标的选择与确定,武器弹药及其作用战术的调整等内容,向指挥官提供系统化的建议。[①]

[①] 参见任国军《美军联合作战情报支援研究》,北京:军事科学出版社 2010 年版,第 229—235 页。

第二章　军事情报工作

　　军事情报工作是指围绕军事情报的生产而展开的一系列有组织活动。它包括军事情报体制的设计与管理、军事情报人才的培养、情报装备的研制，以及为保障情报生产而展开的一系列情报活动。其中，情报体制建设、情报人才培养和情报装备研制可以归结为军事情报事业建设，它们是完成军事情报生产所必须具备的条件。军事情报生产经历一个情报流程，包括计划与指导、搜集、加工与处理、分析与编写、情报分发、用户反馈几个环节。本章重点阐述情报体制、情报人才和情报流程等内容。

第一节　情报体制

　　情报体制，即情报工作系统的组织形式，是由国家安全和军队行动提供情报保障的相关单位组成的系统。《中国大百科全书·军事情报》卷称其为情报体系。① 它包括两方面的内容：情报机构的组成情况和情报机构的管理情况。它研究情报工作的组织系统、机构设置、建制和领

---

① 参见刘宗和主编《中国大百科全书·军事情报》，北京：中国大百科全书出版社 2007 年版，第199 页。

导关系,以及情报机构的职能分工等,体现了国家和军队对军事情报工作的总体部署,以及国家和军队对情报工作的认知。一个合理、完善的军事情报体制,能把从事军事情报工作的各种手段、情报的整理和处理、情报的传递等各个环节有机地组合起来,使其发挥最大的效率。它能够优化情报力量的配置,提高情报机构的效率,确定合理的情报需求,就重大情报问题形成共识。相反,一个不合理的情报体制,则会干扰情报工作的正常开展,影响情报机构的工作效率,不能让情报机构实行信息共享,也不能使情报机构形成合力。

一、情报体制的演变

情报体制是情报工作发展到一定阶段的产物,它反映了一个国家对情报工作的认识水平,同一个国家的情报实践相适应。它经历了从无到有,从简单到复杂,从低级到高级的过程。以情报体制为研究对象,可以更好地反映情报工作的演进过程,揭示情报工作发展过程中的经验教训,总结各个阶段情报工作的特点。情报体制的演进经历了三个阶段,即临时性情报机构阶段、常设性军事情报体制阶段和国家情报体制阶段。

临时性的情报机构。古代的生产力水平很低,落后的生产力水平限制了战争规模和战争的指挥水平。古代战争基本上由国王亲自指挥,只有较少的谋士襄助。公元前6世纪的波斯军队编有情报、行政、后勤、工兵军官掌握业务。公元前4世纪马其顿军队也有秘书、副官、宪兵司令、补给、工兵军官协助指挥。马其顿王亚历山大手下有一个包括战史家、情报人员、测量人员、工程人员等组成的专门参谋班子,帮助他制定计划。每次作战前,他要召集部将开会,设想战争中可能遇到的情况,制定相应的应急措施。公元前1世纪的罗马军队编有次帅、军事护民官等参谋人员。从战国后期开始,军师、谋士、策士、主簿、赞军、参军等专职参谋人员在中国军队中普遍出现。唐朝中后期出现了枢密院,至北宋枢密院成为最重要的中枢机构。南宋时期,战事紧张,枢密院事务繁杂,军事情报工作由机速房负责。机速房屡废屡设,非常设性机构。明朝设兵部和五军都督府。"兵部掌兵政,而军旅征伐则归之五军都督府,兵部有出兵之令而无掌兵之权,五军有统兵之权而无出兵之令;至将属以五府,而兵又总于京营,合之则呼吸相通,分之则犬牙相制"[①]。军事情报活动并非兵部的常规活动。真正的军事情报活动,只有在战争爆发前才会进行。清朝前期,为及时掌握和迅捷处置西北军情,同时也为了保密需要,雍正决定设立一个不受任何干扰的军情处理和军机谋划机构,即军机处。军机处谋划军机,自然离不开情报工作。但军机处主要是一个决策机构,而非情报机构。欧洲国家的情景大体相似。16—17世纪英国的情报工作为枢密大臣负责,但政府不提供情报经费,所设立的情报网成为大臣个人的情报网,一旦大臣失宠,其情报网即作鸟兽散。

较小的战争规模与较低的战争指导水平限制了对情报的需求。古代各国没有专职的情报机构,也没有专职的情报人员。决策者在情报工作中发挥了决定性的作用。他确定情报需求,指导情报搜集,负责情报评估,最后根据获取的情报作出决策。决策者的分析水平决定了情报工作的成败。这方面我们可以看到许多经典的例子,如恺撒亲自搜集军事情报,诸葛亮提出隆中对策,等等。这都说明古代的情报工作是由决策者亲自进行的。因此,没有常设性的情报机构,不存在军事情报工作的连续性问题,也没有所谓的平战结合。这是情报工作的原始形态。这一个状态,持续了数千年的时间。

常设性军事情报体制。从15世纪开始,欧洲出现了一系列重要变化。在经济上,地中海沿岸出现了资本主义萌芽;在思想文化上,意大利出现了文艺复兴;在军事上,发生了军事革命;在武器装备上,出现了火炮和火枪等热兵器。

战争规模的扩大使得传统的组织机构难以胜任日趋复杂的指挥与后勤任务。以单个统帅为核心的军事指挥体制让位于由受过训练的职业军人组成的常设性的总参谋部指挥体制。在这种新的指挥体制下,决

[①] [清]高宗敕:《续文献通考》,卷122,兵制2。

策者只就战争与和平问题作出最终决策,而战争指挥则交给了由职业军人组成的总参谋部。

总参谋部是一种有别于古典军事活动的近现代组织形式。17 世纪,瑞典国王古斯塔夫二世领导成立了一个被称为"军需总监部"的机构,专门负责工程和交通事务,这个机构被视为总参谋部的前身。法国大革命的爆发大大推进了总参谋部制度的建立。革命时期的法国四面受敌,法军不得不在多个战线同时作战。国防部长拉扎尔·卡诺(Lazare Carnot)下属的"国防部办公室"已开始具有现代总参谋部的雏形。1795年,拿破仑设立了统帅部,由参谋长办公室和总参谋部组成。这种制度成为近代参谋制度的萌芽,并对普鲁士产生了重要影响。1808 年,威廉三世颁布敕令,成立最高军事机构——"战争部"。1821 年,弗里德里希·卡尔·冯·米夫林中将(von Muffling)被授予"军队总参谋长"的职务,其地位仅次于战争部长。1825 年,总参谋部从战争部分离,被正式命名为"军队大总参谋部",各军团也设"军队总参谋部"。1857 年 10 月 19日,赫尔姆特·冯·毛奇出任代理总参谋长,次年 9 月 18 日被任命为总参谋长。在接任总参谋长的职务之后,毛奇重新对总参谋部的组织机构进行改组。

从 1864 年至 1871 年,普鲁士接连打了三场战争,即普丹战争(1864年)、普奥战争(1866 年)、普法战争(1870 年),最终完成了德意志的统一。开战前毛奇和总参谋部进行了周密的准备,制定了详尽的战争计划,三场战争的进程几乎完全契合总参谋部的预定方案。总参谋部凭借卓越的表现逐渐赢得了最高统帅(国王)的信任,1866 年 6 月 2 日,威廉一世颁布内阁令,明确规定总参谋长与战争部长是"平级关系",在战时"具有全权指挥权,总参谋长与战争部长下达的指令具有同等效力",甚至在部队中也确立了参谋长与指挥官的"平级"关系。[1] 总参谋部成为战

---

[1] 参见[德]瓦尔特·戈利茨《德军总参谋部,1650—1945》,海口:海南出版社、三环出版社 2004年版,第 75 页。

争的指挥者,而不仅仅是最高统帅的军事顾问。普鲁士总参谋部对统一战争的进程起了决定性作用。

以毛奇为代表的普鲁士(德国)军官团将总参谋部制度推向了历史上最辉煌的阶段,普鲁士的成功给欧洲各国军界以很大震动,此后各国竞相仿效普鲁士(德国)模式组建或改革自己的总参谋部。到 19 世纪下半叶至 20 世纪初,奥匈帝国、法国、俄国、日本、美国和英国等先后建立起总参谋部或类似的机构。

战争规模的扩大和指挥体制的改革,对军事情报工作提出了前所未有的要求。战争的复杂化要求交战双方在战前就制定出详细的作战计划。为了满足这种战争需求,常设性的军事情报机构开始形成。情报工作出现了一次飞跃。

军事情报机构是当时仅有的情报机构,实际上履行了国家情报机构的职能。但是,由于各种因素的限制,它的这种职能履行得并不理想。它的情报手段局限于秘密人力情报搜集,其战略情报分析水平很低,不能满足决策者对情报的要求。它远离战场,不能与战场上的军事行动有效地结合在一起。因此,近代的军事情报工作,基本上属于高不成低不就的角色。因为这种种缺陷,军事情报机构实际上被摒弃于战略决策体制之外。

这可以从许多国家的总参谋部手册中看得出来。1930 年德国颁发的第 92 号基本条例《战时参谋部工作手册》明确规定了情报军官的从属地位:"作战参谋处理德军的作战问题,在司令官和参谋长不在时,可以负责一切",而情报参谋是作战参谋在判定敌人情况时的助手。[①] 第二次世界大战爆发后颁发的《情报工作条例》更强化了情报军官的从属地位。该条例规定:情报参谋从属于作战参谋,在了解敌人情况时是作战参谋的助手。估计敌人的情况是司令官在参谋长或作战参谋合作下的职能。

[①] 参见[美]戴维·卡恩《希特勒的间谍》,长沙:湖南人民出版社 1983 年版,第 595 页。

对敌方形势的判断来自指挥当局,而不仅仅来自情报参谋。[①] 在决策过程中,情报只起一种咨询作用,它是决策的辅助工具,能否在决策中发挥作用,既取决于情报的质量,更取决于情报参谋与决策者的关系密切程度及决策者本人对情报的态度。美国陆军总参谋部也存在类似规定。

国家情报体制。第一次世界大战后,随着大战略的兴起,传统的战略内涵发生重大变化,这进而影响到人们对情报工作的认识。战略情报的观念开始出现。20 世纪 30 年代,英国成立工业情报中心,帮助搜集、解释以及分发经济情报,并为陆军部、海军部和空军部提供协调。这一职能使工业情报中心超脱了部门利益,成为一个跨部门的国家情报中心,所有的政府部门都因它的工作而受益。第二次世界大战后,消除情报工作中的重叠现象,协调情报机构的情报活动,提高情报机构的工作效率,为决策者提供协调一致的情报,成为各国情报界的共识。为战略决策服务的国家情报机构和国防情报机构开始形成。美国于 1947 年成立了中央情报局,1961 年成立了国防情报局;英国于 1964 年成立了国防情报局;苏联于 1954 年成立了克格勃。各国通过重组国家安全决策体制,把情报工作融入整个决策过程。

国家情报体制是情报体制发展的高级阶段,但并非不包含军事情报内容。军事实力是一个国家综合国力最直接的体现,一个国家的情报机构依然会把获取军事情报作为其主要任务。在国家情报体制发展最成熟的美国,有中央情报局、国家安全局和国家侦察办公室、国家影像情报局等国家情报机构。这些情报机构在完成常规的国家情报任务外,主要负责保障军队的战役和战术情报需要。美军已经建成了数字化部队,基本上可以实现情报、指挥与控制、打击一体化。对这些数字化部队的支持,就是由国家安全局和国家侦察办公室等机构提供的。没有它们提供的及时的情报,所谓数字化部队只能是空谈。因此,国家情报体制不排斥军事情报体制,相反,军事情报体制是国家情报体制的组成部分。

----

① 参见[美]戴维·卡恩《希特勒的间谍》,长沙:湖南人民出版社 1983 年版,第 596 页。

二、情报体制的管理

情报管理体制是情报体制的有机组成部分。它确定了情报工作的领导关系,规定了情报机构的职能及分工等,反映了国家对情报工作的总体部署,以及国家和军队对情报工作的认知。一个合理、完善的情报管理体制,能够优化情报力量的配置,提高情报机构的效率,确定合理的情报需求,对重大的情报问题形成情报界共同的意见。不合理的情报管理体制则会干扰情报工作的正常开展,影响情报机构的工作效率,妨碍情报机构的信息共享,不能使情报机构形成合力。因此,只有建设一个合理、完善的情报管理体制,才能更有效地保障政治、军事斗争和战争胜利的情报需求。

从近代常设性情报机构成立伊始,历史上已经出现过四种类型的情报管理体制,即分散型、有限协调型、集中型和协调型。

分散型情报管理体制。这是历史上出现最早、持续时间最长的情报管理体制。它的典型特征是:情报机构依军种设立,仅极少数国家设立了综合性的总参情报部或国防情报局;没有统一的规划,各军种情报机构为了争夺军费而你争我夺,有的时候甚至不惜夸大外在威胁,使决策者得出错误的结论;没有统一的国防情报需求,在情报搜集方面各自为战;没有统一的国防情报,在情报评估方面,总是自说自话。

在情报管理上,分散型情报管理体制实际上没有建立正式的协调机制,国家和军队通过职能部门管理下属情报机构,缺乏一个专职的情报管理部门。例如,20 世纪 30 年代,英国安全局(军情五局)局长和秘密情报局(军情六局)局长之间有直通电话,但两人很少通过电话直接联系,而是通过各自的主管部门,即内政部和外交部联系。中国国民政府的军统和中统有一条戒律,即两家机构的工作人员不得私下接触。其他国家的情景大抵如此。

军种情报机构之间缺乏协调,军事情报机构与文职情报机构之间更缺乏协调。专业情报机构和政府各部门驻外机构构成国家对外关系的一部分,其活动构成了国家对外情报活动的全部内容。如何提高这些驻外机构的情报搜集效率,协调其对外情报活动,就显得十分重要,但事实上,在第二次世界大战前,这样的协调是不存在的。在从事对外情报活动时,各情报机构多以军种利益或部门利益为重,很少从国家利益的角度考虑问题。例如,第三帝国情报机构之间的竞争多过合作,情报机构以吞并对方为目标。第二次世界大战前美国三大情报机构(联邦调查局和陆军情报部、海军情报部)对新出现的情报协调局(战略情报局)充满了敌意。美国海军通信部与英国谈判信号情报合作问题时,只代表美国海军的利益,所得成果陆军无权分享。驻扎在英国信号情报机构——政府密码学校的美国海军代表,竟然不让陆军接近正在破译海军"埃尼格码"(Enigna)的地方。在与中国情报机构合作时,这种现象表现得特别明显。陆军派遣的马格鲁德使团只代表陆军的利益,战略情报局和海军情报部都不能插足。海军把中美合作所看作是自己的禁脔,也禁止其他机构进入。战略情报局与中国情报机构的合作受阻,在很大程度上是由于陆军和海军情报机构的阻挠。即便如马歇尔这样的决策者,也不能摆脱部门利益的限制。[①]

过于分散的情报体制,是情报失误发生的主要原因。我们在进行情报失误研究时曾发现这样的案例,即由于情报体制过于分散,情报机构的力量配置很不合理,出现了许多重复配置和资源浪费。在美国情报界,这种体制被称为"烟囱"(stovepipe)式体制。美国的搜集能力非常强大,每一种情报搜集手段都有一个专门机构负责。[②] 例如,中央情报局主要负责人力搜集,国家安全局主要负责信号情报,国家侦察办公室和国家地理空间情报局主要负责地理空间情报。烟囱的存在,提高了情报机构的搜集效率,但也产生了严重的管理问题。主要表现在,这些情报机

① 参见刘宗和、高金虎主编《第二次世界大战情报史》,北京:解放军出版社 2009 年版,第 310—313 页。
② 参见 Robert M. Clark, *The Technical Collection of Intelligence*, Washington, D. C.: Congressional Quarterly Press, 2010, p. 279。

构都只对自己的主管部门负责,各个情报机构搜集的情报资料,总是相互封锁,相互之间没有信息共享。

集中型情报管理体制。与分散型情报管理体制相反,集中型情报管理体制走向了另一个极端。这种体制的特征是:情报体制高度集中,情报机构负责人位高权重,情报需求由国家最高决策者统一决定,情报资源由一个机构统一调配,在情报评估上只有一种声音。

这种体制通常与政府体制有关。实行集权型政治体制的国家,大多采纳集中型情报管理体制。例如,苏联总共只有国家安全机构和总参情报部两个机构,但从成立伊始,总参情报部就受制于国家安全机构。1918 年,国家安全机构枪毙了刚刚成立的军事情报机构的全部成员,随后又派自己的人员担任军事情报机构的负责人,军事情报机构的负责人从此由国家安全机构派员担任。[①] 国家安全机构的负责人还可以进入政治局,甚至可以成为常委,如 20 世纪 50 年代的贝利亚。他的影响力,是军事情报机构负责人所不敢想象的。

西方学者戴着意识形态的有色眼镜,认为只有像苏联这样的"极权国家"才会建立集权型的情报管理体制,实际上这是不客观的。建立什么样的情报管理体制,与政治制度和意识形态没有关系。集权型的国家通常建立集权型的情报管理体制,但在特定的条件下,实行议会民主制的国家,也可以建立集权型的情报管理体制。例如,第四次中东战争前的以色列情报体制,就是一个集权型的情报管理体制。由于以色列在第三次中东战争中取得了辉煌的胜利,军事情报部的地位随之上升,凌驾于其他情报机构之上。军事情报部不仅搜集军事情报,而且涉足其他情报领域,成为政府主要的情报来源,并在某种程度上参与了政府的决策。在 1973 年 9 月 24 日总参谋部的会议上,军事情报部长泽拉(Eli Zeira)夸口说,如果阿拉伯国家想发动战争,阿曼(Directorate of Military Intelligence,AMAN)至少会在 48 小时前得到警告。以色列将有充分的

[①] 参见刘宗和、高金虎主编《外国情报体制研究》,北京:军事科学出版社 2004 年版。

时间来进行战争动员,挫败阿拉伯国家的进攻。在此后的危机中,泽拉反对采取任何动员措施。① 由于情报体制过于集中,以色列军事情报机构所犯的错误,成了以色列情报界的集体错误,导致情报失误不可避免。

有限协调型情报管理体制。分散型情报体制不能满足整个国家的情报需求,也不能满足联合作战对情报的需求。因此,从 20 世纪初开始,许多国家就在探索情报体制的协调问题。

为了协调国防问题,英国于 1908 年成立了帝国防务委员会,1936 年又建立了联合情报委员会(Joint Intelligence Committee),使之成为英国中央情报机制的枢纽。② 马岛战争后,联合情报委员会主席一职改由首相直接任命,他可以直接晋见首相,监管整个联合情报委员会的活动,确保联合情报委员会行使预警与监督职能,并在情报评估时发挥关键作用。2005 年,为了进一步加强情报分析,英国政府决定在内阁办公室设立情报分析首脑(Professional Head of Intelligence Analysis),就外交、安全和国防领域的情报分析训练、情报分析人员的招募、职业结构和工作轮换机会等方面的存在问题、情报空白或重叠提出建议,其优先解决的问题则是情报分析方法论的训练和所有情报分析人员的培训。③ 该首脑由联合情报委员会主席兼任。④ 目前,联合情报委员会的成员包括外交与联邦事务部、内政部、国防部、财政部、贸易和创新与技能部(Department for Business, Innovation and Skills)、国际发展部

---

① 参见[美]艾略特·科恩、约翰·戈奇《二十世纪大败仗启示录》,哈尔滨:黑龙江人民出版社 1993 年版,第 114 页。
② 参见"UK Government Intelligence: Its nature, Collection, Assessment & Use," http://webarchive. nationalarchives. gov. uk/+/http://www. cabinetoffice. gov. uk/security_and_intelligence/community/central_intelligence_machinery/intelligence_collection. aspx。
③ 参见 Michael S. Goodman and David Omand, *Teaching Intelligence Analysts in the UK-What Analysts Need to Understand*: *The King's Intelligence Studies*, *Program*. https://www. cia. gov/library/center-for-the-study-of-intelligence/csi-publications/csi-studies/studies/vol-52-no-4/teaching-intelligence-analysts-in-the-uk. html#_ednref1。
④ http://webarchive. nationalarchives. gov. uk/+/http://www. cabinetoffice. gov. uk/security_and_intelligence/community/central_intelligence_machinery/head_jic_intelligence. aspx。

(Department for International Development)和内阁办公室的高级官员，情报与安全机构主官和评估办公室主任亦是联合情报委员会成员。联合情报委员会主席负责监督联合情报委员会的工作，确保联合情报委员会履行其预警与监督职能，同时担任联合情报组织（Joint Intelligence Organisation）主席，负责情报评估。

英国的情报实践对美国影响很大。曾在英国担任陆军武官的雷蒙德·李（Raymond E. Lee）对英国的联合情报委员会协调制度推崇备至，竭力主张美国也建立一个类似组织。① 曾任驻丹麦海军武官的约翰·加迪（John Allyne Gade）也认为，美国的对外情报单位组织不善，缺乏协调，没有一个能够把来自各个来源的情报资料进行"整理分类、分析比较、鉴别筛选并提供给需要情报部门的交换站"②。1942 年 2 月 11 日，英美联席参谋长会议发布命令，成立美国联合情报委员会，其主要职责是为参谋长联席会议提供动态情报，在英美联席情报委员会代表美国。联合情报委员会下设联合情报调查委员会（Joint Intelligence Survey Committee），作为其工作班子，以支持其行动。1943 年 5 月，随着陆军航空队的独立性愈益增强，负责陆军航空队情报事务的助理空军参谋长也参加了联合情报委员会，其支持机构也更名为联合情报参谋部（Joint Intelligence Staff）。在整个战争期间，联合情报委员会 60％的工作和情报政策与情报活动的协调相关。③

对珍珠港事件的调查使美国人意识到情报协调的重要。大量的听证调查显示，缺乏一个高质量的情报协调机构，是珍珠港事件得以发生的根本原因。在确立美国情报机构的重组计划时，杜鲁门总统把协调放到了最重要的位置。1946 年 1 月 22 日，杜鲁门总统致国务卿、陆军部

---

① 参见［美］布雷德利·F. 史密斯《美国战略情报局始末》，北京：国际文化出版公司 1988 年版，第 68 页。
② ［美］托马斯·特罗伊：《历史的回顾——美国中央情报局的由来和发展》，北京：群众出版社 1987 年版，第 5—8 页。
③ 参见高金虎《美国战略情报与决策体制研究》，西安：陕西师范大学出版社 2004 年版，第 54 页。

长、海军部长一份备忘录,指出"应对联邦所有对外情报活动进行计划、发展和协调,以确保有关国家安全的情报使命得到高效履行"①。美国战后成立的中央情报组(CIG,中央情报局的前身)就是一个情报协调机构,它的职能包括三个方面,即协调、汇编情报、开展情报活动。

1947 年《国家安全法》通过后,美国设立了以中央情报主任(Director of Central Intelligence)为首的情报协调体制。在这个体制中,由中央情报局局长兼任的中央情报主任担任了美国情报界的首长,就美国的情报工作进行有限协调。但中央情报主任的权限非常有限。他不具备拨款权,不能就情报经费的支配发挥决定性的影响,也不具备人事权,不能干涉其他情报机构的人事,他甚至不能对其他情报机构的情报项目指手画脚。因此,他对美国情报界的领导仅仅是名义上的,他的大量工作实际上局限于中央情报局。美国情报界的协调,仅仅体现在一年数次的情报工作会议上,有关情报经费分配的讨价还价上,以及《国家情报评估》的生产上。

第二次世界大战后,苏联在情报协调方面也有过类似的举措。1947年,为了协调对外情报工作,苏联成立了"情报委员会"(简称 КИ),由外交部领导,对苏联部长会议负责,负责秘密情报工作的全面指导。但是,由于情报委员会触动了其他情报机构的利益,结果只存在一年就被取消。1959 年 1 月 7 日,法国通过 59 - 147 号法令,成立了部际情报委员会,由总理主持,成员包括相关各部的部长、政府秘书长、非洲与马格里布事务秘书长和国外情报暨反间谍局的局长,主要协调对外情报工作,国内情报工作没有纳入协调的范畴。部际情报委员会每年召开三次会议,协调的效果并不理想。②

协调型情报管理体制。如前所述,情报管理体制既要具有一定的集中度,但同时又要保证能够表达不同声音,这就需要建立一个协调型情

---

① [美]谢尔曼·肯特:《战略情报》,北京:金城出版社 2012 年版,第 64 页。
② 参见[法]让·吉斯奈尔、贝尔纳·维奥莱《法兰西秘密机关内幕》,北京:时事出版社 1994 年版,第 315 页。

报体制。从战后主要大国的情报改革来看,协调型的情报管理体制有可能是情报管理体制发展的方向。

什么是协调型情报管理体制?假如用数量衡量,在一个为数100的坐标轴上,分散型情报管理体制和集权型管理体制分在两头。以集中度来划分,集中度在1%—25%的情报体制,可以认为是一个分散型体制。集中度在75%至100%的情报管理体制,可以认为是一个集中型体制,而集中度在25%—50%的体制就是一个有限协调型的体制,集中度在50%—75%的体制就是一个协调型体制。当然这只是一个粗浅的划分,不一定准确。这里面最重要的是把握一个度的问题。分散到何种程度,集中到何种程度,这是可以讨论的。例如,美国在21世纪初成立的国家情报总监办公室管理体制、英国成立的联合情报委员会管理体制、法国成立的国家情报委员会管理体制,在协调的程度上都有区别,但它们都致力于建立一个紧密联系的情报界。

下面我们用"9·11"恐怖袭击后美国的情报改革,来说明这种协调型情报体制的运作。"9·11"事件后,美国通过了《情报改革与恐怖主义预防法》,设立了国家情报总监(Director Of National Intelligence,DNI),以强化对情报机构的管理。笔者认为,这一体制就是一个协调型体制,当然,它在实际运转中也暴露出若干问题,远远说不上完善。

与"9·11"恐怖袭击前的情报管理体制相比,当今美国情报管理体制最大的变化是中央情报主任的取消和国家情报总监的设立。除了他兼任的中央情报局局长这一头衔外,原先由中央情报主任兼任的一系列职务和职能现在都交给了国防情报总监。国家情报总监是总统的首席情报顾问,是情报界的首长。情报机构负责人的任命必须得到他的同意,在征得主管部长的同意后,他可以更改某个情报机构的情报项目。

更重要的是,国家情报总监设立了一系列实体机构和任务主管(Mission Manager),来协助他调控情报界的活动。如他通过国家反恐中心(National Counterterrorism Center,NCTC)来协调全美的反恐情报工作,通过国家反情报执行办公室(National Counterintelligence

Executive,NCIX)协调全美的反情报工作,通过国家情报委员会来生产《国家情报评估》,通过信息共享环境项目(The Information Sharing Environment)确保情报信息能够共享。这些机构的存在使国家情报总监有了一定的行动能力,他对情报界的管理能力大大提升。

设立任务主管是国家情报总监管理情报界的有效形式。2006 年 5 月 1 日,国家情报总监办公室颁布了第一号情报界指令《关于情报界领导体制的政策指令》,规定设立情报门类的主管,领导和管理跨机构的情报门类。其中,由中央情报局局长担任国家人力情报主管、公开来源中心的执行主任,情报界测量与特征情报执行官负责管理整个情报界的测量与特征情报,国家地理空间情报局局长负责国家情报计划中地理空间情报力量的管理,国家安全局局长则代表国防部长负责美国信号情报活动的开展,国家反恐中心负责反恐事务的管理。此外,国家情报总监还任命了伊朗、朝鲜、古巴和委内瑞拉事务的任务主管,分别负责相关国家的情报问题。这种门类加任务的管理方式,有效地加强了对情报界活动的控制。

但是,它又不是一个集中型的情报管理体制,离集中型体制还有一步之遥。国家情报总监办公室只有 2000 人的规模,且不具备行动能力。因此,他不是一个情报沙皇,这是与集中型情报体制根本不一样的地方。

当然,这样的体制,也不能说是完美的。在实际运作中,它已经暴露出一些问题。首先,除了他的办公室外,国家情报总监不领导任何一家情报机构,这使得他可以不像他的前任中央情报主任把主要精力花在中央情报局的事务上,而可以把主要精力放在情报管理上。这是一个优点,但也是一个缺点。中央情报主任不能指挥美国情报界的其他成员,但他起码可以指挥中央情报局,但现在国家情报总监只能指挥他的办公室,其实际影响力比中央情报主任要弱。

其次,国家情报总监与国防部长的关系没有厘清。在美国情报界,来自国防部的情报系统阵容强大,国家安全局、国防情报局、国家地理空间情报局(National Geospatial-Intelligence Agency)、空中侦察计划

（Airborne Reconnaissance Program）、军 种 情 报 单 位（Service Intelligence Units），以及十个战区（职能）司令部下设的情报部门，都是国防部下属情报单位，这些机构在人员和资金数量上远远超过中央情报局和国家情报总监手下的部门。一般来说，国防部长大约控制着75%至80%的情报界。因此，在对情报界的管理方面，国防部长的权限远远大于国家情报总监。这种情形自中央情报主任时代即已存在，但在国家情报总监设立后没有任何改观。此外，国家情报总监与国家安全委员会、国土安全部和国会也存在着类似的紧张关系。① 这些紧张关系制约了他对情报界的有效管理。

这是新的管理体制在实际运作中暴露出来的问题。在设计情报管理体制的时候，计划者和立法者并没有考虑到这些问题的存在。可以说，国家情报总监的定位不清、权责不清，是主要的症结所在。正如法官理查德·波斯纳（Richard Posner）所说，国家情报总监可以成为情报界的首席执行官（Chief Executive Officer，CEO），也可以是首席运营官（Chief Operating Officer，COO）。首席执行官的职能可以让国家情报总监处在一个较高的情报界层面上，而首席运营官则会让其更多地介入细枝末节。②

实际上，谢尔曼·肯特在60年前已经考虑过这一问题。在《战略情报》一书中，他明确指出中央情报主任主要履行协调任务，而不是具体的情报行动。为履行这种协调职能，中央情报主任必须对其他情报组织建立起清晰的管辖权限，管理所有部际项目，明确各个单位的搜集任务，监督其情报活动，评估其情报活动，保证其产品符合质量标准，帮助其判断情报失误的原因，协助其纠正错误；了解情报界的人事政策，招募和培训合格的情报人才。一句话，负责情报界管理的中央情报主任应该摆脱初

---

① 参见 Mark M. Lowenthal, *Intelligence: From Secrets to Policy*, Washington, D. C.: Congressional Quarterly Press, 2012, Chapter 3。

② 参见 Mark M. Lowenthal, *Intelligence: From Secrets to Policy*, Washington, D. C.: Congressional Quarterly Press, 2012, p. 44。

级的具体工作。①

　　然而,中央情报主任及中央情报局实际上与肯特设计的管理道路背道而驰,中央情报局走上了重行动、轻协调的道路,从而与其他情报机构产生了激烈的竞争。2004 年《情报改革与恐怖主义预防法》通过后设立美国国家情报总监办公室,在肯特所指的方向上迈出重要一步。根据该法,国家情报总监办公室正是一个不具备行动能力的协调机构。可以说,美国情报体制的管理与协调,在经历 60 年的迷航后,又回到了肯特设计的轨道。但对国家情报总监的职能和权力,依然存在定位不清的问题。根据法律规定,国家情报总监是总统的首席情报顾问,需要提供《总统每日简报》,高级情报官员、决策者和国会在遭遇情报相关问题时总是找国家情报总监寻求帮助。这将使他陷入越来越多的情报行动,而忽略对情报界事务的管理。国家情报总监本身也希望寻求更大的权力,从而与其他情报机构产生了激烈的冲突。如国家情报总监布莱尔(Dennis Blair)希望能干预中央情报局驻外情报站长的任命,对中央情报局的隐蔽行动拥有更大的控制权。由于此举将直接削弱中央情报局长的权力,因此遭到中央情报局长帕内塔(Leon Panetta)的坚决反对。最后,帕内塔得到了国家安全顾问詹姆斯·琼斯将军的支持,布莱尔只得辞职。布莱尔的辞职不应视为权力斗争的结果,而应该视为白宫对国家情报总监职责的重新定位,即他是一个协调者、管理者,而不是情报行动的执行者。他的主要职责是代替总统管理情报界,负责情报战略的制定,情报计划的协调、情报经费的划拨、情报人员的管理与培训,以及情报业绩的评价。当然,这一点需要重新立法解决。

第二节　情报人员的基本素养

　　现代战争是人才智慧的较量,情报工作更是一项复杂的人的活动,

---

① 参见［美］谢尔曼·肯特《战略情报》,北京:金城出版社 2012 年版,第六章。

人是情报工作的主体,情报人员素质如何,直接关系到情报工作的成败、好坏。吸收一流素质的人才到情报机构工作,是情报机构的努力目标。故孙子说要以"上智为间",美国前中央情报主任威廉·凯西(William Casey)曾说:"我们是否有足够的吸引力,把足够的人才保留下来或请进来,是我们事业成功的关键。"朱德总司令指出:"唯有最有学识、最勇敢、最有天才、党的最好同志,才能做好情报工作。"他们处于不同的时代,不同的国家,有不同的意识形态,但是对情报人员的要求却是一致的。这说明在情报人员的选择上,有一些东西是超越国界、超越意识形态的。

美国情报研究学者拉·法拉戈指出,一个优秀的情报人员必须具备十个条件:高昂的士气和顽强的事业心;精神饱满,热情,有进取心;善于随机应变,是一个敏捷而实际的思想家,具有准确的判断力,知道怎样去对人、事进行思考;刚毅沉着,吃苦耐劳,有极大的忍耐力,镇静,能容忍,身体健康;善于与别人相处,有集体精神,善于了解别人的缺点,并克服自身同样的缺点;懂得如何去激发自己的伙伴,懂得如何去组织、管理和领导别人,应该勇于接受任务;必须谨慎,不慕名利,守口如瓶;懂得欺蒙诈骗,但只有在需要时才这样做;伶俐,彪悍,大胆;必须有观察一切事物的能力,对于详细情况有准确的记忆力,具备出色的分析能力,能把错综复杂的事物联系起来进行思考。[1]

法拉戈涉及的情报人员素质较为多样,但我们可以把它的核心归纳为以下六点,即坚定的政治信仰、合理的知识结构,过硬的心理素质、敏锐的情报意识、严密的逻辑思维能力、扎实的语言能力。

一、坚定的政治信仰

政治合格是成为一个合格情报人员的先决条件。不管是哪个国家,不管是什么政治制度,政治合格都是一个情报人员必备的素质。

美国联邦调查局的创建者胡佛曾表示:"首先,年轻人来联邦调查局

---

① 参见[美]拉·法拉戈《斗智》,北京:群众出版社 1962 年版。

工作,我们不问他是否是班上最好的学生,我们要知道他是否忠诚,是否可靠,是否光明磊落,是否尊敬父母,是否敬爱上帝,是否热爱国家。"苏联克格勃规定,招募情报人员的首要原则是招募对象的"理想主义和爱国主义基础",在招募情报人员之时必须考察其政治倾向。

我党对情报人员的政治素质要求更高。我党情报人员,必须具有坚定的政治信念,具有高尚的思想道德品质,勇当光荣尖兵,甘作无名英雄。

我党情报史上有"前三杰"和"后三杰"六位情报英雄。"后三杰"的核心熊向晖长期潜伏在胡宗南身边。解放战争时期,他提供了胡宗南闪击延安的计划,为我军保卫延安立下了汗马功劳。2001年,为纪念我党成立80周年,中央电视台《焦点访谈》栏目组来采访熊向晖。访谈中,熊向晖回忆起他1936年12月在清华秘密加入我党的情景。熊向晖的女儿熊蕾写道:"时年82岁的父亲对65年前入党的一幕,记忆得极为清晰……但是,令我难忘的是,父亲流利地背诵当年的入党誓词时,那铿锵有力的声音:牺牲自我,永不叛党,为共产主义奋斗终身!还有他说,宣誓之后,三个秘密党员心里默唱《国际歌》时,念出了那句歌词:英特纳雄耐尔,就一定要实现! 这时,父亲的眼睛闪闪发亮。"①熊蕾提供的这一情节可以说明,是什么因素支撑着熊向晖在蒋介石集团卧底这么多年。

我们称一个忠于自己信仰的共产党人为"忠诚的共产主义战士",从意识形态角度考虑,这确实如此。然而,曾经担任国民党保密局局长的郑介民也曾指出,情报工作乃是政治的一部门,情报工作人员,应具有强烈的政治信仰,以纯正其工作动机,提高其工作的神圣意义。② 由此可见,忠诚是一种普世的价值观,不仅共产党人讲究忠诚,国民党也不喜欢朝三暮四。蒋介石不是也讲"仁义理智信"吗? 电视剧《潜伏》刻画了三

---

① 参见熊蕾《父亲的信仰》。
② 参见郑介民《军事情报学》,台北:"国家安全局"1958年版,第十一章,"情报训练"。

名不同类型的特工:余则成是一个没有入党的忠诚的共产主义战士,李崖是坚信三民主义的反共斗士,而中统的谢若林则是一个只信仰金钱、没有任何政治追求和道德感的情报贩子。看完这部电视,我们对余则成充满了敬意,对反面人物李崖保持了一分尊重,但对拜金主义者谢若林则无任何好感。

我们来看一个反面例子,看看没有信念的情报人员对情报工作有多么大的危害。

顾顺章,我党早期党员,出色的工会运动领导人,也是我党情报战线的早期领导人之一。1926年11月,工人出身的顾顺章受中共中央总书记陈独秀派遣,前往苏联学习政治保卫。1927年大革命失败后,中共在上海建立了一个专门从事对敌隐蔽斗争的情报安全机构——中央特科,以搜集敌人情报,发现敌人阴谋,保卫党中央的安全。曾经在上海三次工人大起义中担任工人纠察队大队长、刚刚当选为中央委员的顾顺章被任命为特科科长,同时兼任特三科——行动科科长,这个科以“红队”而著称,其主要职能是镇压叛徒,震慑敌人。

顾顺章个人的情报工作技能十分出色。他能够赤手空拳无声杀人,双手开枪百步穿杨,擅长化装易容之术。他开过魔术馆,在南京路上的游艺馆做过表演,确实机灵能干,是一个干情报的好苗子。

然而,这个流氓无产者出身的情报人员,实际上是一个没有政治信仰和政治灵魂的投机分子。他加入工人运动,加入我党,只为捞取政治资本。他作风散漫,生活糜烂,常常借情报工作之便出入于灯红酒绿场所。这样的人不是合适的情报工作领导人。一有风吹草动,他就会出卖革命。

1931年3月,顾顺章奉命把当时党的重要领导人张国焘送到武汉。任务完成后,他本该立即返回上海,但是,他的流氓无产者毛病犯了。他在汉口泡上了一个娇艳的女人,一呆就是半个月。在新世界游乐场,他看到人家在进行魔术表演,忍不住手痒下场,结果被叛徒认出。未经任何拷打,顾顺章在被捕后立即叛变。他首先供出了中央驻武汉的交通机关,又供出了红二方面军驻武汉办事处,致使10多位同志被捕。随后,他又待价而沽,要求去南京面见蒋介石,企图将我党中央一网打尽。我党的隐蔽战线斗争因此遭到重大挫折。顾顺章这一例子说明,一个情报人员的信仰是多么重要。

美国情报界认为,情报是为美国人民、利益、价值观和宪法服务的,情报人员的"共同目标就是保卫美国人民的生命和利益,以及推广美国价值观"[①]。中央情报局大学通过开设中央情报局历史、"CIA201"等课程,培养学员对情报事业的认同感和为国效忠的使命感,强化彼此间的相互信任与协调合作。国家情报大学则把"为国家安全服务"的理念贯穿到整个教学过程中,并要求学员在认清个人特殊作用和专长的同时,重视团队协作。

二、过硬的心理素质

情报是国家安全的第一道防线,情报人员是最高统帅部的战略哨兵与智囊谋士,情报战又是敌我双方斗智斗勇的较量。残酷的刑罚,战斗行动的紧张和激烈,战场情况的急剧变化,都会给情报人员造成沉重的心理负担。情报工作的进攻性、谋略性,要求为之献身的情报人员具有忠诚老实、勇敢坚强、机敏果断、勤勤恳恳的性格特征。在紧急关头,情报人员要能处变不惊,沉着坚定,不失去理智,不动摇信念,采取正确措施,及时转危为安。在取得胜利之时,要能够不轻敌,不松懈,不忘乎所以。能不能在困难的条件下坚守,能不能在危机的时候临危不惧,这都取决于一个情报人员的心理素质。

情报人员性格上的缺陷、心理上的障碍,常常会成为对方攻心夺魄的缺口。

瑞典军官史迪克·温纳斯特洛姆(Stig Wennerstrom)在第二次世界大战末期曾因胆怯而弃机逃生,他的同事都称他为"兔子"。这个外号使

---

① *The National Intelligence Strategy of the United States of America*,Aug. 2009,p. 8.

他十分生气。几个月后,温纳斯特洛姆被派往莫斯科,担任瑞典驻苏武官。苏联情报机构发现温纳斯特洛姆有很强的虚荣心,随即进行招募。当格鲁乌问他用什么代号时,温纳斯特洛姆不假思索地表示"我要叫雄鹰"。于是瑞典的"兔子"就变成了苏联的"雄鹰"。为了满足温纳斯特洛姆的虚荣心,格鲁乌还授予他将军称号,这个军衔是他在瑞典军界可望而不可及的。此后,温纳斯特洛姆为苏联情报机构工作了 15 年,成为瑞典有史以来最大的叛国者。

正是因为心理素质对一个情报人员至关重要,几乎所有被情报机构看中的人才,在正式加入情报队伍之前,都要经过心理考验。这种考验,可以是心理测谎,也可以是十分逼真的逮捕、审讯、用刑和枪毙。

《苏联情报人员组织手册》规定:"要尽一切可能避免在吸收情报人员时,吸收那些可能会在将来某日由于精神上或肉体上不够坚强,而无法经受他在未来工作中碰到的最困难和可能遇见的局面,从而被证实为错误类型的人","凡是对那些经受试验,而顽强抵抗的受考验者,施用肉刑,以不伤害其肉体为度。导致他身体伤残的刑法,必须制止。"所谓适当程度之肉体侵犯,就是"不造成残废,不留伤疤,不伤内脏"。

美国人相信仪器的作用,相信科学是洞察一切的照妖镜。它通过仪器来测量一个情报人员的心理素质。测谎器是每一个新进情报人员必须面对的仪器。不过,美国情报机构也流行仿真训练。在训练完毕后,每一个情报人员必须接受逼真的考验。

一个人的心理素质往往是与生俱来的,但是,后天的努力也是改善心理素质的有效途径。中国古人有言:"天将降大任于斯人也,必先苦其心志,劳其筋骨,饿其体肤。"在艰苦条件下的磨炼,不仅可以造就一个健康的体魄,更可以磨砺一个人的心理意志,提高他的心理活动水平,克服其心理障碍。各国特种部队的魔鬼训练法,对磨炼一个人的心理素质十分有效。摩萨德在训练其特工时,也一再要求其忍耐、再忍耐,以挑战生理极限。

三、合理的知识结构

情报工作本质上是一门智慧的科学。中国兵圣孙子说,"故明君贤将,成功出于众者,必以上智为间"。朱德总司令提到的四个"最",是对我军情报人员提出的基本要求。这里面,学识是最基本的素质,没有学识就不可能睿智。因此,具备一定的军事斗争知识和国际问题知识,是情报人员智慧的源泉。

那么,作为一个情报人员,应该掌握哪些知识,具备什么样的知识结构呢?

首先,他要具有丰富的情报专业知识,对军事情报工作的理论与实践有较深入的了解。他要清楚情报的基本要求,了解情报工作的流程,等等。对一个驻外特工而言,他要具备人际交往的能力,能够融入当地社会,精通秘密人力情报工作与反情报工作的技巧。对一个情报分析人员而言,他要熟悉情报分析的基本理论,了解影响情报认知的主要因素,掌握对手拒止与欺骗的基本技巧,懂得如何与搜集人员和情报用户互动。

其次,他必须掌握相关军事、外交和国际问题知识,具备良好的知识结构,了解所研究的主题与国家安全政策的关系,以及对国家安全政策的潜在影响。对一个驻外秘密人力情报人员而言,他必须具备的最重要素质,就是洞察重大事件的超强能力和察觉事件变化的高度敏感力。同时,他必须全面了解本国的外交政策和战略需求,必须清楚国内的情报需求,知道哪些是重要的,哪些是无关紧要的。寻求新的证实信息或证伪信息时,他必须善于想象;面对新的证据时,他必须苛刻;整理确定事实时,他必须耐心细致;提出假设时,他必须客观公正。简而言之,尽管他的工作不是以研究为主,但是他必须具备一个专业研究人员的素质,并且掌握相关技巧。

理查德·佐尔格是著名的红色情报人员,货真价实的哲学博士,名满全球的新闻记者,著名的国际问题研究专家,其进行情报调研的主要手段，就是通过公开资料研究对象国的军事、政治动向。他告诫秘密人力情报网络的成员，为了满足决策者提出的情报需求，"我们要进行许多调查。我们不仅要做传递情报的邮箱和转运站，而且自己应该成为情报的来源。为此，我们就得仔细研究情况，成为通晓值得我们注意的各个领域的学者、研究人员和真正的专家。"他的秘密人力情报网络成员中，尾崎是一位享有盛名的、受人尊重的中国问题专家，也是日本最大报纸《朝日新闻》的特约评论家，是日本首相近卫文麿的幕僚，经常在一起交换意见，甚至可以看到日本和德国的机密文件。宫城四德与日本军界有着密切的联系，对日本国内问题也很有研究，武凯利奇可以在西方记者中活动，了解西方国家对远东问题的政策。由于秘密人力情报网络所有成员的知识素养都很高，在各自领域都极有声誉，这对他们开展情报工作提供了极大的方便。

这样的素质要求同样适用于情报分析人员。一个从事地区分析的情报人员，必须了解其对象国的政治体制、经济情况、军事情况、决策人物、决策模式等基本情况，如果分析人员对所分配的区域或问题没有坚实的知识基础，他甚至不知道该问什么问题。这样的人，根本不配被称作情报人员。[1] 正如特拉沃顿指出的，美国情报分析人员"对波恩和新德里的了解，要比他们对华盛顿的了解深刻得多"。没有这样的了解，情报失误就不可避免。[2] 珍珠港事件前美国的情报失误，第四次中东战争前以色列的情报失误，1998 年印度核试验之前美国的情报失误，从根本上说都是分析人员不能理解对象国独特的文化，因而作出了错误的判断。

正因为情报机构对情报人员的知识结构要求特别高，所以，大学成为吸纳情报人才的主要来源。在苏联，大学毕业是加入情报机构的先决

---

[1] 参见 David Moore and Lisa Krizan, "Intelligence Analysis: Does NSA Have What it Takes," *Cryptologic Quarterly* 20, No 2(Summer/Fall 2001), p. 21, http://www.nsa.gov/public_info/_files/cryptologic_quarterly/intelligence_analysis.pdf。

[2] 参见 David Moore and Lisa Krizan, "Intelligence Analysis: Does NSA Have What it Takes," *Cryptologic Quarterly* 20, No 2(Summer/Fall 2001), p. 22。

条件。莫斯科大学、国际关系学院等高等院校几乎就是克格勃的后备人才库。英国情报机构惯常从剑桥、牛津等一流院校招人,显赫的家庭背景、良好的个人修养和教育背景是吸引情报机构的主要因素,著名的苏联间谍金·菲尔比(Kim Philby)、唐纳德·麦克莱恩(Donald Duart Maclean)、盖伊·伯吉斯(Guy Burgess)等人都是英国剑桥大学三一学院的高材生,安东尼·布伦特(Anthony Blunt)还当过女王的艺术顾问。美国在介入第二次世界大战后也从"常春藤盟校"招募了一大批青年学子。后来担任中央情报局局长的艾伦·杜勒斯出身于外交官世家,其外祖父约翰·福斯特、姨父罗伯特·兰辛都当过国务卿。杜勒斯自小天资聪颖,成年后进入普林斯顿大学深造,后来在华尔街当过律师。另一位中央情报局局长理查德·赫尔姆斯(Richard Helms)是威廉姆斯学院的毕业生,当过记者、广告策划人。被誉为"前三杰"之首的钱壮飞是医学专业的高材生,还教过美术和解剖学,演过电影,擅长书法、绘画和无线电技术。他之所以能打入国民党中央组织部党务调查科,是因为他的无线电技术特别过硬。在上海无线电管理局组织的招生考试中,钱壮飞是第一名。"后三杰"的代表熊向晖则是清华大学的高材生。

四、敏锐的情报意识

情报意识是情报人员发现和识别情报价值的能力,是情报人员业务水平的集中体现。它表现为情报人员对情报现象或情报资料的一种迅速的、综合的反应能力和判断能力。情报意识有助于情报人员及时发现情报资料的情报价值,能够根据一些简单的迹象判断事态的发展,并且能够预测事件进一步的发展趋势。它是军事情报人员对军事情报特有的职业反应,是情报人员必须具备的最基本的内在职业素养。

1984年2月9日,美国《华盛顿邮报》驻莫斯科记者杜德尔发表了一条独家新闻:苏联领导人安德罗波夫去世。几天之后,他的预判得到了证实。许多人以为杜德尔有什么秘密来源,但实际上,杜德尔的消息来源只是他独特的新闻敏感或情报意识,再加上其近乎完美的系统思维分析。他从安德罗波夫多时没有公开露面、电台将原来安排的瑞典阿巴流行音乐换成了严肃的古典音乐、苏共新上任的高级官员耶戈尔·利加乔夫第一次向全国发表电视讲话,省略了苏联高级官员在电视讲话前必须转达安德罗波夫问候的习惯等一连串的异常情景,得出了一个推断:安德罗波夫去世了。① 这是妙用情报意识的一个正面案例,但珍珠港事件前美国失去的五次机会,则是关于情报意识的一个反面案例。

情报意识是多种能力的综合,它包括分析判断能力("见微知著")、联想能力("由此及彼"和"由表及里")和预测能力("一叶知秋")。敏锐的情报意识依赖于先天的品质,但更依赖于后天的培养。关于先天的东西我们无法决定,但后天的培养是可以努力的。平时的知识积累和军事情报的实践过程,就是情报意识的培养过程。

从心理学的角度看,情报意识是情报人员对情报事件或情报资料的一种直觉,这种直觉只有与丰富的知识以及从实践中积累起来的经验相遇,才能擦出情报意识的火花。离开经验的积累,直觉思维就成了无源之水和无本之木,无法转化为情报意识。

一个缺乏基本知识积累的情报人员,外界的情报资料再多,情报事件刺激得再强烈,他的思维空间也是有限的,不容易产生联想,看不到任何延伸出来的东西,不能见微知著,更不可能透过现象看清事物的本质。相反,一个情报人员,如果积累了许多相关的知识,又掌握了一定的思维技巧,那么,他就对情报事件具备了一定的直觉判断能力和综合分析能力,就能预测事物的进一步发展趋势。我们通常说"姜还是老的辣",就是这个道理。因此,我们要注重知识和经验的积累,以培养自己的情报意识。

五、严密的思维能力

情报意识取决于人的思维能力。没有一定的思维能力,也就不可能

---

① 参见《世界之窗》1987 年 5 月号,第 79 期。

有情报意识。因此,思维能力是情报分析人员的核心能力。它包括理解力、分析力、综合力、比较力、概括力、抽象力、推理力、论证力、判断力等能力。它是整个智慧的核心,参与、支配着一切智力活动。一个人的分析能力是先天素质、后天经历和相关教育综合作用的结果。我们要掌握基本的逻辑思维方法,了解基本的元认知知识,知道我们如何进行思考,如何进行推理,如何综合地看待各种事实证据,知道需要掌握多少证据才能给出判断结论,需要掌握多少新证据才愿意推翻自己先前的判断结论,等等。

以肯特为代表的实证主义分析家,强调情报分析的科学性,坚信情报分析与学术研究同一性质,强调情报资料的客观性,认为形成的判断是客观的。但从本质说,情报工作是敌对情报机构之间的斗智斗勇,具有极高的艺术性。中国兵家直言"兵家诡道",西方兵家则称情报战为魔术师之战。这都说明了这门学科的艺术色彩。我们所经历的情报失误,很多是因为情报分析人员缺乏足够的想象力,不能准确测度对手的行为模式。对恐怖分子的作战方式缺乏想象,成为"9·11"恐怖袭击得以发生的一个重要原因。面对日益复杂多样的安全威胁和情报斗争,如果只注重理性因素、理性方法和逻辑思维,完全忽视或否认非理性因素、非逻辑因素在思维中的作用,忽视创新精神和意识的作用,显然无法适应解答复杂性问题的要求。因此,情报分析人员在发展严谨的逻辑思维能力的同时,还要积极培养创造性思维,在遇到问题时,能从多角度、多侧面、多层次、多结构去思考,不受现有知识的限制,也不受传统方法的束缚。

情报分析是一个主观、隐性的思维过程,在这一过程中,分析人员的判断受各种因素的影响,而分析人员自身对这些因素并不真正了解。因此,借用科学研究的基本理念,严格遵循科学研究的程序,使用科学研究的基本方法,使隐性的情报分析过程显性化,力求得出科学的结论,就成了改进情报分析质量的不二法门。这就涉及批判性思维能力的培养。所谓批判性思维,就是将科学调查的过程和价值取向应用到情报工作的特殊环境中。批判性思维是对思维的全面审查和具有说服力的批判,这对分析人员提防自己的思维缺陷,提升自己的分析质量,避免情报失误,极有帮助。

美国情报界深刻认识到科学方法和科学思维应当成为情报人才教育训练的重要内容。2005 年美国《国家情报战略》要求情报部门提高分析技能、改进分析方法并加强分析实践,增强情报分析的深度和准确性,探寻不同的分析观点。[①] 2009 年美国《国家情报战略》也提出要加强情报数据的合成与综合分析,提高自身预测和发现新挑战、新机遇的能力,提供更有远见、更加深入和更高质量的情报分析。[②] 通过信息排序使信息连点成线,通过归纳进行模式识别,通过推理对信息进行加工和解释,这是情报训练的基本内容。

六、扎实的语言能力

情报人员必须具备出色的语言表达能力,这对分析人员来说尤其重要。作为一种直率的工具,语言会隐藏一些它本想表达的信息,很多聪明人无法解读一份用母语写就的计划表,另一些聪明人花了毕生的时间来学习和教授一门外语,却发现仍无法翻译用这种语言书写的很多内容。一个人虽能把一部外文小说中隐藏的所有意义都演绎出来,但不一定就能翻译一份技术类文章。[③] 所以,分析人员必须精通对象国的语言,没有这种语言能力,他们就不能真正了解对手的意图和行动。

美国《情报改革与恐怖主义预防法》指出,外语教育是培养娴熟情报人员不可或缺的一部分。[④] 2009 年奥巴马政府颁布的《国家情报战略》指出,要扩大情报界掌握外语的种类,提高情报人员的外语流利程度。

---

① 参见 *The National Intelligence Strategy of the United States of America：Transformation through Integration and Innovation*(Oct. 2005)，p. 5。

② 参见 *The National Intelligence Strategy of the United States of America*(Aug. 2009)，p. 8。

③ 参见［美］谢尔曼·肯特《战略情报》,北京:金城出版社 2012 年版,第 88 页。

④ 参见 *Intelligence Reform and Terrorism Prevention Act of 2004*，sec. 1041。

各情报机构在加大对外语人才的招募、选拔和培训的同时，也更加重视提高现有情报人员的外语能力。法语、西班牙语、阿拉伯语、汉语、日语和德语课程，都被列为美国中央情报局大学的"核心语言课程"①。一些特定方向的情报人员还被要求通晓某些小语种。

第三节　情报流程

军事情报工作的根本任务是根据一连串的流程来生产情报。这种生产情报的步骤，过去被称为"情报周期"（Intelligence Cycle），今天则被称为"情报流程"（Intelligence Process）。

"情报周期"或"情报流程"大体上是美国情报界的概念，但为大部分国家所接受。在中国的军事情报学理论中，情报流程问题没有得到严格界定，"情报周期"或"情报流程"这些名词均用"军事情报工作"指代。《中国大百科全书·军事情报》分册认为情报流程包括情报资料的鉴别筛选、分析研究和编写等环节②，郑介民的《军事情报学》把这一流程称为情报作业，包括情报资料的搜集，处理和运用，以及情报资料搜集的指导。

借鉴西方情报界的研究成果，准确描述情报生产的整个过程，有利于规范情报生产流程，避免情报生产过程中产生的问题，改进我军和我国的情报工作。

一、情报生产的基本流程

一般情况下，一份情报的生产需要经历确定情报需求（计划与指导），搜集，处理和利用，分析和生产，分发，使用与反馈等环节。有的国家把"处理与利用"以及"分析与生产"合并成"情报整理与处理"，而"使

---

① https://www.cia.gov/offices-of-cia/intelligence-analysis/training-resources.html.
② 参见刘宗和主编《中国大百科全书·军事情报》，北京：中国大百科全书出版社 2007 年版，第178 页。

用与反馈"也可能被摒弃在情报流程之外。

计划与指导。这个过程的本质是确定情报需求,界定情报能够发挥作用的政策问题或领域,决定这些问题或领域的重要程度,对某类情报搜集作出明确规定,其动力为来自所有政策领域的情报需求。通常情况下,指挥员或决策者提出决策需求,相关参谋人员对指挥员的意图进行分析,明确在敌情、决策(作战)环境等方面是否存在重大情报空白,在此基础上提出情报需求,而指挥员确定优先情报需求。这些需求和己方的其他信息需求构成指挥官的关键信息需求。例如,要回答"敌人是否可能在 72 小时内发起进攻"这一关键情报需求,情报人员需要将其分解成如下信息需求,如"××军所属炮兵是否已经前置? 所有海军舰艇是否已经出动? 战斗机是否已经部署到前沿机场? 主要地面部队在哪里?"等。

一旦确定了情报需求和信息需求,情报人员就要检查现成的情报数据库,以满足这些需求。如果没有现成数据,则意味着有关这一问题存在情报空白。所谓情报空白即缺失的情况。面对一个新的情报需求,懒惰的分析人员可能仅仅筛选其仔细保管的各种文件,增加少量容易得到的内容,并写出一份报告。与此相反但同样拙劣的做法是,指望通过搜集解决所有的问题,尽全力搜集点滴信息,但事实上这是绝不可能得到的。因此,必须进行情报空白分析。

鉴别情报空白是一个连续和反复的过程。空白分析的过程是:根据基本需求的重要性和情报空白的大小,将空白划分为短期空白或长期空白,如果是短期空白,则可通过"调整"当前的搜集系统来解决,对长期空白则需要通过发展新的情报搜集能力来解决。完成空白分析后,情报人员要发布信息申请,启动搜集计划制定程序,向搜集负责人提供详细的信息需求。

每个国家都有许多国家安全与外交政策利益关切,在这些利益关切中,有些是显而易见的首要关切,如针对已知的强大威胁者、针对邻近国家者。情报必须优先解决这些首要的国家安全利益关切。如果方向不明，就会导致情报机构错误配置情报力量，导致"时事综合症"（Current Syndrome）的发生。但是，由于国际舞台充满变数，许多原先重要的利益关切现在可能变得不那么重要，而原先不太重要的国家安全问题现在却开始显山露水，成为重大安全问题。情报机构必须反映这些需求的变化，适时调整情报工作的优先次序。

驱动情报优先次序背后的因素是资源配置。一个国家用于情报建设的资源有限，不可能把所有问题都列为关注重点。例如，美国在全球各地均拥有利益，但其重要性高低不同。美国情报界采用了多种流程来确定情报的优先次序。每届政府的《国家情报战略》规定了今后一段时间美国国家安全面临的主要威胁，这种国家安全战略导向直接规定了美国情报界今后一段时间的工作重点。2003 年 2 月乔治·布什总统签署了《国家情报优先框架》，以支持《国家安全政策法令》。《国家情报优先框架》直接把情报分析和情报搜集资源联系起来，以确保覆盖最为急迫的情报需求，迅速识别情报空白。《国家情报优先框架》中的每个主题，均设有一个情报主题主管（Intelligence Topic Manager），以协助确定情报需求。根据中央情报局长乔治·特尼特在国会的证言，《国家情报优先框架》能够就总统及国家安全委员会确定的情报重点进行半年一次的审查。国家情报总监丹尼斯·布莱尔认为它是自己最重要的管理工具。但实际上，这种"情报优先框架"依然存在一些问题：表格上许多问题的位置会上下移动，许多问题只有在其上升到体系内较高位置时才能得到重视，这时它们必须与已经处于这一位置的问题展开竞争。在有些问题的紧迫性得到缓解后，人们将其位置重新调回低位，这时会遇到困难。没有哪一个研究这一问题的情报分析人员和支持这一问题的决策者，愿意承认该问题不再重要，因为那毕竟是他们的问题，涉及他们手中掌握的资源。

对情报需求必须定期进行审查，以反映时局的变化。这种审查通常半年一次或一年一次，但这种审查并不能防止许多突发事件的出现。一旦出现突发事件，决策者和情报官员就会施加压力，提高新问题的优先等级,从而与其他高优先问题形成竞争。此外,如果一个系统经常对各个即发性问题作出回应,不久后就难以控制优先次序而迅速崩溃。因此,一个具有适当灵活性、适当预留能力的体系,更能适应实际情报需求的变化。

情报搜集。搜集,是根据情报搜集计划,获取相关数据的行动。情报空白确定后,情报机构即开始制定搜集策略,确定情报系统需要搜集的情报内容,将搜集计划中的每项搜集需求转化为可以操作的实际行动,以最有效地利用有限的搜集力量。这个时候,情报机构需要根据空白的类型,确定哪种类型的情报搜集更为有效。例如,在应对网络攻击威胁时,图像情报用处不大,因为人们无法通过照片捕捉到遭受威胁的地点,而信号情报则可以揭露对方的能力和意图。同样,对恐怖主义威胁,技术手段可能效果不显,而人力搜集意义重大。总之,情报机构应该根据威胁的特点,确定最合适的情报搜集策略,分配最恰当的情报手段,合理配置情报资源,以填补情报空白。

现代情报搜集活动涉及多种技术手段,这些手段多根据技术特性进行专业分工,从而形成专业性的技术搜集部门,如专事信号情报的美国国家安全局,专事地理空间情报的美国国家地理空间情报局,专事测量与特征情报工作的美国测量与特征情报搜集指导局(隶属于国防情报局),从而形成了情报搜集方面的"烟囱式"体制。这种体制,提高了情报搜集的专业化水平,也提高了情报搜集的效率。即便在苏联这样建立了综合性情报机构的国家,其情报搜集也是由各个分支机构分头进行的。因此,就情报搜集而言,"联合搜集"或"联合侦察"只出现在搜集计划阶段,而不可能出现在搜集实施阶段。搜集,应该遵循"统一计划,分散实施"的原则。

情报处理与利用。所谓情报处理,即对搜集的情报信息进行处理,使其加工成最适宜进行情报生产的形式,主要工作包括解读各种情报信息,如文档翻译、解密破译、图像判读、信号分析、信息关联和信息融合等。这是衔接信息搜集和情报分析、生产的重要阶段。例如,通过技术手段(图像技术、信号、各种样本数据搜集等手段)搜集的情报资料,并未达到拿过来就可以使用的程度,必须对其处理,然后加以利用。如果是图像,要对其进行译释;如果是信号情报,还需要破译和翻译。从战场上缴获的文件也需要翻译成合适的语言。所以,情报处理和利用是将技术手段搜集的信息转化为情报的关键步骤。只有在处理与利用的基础之上,分析人员才能融合所有的情报资料,对其进行全源情报分析,以形成完整的态势,判断对手的意图。同样,"情报处理"这个词也是美国情报界的语汇,我们的理解与美国情报界完全不同。在《中国大百科全书·军事情报》分册中,情报处理被描述为"情报的提供和处置。包括情报的分发和存储等"[①]。这个定义明显不如美国情报界的表述准确。

情报处理过程中的另一个关键术语是"整理"(collation),即通过不同方式,在进一步分析和生产情报之前,对搜集到的信息和数据进行操作。它不只是对信息进行物理加工,而要将信息整理成可用的形式,让一些初始阶段不明显的情况浮现出来。整理包括对相关信息进行汇集、改编和注解,对各种"事实"之间的关系及其影响做出初步结论,评估每个项目的准确性和可靠性,将不同项目按逻辑归类,审查信息来源,评定情报内容的意义和用途以便未来分析使用。整理能够揭示信息之间的空白地带,为未来情报搜集和分析工作提供指引,并为额外信息的筛选和组织提供一个框架。整理工作的实例包括文件归档,根据类别和关系给信息做摘要,利用电子数据库程序存储、归类海量信息数据,并根据预先制定或自动生成的模式对其进行组织。

情报处理与利用这个环节十分重要,但通常又是被忽略的环节。它是一个中间环节,既不负责搜集情报,也不负责生产。情报的原料与成品都与它无关,因此在整个流程中的地位颇为尴尬,得不到重视也不难想见。就美国情报界而言,它对情报搜集的重视远远超过情报处理和利

[①] 刘宗和主编:《中国大百科全书·军事情报》,北京:中国大百科全书出版社 2007 年版,第185 页。

用,情报界搜集到的情报远远超过其处理和利用能力。当美国情报界提及要发展情报能力时,其第一反应就是要大力提升其情报搜集能力,而不是其处理和利用能力。增加投资,发展最新的搜集技术,是其第一选择。情报搜集的倡导者认为,搜集是情报活动的基础,如果没有情报搜集,整个情报事业的意义微乎其微。技术搜集系统制造商也为系统的更新换代奔走游说。而相比较而言,情报处理与利用属于情报界的内部行动,虽然这些行动是下游行动,是情报搜集之后的步骤,也要依赖技术,但这些技术给承包商带来的利润与情报搜集系统不可同日而语。

情报搜集与处理、利用之间的严重失衡,导致大量资料从未得到利用。在美国情报界,这个问题被称作 TPED 问题,其中每个字母的含义是:T＝分配情报任务(Tasking)、P＝情报处理(Processing)、E＝情报利用(Exploration)、D＝情报分发(Dissemination)。在 TPED 的四个组成部分中,分配情报任务与分发情报对情报界或国会来说最不成问题,而情报处理和利用的缺口则是国会最为关注的部分。为解决这一问题,美国国会两个监督情报活动的情报委员会督促情报界在情报处理和利用方面投入更多资金,但是,在信息时代,解决这样的问题并不容易。

分析与生产。所谓分析与生产,即情报资料的分析、整理与编写。这是整个情报工作的中心环节。搜集阶段和处理加工阶段所获得的数据资料只能称为信息,而不能称为情报,因为这些资料尚未经过诠释、综合和分析,其形式和内容尚不能满足情报用户的需要。由信息转变为情报是一次质的飞跃,而分析与生产则是实现这一飞跃的关键环节。分析与生产就是通过对"全源"数据资料进行综合、分析、评估和诠释,将处理过的信息转化为情报并最终形成情报产品的过程。如美国《国防部军事与相关术语辞典》认为:情报分析是通过对全源数据进行综合、评估、分析和解读,将处理过的信息转化为情报以满足已知或预期用户需求的过程。从情报分析工作的具体过程来讲,"情报分析是把一个问题分为若干连续的部分,然后通过一定的逻辑过程来得出解释性或者预测性的结论,这个逻辑过程包括提出一定数量可行的假设,然后根据可获得的证据,按照公认的原则严格评估、假设等"①。

美国中央情报局资深专家杰克·戴维斯认为:情报分析的主要职能是生产情报评估,以协助官员更好地理解与处理现实和未来的国家安全问题,包括影响美国利益的机会和威胁,对手、盟国及其他各方的动机、目标、实力和弱点,以此来改进决策过程。② 情报评估意味着用分析判断来计算未来发展的可能性,但不能保证完全的确定性,因此只能根据证据作出有条件的判断和推理。我国学者苏广辉认为情报分析是一个破除战争迷雾、洞察事物本质的过程,其基本职责是通过系统缜密的思维活动,破解对手的行为密码,洞察其真实意图,帮助决策者优化决策,从而达到发现威胁、维护和增进国家安全利益的目的。

进行情报分析,需要把握动态情报与长远情报之间的关系。动态情报活动处理的问题位列决策者日程中的最前列,能够立即引起其密切注意。长远情报活动应对的问题,则是那些可能不会马上成为关注点,却很重要并可能跳至前沿的趋向与问题,特别是那些目前还没有得到关注的问题。动态情报活动与长远情报活动之间存在着微妙关系,两者之间应该保持恰当的平衡。

情报产品的种类直接反映了情报分析人员对动态情报与长远情报的把握。以美国情报界而论,《总统每日简报》(*President's Daily Brief*)是美国情报界最重要的动态情报产品,聚焦于前一天或最多前两天发生的事件,以及正在处理或以后几天内即将处理的事件。每天早晨,《总统每日简报》要提交给总统和他最重要的顾问,在长度、排列、细节、图表使用等方面的格式要适合各位总统的口味。而《国家情报评估》(*National Intelligence Estimates*)则是美国情报界最重要的长远情报产品,力图评估(不是预测)某一问题未来可能的发展方向。理想的评估应

---

① U. S. Joint Chiefs of Staff, *Joint Publication* 1-02, *Department of Defense Dictionary of Military and Associated Terms*(as amended through 9 May 2005).
② 参见 Jack Davis, *A Compendium of Analytic Tradecraft Notes*, Washington, D. C. : Central Intelligence Agency,1997, p. 2。

为预见性评估,集中于近期可能成为重要问题且有足够时间让整个情报界作出判断的问题。《国家情报评估》代表整个情报界深思熟虑之后的意见,其草拟需耗时数月到一年,有的甚至超过一年。《国家情报评估》特刊则针对更为紧迫的问题,需要在短时间内完成。其他国家的情报产品名称可能不一,但是类型大体一致。

情报分发与使用。情报分发流程,或者将情报从情报生产者交送至情报用户的过程,在很大程度上是个标准化流程或过程。情报界有一条固定的生产线来生产各类报告,应对情报界必须应对的用户。该生产线的内容,既有针对迅速发生的重要事件发布的通告,也有可能耗时一年或一年以上才能完成的研究等。

在分发信息过程中,情报界必须考虑以下问题:在每天搜集和分析的大量资料中,哪些重要性达到要上报的程度?应该上报给哪些决策者——最高一级的,还是低级别者?是上报给很多人,还是仅仅几个人?上报的速度应该有多快?是否紧急到需要立即发送,还是等到高层决策者第二天早晨收到其中一份报告之后发送?应该向各情报用户上报多少细节?报告应该有多长?何种上报工具或上报形式最佳?对不同的决策者,是否要根据其使用情报的喜好、对该问题的了解深度等采用不同的工具?

情报界习惯在作出以上决定时考虑许多因素,偶尔会在发生冲突的目标中作出权衡。理想状态下,情报界采用分层式的方法,利用多种情报产品,向众多的决策者传送相同情报(但格式不同,详略程度有别)。情报界的决定还应该反映决策者对情报需求的理解及其喜好,应当根据行政班子的变化进行调整。

评价与反馈。由于情报活动已经完成,情报已经递交,因而大多数关于情报流程的探讨都不包括情报使用,但这种观点忽略了政策群体在整个情报流程中扮演的关键角色。

情报是为决策服务的,决策者的反馈意见对提升情报质量意义重大。理想的状态是,决策者应当向情报生产者给出连续的反馈信息——

详细说明什么有用、什么无用、哪些领域需要继续关注、哪些领域需要加强、哪些领域可以缩减，等等。但事实上，情报界收到反馈的频率低于其期望值，系统的反馈意见更是微乎其微，其原因有如下几点：第一，政策群体中很少有人有时间考虑自己对情报的反应，或将其反应信息转达出来。他们需要解决的问题成堆，在着手解决下一个问题之前，几乎没有时间思考事情的对与错。第二，几乎所有决策者都认为没有必要给出情报反馈。即便其收到的情报不完全符合需求，他们也通常不愿通知情报生产者。

如果决策者给出自己的反馈意见，这种反馈意见通常会成为情报机构评定其业绩的指针，但这种做法也可能使情报机构走入另一个误区：情报机构的一切工作，均与决策者的评价挂钩，决策者的评价成为衡量情报机构业绩的指挥棒。这种情况会干扰情报机构的正常工作。

有的时候，情报机构也对产品进行评价。例如，美国情报界的情报分析首脑大多有自己的情报分析理念和一套特有技巧。在上任之后，他们会把这些理念与技巧在本部门推行，这里面就包括情报产品的审查。20世纪末期，中央情报局情报分局的两任副局长罗伯特·盖茨（Robert Gates）和麦凯琴（Douglas MacEachin）都曾主导过这种审查。盖茨于1973年出任助理国家情报官，有机会深刻体验到决策者如何利用情报评估产品，并对官僚机构的日常运作有了透彻认识。1982年，他出任情报分局副局长①。盖茨认为，在旧的评估模式下，情报评估产品"孤立"、"缺少证据"、"不连贯"，往往存在与决策者关注的问题不相关、提供不及时或关注性不强等问题，情报评估人员不能对外界合理的问询做出有效回答，不能对重大事件作出准确预测。情报评估人员不能区别何为"事实"（fact），何为评估人员的"观点"（opinion）。为此，盖茨提升了情报评估产品审核的标准——从"我看上去满意"变为"为我出示你的证据"。盖茨

---

① Deputy Director of Intelligence，即情报分局副局长，但该分局并没有局长，因此该职位实际上是情报分局的负责人。2005年11月，这一职位被正式称为情报分局局长（Director for Intelligence）。中央情报局其他分局的情况相同。

几乎要亲自审查每份报告,很多基层负责人审核上报的情报产品都被打回返工,同时附有盖茨标出的"内容矛盾"、"行文晦涩"、"存有偏见"和"判断缺少证据支持"等批示。这种做法明显得到了当时高层决策者的认可,如中央情报局局长凯西就盛赞盖茨"具备基层评估专家最缺少的特质……是坚信中央情报局评估人员存在明显弱点的少数权威人士之一"。

利用担任情报分局副局长的权威,盖茨几乎批阅了即将印发的所有深度评估报告和动向情报文章。盖茨大大提高了情报分局副局长的批阅标准。分析人员及其管理者纷纷提高工作标准,以避免分析报告被退回。

麦凯岑是中央情报局四大分析家之一,与肯特、盖茨和小理查兹·霍耶尔(Richards J. Heuer)齐名。他曾长时间供职于决策办公室,与政策官员打过交道,这些官员用直截了当的语言让他明白,什么样的情报才能有效地支持决策。1993 年麦凯琴成为情报分局副局长,阅读了大量情报分局的分析报告,并对其进行了深入思考。他认为,有三分之一的报告论述含糊,不足以提升情报判断的可信度,还有三分之一存在论述错误。这一经历,加之中情局在伊拉克入侵科威特问题上发生了"情报失误",分析工作面临严重压力,促使麦凯岑决定采取新的措施提高分析工作标准。

麦凯岑主张采取"支点分析法"(Linchpin Analysis)进行结构清晰的论证,为此他提出了一些术语,以期克服许多中情局专业人员对学术语言的厌恶情绪。原先中央情报局使用"关键变量"(Key Variables)这一标准学术词汇,他把它改成"驱动因素"(drivers),有关驱动因素的"假设"则成了"支点",即论证可以成立的前提("假定")。这些必须在分析报告中清楚说明。由于形势的某些变化可能增加其他想定成立的可能性,麦凯岑还要求分析人员在分析过程中更加注意提醒决策者关注这些变化。这样,麦凯岑就提出了系统、清晰的标准,可以确定分析人员是否进行了批判性思维,即思考是否符合逻辑,假设的前提是什么。为了加深情报人员对这些标准的了解,也为了促进其在实践加以应用,麦凯岑指示为管理人员举办一系列的支点分析法研讨班,并提出了许多分析技能方面的注意事项。他还指示要跟踪情报分局在执行分析技能标准方面的表现,褒奖优秀的分析案例。他推动设立了全新的培训课程"2000版情报分析技能"(Tradecraft 2000),确定了分析工作标准。"支点分析法"概念后来衍生了诸多变体,许多情报分局分析人员用它们作出了准确的预测。

二、情报周期和情报流程

上述情报生产步骤由美国情报分析家谢尔曼·肯特设计。谢尔曼·肯特在进行情报分析时设计了这一情报周期。这一理论把情报生产的过程视为一条生产"组装线",整个情报工作被分成若干可以管理的单元,每个人都可以把精力集中于自己的专业技能方面,从而最大程度地发挥效率。它认为,解决情报问题最好的方式是遵循一个连续的、有序的和线性的流程,从提出质疑(问题)开始,到找到答案(解决方案)为止。问题越复杂,就越有必要遵循这种有序的流程。这一周期理论在美国近乎成了一个神学概念,没有人质疑它的正确性。中央情报局出版的《情报用户指南》沿用了这一周期理论,这说明它具有一定的合理性。

但是,在进入信息时代的时候,它却遭到了越来越多的批评。首先,它过于简单,首尾相连,模糊了真正的、根本的认识过程,完全没有考虑到思维并不能线性运转,常常会从问题的一个方面跳到另一个方面。整个周期缺少反馈环节,没有考虑到在一个周期内流程可能无法完成,任一情报步骤都有可能且有必要返回上一步骤。许多情报官员承认,现实的情报工作非常凌乱,不是一个封闭、有序的周期,情报分析工作"根本不像那样运转"。例如,美国前国家情报总监迈克·麦康奈尔(Mike Mcconnell)和英国学者迈克尔·赫尔曼(Michael Herman)都认为,所谓的情报周期实质上是一系列的反馈回路。①

其次,这一理论界定了一系列相对独立的步骤,分割了情报搜集人员、处理人员和分析人员之间的联系,导致一种"把信息扔到墙外"的现象。谁也不用为信息的质量负责,责任总是由下一个环节的人员承担。

再次,这一理论限制了情报生产者与情报用户之间的互动。它认为,情报生产与情报用户的分隔可以提高情报分析的客观性,却忽略了这样一个事实:情报本身是为用户服务的,缺乏用户指向的情报虽然可能保持了客观性,却完全失去了使用价值。因此,罗伯特·克拉克指出,如果从根本上考虑用户,情报周期所定义的观点应经常将用户抽象地看作一个完整的实体。在一个真正的周期中,其固有的反馈回路是不存在的,在情报分发和需求之间存在着空白。用户处在这种反馈回路之外,因此其不断变化的需求不能为人所知。

从 20 世纪 90 年代中期开始,美国情报界逐渐意识到情报周期的理论缺陷。布鲁斯·伯尔考威茨和阿兰·古德曼直言传统的情报周期理论无法应对信息时代的情报需求。信息时代的情报流程应按下列原则进行:组织必须允许资源自由流动,搜集人员和分析人员形成网络,以共同完成一个情报任务;组织本身必须拥有一种机制,能够自动分配某项任务所需的人员和信息资源;使用者与提供产品的分析人员建立联系,两者之间应该建立足够的互动,驱动情报流程持续不断地运转,最大限度地缩短情报生产者与情报使用者之间的距离,使产品能够自然地满足使用者的不同要求。② 马克·洛文塔尔提出一种多层的情报周期示意图。在这种情报周期图中,尽管依然存在六个环节,但任一情报环节都可能有问题出现(搜集更多情报的需要、情报处理的不确定性、分析结果的未知、情报需求一直在变动),从而导致第二或第三个流程发生,最后

---

① 参见 Robert M. Clark, *Intelligence Analysis*: *A Target-Centric Approach*, Washington, D. C.: Congressional Quarterly Press, 2012, p. 12。

② 参见 Bruce D. Berkowitz & Allan E. Goodman, *Best Truth*: *Intelligence in the Information Age*, New Haven, Conn.: Yale University Press, 2000, pp. 74 – 75。

人们可能反复重复某一流程,以反映出众多流程部分中任一部分的持续变化,以及政策问题很少在一个完整周期内解决的事实。该图有点复杂,流程的运行同时具有直线式、循环式和开放式的特点。它可以让人们对实际情报流程的运行有更多了解。①

从上面的讨论我们可以看出,组成情报周期到情报流程的成分实质上是一致的,都包括需求、搜集、分析与生产、分发与反馈等环节,不一致的是对这个流程的理解:它到底是线性的,还是网络的;各个阶段是相互联系的,还是彼此隔离的;决策者是坐享其成,还是参与整个情报分析流程。

罗伯特·克拉克建议采用一种以"目标为中心"的方法,所有的利益相关方,包括情报搜集人员、情报分析人员和情报用户,组成一种非线性的、动态的、以目标为中心的网络。在这个流程中,情报分析渗透了各个环节,但分析并不完全是由分析人员完成,情报用户和搜集人员也参与其中。由于情报用户全程参与了情报工作,情报生产者与情报使用者之间的距离被缩短,两者之间有了足够的互动,生产的产品能够满足使用者的不同要求,更能在决策中发挥作用。现在,这种情报流程理论已经为美国情报界普遍接受。美国情报界将其命名为"以网络为中心的合作过程"②。

---

① 参见 Mark M. Lowenthal, *Intelligence: From Secrets to Policy*, Washington, D. C.: Congressional Quarterly Press, 2012, p. 69。

② 参见 Robert M. Clark, *Intelligence Analysis: A Target-Centric Approach*, Washington, D. C.: Congressional Quarterly Press, 2012, Chapter 1。

第三章　情报搜集

　　在情报流程中,情报搜集是重要一环。它是了解对手实力、洞察对手意图的主要工具之一,也是情报分析的主要依据。离开了可靠的情报材料,情报分析就成了无源之水或无本之木。因此,在情报工作中,情报搜集被放在最重要的位置。

　　情报搜集的手段很多,包括最古老的人力情报搜集和最现代化的网络侦察。美国情报界从专业化和控制资源("地盘")考虑出发,将情报手段分成若干情报门类(discipline),如人力情报(HUMINT)、公开情报(OSINT)、信号情报(SIGINT)、图像情报(IMINT)、测量与特征情报(MASINT)①,而美军联合出版物《联合情报》(JP2-0)则加上了技术情报(TECHINT)与反情报(CI),并用地理空间情报(GEOINT)替代了图像情报。从分类学的角度来说,《联合情报》的分类显然不太合理。罗伯特·克拉克从情报分析的视角,将情报分为文字情报、非文字情报和网络情报。他认为传统的通信情报、人力情报和开源情报主要获取文字信

---

① 应该指出的是,中英文表达有所差异。在英文中,这些情报门类均有"情报"(INT)后缀,但实际上它们并不是情报的最终成果,而是获取信息的"手段"。因此,英文中的"人力情报"实际上是中文"人力情报搜集",而英文中的"信号情报"实际上是中文的"无线电技术侦察",其他情报手段也存在类似的问题。

息(Literal Information),这些信息通常无须特别处理。非文字信息(Nonliteral Information)常常需要经过特殊处理后方可利用。① 但不管如何分类,交叉和重叠总是不可避免。

人力情报指通过与情报来源的接触获取信息。这是一个比较宽泛的概念,既包括直接的人员观察、审讯、套取,也包括由专业秘密情报人员进行的秘密人力情报工作。《联合情报》列举的人力情报活动,包括间谍活动、审讯战俘、套取、公开获取等②,以及获取目标的生物测量数据,如指纹、虹膜扫描、声纹、面目和生理特征。③ 因此,部队的侦察兵、公安局的审讯员、图书馆的信息员、网络浏览人员,都在从事某种类型的人力情报活动,间谍活动或秘密人力情报工作只是人力情报的一个分支,大部分的人力情报活动是公开的。

人力搜集是相对于技术搜集而言的,在人力搜集的过程中也会使用技术手段。例如,侦察员会使用望远镜等各种观察设备,反情报特工在进行监视时会使用各种监视设备,间谍会借助窃听、窃照等各种设备,但是,整个人力情报搜集过程,都处于搜集者有意识的控制之下,正是搜集者决定了搜集内容,如何搜集,以及何时去搜集。

有的国家把驻外使节(尤其是驻外武官)作为一个独立的人力情报来源,称之为武官侦察。这实际上夸大了这种侦察手段的专业性和独立性。诚然,外交官与情报官之间的界限并不十分清晰,外交官与情报官确实有扯不清道不明的关系。驻外官员(尤其是武官)通常会利用其外交身份,深入接触东道国的军官,套取东道国的军事情况,如高级军官的个性和能力、他们特有的思维方式、对军事学说的看法,等等。此外,武官也可能受邀观看军事演习,参加检阅,出席各种礼节性的场合,有机会

---

① 参见 Robert M. Clark, *Intelligence Analysis: A Target-Centric Approach*, Washington, D. C.: Congressional Quarterly Press, 2012, pp. 90 – 91。

② 参见 U. S. Joint Chiefs of Staff, *Joint Publication 2 – 0, Joint Intelligence*(22 June 2007), APPENDIX B。

③ 参见 John D. Woodward Jr., "Super Bowl Surveillance: Facing Up to Biometrics," *Intelligencer Journal of U. S. Intelligence Studies*(Summer 2001), p. 37。

观察在这些场合出现的新型军事装备。他们也可在东道国境内旅游,从而有机会观察重要的机场、港口和其他感兴趣的军用及民用设施。同其他国家的使节进行情报交换,也是其获取情报的手法。在此情景下,武官的工作只是公开情报工作的一个部分。

值得指出的是,许多国家的武官从事秘密情报活动,这使其与秘密人力情报工作纠缠不清,"武官侦察"一词由此产生。如德军谍报局局长卡纳里斯(Wilhelm Canaris)在第一次世界大战时就是德国驻西班牙的武官,他招募了著名的间谍女王玛塔·哈莉(Mata Hari);第二次世界大战时,德军谍报局把没有接受情报任务的武官称为"清白"的人,从事间谍活动的武官被称为"有污点"的人。"有污点"的武官大多是在小国或较友好的国家工作,只对驻在国的邻国进行间谍活动,抑或也指挥间谍对东道国进行活动。如在巴西与轴心国断交前,德国陆军武官冈特·尼登富尔领导着谍报局在西半球南部的间谍活动。他离任后,驻阿根廷海军武官迪特里希·尼布尔中校接替了他。由于后者曾主管谍报局海军组的间谍活动,因此,他就亲自经营间谍活动。第二次世界大战期间,苏联驻加拿大武官尼古莱·扎博京(Nikolai Zabotin)上校招募了一批间谍,组织了原子弹间谍网,以获取美国和英国制造原子弹的情报。英国核物理学家阿伦·纳恩·梅(Alan Nunn May)博士就是苏联武官处的帕维尔·安格洛夫中尉招募的。后来,扎博京的译电员古曾科(Igor Sergeyevich Gouzenko)叛逃,扎博京从事间谍活动的真实面目始大白于天下,苏联召回了驻加武官处的全体成员,并承认,"在战争后期,苏联驻加拿大武官处某些成员从他们认识的加拿大人那里得到某些秘密情报……上述行为是不能容许的",因而立即将他们召回国内。① 20世纪70年代苏联间谍宫永幸久也是由其驻日本武官利巴鲁金控制的。当利巴鲁金离任后,宫永又由接任的驻日武官科兹洛夫上校控制。日本警视厅在跟踪科兹洛夫的过程中,发现了宫永幸久等人的可疑行迹。可见,

---

① 参见[英]哈福德·蒙哥马利·海德《原子弹间谍案》,北京:群众出版社1986年版,第70页。

使用公开身份的武官从事间谍活动并非良策。恰当的做法是，武官在其公开活动中发现了合适的招募对象，但他自身并不进行招募，而是将其转给秘密人力情报机构，由秘密人力情报机构继续进行考察、招募和指导工作。这样的武官情报活动尚属浅层次的人力情报活动，离真正的"侦察"尚有相当距离。

本书认为，根据活动方式，情报搜集可以分成公开情报搜集和秘密情报搜集；根据对技术的依赖程度，情报搜集可以分为人力搜集和技术搜集，其中人力搜集包括秘密人力情报工作（即通常所说的间谍活动）、公开人力情报工作（如审讯、套取、询问等）。根据侦察平台，技术搜集可以分为航空侦察、航天侦察、网络侦察等。但无论如何区分，这依然是一种从地盘角度为出发点的分类方法，交叉和重叠在所难免。考虑到国际情报界最新的情报工作实际，本书将情报搜集手段分为人力搜集、技术搜集和公开情报搜集，在人力搜集手段中，本书阐述最核心的秘密人力情报手段；在技术搜集中，本书主要讨论图像情报、通信情报、电子情报、雷达情报、网络搜集等主要技术手段。

第一节　秘密人力情报工作

秘密人力情报工作是通过秘密派遣或发展手段在侦察对象内部建立秘密组织和关系，以获取机密情报为目的的一种侦察手段。

一、秘密人力情报工作概述

秘密人力情报工作有着悠久的历史。英国学者菲利普·奈特利（Philip Knightly）称"间谍是世界上第二种最古老的职业"。从残留的埃及象形文字中，我们可以发现埃及法老用间的实例。公元前18世纪的文献表明，古巴比伦王汉谟拉比曾向敌后派遣间谍，并要求他们尽量捕捉"舌头"以获取情报。中国有记载的用间实例则始于夏之少康：少康"使女艾谍浇，使季杼诱殪，遂灭过、戈"。中国史书和兵书中有大量用以表示侦察含义的词汇,如"斥"、"候"、"谍"、"察"、"相敌",以及"刺"、"探"、"间"、"伺"、"觇"等词。春秋时期,中国兵圣孙子对秘密人力情报工作进行了详细的总结。孙子阐述了用间的意义和作用、间谍的类型及其性质、各种间谍的使用方法、反间的重要性。这些论述,构成了今天秘密人力情报学的基本内容。尽管时代发生了天翻地覆的变化,但秘密人力情报工作的本质、形式没有太大的变化。

通常讲到秘密人力情报工作,大家立即会想起间谍、特务、情报官、情报员等词汇,其用法和意义需要仔细辨析。在秘密人力情报机构总部从事间谍活动的指导、组织和评估的情报人员,是情报官员,有时也被称为特工干部。他们是秘密人力情报工作中的中坚力量,没有他们也就没有了秘密人力情报工作。如果说秘密人力情报工作是见不得人的勾当,那么,这些情报官员或特工干部就是万恶之源。通常情况下,情报官都是本国公民,在本国接受训练,然后被以各种掩护身份派往国外从事间谍活动。

情报官自己通常不能接近情报来源,他在对象国家招募间谍,组织网络,从而获取情报。他招募的间谍就是情报员(agent)或特务。情报员通常是对象国的公民,身处秘密人力情报工作的第一线,负责搜集秘密情报。整个秘密人力情报行动的成败都取决于情报员的工作。在很多情况下,情报官员与情报员被混为一谈,通称为间谍(spy)。

一个潜入敌对机构的间谍,被称为"鼹鼠"(mole)。鼹鼠是一种常年生活在地下、擅长挖洞钻地的鼠类动物,但在情报工作中,这个词是用来指那些渗透到对象国情报机构或其他要害部门内部,窃取内部核心机密的人员,也叫渗透间谍。美国间谍小说作家勒卡雷在《寒风孤谍》中首先使用这一称谓,然后就迅速在情报界流行开来,成为情报界的行话。

双重间谍(Double Agent)是同时为两个或更多情报机构服务的间谍,又称两面间谍、逆用间谍(即《孙子兵法》中的"反间")。第二次世界大战期间,英国军情五局抓住了几乎所有的德国派遣特工,并将其中一部分逆用,组织了一个庞大的双十体系(Double Cross System)。当时参与其事的军情五局官员马斯特曼战后撰写《两面间谍——第二次世界大战期间的双重间谍体系》，"双重间谍"一词遂流行开来。实际上，这个词汇并不准确。很少有一个秘密人力情报人员同时为两个敌对的情报机构效命。一个间谍既然改换门庭，他的服务对象就不再是他原来的主子。

在军事情报工作的诸多领域中，秘密人力情报工作的存在形式和活动方式与其他侦察手段有很大不同，具有鲜明的特点。

隐蔽性。隐蔽是秘密人力情报工作的本质属性，没有隐蔽就没有秘密人力情报工作。《孙子·用间》指出，"事莫密于间"，"间事未发，而先闻者，间与所告者皆死"。《唐太宗李卫公问对》说："凡间皆须隐密，重之以赏，密之又密，始可行焉。"这说明了隐蔽对于秘密人力情报工作的极端重要性，也对秘密人力情报工作提出了最严格的要求，反映了秘密人力情报工作的特有规律。秘密人力情报人员在敌区活动，隐藏在敌人的心脏里，他必须以各种社会化的公开合法形式为掩护，以隐蔽自己的真实面目、身份和行动意图，寓非法活动于当地社会普遍的合法活动之中。隐蔽是成功的前提，暴露是失败的祸根，在国际秘密人力情报斗争史上，因一句话、一个动作、一个发型，一个衣扣，甚至衣袋中的一个钱包、一盒火柴、一包牙签等，招至暴露而被捕的间谍数不胜数。电视剧《潜伏》里主人公提到这样一个情节：我党一个情报人员在睡觉时说了一句梦话，"把茶叶交给克公同志"，结果被敌人发现。虽然说是文艺作品中编造的情节，但这种情节在秘密人力情报工作中并不鲜见。第二次世界大战时，英国特种作战局的间谍诺尔·艾娜亚特·卡恩（Noor-un-nisa Inayat Khan），就因为不注意隐蔽而失去了生命。因此，对秘密人力情报工作的隐蔽性，是无论如何强调都不过分。

我党曾为敌占区的秘密工作规定过正确的斗争方针和政策。1940年5月，毛泽东在为中共中央起草的《放手发展抗日力量抵抗反共顽固派的进攻》中指出：我党在国民党统治区域内的工作方针，应和战争区域不同。"在那里，是隐蔽精干，长期埋伏，积蓄力量，以待时机，反对急性和暴露。"①

进攻性。秘密人力情报工作要在对方内部建立秘密组织,获取机密情报。这一特点决定了秘密人力情报工作具备进攻性的特点。秘密人力情报人员必须具有大无畏的精神,敢于深入龙潭虎穴,积极寻找和利用敌人的弱点,采取打入、拉出的方法,获取机密情报。

中共早期谍报英雄"龙潭三杰"都是极具进攻意识的秘密人力情报人员。当钱壮飞获得国民党中统特务头子徐恩曾赏识之后,他立即把李克农和胡底安排进中央调查科。钱壮飞让胡底和自己的妻弟张家眭去天津建立长城通讯社,李克农则赶赴上海,主持设在那里的国民党情报机关。他们成为中共在国民党情报系统中的"铁三角"。国民党"围剿"苏区的计划刚刚制定,其全部内容已被破译送到军委负责人周恩来及苏区的毛泽东、朱德手中,为红军反"围剿"的胜利作出了重要贡献。如果没有强烈的进攻意识,他们根本不可能潜伏到国民党的核心。

在情报史上,苏联和以色列秘密人力情报机构都体现出强烈的进攻性。20 世纪 30 年代,苏联间谍渗透了英国外交部、政府通信总部、秘密情报局、安全局等机构,金·菲尔比成为秘密情报局的局长人选,唐纳德·麦克莱恩是英国外交部常务次官人选。苏联间谍哈里·怀特(Harry Dexter White)当上了美国财政部副部长。以色列的伊利·科恩(Eli Cohen)在潜入叙利亚后,成为叙利亚总统哈菲茨的朋友,哈菲茨甚至想推荐他当国防部长。如果没有强烈的进攻意识,这种情景简直不可想象。

长期性。秘密人力情报工作是一种精密策划的非法活动。特工的招募、培训、派遣,情报员的招募、活动,都需要大量的时间和长期的准备。因此,秘密人力情报工作需要预先准备,长期经营。秘密人力情报

---

① 毛泽东:《论政策》,载《毛泽东选集》(合订本),人民出版社 1964 年版,第 721 页。按:1940 年毛泽东写作此文时,16 字方针中并无"荫蔽精干"这一提法,这是后来编辑《毛泽东选集》时补充进去的。参见游国立《中国共产党隐蔽战线研究》,北京:中共党史出版社 2006 年版,第71 页。

工作的决策必须具备高超的前瞻性，不能临渴掘井，而必须未雨绸缪。秘密人力情报工作的经验表明，秘密人力情报工作中真正深谋远虑的操作者，往往并不急功近利，而是追求长期潜伏，在关键时刻发挥作用。这反映了秘密人力情报工作的基本规律。违反这一规律注定失败。十月革命后，苏联利用与西方国家改善关系的机会，急切地派出了秘密人力情报人员。由于在经营上急功近利，这些秘密人力情报组织大多很快暴露，不仅给苏联情报机构造成了很大损失，也影响了苏联的国际形象。后来苏联情报机构改变了秘密人力情报工作方针，开始注重培训和长期潜伏。"剑桥五杰"在刚刚被招募时，只是一些对共产主义怀有美好憧憬的大学生，并不具备接触机密的条件。但是，秘密人力情报组织没有因为他们没有情报价值而弃之不用，而是耐心地等待其发展的时机。当第二次世界大战打响之际，英国的局势风云突变，平时不注重力量建设的英国情报机构大肆招兵买马，这些秘密人力情报人员趁此良机，一个个打入政府机构内部，钻深爬高，几年以后都成为出色的情报来源。1956年，冈特·纪尧姆（Gunter Guillaume）以难民身份，进入联邦德国。他经过13年的艰苦努力，终于成为维利·勃兰特的亲信。在勃兰特当选西德总理以后，他担任了勃兰特的机要秘书兼党务顾问，这其间经历了18年。打入之深，埋藏之久，情报价值之高，在情报史上是罕见的。

我党也十分重视长期经营。我党情报工作的领导者对此有一个通俗的比喻：下闲棋，布冷子。围棋高手，有时会下个把闲棋、冷子。这个孤立的棋子初看似无作用，待到一定时机，往往能够扭转大局。这与苏联秘密人力情报机构的做法如出一辙，但我们的说法更生动、更形象。

大革命失败后，大批公开的共产党人遭到了屠杀，很多共产党人隐藏在国民党内部。组织要求他们长期潜伏，等待时机。抗战之初，共产党人赵荣声在第二战区副司令长官卫立煌身边任秘书。赵模仿八路军的做法，在卫立煌的部队中搞了许多宣传活动，并秘密建立了共产党支部。1938年年底，刘少奇从延安到山西找赵秘密谈话，命令赵立即将支部解散，停止组织联系，保留党籍，长期隐蔽。赵的潜伏为绝密，只有中央几个负责同志知道,也不列入文字记录,将来归队由刘证明。刘更具体指示赵,要真正成为卫立煌心腹,需要十年八年甚至更长时间,要作长期打算,跟着他做官,钻得越深越好,官做得越大越好,只要能在卫身边呆下去就是成绩。以后不许找地方党组织,不许找八路军办事处,有事刘少奇会派人找赵。皖南事变后刘少奇调往新四军工作,临行前又嘱咐赵长期隐蔽下去,等待时机,并要做好随时应变的准备。朱德对赵荣声在卫部的抗日宣传也非常不满。在与赵秘密谈话时,朱德批评赵这样搞法太明显,一看就知出于共产党人之手。朱德要赵荣声不要把工作一天做完,使自己被国民党发觉后连根刨掉。正是这种长期潜伏的策略,使我党在国民党内部保留了一大批力量,在关键时刻发挥了十分重要的作用。

秘密人力情报工作的优点主要体现在:

获取内幕核心情报的主要手段。现代情报工作已经远远超出间谍活动的范围,通过间谍获取的情报不足 10%,但这 10% 的情报,在所有的情报资料中起到了画龙点睛的作用,它们是所有情报工作成功的基础。1990 年海湾危机爆发前,美国曾通过侦察卫星发现伊拉克军队调兵遣将的迹象。但在判断这一迹象时,美国情报界和决策者却发生了分歧。美国情报界认为这表明萨达姆将对科威特动武,而布什总统却认为,萨达姆只是想吓一吓科威特。由于中央情报局在伊拉克核心层没有秘密人力情报资源,最后美国就没有采取任何预警行动。美国的疏忽,导致科威特这个小国遭受了灭顶之灾。因此,尽管现代侦察技术可以确定敌方的兵力集结或兵力调动,但要确定对手如何使用这些兵力,那只有通过秘密人力情报途径。如果我们在敌方内部有一个间谍,那么我们就可以比较准确地察知对方的意图。这是人力情报最大的优点。从 1972 年至 1981 年期间,波兰参谋部高级军官库克林斯基(Ryszard Jerzy Kukliński)把大约 35000 份绝密文件交给美国中央情报局。在应对恐怖袭击、大规模杀伤性武器扩散等非传统安全威胁方面,人力情报比技术情报更有价值。非政府目标(如恐怖组织)缺乏固定设施或网络,技术情报搜集系统没有用武之地。针对这些组织的情报搜集，主要依赖于对该组织的渗透。

为技术侦察提供必要的线索。现代侦察技术十分发达，但并非无所不能。例如，卫星照片可以拍下清晰的建筑物图片，但情报分析人员却可能无法确定其用途。只有熟悉它的线人才知道，该建筑物某个并不明显的细节显示它与某一军事项目相关。如果没有这个线人，该细节可能不会引起注意，其重要性也就不为人知。但是一旦这种特征被确定，就可以对类似建筑物的图片进行检查，以确定是否存在相同细节。

海湾战争后，联合国派往伊拉克寻找和销毁该国核武器设施的小组发现，伊拉克为该项目精心建造了许多建筑物，以逃避卫星和其他技术搜集系统的监控。有些建筑物是用来防止放射性辐射的，其他建筑物则通过模仿合法工业设施的外部造型，以尽可能避免引人注意。直到战后一位了解萨达姆·侯赛因核武器计划的伊拉克工程师叛变，情报人员才能将这些建筑物与伊拉克核武器计划联系起来。

提前获取对手的新技术，为研制反制措施节省时间和金钱。新武器和新技术的研发需要耗费大量时间和金钱。在对方对新武器进行技术测试的时候，我们可以通过某些技术手段（如外国仪器信号情报）发现新武器的相关情况，但此时对方的新武器已经可以投入使用，我们没有时间采取反制措施。但是，通过秘密人力情报工作，我们可以提前发现对方在新技术与新武器研制方面的进展，从而为研发类似武器、提出反制措施节省时间和金钱。例如，第二次世界大战期间，苏联通过人力情报途径了解到英美研制原子弹的情况，从而开始了相应的研究。1945年美国爆炸了第一颗原子弹，苏联的原子弹研究也取得了实质性的进展，几年之后，苏联也爆炸了第一颗原子弹，从而节省了大量的时间。

验证情报评估的准确性。情报评估是对未来的估计，它建立在情报搜集的基础之上，但依然有很大一部分属于对未来的估计与猜测，具有很大的不确定性。秘密人力情报来源可以验证这种情报评估的准确性，从而纠正情报人员在情况认识中存在的片面性。

对同一个目标提供连续侦察。现代侦察装备已经取得重大进展,但限于技术能力,技术侦察手段在对同一个目标进行连续监视时依然存在时间差,并不能对目标实行连续覆盖。而秘密人力情报工作手段则可以对同一个目标实现连续侦察。通常情况下,如果一个秘密情报来源可以接触某种机密,他也有权接触类似的机密。当他获取某种机密后,情报指导机构可以根据掌握的相关情况对其进行核实,并提出进一步的搜集要求,从而实现对某一个目标的连续侦察,更好地满足情报需求。

秘密人力情报工作具有很多优点,但也存在局限性:

秘密人力情报工作需要提前布局,长期经营。任何急功近利式的经营模式,都不利于秘密人力情报人员的钻深爬高,最终会导致秘密人力情报工作的失败。因此,秘密人力情报工作需要未雨绸缪,放长线钓大鱼。这就需要秘密人力情报机构具有足够的远见,在双边关系未出现重大转机前提前布局。20 世纪 30 年代苏联情报机构对英国、美国和日本的渗透,都是提前布局的典范,但要做到这一点又谈何容易。

秘密人力情报工作的成果真伪混杂,难以核实。秘密人力情报工作是敌对情报机构之间的斗智斗勇,秘密人力情报人员在敌区工作,总部机关很难对其进行控制,其成果也很难核实。秘密人力情报人员可能被敌方反情报机构控制,成为传递假情报的双重间谍;他也可能出于各种利益考虑,捏造虚假情报。有些秘密人力情报人员并不满足于充当传递情报的搬运工,他们在获取情报的时候也会附上自己对情报的评价,这样的情报可能充满偏见和误导。因此,通过秘密人力情报手段获取的情报,同样具有很大的不可靠性。

秘密人力情报工作具有高度风险。秘密人力情报工作属于对立集团之间的对抗,充当间谍会受到严厉的惩罚,很多情况下,间谍会被处死。冷战期间美国和苏联间谍交换盛行,从事间谍活动的风险稍减。但这样的好运并不会落到每个间谍头上。美国犹太人乔纳森·波拉德(Jonathan Pollard)因为充当以色列间谍被判处终身监禁,以色列人想用在巴勒斯坦定居点问题上的让步让波拉德获得自由,但被美国政府拒绝。尽管美国愿意用外国间谍交换美国情报人员,但是美国并不会交换一名已被判犯有间谍罪的美国公民,这样做等于鼓励本国国民充当间谍。对一个有官方身份掩护的情报官员,处罚通常会轻些。如果他被抓,等待他的将是宣布为不受欢迎的人,然后送上飞机回国。在某种意义上说,他的职业生涯也会蒙上阴影。因此,秘密人力情报工作是一桩危险的事情。

秘密人力情报工作具有时滞现象。在总部发出情报搜集需求,到秘密人力情报人员获取情报之间,存在着一个时间差。这种时间差取决于秘密人力情报人员使用的交通联络工具以及对象国家反情报机构的效率。有的秘密人力情报网络使用交通员、死信箱和外交邮袋为联络工具,在情报员获取情报与总部机关拿到情报之间存在数日、数周的时滞。使用现代通信联络工具可以有效地弥补这种时滞,但现代交通工具在秘密人力情报工作中并不常使用。为保证自身安全,秘密人力情报人员不得不谨慎从事,以防止被对方反情报机构发现。这也增加了情报获取的难度,使时滞现象更为严重。

二、秘密人力情报工作技巧

秘密人力情报组织。秘密人力情报机构是秘密人力情报工作的组织者,现代各国秘密人力情报体制不尽一致,但大体都有三个层次,即领导机构、行动机构和基层组织。

秘密人力情报机构的第一层,是秘密人力情报工作领导机构,是国家或军队情报机构的组成部分,其职责是策划、部署、管理、指挥整个秘密人力情报工作。著名的秘密人力情报机构,如美国中央情报局国家秘密行动部(National Clandestine Service,现行动分局),是中央情报局的情报搜集单位和行动单位,职能包括两方面,一是对整个情报界的秘密人力情报工作提供协调指导,包括任务协调(避免冲突)、明确需求和制定标准及行动规则,评估情报界的秘密情报行动;二是管理中央情报局自己的秘密搜集、反情报和隐蔽行动。与此相对应,美军秘密人力情报活动则集中在国防情报局国防秘密行动部。该机构的前身为国防情报局的人力情报分局和反情报战地行动局（Counterintelligence Field Activity，CIFA），负责全军的秘密人力情报工作和反情报工作。2008年，美军重组人力情报资源，撤销反情报战地行动局，成立国防反情报与人力情报中心（Defense Counterintelligence and Human Intelligence Center）。2012年4月，美军重组国防反情报与人力情报中心，成立国防秘密行动部（Defense Clandestine Service），整合美军的人力情报资源，加强美军全球人力情报搜集能力，向情报界其他成员提供国家情报。俄罗斯联邦的秘密人力情报机构则为联邦对外情报局，其前身为克格勃的第一总局；另一个著名的秘密人力情报机构是总参情报总局，该机构即原总参情报部，因为没有参与未遂政变，在苏联解体后得以原封未动地保留下来，改头换面成为俄联邦军队总参谋部情报总局，成为俄联邦最具实力的对外情报机构。其他著名的秘密人力情报机构有英国军情六局（MI6），法国对外安全总局（Directorate-General for External Security，DGSE），以及以色列的摩萨德（Mossad）。

上述机构基本上都是对外情报机构或者综合情报机构，但在秘密人力情报工作中，承担国内安全的反情报机构也从事进攻性的间谍活动。在招募方面，它们比对外情报机构更有利，因为后者不具备执法权力，不能为招募对象设置陷阱，甚至不能在国内活动，而国内安全情报机构则没有此类限制。例如，负责国内安全事务的克格勃第二总局在苏联招募外国人，然后派遣其回国活动，因此，国内情报机构与对外情报机构往往存在激烈的竞争关系。

情报站是秘密人力情报机构在对象国开展间谍活动的基层机构，通常设在驻在国的大使馆或领事馆中，它们构成了秘密人力情报工作体系的第二个层级，即行动层级。情报站的基本任务是执行总部机关的指示，在当地发展情报员，从事情报搜集活动。例如，中央情报局的搜集计划和隐蔽行动计划由其下设的地区分部、办公室和中心负责实施。每个地区分部都有资助、秘密行动、反情报和国外情报方面的工作人员。此外,每个地区分部都分成几个组,总部的命令经由地区分部下达给各情报站和基地执行。俄罗斯联邦对外情报局有若干个按地域划分的部门,负责监督对外情报局驻外站的活动。总参情报总局的情况与此类似。英国军情六局(秘密情报局)在世界各地设有 50 多个情报站。

原则上,情报站的工作是针对驻在国的,但也不尽然。如英国秘密情报局设在其盟国的情报站,主要任务是针对第三方的。如英国在奥地利没有秘密利益,但秘密情报局还是在维也纳维持了一个很大的情报站,以便监视当地的伊朗和苏联人社团、武器交易以及城郊的原子能机构的活动。与此类似,秘密情报局驻纽约的情报站也是完全针对联合国的。苏联的情报站情况有所不同。它不仅针对驻在国,还要通过驻在国搜集美国、中国的情报。如克格勃东京情报站不仅从事针对日本、美国的情报活动,也从事针对中国的情报活动。

以大使馆、领事馆等外交机构为掩护的驻外站,成员都具有外交身份,享受外交豁免权。他们在驻在国从事的间谍活动不合法,但其在驻在国的存在却是合法的。这样的驻外站因而被称为合法驻外站(Undercover Residency)。拥有外交身份掩护的特工在上级官员的监视下从事活动,他有一个可靠的训练基地为后盾,经验不足的情报官也可受益于经验丰富的情报官。此外,这种合法的工作方式还提供了与总部可靠的通讯联络方式,如无线电、外交邮袋。

除利用外交身份的官方掩护外,有些国家的情报机构还在驻在国设立没有外交身份掩护的驻外站,称"非法掩护驻外站"(Illegal Residency)。这些非法掩护驻外特工以假身份进入对象国,消失在茫茫人海中,从事着招募活动。这种手法在苏联、以色列情报机构中非常普遍。据秘密情报局前特工理查德·汤姆林森(Richard Tomlinson)披露,秘密情报局在国外也设有"非法的"特工人员,且其数量呈上升趋势。这些人员一般从事会计之类的普通工作,其身份一般都是假的。英国的银行为其提供了巨大帮助,其中苏格兰皇家银行提供的帮助最大,米德兰银行次之。

秘密人力情报工作体系的第三个层级为基层组织,主要是隐蔽存在于侦察对象的秘密人力情报网络。它们处于短兵相接的第一线,它要在这里开花结果,是秘密人力情报工作的基础力量。一个秘密人力情报网络通常会有情报组长(handler)、情报员、交通员、报务员、转递点主人、落脚点主人、掩护机构主人、中介情报员等。情报组长为间谍网的领导者,情报员为情报搜集的直接责任者或称情报来源(source),交通员为情报组内或情报组、单个间谍与总部领导机关间秘密往来的传递者,报务员为情报组内秘密电台的保管、操作者,转递点主要负责情报组内或情报组长、单个间谍与总部领导机关间秘件转递任务,落脚点即负责间谍秘密往来侦察对象内部中途落脚的接待或补给工作,掩护机构主人负责间谍立足生存实现职业化掩护的工作,中介情报员一般仅负责情报组内的联络任务或物色招募情报员的工作。情报组长与情报员之间通常不直接会面,他们可能通过死信箱或交通员联系。“情报组长——交通员——情报员”构成了一个情报网。

秘密人力情报网络的形成多种多样,但组织原则是一致的。这就是平行构建,单线联系,垂直指挥,禁止横向联系,杜绝任何交叉。

（一）秘密人力情报掩护

隐蔽是秘密人力情报工作的生命,也是秘密人力情报工作得以顺利遂行的前提,没有隐蔽就没有秘密人力情报工作。《孙子·用间》指出,“事莫密于间”,“间事未发,而先闻者,间与所告者皆死”[1],说明了保密对于秘密人力情报工作的极端重要性,也对秘密人力情报工作提出了最严格的要求,反映了秘密人力情报工作的特有规律。

从本质上说,秘密人力情报工作是以公开合法方式为掩护的秘密非法活动,在秘密人力情报工作中,只有合法的掩护方式,没有合法的间谍活动。为了达到隐蔽的目的,派往国外工作的秘密人力情报人员必须有

---

[1] 黄朴民等:《孙子兵法解读》,北京:解放军文艺出版社2003年版,第241页。

各种不同的掩护身份,为其留在驻在国提供一个合理的理由,以方便其从事间谍活动,掩护其活动的安全。对于在第一线工作的秘密人力情报人员,第一条就是要寻找一个令人信服的掩护身份并保持它。一旦这一掩护身份暴露,那么秘密人力情报工作也就终止了。

秘密人力情报掩护可分成两大类,即官方掩护、民间掩护。①

官方掩护。也称合法掩护。秘密人力情报人员以外交官等身份为掩护,前往对象国活动。以这些身份派出的情报官员有一个正式职位,如大使馆、领事馆、国际组织的工作人员。这是秘密人力情报工作中最常见的做法。16世纪后,随着领事制度的形成和外交关系的建立,欧洲国家普遍设立大使馆和领事馆,建交国家给对方外交使团提供馆舍和官邸,接纳对方国家的外交人员,并为他们提供治外法权。外交馆舍成了本国领土的合法延伸,从而为从事间谍活动提供了便利。各国不仅向驻在国派驻武官,公开从事间谍活动,还把特工打扮成外交人员,从事间谍活动。一向不能公开的间谍活动得到了国际法的保护。官方掩护身份一般拥有国家间的协议所商定的各种权利,如外交豁免权、代表官方身份,有出入境的便利,还可免受法律追究。

一个拥有外交身份的秘密人力情报人员可以利用大使馆为活动基地,利用其外交身份提供的合法的社交机会,通过现场观察、与其他外交人员及地位较高、能接近机密的官员会见和联系,合法地收集情报,会见特工人员,也可以利用大使馆的设施,如电子设施、外交邮袋合法地与总部联络。利用官方掩护有几大优势,最明显的就是情报官员可以获得外交豁免权。一旦其间谍活动暴露,根据国际法规定,对象国政府只能宣布他为不受欢迎的人并将其驱逐出境。

---

① 秘密人力情报人员的掩护方式有多种,如美国情报界将秘密人力情报掩护分成"官方"掩护与"非官方"掩护。在苏联的情报术语中,则有"合法"情报官员与"非法"情报官员之别。所谓合法情报官员是指有外交身份的情报官员,而非法情报官员又可分成两类,一类是使用真名实姓在对象国活动的情报官员,一类是用假身份在对象国活动的情报官员,后者又被称为传奇。本书取前说,将秘密人力情报掩护分成两类,即官方掩护和非官方(民间)掩护。

此外，外交身份也可以使情报官员更方便地接近潜在的情报资源。作为外交官，他可以在日常活动中接触其他国家的外交官和对象国的政府官员，而不至于引起怀疑。确实，由于其他国家也使用官方掩护，他同时也有"正当"理由与其他国家的情报官员接触。

而且，情报官员在官方掩护下常驻大使馆，可以保证在对象国国民携带敏感材料接触大使馆或者主动提供敏感材料时，有专业情报人员处理情况。这样，大使馆中有官方掩护的情报官员的存在，就为对象国国民接触外国情报机构提供了便利。这样的职务安排就如同一个"邮箱"，作用巨大，不可或缺。由于某些国家严格控制甚至禁止其国民到国外旅游或与国外交往，这种职务安排更是必不可少。

官方掩护最大的缺陷是：一个国家派驻国外的外交人员人数是有限的，驻在国的反情报机构通过各种手段，如调查每一位官员，监视其动向和交往行为，窃听其电话，在其住宅装窃听器，等等，可以辨认出有外交身份掩护的秘密人力情报人员。有的秘密人力情报机构逐渐养成按固定方式使用外交掩护，一旦这种方式被驻在国掌握，立即就会暴露一切。例如，美国中央情报局派到驻外使馆的情报官员，常以使馆"政治官员"的身份出现，但他们从不到使馆的政治处办公室上班，而是有自己特设的办公室，不受使馆政治处官员的领导。情报站长的公开身份往往只是使馆的一秘或二秘。美国军事情报系统派往使馆的情报官通常以通讯官员为掩护。他们在使馆内有一块独立的领地，绝少与使馆内其他人来往。苏联大使馆里的特工也容易辨认。那些在使馆中享有特权的、不用参加政治学习、经常无所事事的，就是克格勃官员。因此，从本质上讲，合法掩护与秘密组建、秘密活动、秘密搜集情报的秘密人力情报工作性质是对立的。

再者，尽管官方掩护可以为情报官员接触某些潜在的情报来源（主要指其他外交官和对象国国家安全机构官员）提供便利，但也可能会妨碍其与其他人员接触，有些人在与外国官员打交道时可能会心存疑虑。不管怎样，潜在的被招募者可能会立即意识到他们接触的是外国官员，这可能让他们更加小心。另外,在严重危机或战争时期,两国外交关系可能破裂。尽管当时非常需要情报,有官方身份掩护的官员还是不得不离开该国,从而使他们建立的情报网络陷入瘫痪。

民间掩护。与官方掩护相对的是民间掩护,也称非法(非官方)掩护。使用此种掩护的特工干部,被称为非法派遣特工(Illegal Resident)。他们不具备外交身份,一旦出事,他们不能获得外交特权的庇护。跨出国门的商贸、留学、旅游、探亲访友以及其他私人事务活动,都属于此种掩护形式。

民间掩护要求秘密人力情报人员做到职业化、社会化、合法化。[①] 秘密人力情报人员要有符合身份的合理职业,并借助这个职业融入到当地社会中,自然成为当地社会的一分子,不显得突兀和特殊。例如,1928 年10 月,周恩来在《关于湖北组织问题决议案》中就提出党的机关要"职业化"和"社会化":"一、要深入群众,必须找当地的在业工作人员。二、机关要少而秘密,要职业化与社会化……"[②]。"职业化"是"社会化"的最初步骤,只有按照职业要求扮演各种社会角色,一切言论、行动、服饰都同本身的职业地位相称,同时以此为凭借,扩大活动和人际交往范围,才能深入地融入社会。也只有这样,才能为合法化存在提供正当理由和依据。例如,1947 年李白在上海从事秘密电台工作时,其职业是国民党行政善后救济总署渔业管理处的电器维修工,白天去复兴岛上班,晚上在家进行电台通报。

民间掩护在形式上是合法的。使用此种掩护形式的特工,持有受到法律保护的公民护照,具有一定程度的社会性质,可以在一定范围内公开合法地行动,所遭受的监控较松,在隐蔽程度上比外交掩护略胜一筹。缺陷在于:利用民间掩护形式的特工始终保持出国公民的身份,不具有当地的长期居留权,不是当地的社会成员,其活动时间、活动范围受到严

---

① 参见南方局党史资料征集小组《南方局党史资料》,重庆:重庆出版社 1990 年版,第 15 页。
② 力平、方铭:《周恩来年谱(1898~1949)》,北京:中央文献出版社 1998 年版,第 148 页。

格限制,不能融入当地社会。由于特工不具备外交身份,没有外交特权,出事后不受法律保护。当两国关系紧张时,他们同样无法在对象国存在。所以,与官方掩护一样,民间掩护也属于公开掩护的范畴,两者之间只有量的区别,没有质的不同。

商业掩护是一种常见的民间掩护形式。所谓商业掩护,也就是把秘密人力情报人员打扮成商业人士,通过经济活动来掩护间谍活动。

苏联在利用商业掩护方面卓有成效。苏俄秘密人力情报机构充分利用了在国外设立商业代表处的机会,把秘密人力情报人员安插在代表处工作人员中,以合法的身份从事活动,同时也使在国外活动的秘密人力情报人员能与总部保持联系。雅各布·姆拉奇科夫斯基被派往德国开了一个商铺,并迅速在法国、英国、加拿大、美国、中国等国铺开。它们被称为"姆拉奇科夫斯基企业",在总参情报部的文件中,它们被称为商业企业网。总参情报部把企业所赚到的钱用作驻外特工的经费。此外,姆拉奇科夫斯基企业还被用于新派遣驻外特工的合法化工作。在姆拉奇科夫斯基企业的资助下,受过训练的驻外特工开始到境外旅行,他们用几个月的时间从驻在国获得证明,然后继续到另外一个国家旅行,继续同样的经历。这种锻炼一直进行下去,直到他能够自立为止。契卡对外处在英国的间谍活动主要是在全俄合作协会(All-Russian Cooperative Society,Arcos)的掩护下进行的。1927年5月,英国安全机构对全俄合作协会进行了突击搜查,虽然没有发现全俄合作协会从事间谍活动的直接证据,但是英国内政大臣威廉·乔依逊-希克斯(William Joynson-Hicks)还是称全俄合作协会是"我曾听说过的最大的、最卑劣的间谍组织"①。中共地下党在上海等大城市也创办了一批大型企业作为掩护机构,如广大华行、东方联合营业股份有限公司、关勒铭金笔厂、中原公司等;而在其他地方主要是建立小型个体服务行业,如主办报纸、通

---

① David J. Dallin,*Soviet Espionage*,New Haven,Conn.:Yale University Press,1955,p. 40.

讯社,建立车行,开设书店等。王石坚情报系统接办了西安的《新秦日报》,又建立"西北通讯社",还在西大街开设"研究书店",并购置了新华巷1号三进院落的住宅,"社会化"程度很深。这些企业、书店、车行为中共情报人员提供了合理的掩护身份。冷战期间,中央情报局曾设有不少控股公司,它们表面上是私营的,实际上接受中央情报局的资助。它们以商业活动为幌子,进行间谍活动和隐蔽行动。退休的中央情报局官员,往往被安排到这些企业,条件是他们要为在职的中央情报局官员提供民间掩护。

民间掩护中有一种深层掩护,使用这种掩护的特工都经过长达数年的训练,以便使他们完全像外国人,然后,他们持假护照或假证件进入对象国,谋得一个相对稳定的职业,掩盖其真实面目和真正目的。他们混杂在芸芸众生之中,对方国家的秘密人力情报机构无法对其活动进行监控,极具隐蔽性。他们可以针对合法情报官由于受到限制而无法接近的目标开展工作,如直接受雇于某敏感部门,也可就近接触在敏感部门工作的间谍。如果两国关系恶化,有外交身份掩护的情报官会遭到大规模驱逐,但他们仍可以留在当地,继续发挥作用。他们的掩护身份就像洋葱皮一样,剥了一层又一层。这种掩护是如此之深,以至于在他们被捕后,反间谍机构要花很长时间,做大量的调查工作,才能揭露他们的真实身份。

在苏联、以色列、英国秘密人力情报机构,这种深层非法掩护特工占了很大的比重。他们大多通过冒名顶替的方式进入对象国家,除了他这个人本身是假的以外,其持有的护照、证件及身世往往都是真的,如冒名阿贝尔(Rudolf Abel)的菲舍尔(Vilyam Genrikhovich Fisher),冒名朗斯代尔(Gordon Lonsdale)的莫洛迪(Konon Molody),实际上都实有其人,只不过持证者并不是本人。他们以当地社会成员的面目出现,进入当地社会,并且深深扎根于其中。他们的一切活动,都是在其社会身份、社会职业和合乎情理的社会行为掩护下实现的。他们在法律范围内的活动不受限制,享有所在国家法定的权利和义务,有的还可以担任各种公职,进入政府决策层,与闻重大机密。这种深层次的渗透活动,是官方合法掩护所不可能比拟的。

民间掩护的不足之处是一旦出事,国家无法对其庇护,特工存在生命危险。如摩萨德特工科恩在大马士革暴露后,以色列发动了声势浩大的抢救运动,但科恩还是被叙利亚当局处死。同样,当佐尔格被捕后,日本警察查出了他的真实身份,并希望与苏联进行间谍交换,但为苏联所拒绝,最后佐尔格被绞死。

(二) 秘密人力情报人员的派遣

派遣,即以侦察对象地区为目标,从本区选择合适人员,秘密派出使其承担使命。与情报机构事先准备的掩护身份相一致,秘密人力情报人员的派遣可分成如下几种。

对拥有合法身份掩护的特工,采取公开派遣方式。即以官方、半官方或民间驻外机构为依托,以外交官或其他公开合法身份为掩护,在驻在国家或地区秘密开展秘密人力情报工作活动。这就是公开派遣。

公开派遣方式符合国际惯例,被派遣的特工有官方身份,有出入境的便利,可以在对象国法律允许的范围内活动。不利之处是,一旦对方知晓派遣人员的特工身份,很可能会限制其入境,即使允许入境,也会对他的行踪严加监视,特工到达对象国后,行动不便。20 世纪 50 年代,苏联驻美大使馆助理海军武官波利斯·波利卡尔波夫一直通过定期到基督教青年会打排球的方式物色招募对象,发现波利卡尔波夫这一活动方式后,联邦调查局就故意安排一位名叫约瑟夫·爱德华·卡西迪的士官去打排球。波利卡尔波夫很快就露出了招募意图,卡西迪将计就计,答应为苏联服务。[①] 这就是合法派遣和以外交身份为掩护从事间谍活动的危害。

伪造身份证件,冒名顶替,非法潜入。对那些"非法特工",秘密人力

---

① 卡西迪一案参见[美]戴维·怀斯《特工卡西迪——围绕着神经毒气的秘密间谍战》,北京:国际文化出版公司 2003 年版。

情报机构可以通过冒名顶替的方式把他们派遣到对象国,这就是非法派遣。如著名的苏联间谍朗斯代尔、阿贝尔,都是通过伪造身份证的方式进入对象国。1996 年 5 月 22 日,在加拿大潜伏六年之久的俄罗斯特工伊恩·兰伯特和劳里·兰伯特被加拿大安全情报局拘捕。调查表明,这两个人均是冒名顶替。伊恩的真名叫德米特里·弗拉基米拉维奇·奥尔舍夫斯基,真正的伊恩·兰伯特于 1965 年 5 月出生在北约克市,不到一年就夭折了。劳里的真名叫叶连娜·鲍利沙夫娜·奥尔舍夫斯卡娅,真正的劳里于 1963 年出生在魁北克,1965 年 8 月死于多伦多。[①]

　　以难民身份为掩护,直接或迂回地进入对象国。20 世纪是一个激荡的世纪,战争、革命是当时的时代主题。在这样的社会背景下,社会的动荡十分激烈,大量的难民流离失所。例如在十月革命后,沙俄时代的大量高官显贵流落到西欧、北美,成为白俄。苏联秘密人力情报机构以难民身份为掩护,把特工派到这些反苏维埃地下组织中。如侦察员阿列克谢耶夫曾以莫斯科和哈尔科夫的难民身份移民布拉格、利沃夫和巴黎,渗透进白卫分子彼得留拉、斯科罗帕茨基和萨文科夫的组织。[②]

　　1979 年 12 月 1 日,已经被联邦调查局招募的克格勃驻加拿大非法派遣特工鲁道夫·赫尔曼(Rudolph Albert Herrmann)在与克格勃进行了两年的双重间谍游戏后,正式与克格勃脱离关系。赫尔曼是捷克斯洛伐克人,原名鲁德克·泽莫内克,1955 年被克格勃招募。克格勃为他伪造了鲁道夫·赫尔曼的简历。他的出生地被改为捷克斯洛伐克的苏台德地区,父母是德国人,1945 年 2 月因盟军的轰炸而受伤,随后被送到一个德国空军医院治疗。他的母亲和祖父在战争中死去,叔叔和婶母在战争中离散。他在德累斯顿的一家罐头厂找到了工作,后来他又到一家书店当店员。随后,他加入了东德的难民大军,来到了西德,并找到了一份工作。赫尔曼以西德为跳板,进入了加拿大和美国,成为克格勃驻北美

---

① 参见达新主编《情报与安全概览》,北京:时事出版社 1996 年版,第 122—123 页。
② 参见[苏]奥列格·察列夫《克格勃特工在英国》,长春:吉林人民出版社 2003 年版,第 7 页。

的非法派遣特工代表。

以移民形式，合法地进入对象国。西方国家一般均有较宽容的移民政策，每年要接纳大量的境外移民，这为外国秘密人力情报机构的派遣提供了许多机会。艾德蒙·弗兰德里奇于1919年4月14日出生在维也纳，1938年8月14日作为逃避纳粹统治的难民，移居瑞士城市迪波尔德索。1968年4月16日，弗兰德里奇移民美国。然而，他之所以前往他不喜欢的美国，是因为他已经被格鲁乌招募，格鲁乌要他搜集、发现美国对苏联进行核袭击的情报。[①]

以叛逃形式，伺机打进敌人内部。《孙子·用间篇》有"死间"之说，"死间"即冒着生命危险向敌方提供假情报的我方特工，"死间者，为诳事于外，令吾间知之，而传于敌间者也"。编造虚假情况，故意泄露出去，让我方间谍知道这件事，通过他传到敌人那里，敌人必然根据假情报进行准备。当敌方发现我方的行动和假情况不一样时，我方的间谍将被杀死，所以称为"死间"。

苏联秘密人力情报机构在对对象国进行渗透时，恰当地使用了这一方法。苏联秘密人力情报人员以叛逃方式为掩护，潜入敌方营垒，获取敌方信任，随后伺机提供假情报，搅乱敌方营垒，这在苏联情报史上并不鲜见。第二次世界大战时期，苏联内务部决定派亚历山大·伊凡诺维奇·纳夫拉蒂尔洛夫（"萨沙"）以假叛逃的方式渗透德军情报机构。内务部负责人贝利亚亲自为他编撰了"伊戈尔·奥尔洛夫"的经历，并派飞机把他空投到敌后。萨沙反复向审讯官员表示，他对苏联共产主义的幻想破灭，宁愿参加弗拉索夫的叛军，来推翻苏维埃政权。结果，他取得了德军东线外军处长盖伦（Reinhard Gehlen）的信任。[②]

以假叛逃形式派遣特工打入对象国情报机构内部是一种最危险的方式，代价相当沉重。这一做法要想取得成功，执行此任务的特工必须

① 参见［美］戴维·怀斯《特工卡西迪——围绕着神经毒气的秘密间谍战》，北京：国际文化出版公司2003年版，第130—131页。
② 奥尔洛夫的经历详见［美］约瑟夫·特伦托《中央情报局秘史》，北京：时事出版社2003年版。

具有高度的政治觉悟,保证在敌营中能够与情报机构同心同德。他必须有合适的身份,恰当的履历。更重要的是,他必须向敌方情报机构提供"晋见礼",以获取敌方情报机构的信任。这种"晋见礼"通常是己方情报机构安插在敌方内部的特工名单,己方情报机构正在采取的情报行动。这些机密,不仅危及正在开展的情报行动,而且危及渗透进敌方内部的特工生命安全,这其中的利弊关系极难权衡。西方国家的情报机构很难以特工的生命为代价,但苏联秘密人力情报机构却可以不择手段。1943年,化名为伊戈尔·奥尔洛夫的"萨沙"在渗透德军情报机构的时候,就奉命出卖了 20 余名潜伏在德军内部的苏联情报员,从而获得了德军情报机构的信任。

(三)秘密人力情报工作中的用人

一个驻外情报官员最重要的任务,是在当地物色潜在的情报源,渗透对象国的政治、军事、情报、安全、科技机构。如果没有合适的情报来源,那么再能干的特工,面对总部的情报搜集指令,也会一筹莫展。如《孙子》所说:"必取于人,知敌之情者也。"克格勃章程的第一条明确指出:"为了安全地在资本主义国家进行间谍活动,要利用情报员渗透到帝国主义国家的政府和政治、科学等各种机构以及间谍中心去。派情报员渗入到国际资本主义的组织的中心去,以便获得可靠的政治军事等战略情报,获得技术和科学研究发展成果","物色、鉴别和选择潜在的间谍,并通过征召人员去完成招收工作,一直是苏联国外秘密人力情报机构的主要任务。"①

发现所需要的人,吸引和吸收他们,培养和使用他们,是秘密人力情报工作的基本内容,也称为秘密人力情报工作中的用人。这是秘密人力情报工作中的一个特殊范畴。它不包括秘密人力情报机构内部的人事工作,只是在秘密人力情报工作中运用一切可资运用的人去获取情报。这种用人完全不同于公开工作,甚至于同其他秘密工作也不尽相当。其

---

① [英]雷蒙德·帕尔默等:《无声的战争》,北京:知识出版社 1983 年版,第 63 页。

终极目的是获取情报。严格的条件和有限的范围使其具有强烈的针对性，特有的复杂性和选择的多样性、技巧性，是建设秘密人力情报组织的关键所在。

在秘密人力情报工作的用人方面，不同的国家有不同的传统，有不同的用人之道，但不外乎自愿与强迫两种。自愿方式，即情报官员运用各种因素，促使工作对象在思想上自觉或基本自觉地接受使用，为秘密人力情报机构服务。而强迫方式，则是指秘密人力情报工作者利用工作对象的某些弱点，故设圈套，以巨大的利害关系相威逼，迫使其不得不为秘密人力情报机构服务。

采用什么样的用人方法，与招募对象的特质有着密切关系。一个招募对象必须具有成为一个间谍的条件。首要条件是必须有接触情报的能力或渠道。克格勃 101 高级情报学校的教材《在美国和第三国发展美国人的实践》中规定，情报机构接触的对象包括：政府各机关的职员，能够接触政治、经济、军事、科技以及谍报、反谍报方面秘密情报者；非政府机关、团体的雇员，由于本人的工作或利益关系而能够接触……国家机密者——新闻记者、技术公司或机关的雇员、移民团体的代表、第三国秘密人力情报机构的间谍；私营企业的雇员，能够接触科技、经济机密情报者，将来极有希望被政府机关起用者。[①]

另一个成为间谍的条件是，拟招募对象具有成为间谍的动机。这些动机包括：招募对象正想寻求回报，如金钱、性、一种特定的生活方式、出国旅行、子女留学，等等；招募对象在意识形态上与本国政府对立，有报复社会的动机；招募对象与外国有某种联系，如人种、文化、宗教、语言联系；招募对象有易于屈服的性格特点，有某些不想见光的历史，如丑行、婚外情、性倒错、吸毒、酗酒；另外，寻求刺激的对象也是情报机构的猎物。

[①] 参见［美］约翰·巴伦《克格勃——苏联特务的秘密活动》，北京：生活·读书·新知三联书店 1976 年版，第 499—501 页。

　　美国中央情报局在对其特工进行情报训练时,认为人类有四大弱点可资利用。这四种弱点是:贪图金钱、思想意识上的偏差、容易妥协的性格和自私自利的本性。它把这四种缺点概括成缩写字母 MICE。所谓 MICE,实际上就是金钱(money),思想意识(ideology)和妥协(compromise)、强迫(coercion)或自私自利(ego)四个英文词的第一个字母。实际上,其他各国秘密人力情报机构也利用这些方法来招募其情报员。

　　物质利益因素。即以金钱等物质利益作为秘密人力情报工作用人因素。中国兵圣孙子提出"赏莫厚于间",强调要用高官厚禄吸引间谍,事实上也确有大量案例证明金钱在间谍招募中的作用。据统计,冷战期间发生在美国的 139 起间谍案件,有 55.4% 的美国人是出于金钱因素而充当间谍,每个间谍收取的报酬,有 17 起在 1 万美元到 10 万美元之间,有 7 起在 10 万美元到 100 万美元之间,有 4 个间谍获取的报酬竟然超过 100 万美元。中央情报局高级官员阿尔德里奇·埃姆斯(Aldrich Ames)从克格勃手中获取的报酬竟然高达 1397300 美元。

　　既然金钱有着偌大的威力,秘密人力情报机构在进行招募时,总是优先考虑被招募对象是否贪财。美国前国防部长温伯格说:"我们首先应该考虑到,总是有叛徒,总是有间谍,总是有人愿意叛国,看来,大部分动机是金钱。他们不是那种决心废除资本主义制度或干那种事的人,而是恰恰相反。"美国司法部长阿什克劳夫特则警告说:"有人为了钱,什么都可以做得出!"

　　此种招募方式以金钱开始,但金钱在整个招募过程中并不起十分重要的作用,秘密人力情报机构并不会付出太多的金钱。秘密人力情报机构会让情报员明白,他所得到的报酬,必须与他的收入水平大致相符,如果他的生活方式明显超出他的收入水平,就会引起人们的怀疑。这一后果足以打消情报员索取过多金钱的念头。其次,情报员在接受秘密人力情报机构金钱的同时,通常都会留下字据,秘密人力情报机构也可能偷偷录音录像。这些材料都将成为威胁情报员的武器。一旦情报员不听摆布,它们就会出现在他的面前。因此,秘密人力情报机构无须为此付出过高的代价。

思想意识因素。在 MICE 公式中,利用招募对象思想意识上的弱点将其招募是一种最可靠的方式。由于在思想上与本国的意识形态产生差异,从而走上叛国之路的间谍,其背叛动机最真实,其活动将是最可靠的。他已经在思想上同他的政府背道而驰,却与敌对国家完全认同,因此一经选择,就能终生无悔。对于这种间谍,秘密人力情报机构完全可以放心。因此,秘密人力情报机构总是千方百计利用本国意识形态的吸引力,以打动拟招募对象的心扉。如美国前中央情报主任艾伦·杜勒斯指出,要利用西方意识形态的吸引力,从社会主义国家内部吸收"志愿人员",为美国情报机构服务。"西方由于有了靠拢我们的志愿人员而能比较容易地穿透铁幕和竹幕,这一点现在已经不是什么秘密。这种人为数众多,因为在苏联、在赤色中国和卫星国内部,都存在着广泛的不满。越过边境投到我们这边来的难民和变节分子是其中的一部分,另外一些则依然就地呆着,以便为我们工作……他们是了解苏联内幕的最好的情报来源。"[1]他认为,在秘密人力情报工作中,利用招募对象的弱点,用控制胁迫的方式逼迫招募对象就范,是常用的手段,却不是最可靠的用人之道。真正高明的用人之道,是在情报战中攻心夺魄,占据对方的整个心灵,令其心悦诚服地为自己效劳。这才是用间的上乘境界。

苏联秘密人力情报机构在利用意识形态招募间谍方面硕果累累。十月革命成功后,苏联开动宣传机器,把它的意识形态和政治体制渲染成人类社会的样板工程,其建设共产主义的理想一度吸引了全世界的仁人志士。意识形态的吸引力为苏联秘密人力情报机构的招募活动提供了丰富的营养。第二次世界大战爆发前苏联秘密人力情报机构招募的国外情报员,主要是共产党员,或者是苏联共产主义事业的同情者。苏

---

[1] Allen W Dulles, *The Craft of Intelligence*, New York: Harper & Row, 1965, pp. 127 - 128.

联情报史上最成功的招募几乎都是由于招募对象与苏联产生了意识形态的共鸣而实现的。如佐尔格出生于一个具有革命传统的家庭,其祖父是马克思的朋友,参加过 1848 年革命。第一次世界大战后,佐尔格积极投身于德国革命。在革命的高潮期间,他走工厂,进兵营,宣传革命的道理,号召工人和士兵参加革命。革命进入低潮后,他又回到学校,大学毕业后一心一意地投身到革命洪流中去,并加入了德国共产党,积极参与建立马克思主义学习小组,培训党的地方组织干部,筹建党的地下支部。他还作为地区代表出席德国共产党第七次代表大会。1923 年下半年,莫斯科马克思主义学院院长来到德国,佐尔格在柏林和法兰克福两次与他见面,从此开始接触苏联共产党。第二年 4 月,德共第九次代表大会在法兰克福召开,联共(布)派了一个六人代表团参加大会,代表团中有苏联总参情报部(格鲁乌)四局的成员,佐尔格再次与苏联共产党接触,从此走上了情报工作之路。

苏联利用意识形态的同一性招募情报员,这一做法在 20 世纪 30 年代取得了极大的成就。其时西方正面临着严重的经济危机、政治危机,一大批中上层知识分子对资本主义社会普遍感到绝望。他们认为,资本主义社会政治腐败,经济萧条,道德沦丧,已经是日落西山,气息奄奄。刚刚诞生的正在进行社会主义工业化建设并取得斐然成就的苏联无疑在他们眼前闪现出一片耀眼的光芒。尽管这些青年学生出身富有,享受了资产阶级的物质文明,但在思想上他们却不能与本阶级产生共鸣,反而成了阶级的叛逆和共产主义信徒。

其时,共产主义在西方各个大学都很时髦。一位当时在剑桥读书的美国大学生迈克尔·斯特雷特估计:"我去剑桥的时候,社会主义社团大约有 200 名成员,但在我离开时,其成员发展到 600 名,其中大约有四分之一属于共产党基层组织的成员。"这些小组通常五人一组,小组的负责人详细了解每一个成员的思想倾向,培养他们对共产主义的兴趣,增强他们的使命感和归属观,事实上成了共产党的细胞和苏联情报机构吸收特工的中心。

20 世纪 80 年代投靠苏联秘密人力情报机构的英国政府通信总部的前特工杰弗里·普赖姆(Geoffrey A. Prime)说,他对他所读到的和听到的关于苏联的一切都非常仰慕,他感到"他们应该知道他们的通信正在被截收",他的辩护人说:"是那些不能适应社会环境的人为苏联制度所做的宣传(为普赖姆的背叛)提供了肥沃的营养土,新花样使他能披着理想主义的外衣策划背叛的勾当。"①英国安全局高级官员迈克尔·贝坦尼(Michael Bettany)通过阅读马克思主义著作了解苏联。他认为,在东西方的意识形态冲突中,苏联战友有优势,公正和正义在苏联一边。他必须尽其所能,帮助苏联。

傲慢与虚荣。英国记者查普曼·平彻在分析叛国者的动机时,曾把性格中的弱点作为一个招募条件提出。平彻认为,有些人过着欺骗成性的生活,这种欺骗通常也包含某种类型的自我欺骗,久而久之就形成一种傲慢和虚荣。他认为这是一种危险的性格特征,具备这种特征的人极易被秘密人力情报机构看中。英国学者 G. M. 威肯斯教授认为,布伦特"自私自利、聪明过人,肤浅浮夸",菲尔比、伯吉斯、麦克莱恩等人也具有一种"几乎是疯狂的傲慢性格以及一种不合人情的以欺骗为乐的习惯,更不用说他们对自己家庭背景的一种可怕的仇恨感,但同时却尽情地享受着自己的家庭为他们带来的荣华富贵"②。瑞典军官史迪克·温纳斯特洛姆在第二次世界大战末期曾因胆怯而弃机逃生,他的同事都称他为"兔子"。这个外号使他十分生气。他后来说:"我未能当上空军联队的指挥官……在这种情况下,一个人就会感到受到轻视……人家已经另眼相看了,自己已经成了一个局外人,不再有任何影响了。"后来他成为苏联总参情报部间谍,获授苏联将军军衔。瑞典反间谍机构负责人在总结温纳斯特洛姆的动机时,这样说道:"他们变成叛徒,有的是出于怕死,有的是为了钱,有的是政治犯罪,也有的出于对社会的憎恨,或出于对某个

① [英]查普曼·平彻:《叛国者》,北京:军事译文出版社 1991 年版,第 40 页。
② 杜渐:《苏联秘密警察》,北京:群众出版社 1984 年版,第 316 页。

人的爱（不一定是异性），这些都可能是导致一个人做卖国贼的原因。但同时还有另一种动机，而且常是决定性的，就是一种想被人重视，成为大人物的个人欲望。拿温纳斯特洛姆来说吧，他事业有成就，是个好父亲，没有恶癖，没有犯过政治错误……但出卖祖国的主要动机却是权迷心窍的自大狂。温纳斯特洛姆有一种自卑的变态心理，而要证明自己重要性。"①

心理学家认为，许多人犯罪是因为存在着某种"缺陷"而怀恨社会，总想伺机报复。有这种"缺陷"的涉密者，很容易被外国情报机构利用，成为其招募对象。如美军士兵罗伯特·李·约翰逊渴望出人头地，但他服役的部队似乎未能给他提供机会。他觉得受到了不公正的对待。对此他感到失望，一心想报复这支使他蒙冤的军队。如同小孩想用离家出走的方式来惩罚他的父母，约翰逊也决定逃到苏联一边来惩罚美军。他幻想着自己成为著名的叛逃分子，在莫斯科广播电台发表广播演说，谴责美国军队对他的不公正待遇。这样不仅可以满足自己的复仇愿望，也可以使自己一举成名。于是他与两个自称是怀特夫妇的克格勃人员接上了联系，从而成为克格勃在美军内部埋下的钉子。

2001年2月，美国联邦调查局宣布，该局反间谍官员罗伯特·汉森（Robert Philip Hanssen）涉嫌替苏联和俄罗斯从事间谍活动，使美国的国家安全利益蒙受了"极为惨重"的损失。美国学者艾布拉姆·舒尔斯基认为，汉森之所以充当间谍，并不仅仅是为了金钱，而是因为他身上有一种"少年般的反抗精神"，想证明自己比其他人都出色，强烈的优越感驱使他要不断证明这一点，这种心理因素可能是汉森甘冒风险的首要原因。他与阿尔德里奇·埃姆斯同一年开始间谍生涯，可埃姆斯早已落网，他却在隐藏27年后才被抓住，其隐身能力连俄国人也表示惊叹。俄国人说他有着"超凡的幽默感和剃刀一般锐利的思维能力"。舒尔斯基说，汉森之所以充当间谍，显然是某种"青春期反叛心理"在作祟，而并非

---

① 杜渐:《苏联秘密警察》,北京:群众出版社1984年版,第316页。

是强烈的赚钱欲望。他说:"当间谍的神秘和刺激迎合了他的需要,但是显得比周围人都出色的诱惑力也起到了一部分作用……联邦调查局中像他这样的人大有人在。"这种说法得到了汉森同事的证实。联邦调查局特工戴维-梅杰透露,汉森同意为俄罗斯效力,出卖美国机密情报,可能是出于"一时高智商冲动"。他说:"我能明白他是怎么想的:'我正在参加联邦调查局特工会议,他们在讨论如何捉拿间谍,如何辨别谁是(外国的)特工,而我就是他们要找的人,而且就坐在他们中间。'"梅杰还说:"这种高智商冲动可能导致汉森充当了内奸。"①

控制胁迫因素。即通过了解、发现、掌握的涉及招募对象名誉、地位的隐私或犯罪证据,作为要挟招募对象的手段,迫使其就范。在众多的陷阱中,情报机构设置的色情陷阱最为常见。此种做法苏联集团情报机构最为常用。东德国家情报局局长沃尔夫发明了一种罗密欧战略,即通过色情胁迫手段控制招募对象。西方情报界将克格勃的性间谍起名为"燕子"和"乌鸦"。实际上,招募对象的同性恋倾向也是可以被利用的因素之一。

一般来说,无论是"燕子"还是"乌鸦",其从事间谍活动的程序是完全一样的,从捕捉目标开始,到逼其就范结束。讹诈是其最常用的手段。20世纪50年代中期,克格勃曾向法国驻苏大使莫里斯·德让(Maurice Dejean)发动凌厉攻势。莫里斯·德让是戴高乐总统的密友,1955年12月被任命为法国驻苏大使。克格勃在德让的寓所安装了窃听器,德让的苏联司机及其夫人的贴身侍女都是克格勃的情报员。克格勃第二总局局长格里巴诺夫中将冒充苏联部长会议的高级官员奥列格·米哈伊洛维奇·戈尔布诺夫,出面与大使周旋。拉莉萨·克隆别尔格-索鲍列夫斯卡娅("洛拉")被选定为执行引诱德让计划的"燕子"。在洛拉的进攻面前,德让很快上了钩。②

---

① 转引自闻敏《苏联谍报70年》,北京:金城出版社2000年版,第105页。
② 详情参见[美]约翰·巴伦《克格勃——苏联特务的秘密活动》,北京:生活·读书·新知三联书店1976年版。

克格勃"乌鸦"最成功的进攻发生在西德。西德政府使用了大量的女秘书,其中许多成了克格勃"乌鸦"的猎物。1960 年,一位名叫海因兹·谢特林的克格勃特工,以摄影师的身份接近在西德外交部工作的海因茨·隆诺。两人一见钟情。谢特林要隆诺把外交部的文件带回家,为此她竟设计了一个手提包,每天把文件藏在提包的夹层里带回来,由谢特林拍照后再还回去。1966 年,谢特林的顶头上司叶夫根尼·龙格叛逃西方,供出了谢特林和海因兹。龙格说:"他们甚至复印了外交部的外交官和机关工作人员的个人档案,这为进一步引诱和讹诈这些人打下了基础。由于'诺拉'(隆诺的化名)的出色工作,我们足不出克格勃机关,就能预先知道西德反谍机关何时要对我们或东德的特工采取行动。无论外交部有何消息,只要密码到了诺拉的办公桌,我们都能得到副本。我们就是用这种办法来研究西德外交官们从国外发回的报告。通常情况是,虽然我们远在莫斯科,却比近在波恩的西德外交部长耶哈德·施罗德先读到这些文件。"[①]

作为一种畸形的性爱现象,同性恋有悠久的历史。在绝大多数情况下,同性恋都被视为一种不正常的甚至丑恶的现象。同性恋患者有一种压力感和一种罪恶感。这种心理上的弱点,很容易使他们在讹诈之下屈服。

苏联秘密人力情报机构使用同性恋招募特工有悠久的传统。第一次世界大战前,奥匈帝国的反间谍专家、军事情报局局长雷德尔(Alfred Redl)上校就因为同性恋被沙俄特工讹诈,被迫充当沙俄间谍,出卖奥匈帝国的军事机密,导致奥匈军队在第一次世界大战中惨遭败绩。在剑桥五杰(Cambridge Five)中也有一个同性恋小圈子,他们打得火热。按理说,这是违背情报工作常理的,但这个同性恋小圈子竟然存在了下来。几十年以后,布伦特在谈起伯吉斯的翩翩风度时,依然是那么神往。

色情陷阱之所以屡试不爽,其根本原因在于不正常的性爱超出了道

---

① [美]唐纳德·鲍尔:《邪恶——国际色情间谍》,北京:群众出版社 1994 年版,第 13 页。

德可以接纳的范畴,有些畸形性爱甚至已经触犯了法律。在害怕被曝光的心理驱使下,落入陷阱的招募对象除非具有超人的信心,否则除了屈服之外,没有第二条道路可以选择。克格勃叛逃者米·米亚赫科夫曾披露这样一个案例:克格勃想利用一个事先安排好的漂亮而又机灵的女人招募一位驻莫斯科的外交官。那位外交官上了钩,克格勃特工拍摄了照片。但是,当他出示照片要求外交官服从摆布时,那位外交官却说,这些照片是他有能耐的证据,克格勃可以送给包括他妻子在内的任何人,他自己也想留几张作为纪念。克格勃把这次招募行动的失败归结为西方在男女关系上的放纵。

控制胁迫虽然是一种有效的用人因素,但相比于其他因素,其缺陷是很明显的。

关于秘密人力情报工作中的用人方式,各国情报机构有不同的认识。通常情况下,利用招募对象的弱点,用控制胁迫的方式逼迫招募对象就范,并不是完全不能使用。西方情报机构在招募时往往也使用控制胁迫手段,但中央情报局高级官员维克多·马凯蒂认为:"讹诈和强迫之类的粗暴手段也可以使用,但显然并不可取。"①

与西方情报机构相比,苏联秘密人力情报机构把控制胁迫作为招募的一个重要手段,在招募时,苏联秘密人力情报机构在构筑陷阱、阴谋陷害方面,往往无所不用其极。金钱引诱、色情陷阱、阴私泄露都成为情报机构的招募利器,体现出不择手段的鲜明特点。

这种手段在招募工作中也产生过神奇的效果,一些因讹诈而屈服的间谍,也向苏联秘密人力情报机构提供了许多重要的情报,但毫无疑问,落入苏联秘密人力情报机构陷阱的间谍因为缺乏牢固的思想根基,经不起复杂环境的考验,一遇风吹草动就会变节。如克格勃通过讹诈招募的斯塔申斯基和卡洛·图米均接受过苏联秘密人力情报机构的政治教育,在工作中表现出色,但事实上他们不可能完全与情报机

---

① 转引自闻敏《苏联谍报 70 年》,北京:金城出版社 2000 年版,第 191 页。

构同心同德,一旦遇到复杂情况特别是敌对情报机构的攻心攻势,其思想防线就会土崩瓦解。而反观那些因政治思想因素为苏联秘密人力情报机构服务的特工,虽然身处逆境却从不气馁,即便是受到情报机构的怀疑而蒙受不白之冤,他们仍能坚持信仰,保守节操,在关键时刻不辱使命。两相对照,苏联秘密人力情报机构用人不择手段的缺陷昭然若揭。

实际上,一个人成为间谍的动机非常复杂,并非由某种因素单一决定,而是多种因素共同作用。如苏联在美国招募的间谍伊丽莎白·本特莉(Elizabeth Bentley)最早在罗马留学,被法西斯主义吸引,回国后她又加入了美国共产党,成为苏联特工头目戈洛斯(Jacob Golos)的情妇兼交通员,当戈洛斯去世后,她接管了苏联秘密人力情报网络。她充当间谍的动机,既有间谍生活的刺激,也受戈洛斯的个人魅力吸引。戈洛斯的去世对她的私生活产生了很大的消极影响,结果她向美国联邦调查局自首。

(四)秘密人力情报网络的布建

情报机构为能在侦察对象内部以"拉出"或"打入"的形式布建秘密人力情报工作力量开展秘密的情报活动,而秘密录用外国公民或本国公民(包括侨民)为其服务的工作即为发展间谍的工作(国际上称"招募工作")。世界上所有情报机构均将积极的高质量的发展工作视为秘密人力情报工作的重点。

发展间谍的工作按依托形式和地段观念,可分为国内发展工作(或称"区内发展")和国外发展工作(或称"外区发展")两种方式。

国内发展即情报机构依托于本国政权机器的威力和所具有的特殊职权,凭借多种形式的公开掩护,根据物色到的特定对象的有用能用条件和秘密人力情报工作的需要,对其实施发展工作,使之自觉自愿或被迫为情报机构服务。

国外发展即是对对象国家目标的渗透,也就是进入目标内部,并留在那里。这又分"打入"和"拉出"。所谓打入,即安钉子(plant),也就是利用伪造的证件，把一个秘密人力情报人员送进一个国家的机关或上层社会中去。而"拉出"则是指从敌方营垒中策反、雇用其核心人员为我所用。"如果一个情报机关不能把它自己的代理人打入一个高度机密的目标，代替的方法就是从已经在这个目标里面的工作人员中拉出一个。你可以找到这样一个对象，他是在这个目标内部，但不一定正好在能够取得你所要的情报的那个单位里，但他现在开始从事的事业最终有可能使他被这个目标所雇用。"①

国外发展工作在间谍网建设中既是重要的关键环节，又是秘密人力情报工作建设中难度较大的工作。没有成功的国外发展工作，就难于实现深入内线的情报搜集活动，也无法建立高质量的秘密人力情报组织。在国际情报界，苏联情报机构和以色列情报机构对对象国家的渗透是有名的。摩萨德的特工伊利·科恩是叙利亚总统的座上宾，可以接触叙利亚的最高国防机密。如果不是后来出现了意外，这位以色列特工差点就成了叙利亚的国防部长。另一名摩萨德特工沃尔夫冈·洛茨（Wolfgang Lotz）则成功地对埃及进行了渗透。洛茨的朋友遍布埃及的国防、情报和安全部门，埃及的军事基地对他不设防。这些都是"打入"的典型案例。

在西方情报界，这种打入的渗透间谍有一个专门称谓，那就是"菲尔比式的间谍"。金·菲尔比是 20 世纪苏联在英国发展的最著名的渗透间谍之一。他是剑桥大学学生，在学期间积极参加共产主义小组的活动。当纳粹在德国兴起之时，他敏锐地意识到，只有苏联才是法西斯主义的防洪堤，因此加入了苏联秘密人力情报机构。1936 年西班牙内战爆发，菲尔比奉命去西班牙法西斯占领区，尽可能接近要害部门，准备长期潜伏。第二次世界大战爆发后，他在《每日镜报》记者史沫特莱的推荐下，加入了秘密情报局，成为反间谍处（第五处）的成员。第二次世界大战临近尾声时，他成为第九处处长。菲尔比对英国秘密情报局的渗透使

---

① Allen W Dulles, *The Craft of Intelligence*, New York: Harper & Row, 1965, p. 61.

英国人心惊胆战,他自己也因此成了这一类间谍的代表。除菲尔比外,苏联秘密人力情报机构还渗透了英国外交部(盖伊·伯吉斯、唐纳德·麦克莱恩)、政府通信总部(约翰·凯恩克劳斯)、英国安全局(安东尼·布伦特),这些人一起组成了苏联情报史上的"剑桥五杰"。第二次世界大战结束后,苏联秘密人力情报机构对联邦德国秘密人力情报机构的渗透也有惊人的表现。1961年,德国联邦情报局反间谍处负责人海因茨·菲尔弗(Heinz Felfe)被揭露为克格勃间谍。菲尔弗生于1918年,原来是德累斯顿的一个警官,担任过党卫军的分队长,在纳粹特务组织里工作,二次大战结束后被英国情报部门招募。1950年,他被苏联特工汉斯·克莱门斯(Johannes Max Clemens)招募。不久菲尔弗在盖伦组织的反间谍三处谋到了职务,负责核对"铁幕"后面的特工发来的报告。这使得他能够接触联邦情报局和军事情报局的报告,能搞到那些被怀疑为苏联间谍、正在被调查和被监视的人员的信息。他向苏联情报机构提供了大量的机密文件,包括经手的联邦情报局的人事报告、保密会议记录和关于秘密行动的报告,总量达15000份之多。联邦情报局发展的94名情报员被他揭露。

渗透间谍不仅可以搜集情报,窃取对象国的机密,还可以通风报信,为秘密人力情报网络提供一层保护。由于地位特殊,渗透间谍往往先于其他人知道秘密人力情报网络出现漏洞的情报。在这种情况下,他可利用自身地位,当机立断地采取一些措施进行补救,以保护整个秘密人力情报网络。这种做法始于格鲁乌第二任局长别尔津。从20世纪20年代开始,他就为格鲁乌在法国的间谍活动建立了一个保护层。保护层的任务不是搜集情报,而是渗透到对象国的行政和安全机构中,为格鲁乌在当地的秘密人力情报网络提供保护,其措施一般包括为秘密人力情报网络通风报信,销毁有可能影响到秘密人力情报网络生存的档案资料,干扰外国情报与安全机构对间谍活动的调查,指引错误的调查方向,使调查误入歧途,等等。当别尔津准备将理查德·佐尔格派往东京时,有关佐尔格的档案材料在一夜之间就从德国警察局消失。法国人让·莫伊萨夫在 1920 至 1940 年间曾经十分活跃,可是他从未被情报安全部门怀疑过。l927 年,法国安全机构准备逮捕雅克·杜戈罗斯,可就在行动之前,杜戈罗斯却突然逃往苏联。[①] 这就是渗透间谍起了作用。

渗透不仅可以了解对象国情报机构的情况,了解对象国情报机构对己方间谍活动的知情程度,消除己方间谍活动中存在的隐患,为进一步的行动指引方向,还可以借职务之便,确定有利于己的政策。如克格勃曾在 20 世纪 50 年代招募了法国人埃尔尼(Charles Hernu),并出资帮助他进入法国政坛。80 年代社会党在法国执政,与密特朗关系密切的埃尔尼加入政府,成为法国国防部长。这期间埃尔尼是否向苏联秘密人力情报机构提供了机密情报,是否利用职务之便制定有利于苏联的政策,就不得而知了。

值得指出的是,中共的红色特工在打入方面成就卓著。"前三杰"、"后三杰"都是渗透的典型。钱壮飞、李克农和熊向晖的成就绝不在菲尔比之下。他们的卓越情报工作,不仅向中共最高统帅部提供了大量的军事情报,从而使中共在内战中赢得先机,同时也使隐蔽在敌占区的红色机关转危为安。

"打入"多是派我方间谍潜进敌营,这种做法难度极大,危险性极大,对间谍的要求极高,因此,西方情报界一般不容易做到。他们更愿意从敌对营垒里发展一个,成为情报员,这种做法叫"拉出"。

拉出是间谍活动中的一种高级谋略。它通过深入敌方内部,采用政治影响、物质引诱、色情陷阱、栽赃陷害等种种计谋,秘密进行策动,使敌方的间谍或工作人员背叛自己的主子,为自己所用。在中国兵书经典《孙子兵法》中,这一手段被称为"反间"。

在现代间谍活动中,拉出既是招募情报员的高级手段,也是反间谍斗争中清除间谍的有效途径,更是对敌对国家进行渗透的一种高级形

---

① 参见[法]皮埃尔·德维勒马斯、[美]吉特福·迪哈科夫《格鲁乌——苏军情报部内幕披露》,北京:华夏出版社 1990 年版,第 90 页。

式。拉出与打入手段不同,但目标却是一致的,即最终实现对对象国政府和情报机构的渗透。无论是潜进对象国政府和情报机构内部的派遣特工,还是从对象国政府和情报机构内部招募的情报员,他们都是秘密人力情报机构安插在对象国家机要部门的坐探,窥视着对象国的一举一动,随时将机密情报向国内报告。其目标不仅仅限于窃密,还通过对对象国、目标地区或目标部门的核心人物的接近,来对一些重大的事件施加政治影响,以便控制形势,或者进行颠覆、破坏、演变。

相对而言,西方情报机构在拉出方面收益更大。许多苏联情报机构的特工,经不起物质诱惑和意识形态的吸引,成为苏联意识形态的叛徒。他们在改换门庭后,向西方情报机构提供了大量的机密情报,从而使苏联在国际竞争中处于不利的局面。

1961 年,代号为"斯尼珀"(SNIPER)的米哈伊尔·戈列涅夫斯基(Michael Goleniewski)叛逃美国。此人是波兰军事情报部的副部长。在叛逃前几个月,他把几百份事先拍下来的文件藏在每天晚上下班回家时路过的一棵大树的树洞里,这里面包括波兰在西方国家活动的间谍名单及波军情报部的组织编制表,中央情报局称戈列涅夫斯基是"美国有史以来所拥有的最佳叛逃者"。

差不多与斯尼珀同时,一位格鲁乌高级官员奥列格·潘可夫斯基(Oleg Penkovsky)也与英国情报机构接上了联络。在短短的两年时间里,潘可夫斯基向英美情报机构提供了大量的机密情报,从而使美国在古巴导弹危机中占了上风。他被称为现实中几乎不存在的理想间谍。20 世纪 80 年代,克格勃 T 局的高级特工维托洛夫(Vladimir Vetrov)主动与法国情报机构接触,T 局安插在苏联驻外大使馆中的特工几乎全面暴露。

1987 年 6 月,古巴驻捷克斯洛伐克大使馆参赞叛逃美国,要求政治避难。作为交换,他列出了渗透西方情报机构的 350 名古巴间谍的名字。他们利用美国人蔑视拉美人的种族主义观念,成功地打入美国中央情报局,时间长达 13 年之久。美国中央情报局在古巴辛辛苦苦的情报工作被证明是无用功。

（五）情报员的招募

《孙子·用间》说："必取于人，知敌之情者也。"发现所需要的人，吸引和吸收他们，培养和使用他们，从而组织和指挥他们实施秘密人力情报工作，这种物色、吸收和使用各种秘密人力情报人员的工作，就是组建秘密人力情报组织的基本内容。没有秘密人力情报人员打入敌方的政府、军队和技术中心，任何真正的问题都解决不了。[①] 在对象国物色、招募情报员以获取机密情报，是驻外秘密人力情报机构的首要任务，也是秘密人力情报行动成功的关键。

情报官在从事间谍活动时，要根据拟招募对象的不同类型，采用不同的手法，以达到对症下药的目的。克格勃手册指出，正确无误地确定拟招募对象充当间谍的动机对于招募工作十分重要。为此，周密的调查和详细的档案是不可或缺的。通过调查，情报机构可以掌握一个对象的主要特点，特别是发现他有哪些弱点可资利用，并制定相应的进攻措施。

通常情况下，对不同的对象，情报官会使用不同的方法，如开门见山、迂回接触、不请自来等。

开门见山。秘密人力情报机构使用突击方法招募情报员，这种方式被称为"开门见山"。在对拟招募对象进行一番研究后，找到其可资利用的弱点，即可对症下药，提出招募要求。如果拟招募对象在政治思想与意识形态方面与外国情报机构高度一致，或其有把柄抓在外国情报机构手中，这种方法即可使用。前者因为其政治思想与其本国的意识形态严重背离，即使外国情报机构没有发现他，他也会主动与外国情报机构接触。因此驻外特工与他们的接触就无须拐弯抹角，而可以使用开门见山的方法。如苏联情报机构在美国招募的原子弹间谍大多属于此列，著名的红色间谍佐尔格也属此列。后者则由于招募对象有把柄捏在外国情报机构手里，情报机构不担心他不就范，除非他愿意身败名裂。

克格勃在东德曾用此种方法招募了一名代号为 N 的妇女。N 是联

---

① 参见 Viktor Suvorov, *Soviet Military Intelligence*, London：Grafton Books，1986，p. 139。

邦德国人,常到东德的巴特格林瓦尔德探亲。一个克格勃特工借"偶然的机会"结识了她,两人建立了带点浪漫色彩的关系。此时,另一位克格勃特工出场了。他借口 N 的名字比较拗口,希望能称她为"玛丽亚"。有一次,他以朋友的名义向 N 转交了一件贵重礼品,要她写张收条,向他表示感谢。N 写下了如下的收条:"感谢你送来的珍贵礼物。我很高兴,玛丽亚。"这看起来很像是一名化名叫"玛丽亚"的特务在收到一笔报酬后写的收条,克格勃决定利用它来讹诈 N。几天之后,克格勃特工拿着收条亲自登门拜访 N。他开门见山,说自己是克格勃雇员,希望她能够合作,克格勃会付给她优厚的报酬。面对白纸黑字,N 迟疑了许久,但最终还是答应了他的要求。

突击招募不需要迂回接触,培养感情,只需要双方有相同的思想意识,或者招募者掌握一定令拟招募对象害怕的材料,就可以单刀直入,直接提出招募要求。对方开始时可能不肯就范,此时讹诈的材料就可能发生作用。如果拟招募对象确实有机可乘,此种突击招募方法往往可以成功。

迂回接触。又称渐进式招募,即通过感情投资,逐渐打动招募对象,从而达到招募目的。秘密人力情报机构在招募情报员时广泛使用金钱手段,但它也明白,钱并不是万能的。许多情况下,过多的金钱会引起招募对象的警觉,最终吓跑招募对象,从而使招募失败。而通过迂回接触的方式,与招募对象慢慢接触,逐步架起连接双方感情的桥梁,反而能使招募水到渠成。这种通过感情投资迂回接触的方式,虽然不像金钱因素那样立竿见影,也不及政治思想因素那么深刻,但比金钱因素深入、稳定,比政治思想因素更具备普遍性,因此被秘密人力情报机构(尤其是苏联秘密人力情报机构)广泛使用。苏联特工曾用这种方法,招募了美国国务院的埃米莉小姐,因此,通过这种方式被招募的间谍,被称为埃米莉式的间谍。

打着假旗号(false flag)招募。即对招募对象谎称自己是在为某个国家秘密人力情报机构或某个企业服务,从而掩盖自己的真正身份。这种方法为苏联秘密人力情报机构的非法掩护特工广泛使用。例如,在日本,苏联特工会以美国工业间谍的面目出现;在北爱尔兰,他可能冒充爱尔兰共和军的支持者;在中东,他可能会以反犹太分子的面目出现。他们请求对方提供帮助,如果对方不能提供这种帮助,也请保守机密,不要让别人知道曾经来找过他的事情。

前东德国家安全部曾用这种方法招募了联邦德国外交部秘书赫尔加·贝尔格。1966 年 3 月,赫尔加结识了一位名叫彼得·克劳斯的男子。两人的关系迅速升温,不久就到了谈婚论嫁的程度。由于彼得对自己的生活来源守口如瓶,这使赫尔加的父亲对这位自称没有地位但又挥金如土的求婚者产生了疑问。他请私人密探对彼得进行侦察,发现他用的是假名。赫尔加要求彼得·克劳斯作出解释。彼得不得不透露"真情":他是英国秘密情报局的特工,任务是了解西德能否信赖,波恩政府在同苏联人的关系问题上是否要两面伎俩。彼得袒露"真情"后,就逼迫赫尔加立即作出抉择:要么就此分手,要么成为一个英国间谍的夫人,并协助丈夫工作。赫尔加舍不得同心上人断绝关系,因此毫不犹豫地在一份由东柏林伪造工厂制作的、印有英国徽章标记的表格上签了字,以为自己从此加入了英国秘密情报局,并为能加入一个传奇式的情报机构而感到骄傲,大量的情报被她传给彼得。直到最后一刻,她还以为自己是在替英国秘密情报局效劳。

对毛遂自荐者(walker-in)的招募。情报机构各驻外站经常会遇到这种情景:一个深入对象国政府和情报机构内部,掌握了大量机密的人,声称要为你服务。中央情报局把这种毛遂自荐者称为"米基"式间谍。接待"米基"式间谍是秘密人力情报机构各驻外站的重要任务。如在古巴导弹危机中发挥重要作用的西方间谍奥列格·潘可夫斯基就是一个典型。他多次试图与西方情报机构取得联系,但都被当作是克格勃设置的陷阱。但他最后被英国秘密情报局接纳,成为情报史上西方情报机构经营的最重要的间谍。根据他提供的情报,美国在古巴导弹危机中占了苏联的上风。潘可夫斯基因此被称为现实中"几乎不存在的理想间谍"[1]。

---

① [英]菲利普·奈特利《谍海风云》,北京:军事译文出版社 1988 年版,第 346 页。

除了这些走进大使馆的间谍外,还有一些间谍是通过写信与外国情报机构取得联系的。例如,波兰情报机构的库克林斯基、联邦调查局的汉森,都是通过书信与国外秘密人力情报机构联系的。汉森的控制人甚至不知道他叫什么名字。

秘密人力情报机构在接待这些不速之客方面有着严格规定。它固然希望这些不速之客确实是天上掉下来的馅饼,但更担心这是外国情报机构设下的陷阱。克格勃的《在美国和第三国中吸引美国人的实践》明确指出,美国联邦调查局经常派一名访问者访问苏联驻外机构,表示愿意提供它所感兴趣的材料,伺机打入苏联驻外机构。[①] 因此,对这些不速之客,苏联情报机构会保持高度警惕。除非来人是明显的神经不正常,他们一般都会不加评论地倾听他的陈述,记下他可能提供的情报,确定他的职业和接触机密的程度,以便搜集材料对他进行调查。在初次会见时,克格勃也许会给他一笔钱补偿他的车费开支,但是为数有限。如果上级没有命令,当地的克格勃军官将不再插手此事。事实证明,这种接待模式是行之有效的,它既避免了过严的审查把可能的送上门来的间谍拒之门外,也防止因轻易的许诺而落入对方反间谍机构的陷阱,造成自身工作的被动,危及情报站的安全。

(六) 间谍活动类型

美国中央情报局前局长艾伦·杜勒斯说:"间谍活动的基本问题就是找门路。必须有什么人或者什么办法能够尽量接近一件事物、一个地方或者一个人,以观察或发现所需要的真实情况,而又不至于引起保卫部门的注意。"[②]秘密人力情报机构的使命和最终目的在于获取情报,这也是评价秘密人力情报组织效能的根本标准。

通过现场观察以获取情报。观察是获取情报的方法之一。不管是有合法身份掩护的特工,还是只具有非法身份掩护的渗透者,都可以使

---

① 参见[美]约翰·巴伦《克格勃——苏联特务的秘密活动》,北京:生活·读书·新知三联书店1976年版,第516页。
② 参见[美]艾伦·杜勒斯《情报术》,北京:群众出版社1981年版,第27页。

用观察这一获取情报的基本方法。他们以社会化身份掩护为依托,对侦察目标实施抵近观察、拍照,以直接掌握侦察目标的设置、配置和内部人员动向、武器装备情况。例如,武官作为国家武装力量的代表,往往可以参加驻在国军方为武官安排的一些与军事有关的活动,如参观部队、军事院校、军工厂、军事演习、军事技术表演、射击比赛,参加军事院校的毕业典礼等。这是武官进行直接观察获取情报的很好时机,可以了解驻在国军队的武器装备、战术技术、训练质量、官兵士气等。在征得驻在国允许的情况下,武官也可有目的地外出旅行,能了解到驻在国各地的地理环境、交通运输、风土人情等情况,得到一些实际的感受。只要留意,就能见微知著,特别是在驻在国将发生重大事件、政局比较动荡或者战争临近的时刻。某些场合,如驻在国社会上发生骚乱,武官不宜或不便去现场,可视情况派其他人员出去观察了解。珍珠港事件发生前半年,日本间谍吉川猛夫以日本驻檀香山总领事馆书记员的身份为掩护,每天抵近珍珠港进行侦察。他为日本海军提供了大量有价值的情报,其中包括:美军在不同日子的舰艇停泊情况和活动情况,珍珠港美军飞机的机种和数目,珍珠港的防空设施等,为日军的偷袭成功立下头功。在1962年10月古巴导弹危机期间,苏联驻外机构的一项重要任务就是观察白宫和五角大楼的作息情况,从而确定危机的紧张程度。

　　通过搜集公开资料获取情报。在人们心目中,像克格勃和格鲁乌这样的绝密情报机构,一定是通过秘密手段获取情报。但实际上,秘密人力情报机构的绝大部分情报资料,并非来源于秘密手段,而来源于公开资料的收集。据美国联邦调查局估计,苏联的情报资料有90%是通过公开来源获取的。在像美国这样开放的西方国家,公开来源的情报资料几乎是唾手可得。波兰叛逃者、波兰驻美陆军武官鲍威尔·莫纳特曾这样表示:"我发现美国是外国间谍们最喜欢的国家。"海阔天空的漫谈、包罗万象的出版物,都包含了大量的情报信息。①

① [美]艾伦·杜勒斯:《情报术》,北京:群众出版社1981年版,第24页。

在华盛顿的一位克格勃特工,把阅读《纽约时报》、《华盛顿邮报》、《巴尔的摩太阳报》、《华尔街日报》、《新闻周刊》、《时代周刊》和《经济学家》作为一天的开始。从这些报刊上,他可以发现许多与国防有关的资料,如有关削减战略武器的谈判、美国的国防开支、反卫星导弹和快速部署部队的发展。从公开途径获取政治或外交关系方面的情报更为容易。美国与它的北约盟国的关系、美国的中东政策或中美关系,都是美国媒体高度关注的话题。许多专栏作家具有苏联特工一般不可能接触的情报渠道,包括接触国内政治运动阵线的日常事件,与军事部署、军事战略及未来计划有关的内部情报。在一些专栏里,记者常常详细描写行政官员对一些关键问题的想法。1940 年,美国和英国科学家关于核反应堆的讨论,引起了苏联内务人民委员会科技部负责人列昂尼德·科瓦斯尼科夫的注意,他立即提醒内务部各驻外站注意铀研究方面的情况。[①] 随后,苏联的原子弹研究被提上了议事日程。

秘密人力情报机构不仅可以通过公开手段来搜集政治、军事和经济情报,还以此为基础,为其招募活动做准备。比方说,从电话号码簿可以确定军事和情报机构各级领导人的情况,这在招募活动中非常有利。克格勃特工经常通过投石问路的方式开始其招募活动,即向情报来源索取非机密材料,并试图与之建立经济联系。一旦对方上钩,他就会利用这种关系向对方施加压力,迫使其进一步提供材料,直到完成招募。

窃听。即通过技术装备暗中偷听对方的谈话、会议、电话等内容。它是获取情报的一种重要手段。窃听属技术侦察范畴。随着科学技术的发展,窃听的手段五花八门,有普通的电话窃,也有专线窃听、数据窃听、微波窃听、激光窃听。20 世纪 40 年代,苏联情报机构对美国驻苏联大使馆进行了一项窃听行动,一个构思精巧的窃听器被放到了美国驻苏联大使哈里曼的房间里。这一行动持续了八年,成为苏联特工多年来引以为荣的惊世之举,也是情报史上屈指可数的经典之作。1985 年,美国

---

① 参见[美]理查德·罗兹《瓶中之蝎》上卷,呼和浩特:内蒙古人民出版社 1997 年版,第 38 页。

在其驻苏大使馆的 12 部电传打字机上发现苏联情报机构安装的一种特殊电子装置,使馆电文在发往美国的同时也被苏方截收。

窃取。也称密取。即情报机构以"打入"或"拉出"的方式,秘密伸入至侦察目标内部,在对方尚未察觉的情况下,用人工或技术手段窃取机密原件的活动。

窃取必须建立在渗透的基础之上。情报机构必须围绕侦察目标,建立起一个秘密人力情报网络,然后伺机窃取。它主要通过渗透进对象国政府内部能够接触机密的情报员进行。第二次世界大战时期,苏联在美国、加拿大和英国建立了一个庞大的原子弹情报网络,窃取了美国"曼哈顿工程"的全部计划、技术资料和铀-235 样品。20 世纪 60 年代初,苏联驻法使馆的秘密人力情报人员,通过打入北约组织美军信使中心充任警卫的罗伯特·李·约翰逊,窃取美国在欧洲存放的核心军事机密和外交机密,一伙专程从莫斯科赶来的克格勃技术人员负责在一小时内,启开信封的封印,将里面的文件拍照,然后不留痕迹地封好,再由约翰逊送回原处。对克格勃来说,从保密室弄来的文件具有无法估量的价值,得到这些文件就等于出席了美国最高决策会议,而且还作了记录。通过窃取,苏联能够确切了解它所面对的敌人的实力和可资利用的弱点。

情报机构不仅窃取机密情报资料,还盗取新型武器和尖端产品的实物样品。1967 年 10 月 7 日,苏联秘密人力情报人员从法国某空军基地盗窃了一枚"响尾蛇"空对空导弹。1973 年,苏联驻联邦德国使馆空军武官出席巴黎航空展览会,竟然在光天化日之下偷窃飞机导航仪的一个重要部件,结果被当场抓获,成为外交界的一件丑闻。苏联驻北京使馆的秘密人力情报人员,深夜外出偷走北京市内的邮箱,企图从我公民通信中获取我内部机密情报。

金钱收买。即用最少的代价,从主动上钩的掌握机密情报者手中获得机密情报。第二次世界大战期间,英国驻土耳其大使侍从伊列萨·巴兹纳(Elyesa Bazna,代号为"西塞罗",Cicero),秘密窃取英国驻土耳其使馆核心机密,然后出卖给德国情报机关。1977 年,美国人克里斯多夫·

博伊斯(Christopher John Boyce)与其好友多尔顿·李(Andrew Daulton Lee)合谋,利用其在伍尔德里奇公司密码室任保密员的职业便利窃取机密,在18个月的时间里,向苏联情报机构出卖机密情报。

刺探套取。刺探套取也称做情报不谈情报,是一种高水平的情报搜集方式。秘密人力情报人员以社会化公开合法掩护身份为依托,通过社会交友活动,以感情友谊拉拢做诱饵,运用有预谋的交谈方式,在顺乎自然的交谈中,引诱对象不自觉地主动谈出其所了解、掌握的机密情报。这种手段多用于搜集动向性机密情报。刺探套取所获取的情报价值高低,主要取决于刺探对象的自身情报价值,即身份、地位和职务的高低及接触机密的条件。刺探套取搜集情报的效能取决于间谍的社会交际技能和情报素养的高低。第二次世界大战初期,美国驻柏林商务外交官伍兹,在德方举行的宴会上,从与之交谈的德国高级军官口中得知了德国即将发动对苏联的全面进攻的重要战略情报。

走私。即通过商业手段,秘密雇用外国商人,避开侦察对象国禁止出口的检查机构,以转口贸易形式秘密收购先进国家的尖端技术资料和设备,实施迂回秘密引进。高科技情报搜集活动可以快速缩短与发达国家的科技差距,因而在秘密人力情报工作中的地位日趋重要。例如,苏联通过走私活动,迅速提高了苏联的科技水平。20世纪80年代苏联曾试图获取美国VAX11/782计算机系统,这套系统对生产军用电话的集成电路和生产能够用于改进飞机、导弹,以及弹头的瞄准和系统的集成电路硅片至关重要,苏联秘密人力情报机构通过设在南非的掩护公司订货,这批货物在1983年11月在瑞典被查获。

(七) 秘密人力情报工作中的交通联络

交通联络是秘密人力情报工作中一个非常重要的环节,其主要任务是传达、沟通、传递、输送和及时上报情报。它是情报机构与驻外站之间、情报员与情报官以及情报网各成员之间的联系纽带,没有交通联络,则情报官与情报员之间、情报官与情报站之间,情报指令无法下达,情报经费和情报器材无法传递,获取的情报也无法及时传回,相互隔绝的秘密人力情报组织和成员之间就失去了存在的意义。因此，交通联络是秘密人力情报工作的生命线。许多秘密人力情报网络败露，正是由于在交通联络上出了问题。20世纪20年代初期，苏联秘密人力情报机构在英国的间谍活动屡屡暴露，其主要原因就在于英国政府密码学校破译了苏联秘密人力情报机构的密码。

间谍活动中的交通联络分接触式联络和非接触式联络。接触式联络是驻外机构与总部代表、驻外特工与秘密人力情报网络成员、秘密人力情报网络成员之间的联络。在秘密人力情报网络刚刚组建，驻外特工开始物色、考察、培养、招募工作的时候，接触式联络是不可避免的。有时，总部也会派代表到国外考察非法掩护特工的工作，布置新的任务。

通常，碰头计划由驻外情报站准备，送总部批准。最后的布置方案以命令的形式出现，由秘密人力情报机构负责人签署。有经验的特工常常会收到一份今后半年、一年甚至长达五年的会面计划。

所有的细节问题都在事先安排完毕。会面的地点主要是咖啡馆、电影院、饭店、夜总会或公园，这些场所通常不被反情报部门重视，或者反情报部门无力关注。相应地，犯罪分子经常出没的场所，如市区、火车站、警察局、飞机场以及其他戒备森严的地区，则是会面时要竭力避免的。苏联秘密人力情报机构还规定，所有传递文件的会晤必须在大街上或者在公共场所进行。如果在规定的时间内不能赴会，秘密人力情报机构事先也安排了替代会面，如在下一个星期在某一个事先安排好的地点会面，依次顺延，直到完成会面。

接触式联络容易遭到反情报机构监控，除非迫不得已，秘密人力情报机构不安排接触式联络。有经验的特工往往数年时间见不到自己的控制人。有时，为了保证安全，苏联秘密人力情报机构会把会面安排在第三国或苏联本国进行。如克格勃与美国国家安全局前雇员罗纳德·佩尔顿（Ronald Pelton）的会面安排在维也纳进行，它与美国中央情报局前雇员爱德华·霍华德（Edward Lee Howard）的会面也是安排在欧洲进行，它与埃姆斯的会面则安排在墨西哥城进行。克格勃甚至把加拿大间谍休·汉布尔顿（Hugh Hambleton）从欧洲偷运到莫斯科，与克格勃主席安德罗波夫会面。

交通员。接触式交通的一种。在情报官与情报员之间有一种服务性的特工，称为交通员，其任务在情报员同情报官之间传递信件。如原子弹间谍网成员朱利叶斯·罗森堡（Julius Rosenberg）和哈里·戈尔德（Harry Gold）并没有情报来源，但分别负责与戴维·格林格拉斯（David Greenglass）和克劳斯·富克斯（Klaus Fuchs）的联络任务，从这两个人手中接收情报，然后把情报交给情报站的负责人。另一位女间谍伊丽莎白·本特莉也充任过交通员。

交通员与情报员接头时通常要使用暗语。一本克格勃手册是这样规定的："暗语和应答暗语两者都含有特定的词汇和片语，特定的词汇可以是博物馆、影剧院、图书馆或纪念馆的名字，也可以是电影、书籍、报纸、杂志的名称，在识别性会晤中，当识别用的标记、暗号和应答信号在使用时出现误差时，情报官员最要紧的是充分利用机会，掌握主动，善于随机应变和发挥其创造性，必须最大限度地考虑当地的环境并能够独创性地解决他所面临的问题。"如原子间谍克劳斯·富克斯与戈尔德的联系就在大街上进行，约定的方式是：富克斯拿着一个网球，而戈尔德带着手套和一本书。戈尔德与格林格拉斯的会面是这样的：戈尔德带着一包分开的果冻作为标记，格林格拉斯的妻子露丝则拿着另一半果冻作接头暗号，接头暗语则是："我是从朱利叶斯那里来的。"

通过交通员联络风险很大。一个交通员定期出现在情报员身边，这样的接触很容易引起人们的注意。即使他们十分小心，也会留下痕迹。如戈尔德穿行于富克斯与情报官亚茨可夫之间，他和富克斯一起吃过饭，聊过天。富克斯告诉戈尔德他在马萨诸塞州坎布里奇有一个妹妹，后来戈尔德还去拜访过她。这样，两人就违背了秘密人力情报工作的准则。后来，富克斯从联邦调查局提供的一叠照片中，认出了与他接头的"雷蒙德"（戈尔德）。

由于接触式交通的不安全性，秘密人力情报机构更青睐非接触式交通,即借助一定的技术工具进行联络。

　　密写术。密写术是一种常见的联络方法。它把情报隐藏在特定媒介中,然后再传送出去,其历史可以追溯到公元前440年前的古罗马时期。当时,机密内容多写在剃光头发的信使脑袋上,等信使头发长出来后,便带着情报上路,以防机密内容曝光。也有用笔沾橘子汁或醋写在白纸上的。对方收到后以火烤信,那些有机物质即会碳化变色,内容便显现出来。一部名为《啸虹笔记》的书中记载过这样一件事:金国的中都被围困时,宰相完颜承晖以矾写奏章告急。为防中途泄密,完颜承晖使用了密写术。其制法为:将矾、胶与铁钉共煮,然后以新笔蘸此水写在白纸上,乍看之下,了无痕迹,但只要将墨涂在纸背,纸面上的字便跃然而显。

　　早期密写液的主要问题是,书写者看不见自己刚写完的内容,墨迹干了以后字迹也就消失了,必须借助显影液才能显示出来。同时,用笔书写的痕迹依然会留下,携带特别密写液本身就可能带来危险。

　　20世纪80年代,秘密情报局与军情五局发明了无影拷贝方法。一名技术人员在显影一份从苏联发来的普通密件时,发现除了密写内容外,一些显然是另一个人书写的倒写的俄文字母也逐渐显现出来。这是一份来自基辅的地址。原来,当情报员将信投进信箱的时候,信封的背面压在了另一封信的表面,沾上了其书写地址的油墨。这种油墨中可能含有某种看不见的化学物质。技术人员断定,在基辅的商店里一定可以买到这种笔。如果能找到这种笔,那么它就能成为一种无比优越而又简单的密写替代工具。秘密情报局随即在全球范围内对该笔的来源进行搜寻,然后由技术人员对这些笔进行测试。他们用笔写上几行字,将白纸压在表面,然后再借助显影液对白纸显影。几个星期后他们终于发现,这种笔就是彭特尔圆珠笔。

　　使用无影拷贝技术有两个优点:其一,情报官或情报员在拷贝之前可以从容不迫地检查自己所写的内容;其二,由于使用的是市场上可以买到的普通笔,即便给发现,也不会给使用者带来危险。因此,秘密情报局将其视为一项重大发现,列为高度机密,只有秘密情报局的情报官和少数几名被秘密情报局高度信任的情报员才使用这种密写技术,连它的美国盟友中央情报局也不能共享。

电话联络。通常认为电话是一种不可靠的联络工具,它很容易遭到窃听,但在许多情况下,情报官与情报员依然要通过电话进行联络。伊丽莎白·本特莉在法庭作证说,有一个叫"朱利叶斯"的人总是在半夜过后给她打电话,每次开头总是说:"我是朱利叶斯",通话时间极短,一般不会暴露通话者的身份。当本特莉的身份被公开后,朱利叶斯·罗森堡还告诉另一个联系人莫顿·索贝尔(Morton Sobell)说不会出事,因为本特莉不知道他是谁。克格勃的法国情报员乔治·帕克(George Paques)在每次会面前,都要打电话给苏联大使馆,说:"我是朱利安,想找瓦戈。"而接线员则会告诉他:"你打错了,先生,这是苏联大使馆。"要求会见的信号就发出去了。当天晚上,帕克从家里出来,就会见到他的联系人。如果他擤鼻涕,就说明一切顺利,但接头仍要到夜间才进行。

死信箱(Dead Drop or Dead Letter Box,DLB)。即无人交接点。它是情报员传递情报、接受指示、领取奖赏的手段。每个情报员都要选择合适的地点作为死信箱,每个死信箱的位置不能轻易被其他人发现,但又要能让自己人容易找到。从安全角度考虑,每个死信箱可能只使用一次。

死信箱可以分为三种情况:固定的、可携的、活动的。

固定的无人交接点通常是某个被挑选出来或经过特别处理的隐蔽处,如大树、地面、栅栏、公共座椅、墓碑,等等。阿尔德里奇·埃姆斯使用的无人交接点是一个垃圾箱。纽约州一个叫托瓦克的小村曾被鲁道夫·赫尔曼与克格勃用作联系地点。罗伯特·汉森使用的无人交接点通常是在华盛顿郊区的森林里。汉森规定了接头的办法:"我给你的暗号是在路标的侧面直贴白色胶带,表示我已经准备好可以取的包裹","你给我的暗号是:横贴白色胶带,表示东西已经放好","我再给你的暗号是:直贴白色胶带,表示东西已经收到了。"①

可携的无人交接点是一个容器,这个容器要能放在废弃物中,你可以清楚地看到它,但又不会对它产生兴趣,如空铁罐、空盒子、空桶等废弃物,特制的容器如空心木材、石头、砖、陶器、水泥制件、塑料制品。菲舍尔与其助手海罕南(Reino Häyhänen)之间的联系是通过一个空心镍币进行的。

活动的无人交接点通常是在汽车、飞机、地铁、火车甚至送货卡车上的某个不为人知的地方。东德国家安全部在比利时招募的瑞士籍化学技师吉恩·保罗·索珀特就特别喜欢使用活动的无人交接点。他把窃取的文件制成缩微胶卷,隐藏在诸如牙膏一类的日用品中,再把它们放在一大块沐浴用的海绵里,随后他在比利时首都布鲁塞尔登上夜间快车,把海绵藏在一等车厢盥洗室的格栅后面,在科隆下车后返回布鲁塞尔。他在自动售货机上用蜡笔做一个标记,并在废纸盒中放一张卡拉里牌巧克力条的包装纸,用以示意交接点正在使用。当火车到达东柏林时,海绵中装有缩微胶卷的物品就被接件人取走。

一般说来,提供给一个情报员使用的无人交接点会有六个或更多,每一个点都必须按照约定好的方法去使用而不得变更。使用的程序是这样的:当情报员在无人交接点放入东西后,他就以某种方法发出信号,如在一个建筑物上做个粉笔记号,一个或两个小时后,他将在指定的地方去找一种信号,表示无人交接点已空。

网络时代的信息传递方便迅速,但是大多数国家都对敏感邮箱进行监控。为逃避这种监控,情报员和情报官可以设置一个秘密邮箱,并在邮箱里留下文件但并不发送。另一个人则使用相同的用户名和密码登录邮箱,从而完成情报的传递。这种共用邮箱实际上构成了一种死信箱。

报纸广告。报纸的广告栏也经常被用作情报官与情报员之间的联

---

① "汉森:美俄双重间谍千面人"。http://www.china.com.cn/chinese/HIAW/22440.htm.

络手段。罗伯特·汉森要求苏联官员在需要情报时就在《华盛顿邮报》刊登一则修车广告,内容为:"道奇汽车1971年出厂,外交家系列,需作引擎维修。有兴趣者请于下周一、三或五下午电话联络"。看到广告后,克格勃就可与汉森在约定的时间进行电话联络,在联络时双方还需说出暗语,汉森会在电话中自称是"拉蒙",而对方则要说:"对不起,那卖车的人不在,请你留下电话号码。"汉森还自编了一套密码系统:在通信中,涉及到年、月、日等数目字时,要加上6。比方说,2月10日会写成8月16日,而傍晚六时便会变成凌晨零时。

信件。情报官与其情报员之间也可以通过秘密信函联系。所谓秘密信函,就是利用明文书信函件隐蔽秘密通信内容,过去多以信函方式通过邮政传递,也可以托人、派人专程传递。随着通信事业的发展,现代电报、电传、传真等业务交往中也可以用密函形式隐蔽传递情报。这是交通联络中最古老、最经济、最常用的一种方法。传递的信函可以是一张明信片,也可以是一本目录册,或者是直接邮寄来的广告。

直观阅读的或观察到的明文文字或数据、图像称为伪文或伪函。通过双方约定的规则才能从伪文中找出所传送的秘密情报内容。如取每句第一个或最后一个字,或者,双方按一张同样开了窗口的纸,在漏空处填写情报内容而在其他地方填写掩护文字,等等。信函中的秘密内容不直接用文字表达,而是用约定好的暗语、暗示或行话表示。在收到信号的一定天数后,情报员要在规定的时间内带着特定的身份证明,如某本杂志、一张报纸、一个小包,到指定地方去接头。克格勃邮寄一本胡佛真空吸尘器的广告册给波特兰情报网的哈里·霍顿(Harry Houghton),在收到小册子后,霍顿必须在指定时间到指定地点接头。但霍顿两次都爽约,结果被克格勃特工痛殴一顿。

通过邮政渠道传递的情报通常会使用密写、微点等方式保密。英国军情五局在朗斯代尔的包裹里就查到了一架专门用于拍摄文件的微型照相机"普拉克捷娜"和一本《英文打字教程》。作为一个成功的西方商人,朗斯代尔当然不需要专门学习打字。凭经验,军情五局资深特工彼得·赖特认定,这是一本同密写有关的书。波特兰秘密人力情报网络的重要成员莫里斯·科恩(化名克罗格,Peter Kroger&Helen Kroger)以书店为掩护,为秘密人力情报网络与莫斯科总部建立了联络关系。他也经常向外地寄书,但有些书经过重新装订,里面藏有机密情报。即使你怀疑他在邮寄情报,你也只能在他的书上寻找微点,把书的内容横读、竖读,不大可能把书拆开,警察的无线电测向仪也就根本没有用武之地。朗斯代尔获取的情报就这样通过克罗格先生的书寄回苏联。

外交邮袋也是秘密人力情报机构用来联络的一种手段。法国国外情报暨反间谍局第七处曾通过窃取外交邮袋来获取情报。每天,从巴黎到伊斯坦布尔有一趟东方快车。这趟火车从巴黎出发,经过斯特拉斯堡、斯图加特、慕尼黑和维也纳,直达瓦尔纳和伊斯坦布尔。在这趟车上,两名经过特殊训练的苏联彪形大汉带着公文包在巴黎东站上车,然后把自己关在房间里。列车在沿途停靠时,每站都有苏联人登上车厢,根据他们约定的暗号敲门,两位信使便把门打开,把刚来的同事让进去。刚上来的苏联人把他收到的文件交给他们,把属于他们的信件带走。签收完毕,包厢门再次紧闭。这种收取信件的办法一直实行到布加勒斯特,在那儿,全部信件被装上飞机,运往莫斯科。在这些外交邮袋里,当然也有情报站与总部的联系报告。

无线电。无线电是一种快速、高效的联络手段,潜入对象国的非法派遣特工通常都用无线电与总部取得联系。驻外情报站与总部的联系,在很多情况下也必须通过无线电进行。

用于间谍活动的专用电台于20世纪20年代产生,到第二次世界大战时已经得到广泛的使用。这种电台体积不大,通常可以装进小提箱里,很方便携带。德国派往美国和英国活动的间谍,都配备有无线电装置。英国特种作战局在向欧洲空投间谍时,也都配备这种电台。苏联的三大秘密人力情报网络——佐尔格、拉多(Alexander Radó)和特雷伯(Leopold Trepper),也都是通过无线电与格鲁乌总部取得联系。联邦调查局在菲舍尔的宿舍里搜出的无线电联络装置,包括电台、密码本,以及菲舍尔与莫斯科联系的时间表。随着无线电技术的发展,电台的体积在不断缩小,第二次世界大战期间发明了脉冲式发送,这种技巧缩短了电台的发送时间,降低了被无线电测向仪定位的可能。

1978 年,伊朗安全机构破获了一起克格勃间谍案。伊朗陆军少将阿赫默德·莫拉比被克格勃招募。他与克格勃联系的工具就是一台快速无线电发报机和微型闪光接收机。每到预定的联络时间,苏联领事鲍里斯·卡巴诺夫便开车来到莫拉比住宅的马路对面,让汽车停下来。司机佯作检查故障。此时,卡巴诺夫便按动装在汽车座位下面的开关,发射出无线电遥控信号,打开莫拉比家中的快速发报机,把预先记录的磁带机上的情报快速发出,由汽车上的接收机自动记录。然后,卡巴诺夫又用无线电操纵安装在莫拉比家中的微型闪光接收机工作,接收机用各种彩色灯泡的颜色、数量,告诉莫拉比情报收到与否,今后的联络时间,以及情报搜集指令。如果莫拉比不在家,那么彩色灯泡指示可以保持到他回来。由于他们联络方式十分隐蔽,时间又很短促,使得莫拉比的活动时间长达四年之久。

无线电是一种快捷、高效的联络装置,但也存在缺点。首先,无线电设备必须随秘密人力情报人员进入目标地区,这容易为秘密人力情报人员招来祸端;其次,无线电信号容易遭到截收,也容易被无线电定位仪定位,从而使潜伏的间谍暴露。在很多情况下,秘密人力情报网络的暴露不是因为秘密人力情报人员的疏忽,而是因为无线电装置出了问题。如摩萨德特工伊利·科恩最终被发现,就是因为叙利亚情报机构采用分片停电的方式,逐步锁定了目标。在电影《永不消逝的电波》中,国民党情报机构也是通过这种方式发现了李侠的电台。

第二节 技术侦察

所谓技术侦察,即使用侦察装备或侦察技术进行的侦察。技术侦察大多需要借助特别的技术装备(传感器),通过接受目标经介质(空气、大地、海水）辐射或反射的某种能量（电磁波、声波等），并将其转换为人们能够识别的信号，以弄清目标的性质和特点。但技术侦察也可以不借助传感器，而通过对物料或材料的样本进行分析，了解目标的性质和特点。

一、技术侦察概述

技术侦察离不开侦察技术。所谓侦察技术，实际上就是"看"与"听"的技术。① 形形色色的侦察技术，延伸了人的五官，让我们看得更远，听得更清。

日新月异的科学技术是推动技术搜集进步的主要动力。17 世纪初荷兰发明望远镜后，开始借助技术器材实施战场观察。1835 年底莫尔斯（Samuel Finley Breese Morse）制成第一台电报机。1837 年发明的照相机为情报的记录和搜集提供了方便。1864 年，英国科学家麦克斯韦（James Clerk Maxwell）建立了完整的电磁波理论。1888 年德国物理学家赫兹（Heinrich Rudolf Hertz）发明了电振动器，证实了电磁波的存在。1895 年前后，意大利科学家马可尼（Guglielmo Marconi）和俄国科学家波波夫（Alexander Stepanovitch Popov）根据赫兹的电磁波原理，分别发明了无线电报，实现了远距离通信的即时传输。1903 年秋，美国的莱特兄弟（Wright brothers）成功制造出世界上第一架动力飞机"飞行者 1 号"（Flyer I），实现了人类飞行的梦想，侦察平台从陆地拓展到空中。20 世纪 30 年代，英国和德国分别发明了雷达和声呐，侦察范围进一步扩展。雷达侦察和声呐侦察在空战和海战中发挥了重要作用。

20 世纪 50 年代以来，人类历史上出现了一场规模最大的军事技术革命，引起了军事领域的巨大变革。这里面最重要的是遥感技术的发明。遥感技术的理论依据是：任何物体，只要其温度高于绝对零度（－273℃），都会因其内部的电子运动而不断地以电磁波的形式向外释放能量，称为热辐射。不同物体的热辐射强度不同。同一物体处于不同

① 参见孙建民《战后情报侦察技术发展史研究》，北京：军事科学出版社 2008 年版，第 69 页。

温度时,其热辐射能量的波长分布也不相同。温度愈高,峰值波长愈短。遥感,实际上是一种利用物体反射或辐射电磁波的固有特性,通过观测电磁波,识别物体及物体存在环境条件的技术。

按照频率排序(由高到低),电磁波谱包括:射线、紫外线、可见光(由高到低:紫、蓝、青、绿、黄、橙、红光)、红外线、微波和无线电波。物体对电磁波反射特性的差异,决定了它们在白光的照射下,拥有各自的颜色。例如,几乎所有物体都能辐射红外线,并具有反射电磁波的特性。虽然军用绿色伪装漆和绿色植物都强烈地反射绿光,但它们在红外频段的辐射却明显不同。不同物体能反射和辐射不同电磁波的这种特性称为目标特征信息,目标与背景之间的任何差异,比如外貌形状的差异,或在声、光、电、磁等物理特性方面的差异,都可直接由人的感官或借助一些技术手段加以区别,这就是目标可以被探测到的基本依据。探测这些目标的工具就是传感器。它是我们五官的延伸。根据物体的电磁频谱特征与声学特征、物理特征、化学特征,人类研制了各种传感器。如在可见光波段我们可以使用各种可见光传感器进行侦察,在红外波段则可以使用各种红外传感器,在微波频段则可以使用雷达侦察,在无线电波段可以使用电子侦察,对水下声音则可使用声呐。

装载在各位平台上的传感器,无需与探测目标接触,即可从远处把目标的电磁波特性记录下来,通过分析,揭示出物体的特征性质及其变化。例如,美军把地面传感器布放在战场侦察雷达、光学器材、夜视器材的"视线"达不到的山地或丛林地区,以弥补雷达、红外和光学侦察器材的不足。利用中继器转发信号及遥控指令,还可以对敌深远纵深地区进行侦察与监视,而监控人员只需呆在己方的坑道或指挥所内,就能对地面目标运动所引起的电磁、磁、声、地面震动和红外辐射等物理量的变化进行探测,并转换成电信号。这种侦察的便利程度与准确程度,是过去的指挥官所难以想象的。所以,美国前中央情报主任斯坦斯菲尔德·特纳海军上将指出,我们正进入一个时代:我们利用一个或数个传感器,几乎可以对地球表面上的任何地点实施监控……不论昼夜,无论晴雨,我们可以通过各种方式，很快跟踪到地球表面上发生的大多数活动。① 借助于各种先进的遥感器材，美军已经实现了战场的可视化。

按作用形式，传感器可分为主动型和被动型传感器。主动型传感器能发出一定探测信号，检测探测信号在被测对象中所产生的变化，或者由探测信号在被测对象中产生某种效应而形成信号。被动型传感器不向目标发射电磁波，仅被动地接收被测对象本身产生的信号。按记录数据的不同形式，遥感器又可分为成像遥感器和非成像遥感器两类，其中成像遥感器又细分为摄影式成像遥感器和扫描式成像遥感器两种。

二、技术侦察手段

根据所使用侦察装备和侦察技术的不同，所有的技术侦察手段可分为四类，即地理空间情报、信号情报、测量与特征情报和网络情报。这一分类方法由美国情报界首倡，但为国际情报界所接受。

（一）地理空间情报

主要指对影像与地理空间信息进行利用与分析，以阐述、评估和真实描述地球上的物理特征及与地理相关的活动。美国国家地理空间情报局将地理空间情报定义为"能够观察到或可供地球参照且具有国家安全涵义的自然物体或人造物体的信息"。美国学者达利·默多克（Darryl Murdock）和罗伯特·克拉克则认为，地理空间情报是一种融合和解释所有形式的地理空间数据的专业性实践，以生产过去与未来的情报产品，用于制定计划或回答决策者提出的问题。②

地理空间情报这一名词由美国情报界最早使用，但得到许多国家认可。例如，英国的地理空间情报工作由国防地理空间情报融合中心（Defence Geospatial Intelligence Fusion Centre）牵头，加拿大也合并了

---

① 参见 Stanfield Turner, *Secrecy and Democracy：The CIA in Transition*, New York：Harper and Row，1986，p. 92。

② 参见 Mark M. Lowenthal & Robert M. Clark, eds., *The Five Disciplines of Intelligence Collection*, Washington, D. C. ：Congressional Quarterly Press, 2016，p. 114。

国防地理空间情报、图像和气象等相关职能机构,成立单一的地理空间情报局(Directorate of Geospatial Intelligence)①,欧洲国家定期召开防务地理空间情报会议。②

地理空间情报由地理空间情报手段、组成地理空间情报的资料、生产地理空间情报产品的过程和由地理空间情报得到的产品组成。它由三大要素组成:一是影像,即自然、人造景物、相关目标、活动的图像或显示,以及与获得影像或显示同时获得的位置数据,包括天基国家情报侦察系统(如卫星、航空平台、无人驾驶飞行器或其他类似工具)生产的影像或显示,包括可见光、红外、多光谱、高光谱和雷达、激光等图像,但不包括属于人力情报搜集概念的手工摄影或秘密摄影;二是图像情报,即通过对图像和附带素材进行判读和分析而得到的有关目标的技术性能和情报信息,其来源包括光电、雷达、红外、多光谱、激光等传感器,这些传感器制成的目标图像以光学或电子手段、数字再现在胶片、电子显示设备或其他媒介上;三是地理空间信息,主要用于确定地球上相关地理位置、自然或人工特征以及边界的信息,内容包括统计数据,通过遥感、测绘和勘测技术获取的信息,绘图、制表、测地数据和相关产品,主要描述物体"是什么"、"在哪里"。地理空间信息通常被纳入地理空间数据框架中考虑。

从地理空间情报的三个组成部分来看,地理空间情报实际上是一种古老而新颖的情报搜集手段,其历史可以追溯到古代的地形测量与地图制作。《孙子兵法》称"知天知地,胜乃可全",极言地形在军事斗争中的重要作用。在希波战争中,斯巴达国王列奥尼达率领的一支精锐部队依托优势地形,挡住了几十倍于己的波斯军队。恺撒曾经测量过道路,记录了不同军事基地之间的距离。根据地理学家玛尔库斯·

---

① 参见 Mark M. Lowenthal & Robert M. Clark, eds. , *The Five Disciplines of Intelligence Collection* ,Washington, D. C. : Congressional Quarterly Press, 2016, pp. 146 - 147。
② 参见 Robert M. Clark, *Intelligence Analysis*: *A Target-Centric Approach* ,Washington, D. C. : Congressional Quarterly Press, 2012, p. 89。

维普撒尼乌斯·阿格利帕（Marcus Vipsanius Agrippa，前 63～前 12）的勘察，罗马帝国绘制了第一幅地图，复制后陈列于帝国各大城市，供总督和军队使用。在普林尼去世 10 年后，一位希腊商人出版了一本题为《红海导航》的游记，详细描述了非洲、阿拉伯海和印度洋沿岸的港口和商贸口岸的情况。15 世纪，葡萄牙海员对自己绘制的通往新大陆的海图进行保密。

中国古代设有专门负责地图事务的职方司，隶属于兵部尚书。唐代设"职方郎中、员外郎各一人，掌地图、城隍、镇戍、烽堠、防人道路之远近及四夷归化之事。凡图经非州县增废，五年乃修，岁与版籍偕上"[1]。唐代在全国重要的战区设置节度使，总管当地的军务及政务，各个战区的军事测绘管理由节度使及其部属负责。各州县的测绘职官（或兼职）提供的地方的自然地理和人文地理的情况，是军事测绘管理的基础材料。对军事地图及其图记要五年修改一次，遇州县增废，则要随时修改上报。

美国的地理空间情报活动始于 1803 年，时任总统杰弗逊派陆军的刘易斯和克拉克探险队去路易斯安那探测并绘制地图。1830 年美国海军建立了图表站。1910 年，美国陆军工程兵部队建立了中央地图复制厂（Central Map Reproduction Plant）。第一次世界大战中，该机构提供了900 万份地图。1942 年战略情报局成立不久，即成立了地图部（Map Division），从各种来源搜集地图和各种图表，为决策和军事行动提供支持。在诺曼底登陆前，为了解登陆地域的地形和水文情况，英国水文局六次探测登陆地域的水深情况，获取海滩样本和位置数据。在北非战役中，盟军使用的地图达 1000 种以上，数量达 1000 万份，200 多吨重。在诺曼底战役中，盟军使用的地图近 3000 种，7000 万份，1400 吨重。在朝鲜战争中，美军第一个月只有四个师参战，就使用了 1000 万张地图，比第一次世界大战时的全部用图还要多。

---

[1]《新唐书·百官》。

图像是地理空间情报的另一个重要组成部分。1839 年达盖尔
(Daguarre)发表了他和尼普斯(Niepce)拍摄的照片,首次成功将拍摄事
物记录在胶片上。1909 年,人类首次乘飞机拍摄了地面照片。第一次世
界大战初期,一名英国军官在飞机上用普通照相机拍摄了德军的部署和
调动情况,为联军发现德军的薄弱环节、调整部署、组织反攻提供了宝贵
的情报。通过立体观测设备,照片解读人员可以还原大量影像,现代影
像分析和地图测绘技术就此兴起。

在第二次世界大战中,航空摄影发挥了非常重要的作用。盟军有
90%以上的情报是从空中获取的。[1] 1948 年,埃德温·兰德发明了快照
相机,他的一步成像摄影法被称为摄影技术的一次革命。1956 年,由中
央情报局主导的 U-2 高空侦察机研制成功。在四年时间里,U-2 对苏
联进行了 23 次(不含被苏联击落的最后一次)侦察飞行,曝光了相当于
250 英里的胶卷,覆盖了苏联国土的 15%,使美国获取了大量的情报,为
美国应付冷战初期的紧张局势提供了良机。为了分析这些影像资料,中
央情报局于 1961 年成立了国家图像译释中心(National Photographic
Interpretation Center)。

越南战争促进了各军种在地图资源方面的合作,为建立一个单一的
地图机构奠定了基础。1972 年,美国合并了陆军测绘司令部、海军海洋
局海图生产与发行部、空军航图与情报中心、军事空运司令部第 1382 大
地测量中队、战略空军司令部第 15 侦察技术中队测绘队、美洲大地测量
局及中美洲和南美洲的分支机构,以及陆军工程兵的工程测量学校等单
位,组建了国防测绘局(Defense Mapping Agency),统一管理和规划美
国的测绘工作。

20 世纪 70 年代,制图学出现了地理信息系统这一新概念。地理信
息系统是一种专门用于采集、存储、管理、分析和表达空间数据的信息系

---

① 参见 Roy M Stanley II, *World War II photo intelligence*, New York:1975,p. 16。

统,需要把原有的纸质地图制成电子地图,使人们通过计算机迅速查询到目标。因此,在整个 20 世纪 80 年代,美国国防测绘局致力于地图的电子化。到 20 世纪 90 年代中期,国防测绘局已经创建了一个用于制作地图的新系统,这就是数字制作系统(Digital Production System)。但即便如此,当"沙漠风暴"开始之时,美军依然十分缺乏战区的地图。在"沙漠风暴"行动中,国防测绘局提供了 6600 万张地图。

1996 年 10 月 1 日,国防测绘局、中央图像办公室(Central Imagery Office)、防卫分发项目办公室(Defense Dissemination Program Office)、国家图像译释中心(National Photographic Interpretation Center)、空防侦察办公室(Defense Airborne Reconnaissance Office)等与图像有关的机构合并组成国家图像与测绘局(National Imagery and Mapping Agency),隶属于国防部,接受中央情报主任和国防部长的双重领导,其主要任务是为美国政府提供地理空间情报,为美军的战斗行动与非战争军事行动提供支持。在协助解决领土争端、援助救灾行动、帮助海外驻军方面,它发挥了重要的作用。但国家图像与测绘局始终无法超越"图像"与"测绘"两种文化的障碍,无法实现机构间的协作与一体化。2003年《国家图像与测绘局拱顶石概念》颁布,"地理空间情报"被纳入国家安全领域。2003 年 11 月 24 日,布什总统签署《2004 财年国防授权法案》,国家图像与测绘局更名为国家地理空间情报局(National Geospatial-Intelligence Agency),成为美国四大国家情报机构之一。它对自己的定位是"认知地球,指引道路",美国政府称之为"地球之眼"。2003 年联合出版物-03《联合作战地理空间情报支援》及 2007 年《美国国家地理空间情报系统战略意图报告》的颁布,标志着图像、图像情报及地理空间信息向地理空间情报的战略转变。

地理空间情报极大改变了决策的进程与方式。过去,当决策人员面对一幅静态的图像情报时,只能问"那是什么"或"发生了什么",结合地理空间信息后加入时间维,就能回答"它在哪里""正在做什么?""将往哪里去?"等问题,从而为决策者提供一个可视化的一体化综合环境。[1]

(二) 信号情报

即利用外国通信系统和非通信发射器获取的情报[2],通常包括通信情报(Communications Intelligence,COMINT)、电子情报(Electronic Intelligence,ELINT)和遥测截取情报(Telemetry Interception),后者通常被称为外国仪器信号情报(Foreign Instrumentation Signals Intelligence,FISINT),它从截获的外国电磁发射获得技术信息和情报,其信号包括但不限于遥测系统、电子询问器、无线电与雷达信号、视频数据链等。事实上,信号情报是个过于笼统的称谓,在多数情况下,它指的是通信情报。

通信情报。即由非预定接收者截收外国通信信号,并从中获取信息的情报手段。美国情报界将通信情报视为信号情报的一种,有些国家称之为电子侦察或无线电技术侦察。

19世纪末,无线电技术的发展带来了加密与破译技术的发展,现代密码分析学就此形成。第一次世界大战期间,英国海军利用通信情报预警,防止德国海军进入北海,这是最早使用通信情报的案例之一。战争伊始,英国就切断了德国通往美国、非洲及西班牙的海底电缆,德国不得不使用无线电发送通往这些地区的电报,这很容易为英国监控站截收。

通信情报最早也是最重要的一次成功,发生在1914年8月末的坦能堡会战(Battle Of Tannenberg)中。俄罗斯的第一和第二集团军正通过东普鲁士向德国第八集团军开进。俄军司令部之间的通信是通过高频无线电传递的,可以在范围广泛的地区接收,有些电文没有加密。8月25日夜,德国无线电部队截获了关于这两支俄罗斯集团军的部署和任务的电文。在接下来的几天内,更多电文被截获,这两支俄罗斯集团军的实力、位置和运动等信息被泄露。德军指挥官很快弄清,萨姆索诺夫

---

[1] 参见周春平《地理空间情报学》,北京:军事科学出版社2012年版,第12页。

[2] 参见 U. S. Joint Chiefs of Staff, *Joint Publication 2 - 0*, *Joint Intelligence*(22 June 2007), APPENDIX B, B - 4。

(Samsonov)领导的第二集团军部署在德国坦能堡镇附近的暴露位置上，如果他受到攻击，那么由连涅坎姆普夫（Rennenkampf）领导的第一集团军无法为其提供支援。德军第八集团军军长冯·兴登堡（Von Hindenberg）将军将其整个部队部署在对俄军第二集团军发起进攻的位置上。8月26日，他发起进攻。饥饿和士气低落的俄军无可避免地走向溃散，俄国第二集团军全部损失，萨姆索诺夫自杀。东部前线最终陷入僵局。[1]

1919年，荷兰人胡戈·科赫（Hugo Koch）发明了一种密码机，1923年，德国工程师阿瑟·舍尔比乌斯（Arthur Scherbius）将该型密码机市场化，并命名为"埃尼格码"（Enigma）密码机，无线电报的加密实现了机械化。从20世纪30年代开始，波兰、法国和英国的信号情报人员就一直尝试着破译德军使用的"埃尼格码"，到第二次世界大战爆发前，破译"埃尼格码"的理论已经成形。第二次世界大战期间，以"超级"（Ultra）和"魔术"（Magic）命名的信号情报成了盟国克敌制胜的重要武器。战后，由于电子计算机技术的发展，密码破译成了一个非常重要的情报来源。

虽然通信情报大多是截收无线电信息，通过线路传输的信息也可被截收。截收有线通信需要与通信线路产生物理接触，运用不像无线电截收那么普遍，但在特定的情况下也能发挥重要作用。在第一次世界大战的西线战场，一根电话线接到耳机上，其余部分通过地面传导，这就构成了一个电路，可以方便地进行电话通信。搭载敌军的电话线路进行窃听，便成为战场上获取敌军情报的一个有效手段。1915年，英军接连发动了几次进攻，但每次进攻都在德军的预料之中。英国情报机构确信，某个地方一定有隐蔽的窃听。1916年，英国生产出具有三个真空管的增音器。它的灵敏度更高，能发现和收到距离在1英里以外的德军电话通

---

[1] 更多情况参见 Wilhelm Flicke, *War Secrets in the Ether*, Laguna Hills, Calif.：Aegean Park Press，1994，pp. 4 - 12。

信。在此后的两年里,英军成功地对德军的前线通话进行了窃听。1917
年,德军统帅冯·兴登堡不得不发出警告:除非在非常紧急的情况下,否
则决不要使用这种电话。

20世纪50年代,英美情报机构在维也纳和柏林成功窃听了苏联军
事机构的电话。在柏林,英美情报机构从美占区边界下方某点秘密挖掘
地道,对穿越整个苏占区的光缆实施物理截收。这就是所谓"黄金行动"
(Operation Gold)。另一相关技术是窃听对手的海底电缆。例如,20世
纪70年代,美国潜水员从潜艇中游出,对鄂霍次克海的苏联海底电缆动
了手脚,该电缆把位于堪察加半岛的彼得罗巴甫洛夫斯克海军基地和符
拉迪沃斯托克、莫斯科连接起来。潜水员在电缆上安装了录音装置,美
国派人定期来现场取走录音。①

通信情报还可以通过台情分析获取情报。所谓台情分析,即对侦察
对象的无线电通信联络情况进行综合分析而获取情报。通过分析通信
联络中的各种情况和通信诸元、联络关系、电信流量、台位变化、设备特
点、报务或话务人员谈话、通联规约的特点和使用规律等情况,可以找出
台情现象与侦察对象活动之间的内在联系,推断出侦察对象的指挥关
系、部队编成、兵力部署、行动企图和战备措施等情况,获取其无线电通
信体制、通信设备、通信制度、保密措施等技术情报和使用的密码种类、
外部特征等情况。② 例如,具有丰富经验的侦听员,可以通过对方电台报
务员的指法了解其发报特征。对通信量变动或无线电通信的其他外部
特征进行分析,即使不能了解其通信内容,也能获取有用的情报。如果
军队司令部与其下级指挥所之间通信流量激增,分析者就可能得出结
论:重大行动即将开始。

---

① 该行动代号为"常春藤铃",详细描述见于 Sherry Sontag and Christopher Drew, *Blind Man's Bluff: The Untold Story of American Submarine Espionage*, New York: Public Affairs, 1998, pp. 158 – 183。
② 参见刘宗和主编《中国大百科全书·军事情报》,北京:中国大百科全书出版社 2007 年版,第 182—183 页。

同样,通过"测向"(DF,一项寻找无线电信号地理源头的技术),人们可确定发送信号的舰船、飞机或指挥所的位置。例如,在第二次世界大战中,在公海行动的德国潜艇(U-艇)就利用无线电相互通联,并与陆上的海军高级指挥部联系。德国海军利用"狼群"战术袭击盟国护航舰队,为了协调袭击行动,潜艇之间、潜艇与指挥部之间需要大量通信。这又给英国和美国的无线电截收站点和护航船队的测向带来可乘之机。与破译德国海军通信密码相比,测向的价值稍逊,但在大西洋海战中它仍是盟国非常重要的情报工具。破译与测向相结合,使盟国护航船队得以避开德国潜艇。随着时间的推移,他们还在英美猎杀 U-艇的行动中发挥了作用。①

电子情报(ELINT)。即利用电子侦察装备对外国军用设备(如雷达、通信或其他设备)产生的非通信电磁辐射进行监控、识别、分析和定位,从而为军事行动提供情报支持。通信、雷达、无线电导航和制导等电子系统,都要向空中发射具有一定能量和信息的电磁波,这些设备被称为辐射源,同时,空间还存在着对方无意辐射的电磁信号,从而形成一个电磁信号空间。电子情报系统实质上是一种对电磁信号环境进行采样、分析和处理的信息系统,一般都具有对电磁辐射信号进行探测、分选、分析、识别、定位和记录等功能。它首先要正确地发现信号的存在,并利用各辐射源的不同特征,进行信号分选或分类,精确地测定和分析各辐射源的特征参数。然后,与数据库中已存入的辐射源参数表("特征")进行比较,对辐射源进行识别,推断其用途和能力,显示和记录辐射源的特征参数、类型、威胁程度和可信度等并确定辐射源的优先等级,同时,根据不同位置测定的到达方向或到达时差,可以确定辐射源的地理位置。

电子情报具有很强的信号分析能力。不同的雷达或通信设备辐射

---

① 参见 David Kahn, *Seizing the Enigma*: *The Race to Break the German U-Boat Codes*, 1939-1943, Boston: Houghton Mifflin, 1991, pp. 144-145, 215-216, 244-251, and Patrick Beesly, *Very Special Intelligence*: *The Story of the Admiralty's Operational Intelligence Centre*, 1939-45, Garden City, N. Y.: Doubleday, 1978, pp. 55-56, 97-98, 116, 195。

的电磁信号形式是不相同的,即便是两台一起制造的雷达也是如此。依据截获的信号特征,电子侦察可以判断出辐射源的类型和身份,区分出警戒雷达、火炮控制雷达、导弹制导雷达等,也可以辨别出通信电台的类型及其所归属的通信网。这种对于辐射源属性的识别能力,使得电子侦察能够提供更丰富、更准确的作战态势。

电子情报分作战电子情报(Operational ELINT)和技术电子情报(Technical ELINT)。技术电子情报主要用来评估雷达的能力和性能,以确认雷达的技术特征,评估雷达的缺陷,协助电子战的规划者进行抵御。作战电子情报通过截获和分析雷达信号来定位雷达,确认型号,判断运行状态,并跟踪它们的移动,提供"电子战斗序列"(Electronic Order of Battle)。例如,在第二次世界大战期间,德军曾通过电子侦察确定盟军的战斗序列,并得出盟军不可能在 1943 年以前进攻欧洲大陆的判断。苏联曾使用电子情报海洋侦察卫星系统(EORSAT)截收美国战舰在公海航行时发出的日常电子信号,对其实施定位和跟踪。在 1982 年贝卡谷地空战前,以色列军队使用小型、无人驾驶、慢速飞行的靶机,释放电子信号,诱使叙利亚萨姆导弹营开启火控雷达,而第二波靶机则负责搜集火控雷达产生的电子辐射。根据这些电子情报,以色列军队确定了萨姆导弹雷达的操作特征,并对其精确定位。只用了短短几个小时,以色列空军几乎全歼叙利亚的萨姆导弹营,在黎巴嫩上空赢得了无可争议的制空权。

(三)测量与特征情报

即通过对特定的技术传感器(或者材料样品)获得的数据(距离、角度、空间、波长、时间依赖性、调制、等离子体和磁流体动力)进行定量和定性分析而获得的科学技术情报,目的在于识别目标、辐射源、发射体或发送器相关的特征。测量,指的是对某一事件或物体的实际参数的测量;特征(signatures)则是长时间在不同环境下进行多次测量后收集到的结果,以建立目标类别简介和区分目标,并向作战监视系统和武器系统报告算法。① 测量与特征情报主要用于获取对象的声学特征、光电特征、磁特征、核特征、生物特征、化学特征和计量生物学特征，实际上综合运用了多种情报搜集手段，因此其分类颇为复杂。美国学者罗伯特·克拉克将测量与特征情报划分为声学情报（ACOUSTINT）、红外情报（IRSINT）、激光情报（LASINT）、核情报（NUCINT）、光学情报（OPTINT）和雷达情报（RADINT）等。② 美国陆军《情报》条令（《FM2-0》）将测量与特征情报划分为六个类别，即光电测量与特征情报（electro-optical MASINT）、地球物理测量与特征情报（geophysical MASINT）、材料测量与特征情报（materials MASINT）、核测量与特征情报（nuclear MASINT）、雷达测量与特征情报（radar MASINT）和射频测量与特征情报（radiofrequency MASINT）。③ 除了不属于图像情报（地理空间情报）、信号情报这一共性之外，上述各种手段之间没有任何共同特征。

光电测量与特征情报（光电情报）。光电情报是对电磁频谱的光学部分（紫外线、可见光和红外线）所发射或反射的能量进行搜集、加工、开发和分析。光电传感器包括辐射计、光谱分析仪、激光器、激光探测和测距系统等，可用于测量目标的辐射强度、动力系统、光谱和空间特征以及目标的材料成分等，广泛应用于军事、民用、经济和环境领域。光电情报与图像情报既有相通之处，又相互区别。图像情报拍下的是可辨认事物的图像，而光电情报则是在查找连续图像之间的变化，或者是在可见光照片中检查色彩频谱以确定照片中的绿色是植物还是伪装涂料。光电情报搜集和提取的往往是目标伪装下的自然属性数据，因而具有很高的可信度。

地球物理情报。地球物理情报涉及地球（地面、水和空气）中所传播

① 参见 Robert M. Clark, *The Technical Collection of Intelligence*, Washington, D. C. : Congressional Quarterly Press, 2010, p. 1。

② 参见 Robert M. Clark, *The Technical Collection of Intelligence*, Washington, D. C. : Congressional Quarterly Press, 2010, preface, xvii。

③ 参见 Department of the Army, *Field Manual* 2 - 0, *Intelligence*, Washington, D. C. , 23 March 2010。

的现象和人造结构(Manmade Structures)所发出的声音、压力波、振动、磁场和电离层扰动。它由声学情报、地震情报和磁情报构成。潜艇的涡轮、推进器和其他的艇上机械可产生噪音,这种噪音可以被发现,并用于对水下数公里远的目标进行识别。声学情报就是对大气或水中传播的声音、压力波和振动进行采集,通过水基系统探测、识别、追踪船只和潜艇。声学情报的主要传感器就是声呐。声呐是英文缩写"SONAR"的音译,全称为"声音导航与测距"(Sound Navigation and Ranging),是一种利用声波在水下的传播特性,通过电声转换和信息处理,完成水下目标探测和通讯任务的电子设备。光在水中的穿透能力很有限,即使在最清澈的海水中,人们也只能看到十几米到几十米内的物体;电磁波在水中衰减很快,波长越短,损失越大,即使用大功率的低频电磁波,也只能传播几十米。然而,声波在水中传播的衰减就小得多,在深海声道中爆炸一个几百磅的炸弹,在 2 万公里外还可以收到信号,低频的声波还可以穿透海底几公里的地层,并且得到地层中的信息。因此,在水中进行观察和测量,声波具有得天独厚的条件。以声波探测水面下的人造物体成为运用最广泛的手段。声波的这种性能为声呐探测海中目标奠定了基础。

1906 年,英国人李维斯·理察森发明声呐技术。1915 年,法国物理学家保罗·朗之万(Paul Langevin)与俄国电气工程师康斯坦丁·切利诺斯基(Constantin Chilowski)合作发明了第一部用于侦测潜艇的主动式声呐设备。1917 年,加拿大物理学家罗伯特·博伊尔(Robert Boyle)制成一个用于测试的原始型号主动声呐,英国人称之为"潜艇探测器"("ASDIC")。1931 年美国研究出类似的装置,称为 SONAR(声呐),后来英国人也接受此叫法。在第二次世界大战中,盟国的声呐大显身手,在反潜战中发挥了重要作用。据不完全统计,第二次世界大战中被击沉的潜艇,有 60% 是由声呐发现的。①

---

① 参见孙建民《战后情报侦察技术发展史研究》,北京:军事科学出版社 2008 年版,第 71 页。

声呐有主动式和被动式两种。主动式声呐又称回声声呐,工作原理与雷达类似,会自己发出音响信号,借由这个信号接触物体后反射回来的变化,可以探测静止无声的目标,并能测出其方位和距离。但容易被敌方侦听而暴露自己,且探测距离短。被动式声呐又称噪声声呐,其作用和传统的水下听音装置"水听器"(Hydraphone)极为相近,不发出任何信号,只接收来自于周遭的目标声波,隐蔽性好,识别目标能力强,侦察距离远,但不能侦察静止无声的目标,也不能测出目标距离。

与声学情报密切相关的是地震情报(Seismic Intelligence),即对透过地球的地震波进行测量,而地震波是由于出现重大扰动而引起的,如地下或水下爆炸。如果在全球部署足够的原位传感器,那么信号分析人员就可通过比较信号抵达每个传感器的时间来确定这种爆炸来源的位置。磁情报是在地球磁场(陆地和海洋)中搜集可检测的磁场异常现象。车辆、船只或者潜艇在地球磁场上会形成微弱的变化,磁场传感能够探测到这些运输工具的位置或者运动轨迹。这一类磁场传感器在短距离范围内,能够探测铁磁物体,比如武器和简易爆炸装置。例如,地磁异常探测器(Magnetic Anomaly Detector,MAD)可以用来观测对地球正常磁场的干扰现象以搜寻矿物质,也能定位地下坑道或者建筑,军队常用地磁异常探测器从飞机上定位浮出水面的潜艇,但是侦察机必须正好位于潜艇位置的上方,或者距离潜艇非常近,才能探测到磁场变化或者异常。

核辐射情报。即对源于核辐射等物理现象的远程监测和勘查分析。所有的核反应都会放射各种粒子和波形——伽马射线、X射线、中子、电子或离子。地面或大气层核爆炸的辐射最强,而核动力反应堆也一样。辐射的强度和类型使人们能够确定辐射源的特征。核辐射探测仪能够远距离探测隐蔽的核装置。

雷达情报。雷达情报传感器可用于海、空、天等多种平台,包括雷达视线、超视距雷达、合成孔径雷达、逆合成孔径雷达和多基地雷达等。它通过视线、双基地和超地平线雷达系统进行情报搜集,涉及的情报包括雷达反射截面、追踪、精确测量以及动态目标的吸附特性（Absorption Characteristics for Dynamic Targets）等。其情报产品可用于识别和提供变更侦测、地形测绘、水下障碍物、动态感应杂波中的目标和雷达截面特征测量等。

射频情报。射频发射器、射频武器和射频武器模拟器等会发出电磁发射，内燃机、发电机和开关等设备也可能发出射频信号。这些信号一般十分微弱，但敏感的设备可以探测到这些信号，并对发射体进行定位，从而识别目标。这被称为无意释放的射频情报（Unintentional RF Emissions）。

材料情报。材料情报是对气体、液体和固体取样进行搜集、处理和分析。船只或潜艇航行时，会留下可显示其航迹的化学物质；由于船体的腐蚀和生锈，金属不断地沉淀到水中；核电发电机中的中子辐射可导致海水发生变化。所有这些都会在海洋中留下一条"痕迹"，使用适当的传感器可以跟踪这种痕迹。1949年8月，美国情报界通过测量空气中的放射物，确定苏联爆炸了第一颗原子弹。在支援军事计划和作战行动、探测核试验和核材料、发现化学战产品、监控疾病暴发、监测环境问题等方面，材料情报的价值和作用更加明显。

测量与特征情报通常被认为属于战略情报手段。它可以通过核情报监控一个国家的核试验情况。例如，冷战期间，美国用它来探测和辨别苏联的核爆炸，如利用测震仪测量地下核试验的冲击波，利用特殊的传感器探测核物质、放射性尘埃和地面核试验的闪光等。它也可以通过电子情报手段来了解一个国家的重要技术发展动向，防止其在获取技术突破后发动技术性突袭。它还可以监视外国的导弹试验，判断导弹的性能，从而为制定反制措施提供情报依据。

测量与特征情报也是战场监控的重要手段。它可以提供实时的态势感知和目标设定，以满足战术作战任务的需求。在越南战争时，美军把地震检波器放在"胡志明小道"上，以探测人的脚步和装备的移动。在阿富汗战争中，测量与特征情报传感器已证实是一种非常有用的侦察手段。利用这些传感器,可以确定哪些山洞里有人,哪些偏远的山间小道经常有人走过等,据此美军成功地跟踪了塔利班部队和"基地"武装。美国情报界认为,未来侦察目标的复杂程度将不断增加,它国运用拒止和欺骗的能力也将增强,而应对这些挑战的有效手段之一将是测量与特征情报。① 所以,借助于这些测量与特征情报传感器,战争迷雾已经大为消减,战场环境趋于透明。

测量与特征情报可以用于遏制非传统安全威胁。数码指纹和声波纹在人员识别中已经使用多年,虹膜和视网膜扫描、手形以及键盘击键用力、面部识别、手指静脉识别等新的生物测量技术在识别隐藏的犯罪分子、恐怖分子方面已经显示出特定的优势。1998 年 8 月美国发射巡航导弹打击了苏丹喀土穆的阿尔希法制药厂,其行动的依据是,通过测量与特征情报侦察,在工厂附近搜集的土壤样本里含有微量的 EMPTA,这是一种叫做 VX 的神经毒气剂的生产原料,说明这家工厂在为本·拉登的组织生产化学武器。

(四) 网络侦察②

即利用技术手段从计算机网络系统,针对某个信息处理系统或网络进行的情报搜集。

网络侦察是一种新兴情报门类。20 世纪 90 年代,人类社会进入了信息时代,大量有用信息可以从互联网获取,针对电脑和网络的情报行动已成为最多产的情报搜集类型。这种互联网搜集,不仅可以直接产生具有情报价值的信息,还可以为其他搜集手段提供线索。例如,盯住在线的招聘网站,可以获得许多秘密项目的细节,从而为通信情报行动定

---

① 参见 U. S. House of Representatives, Permanent Select Committee on Intelligence, *IC*21: *Intelligence Community in the 21st Century*, Washington, D. C.: Government Printing Office, 1996,www. fas. org/irp/congress/1996_rpt/ic21/index. html.

② 本节内容,主要参见 Robert M. Clark, *Intelligence Analysis: A Target-Centric Approach*, Washington, D. C.: Congressional Quarterly Press, 2012, pp. 105 - 109,以及刘宗和主编《中国大百科全书·军事情报》,"网络侦察"词条。

位个人目标,或者帮助招募人力情报资源。① 网络搜集日益重要的另一个原因是,获取的风险相对较小。美国国家反情报执行办公室(National Counterintelligence Executive,NCIX)曾提出这样一个问题:"如果你可以通过电子渠道从其他洲获取大量信息,为何要冒险发展一名间谍呢?"

网络侦察分三种类型:入网侦察,又称"电脑网络利用"(Computer Network Exploitation,CNE);破网侦察,即直接或间接地对某个电脑或内联网络进行开发利用;利用传感器,搜集计算机的辐射信号,以获取情报。

入网侦察。即利用技术手段,进入对方网络系统获取情报。进行入网侦察,搜集者首先应该获取目标网络的进入权限,使用工具对其利用,然后消除行动的证据。搜集者可以利用网络中存在或者其供应链上提供的漏洞,伪装成授权用户进入目标网络,或者利用人力资产(间谍)亲自接触该网络。一旦获准进入,它们会在软件中植入后门。植入的后门将会回传至控制的机构,允许搜集者从该网络获取信息。此过程可以分为四个步骤,即:消极网络分析和定位(Passive Network Analysis And Mapping),包括对目标网络进行探测,确定网络设备的存在,定位其连接性。漏洞扫描(Vulnerability Scanning),即使用公开获得的密钥进行漏洞扫描,从而与目标网络及其组成部分取得联系。漏洞扫描可以在线或者离线方式进行,如"Pinging"和"端口扫描"。利用(Exploitation),即"Hacking"。搜集者通过调查,建立与目标网络的联系,植入软件以便未来使用。多数植入软件被称为后门,这是一种软件代码,允许非授权进入一台计算机或者网络,理想状态下可以不被发现。持续搜集(Sustained Collection),即利用后门,不断进入计算机或者网络,以获取有用的情报信息。

破网入侵。即通过破除网络的加密限制进行的侦察。攻击一个与

---

① 参见 Kevin G. Coleman, "Cyber Espionage Targets Sensitive Data," December29, 2008, http://sip-trunking. tmcnet. com/topics/security/articles/47927-cyber-espionage-targets-sensitive-data. htm。

互联网物理隔离的内联网,或者从不连接网络的计算机,需要使用不同类型的攻击方式。攻击者需要通过某些途径接触到计算机或者网络。

如果计算机或者网络没有连接互联网,或者物理接触无法实现,那么进攻者可以使用短距离传感器来搜集设备的放射物(emanations)以获取情报。电子信号和磁场信号可通过空间区域、电源线或其他传导途径放射出来。从无线键盘可以搜集击键放射物,但即便是传统的有线键盘也会释放损害性信号。使用各种屏蔽技术可以减少电磁信号辐射,防止其被进攻者截获。

三、技术侦察平台

各种侦察装备,都需要侦察平台的支撑。搜集平台多种多样,从最不起眼的地面站、汽车和舰艇,到最吸引眼球的无人机、浮空器和卫星。结合不同的侦察平台,技术侦察手段能在地面、海上、空中广泛运用。本节主要介绍航空侦察平台和航天侦察平台。

(一)航空侦察平台

工业革命和科学技术的发展,促成了近代情报技术的进步。1772年法国人约瑟夫·米歇尔·蒙戈尔菲耶(Joseph-Michel Montgolfier)发明热气球,1794年法国大革命期间革命军使用气球进行了人类历史上首次航空侦察。美国内战期间,气球专家撒迪尤斯·洛(Ttaddeus S. C. Lowe)曾建议林肯总统用气球搜集情报,但由于气球的摆动及照相机拍摄的速度慢,侦察的效果不佳。① 1909年威尔伯·莱特拍摄了世界上第一张航拍照片,随后法国人在3000英尺的高空拍摄了清晰的照片。1915年初,英国皇家飞行团设计出手持相机,随后又把照相机固定在飞机上。通过航空摄影,可以编制出战线后方的地图。1916年,意大利陆军开始在师旅级部队分发图像资料。到1918年,德国通过航空侦察拍

---

① 参见[美]迈克尔·贝斯洛斯《五一风云——U-2事件内幕》,北京:军事译文出版社1986年版,第95页。

摄的地面面积,比美国的康涅狄格州还大。第一次世界大战的实践,使美军认识到"航空照相已成为完成侦察任务的一种更快、更精确和更经济的方法,是在地面观察不可行或太危险时进行观察的一种手段"①。

第二次世界大战有力地刺激了航空侦察工作。在第二次世界大战期间,航空侦察成为交战国主要的情报搜集手段。例如,在北非战役中,航空侦察是仅次于信号情报的侦察手段。从1942年开始,皇家空军对从荷兰到西班牙的欧洲海岸进行了广泛的摄影,查清了大西洋沿岸30公里范围内的地形、道路、德军的防御工事设置情况,从而为盟军制定登陆计划提供了可靠的依据,也为盟国空军确定轰炸目标提供了可靠的保障。② 战后美国政府的调查显示,航空侦察是"太平洋战争中最重要的情报来源之一。与任何其他来源相比,它在陆海空作战中发挥了更持久的重要作用"③。在第二次世界大战中,照相器材已经有了很大的改善,胶卷、镜头、照相机的发展,使得利用更快更高的飞机来进行空中侦察获取情报成为可能。

1951年,美国空军决定由空军副参谋长戈登·P. 萨维利(Gordon P Saville)少将牵头,成立"贝肯山研究小组"(Beacon Hill Study Group),探索新的情报搜集途径。1952年6月15日,贝肯山小组提交一份报告,详细阐述了改善对苏情报工作的各种途径和方法,建议发展高空侦察飞机。④ 贝肯山报告明确了发展空中侦察的方向,并使有关的研究具体化。

1954年3月27日,一群科学家晋见艾森豪威尔总统,要求加强美国预防突然袭击的能力。总统请麻省理工学院院长小詹姆斯·基利安(James R Killian, Jr)牵头成立一个秘密委员会,负责研究能使美国免遭突然袭击的方法。委员会最后形成共识:搜集战略情报最有希望的领域

---

① 〔美〕T. N. 杜普伊:《国际军事与防务百科全书》,北京:解放军出版社1998年版,第2250页。
② 参见 Peter Mead, *The Eye in the air*: *History of Air Observation and Reconnaissance for the Army*, London: Her Majesty's Stationery Office, 1983, p. 206。
③ 〔美〕T. N. 杜普伊:《国际军事与防务百科全书》,北京:解放军出版社1998年版,第1299页。
④ 参见 Allen Donovan and Louis Ridenour, *Beacon Hill Report*, New York: Random House, 1978, pp. 164 – 168。

就是空中。即使获得战略情报的可能性不大，侦察飞行本身也可能促使克里姆林宫改变政策，由发展进攻性武器转向发展防卫性武器，还可以让它理解，过于保密是无济于事的，应该同美国签订有核查手段的裁军协议。① 基利安委员会最后起草了发展空中侦察手段的计划，并获得了总统的迅速批准。1955年3月2日，中央情报局与洛克希德公司签订了20架新型侦察机的合同，该新型侦察机被命名为U-2，意为"实用飞机"(Utility Aircraft)2型。1955年8月8日，U-2进行了首次试飞。所有标准都达到甚至超过了1954年底确定的标准，它的飞行距离达到2950英里，足够穿越苏联领空，飞行高度达到22000米，这一高度当时没有任何飞机或者是防空兵器能够达到。② 它配有8台自动高性能相机和电子侦察系统，可用的胶卷达3.5公里长，能把宽200公里、长5000公里范围内的景物拍下冲印成4000张照片。该型侦察机只要在美国飞行12次，就能把全美情况拍个遍，且清晰度很高。

1958年，一种名叫"黑鸟"的间谍飞机问世了。"黑鸟"代号是SR-71A，由洛克希德公司研制。飞行高度达到28200米，时速达到3.6马赫。它于1964年12月22日首次试飞，一年之后正式加入美国战略空军的序列。之所以叫它"黑鸟"，是因为它的表面涂层环氧树脂呈黑色，主要用途是防止飞行中发生的散热现象。与U-2相比，"黑鸟"有很大的改进。U-2的巡航速度很低，只有0.8马赫，而"黑鸟"的速度则达到了3.3马赫，要击落它，无论是喷气式战斗机还是防空导弹，都有相当难度。此外，它安装了先进的电子对抗系统，它能测知是否有危险存在，能了解跟踪自己的威胁的密集程度，因而可以轻易地摆脱敌方导弹的攻击。

"黑鸟"具有强大的情报搜集能力。机上安装有各种类型的图像和信号情报设备，在飞行过程中能自动拍摄。摄像机的分辨率极高，在

① 参见［美］迈克尔·贝斯洛斯《五一风云——U-2事件内幕》，北京：军事译文出版社1986年版，第101—102页。

② 参见 Nathan F Twining, *Neither Liberty nor Safety*, New York: Holt, Rinehart and Winston, 1978, p.234。

24000 米高空拍摄的照片上,汽车牌照号码清晰可见。"黑鸟"上配置的电子情报系统功能强大,可以截收数百平方公里范围内的无线电信号。

除 U–2 和"黑鸟"外,美军还装备了大量的电子侦察机。2001 年 4 月 1 日,一架从冲绳基地出发的 EP–3 型侦察机,在距中国海南岛 110 公里外的海面,与中国人民解放军一架歼八战机相撞,中方飞行员王伟失踪,美军侦察机急降海南岛陵水机场。

除侦察机外,预警机也是空中侦察监视系统的一个重要组成部分。

预警机(Air Early Warning, AEW)。预警机是空中预警控制飞机的简称,机身上装有圆盘形雷达天线和天线罩,机舱内装有预警雷达、敌我识别、情报处理、指挥控制、通信、导航、电子侦察和电子对抗设备。它将整套雷达系统放置在飞机上,减少所受地球曲率和各种地物的影响,大大增加雷达的探测范围和探测距离,延长了预警时间。它能同时对多批目标实施指挥引导,集预警、指挥、控制、通信功能于一体,起到活动雷达站和空中指挥所的作用。著名的预警机有美制"E–2"空中预警机、E–3A"哨兵"和苏联的 A–50。"E–2"空中预警机昵称为"鹰眼"(Hawkeye),是全世界产量最大、使用国家最多的预警机。"E–2"位于机背的雷达罩的直径有 7.3 米,作业时整个雷达罩会旋转,以涵盖 360 度空域。E–2C 可在 556 公里的距离外探测各种飞机,能同时跟踪 2000 多个目标,并控制 40 多个空中截击任务。E–3 预警机是直接在波音 707 商用机的机身上,加上旋转雷达模组及陆空加油模组。AN/APY–1/2 水平旋转雷达可以监控地面到同温层之间的空间(包含水面),其所用的多普勒脉冲雷达可以在 250 英里半径以上的范围内侦测高海拔低速飞行体(以雷达地平线为准),而水平脉冲波(BTH)则可在 400 英里范围内侦测中低海拔(以雷达地平线为准)的空中目标,雷达组中的副监督雷达子系统可以进一步对目标进行辨认和标出敌我飞机,并消去地面物体造成的杂乱信号。

浮空器。浮空器是一种可以在空中保持静态的交通工具(包括软式飞船、硬式飞船以及系留气球),多数都是系留的,但是自由飞行的浮空器(通常称作飞艇)可以在持续的时间里保持位置固定,或者按照任务要求进行移动。自 20 世纪 80 年代起,美国空军就开始使用系留浮空器,携带昵称为"胖阿尔波特"的航空器来提供对美国南部边界地区的雷达覆盖,以探测贩毒飞机。

浮空器可以携带雷达、光学传感器或信号情报传感器,充当空中预警系统,持续进行区域战场监视,中继通信,提供超视距通信能力,也可作为电子对抗平台。一艘飞行高度为 3000 米的飞艇,其雷达对高度 340 米的空中目标的探测距离是 300 公里,对地面的覆盖区域超过 2.8 平方公里,大于 13 部同类地面雷达的覆盖范围。① 美国空军正在研发一种高海拔飞艇,该飞艇可以在大约 20000 米的海拔高度上作业,且可以保持悬空状态长达十年之久。利用其艇载雷达,该浮空器可以在一片类似伊拉克国土面积大小的区域内,对具有情报关切的目标进行监视。

无人机(Unmanned Aerial Vehicle,UAV)。无人机指通过遥控或自动驾驶技术,进行科学观测、战场侦查等任务的飞行载具。一架无人机可携带一种或几种侦察设备(如可见光照相机、电影摄影机、标准或微光电视摄像机、红外扫描器和雷达等),深入阵地前沿和敌后一二百公里,甚至更远的距离,按预定的程序或地面指令完成各种侦察和监视任务,将所获得的信息和图像随时传回地面;也可以将获得的信息记录下来,待无人机回收时一次取用。装备全球定位系统(GPS)后,无人机可与侦察卫星和有人驾驶侦察机配合使用,形成高、中、低空,多层次、多方位的立体空中侦察监视网,使所获得的情报信息更加准确可靠。最著名的无人机是美军装备的 RQ-4A"全球鹰",这是一种高空、耐航、远程无人驾驶飞行器,类似于 U-2,主要用于大区域连续覆盖,其运行高度达 65000 英尺,速度可达每小时 400 英里。它可以逗留在远离目标 3000 英里处,在目标上空飞行 24 小时。它装备有休斯公司的一体化监视与侦察系统(Hughes Integrated Surveillance & Reconnaissance,HISAR)系

---

① 参见周春平《地理空间情报学》,北京:军事科学出版社 2012 年版,第 58 页。

统,可提供光学和红外线影像。它提供长程长时间全区域动态监视,白天监视区域超过 10 万平方公里。"全球鹰"能与现有的"联合可部署智能支援系统"(JDISS)和"全球指挥控制系统"(GCCS)联接,图像能实时传送给指挥官,用于指示目标、预警、快速攻击、战斗评估与再攻击。"捕食者"无人机(Predator)可在高达 25000 英尺的高空作业,飞行速度为每小时 84 至 140 英里。它可以逗留在远离目标 450 英里处,在目标上空运行 16 至 24 小时。它能够提供实时图像,装有空对地导弹,对识别出的目标可以立即发动攻击。"戈尔贡凝视"(Gorgon Stare)携带 9 个传感器(5 个光电传感器和 4 个红外传感器),可以在机上处理图像,把分开的视频图像"缝合"在一起。此外,美国还在考察在目标区域采用弹道导弹发射无人机的可能,以便能够在一小时内对任何可疑地点实施监视。测试版的新型无人机能够一次在空中逗留数天。美国对开发个人能够携带和发射的超小无人机(有些重量仅为 2 公斤或 4.5 磅)也有兴趣。这些无人机作业范围较小,飞行时间较短,但对搜集战术情报很有用处。

与卫星和有人驾驶飞机相比,无人机有明显优点:它们可以飞近关注区域,在其上方盘桓,而不是从高空轨道掠过;运行规律不易被对手掌握,不易被干扰和欺骗;操控人员可以安全地置身于任务区以外很远的地方(甚至数千英里外),通过卫星与无人机联系,不需要冒着被地空导弹击落的危险。此外,无人机携带有高清晰度电视和红外摄像机,能够生产实时图像。

但是,无人机也有缺陷。由于无人机采用远程驾驶方式,依赖电脑构架,容易遭到网络攻击和黑客入侵。2009 年,伊朗支持的伊拉克反政府武装分子通过黑客入侵无人机,掠走了无人机的视频资料。其次,一架无人机可以生产大量图像,处理工作令人望而生畏。

航空侦察对作战的支援非常明显。在 1990—1991 年的海湾战争中,装备"机载警报和控制系统"(AWACS)和"联合监视与目标攻击雷达系统"(J-STARS)的侦察机,几乎可让美国指挥官实时跟踪和确定伊拉克空军和部队的动向。在联军发起进攻之前,"联合监视与目标攻击雷达系统"提供了有关伊拉克地面部队部署的关键数据,使联军对伊军右翼实施了突然打击。[①] 1999 年,北约在科索沃行动中,也使用无人机开展侦察行动,"它们在敌方领空游荡,提供了通过其他方法无法获得的监视情报,并避免了机组人员的损失"[②]。

　　航空侦察的主要优势是其机动性好。飞机能在对象国边境外围执行飞行任务,可以截收在空间无法截收的通信信号,可以在对象国领空之外安全地拍摄边界附近区域的照片,可以截收对方防空雷达信号,而其中一些则可用来精确确定对方飞机航线。无人机可用于对高危区域的侦察。此外,航空侦察还有一些优势:各种侦察飞机比卫星便宜,比卫星离目标更近,能在感兴趣地区的上空盘旋。最重要的是,它们的飞行轨迹无法预测,敌方无法对这种侦察进行拒止与欺骗。

(二) 航天侦察平台

　　U-2 的飞行解决了对苏联能力的核实问题,但萦绕在美国决策者心中的突然袭击的噩梦却没有消除。由于洲际导弹技术的加快发展,苏联的洲际导弹飞到美国只需 30 分钟时间,在这段时间内无论如何是无法采取反制措施的。此外,U-2 的侦察飞行有着严格控制,它不可能一直高飞在天空。因此,发展一种实时或近实时的侦察工具,已经迫在眉睫。1955 年 3 月 16 日,美国空军发布了《第 80 号综合计划要求》,要求发展图像情报卫星。1956 年 10 月,洛克希德-马丁公司获得了第一批生产合同。1957 年 10 月 4 日,苏联发射了第一颗人造地球卫星,这对美国公众及政府的刺激很大,艾森豪威尔命令空军加快 WS-117L 的研制工作。1958 年 2 月,为了堵塞在安全方面的漏洞,空军取消了 WS-117L 计划中的卫星侦察项目,改由与中央情报局合作,共同实施一个代号为"科罗纳"(Corona)的卫星侦察项目。该项目被隐藏在公开的"发现者"

---

① 参见 U. S. Department of Defense, *Conduct of the Persian Gulf War：Final Report to Congress* (1992), pp. 338, 710。

② Abram N. Shulsky, *Silent Warfare：Understanding The World Of Intelligence*, Brassey's Inc, 2001, p. 64.

计划之中。空军为卫星计划提供发射工具、跟踪基地和回收力量，中央情报局负责卫星的研究、发展、签订合同和保密。这个项目因而成为中央情报局最重要的项目。

1959 年 1 月 21 日，第一颗"科罗纳"卫星在范登堡空军基地发射，但没有成功。同年 2 月 28 日在范登堡空军基地发射的"发现者 1"在发射后失控。8 月 10 日发射的"发现者 13"取得了部分成功，此后，装备有"锁眼"照相机的"发现者"卫星发射大多取得了成功。1972 年 5 月 25 日，"科罗纳"进行了最后一次发射。它总共发射了 144 次，其中有 102 次取得了成功，大多数卫星都携带了艾特克公司的全景相机，其分辨率从最初的 15 米逐渐提高到 1.5 米。在整个"科罗纳"项目实施过程中，卫星拍摄的地球表面积超过 70 亿平方公里，获得了大量的图像情报。[①]仅 1960 年 8 月 19 日发射的"发现者 14"就获得了 9 公斤重的胶卷，其照相覆盖面积比历次 U-2 飞行的总和还要大。原来 U-2 无法拍摄到的地区，现在也囊括无余。这对于决策者和情报分析人员来说，无异于在一座漆黑的仓库里打开了一盏巨大的泛光灯。它使美国情报机构估计的苏联洲际导弹数目从数百枚下降到数十枚，从而确证导弹差距优势在美国一边。

"发现者/科罗纳"系列采用回收舱的方式获取图像，由于技术不成熟，回收大多是不成功的。1959 年 4 月，"发现者 2"携带的回收舱落到了北极地区的斯匹次卑尔根岛，结果被苏联回收。因此，美国空军的"卫星与导弹观测系统"（简称萨莫斯 SAMOS，原意为哨兵）就采用无线电传输，它在卫星上使已曝光的胶卷显影，然后对其进行扫描并用无线电将图像数据传回地面。这种卫星的分辨率低于胶卷回收型，但可以胜任普查，并可长时间工作。

1960 年 10 月 11 日，第一颗代号为"萨莫斯-1"的间谍卫星发射升空，但卫星没有抵达预定轨道。1961 年 1 月 31 日发射的"萨莫斯-2"卫

---

① 参见 http://infomanage.com/international/intelligence/spychron.html。

星顺利入轨。它在 300 英里外的分辨率为 20 英尺,其后发射的"萨莫斯"卫星分辨率大致在 5—10 英尺之间。它能在短时间内对大地进行普查,也能对特定地区进行详查。"萨莫斯‐2"间谍卫星发回的 1000 多张照片显示,苏联的洲际导弹数目为 60 枚,而不是美国情报界先前估计的120 枚。

目前,用于空间侦察的卫星有照相侦察卫星、电子侦察卫星、海洋监视卫星、早期预警卫星以及核爆炸探测卫星等。

照相侦察卫星。照相侦察卫星利用所携带的光学遥感器和微波遥感器拍摄地面一定范围内的物体,把图像信息记录在胶片或磁介质记录器上,然后通过无线电传输方式实时或延时传回地面。照相侦察卫星的主要任务是获取对方的兵力部署、战略武器部署、武器发展、国防工业、国防建设以及战备物资储备与分布等方面的战略情报,也可用于战场侦察与监视。

按照相侦察卫星获得的侦察结果的详细程度、侦察面积的大小、轨道高低和怎样把情报传回地面等,照相侦察卫星可分为详查型和普查型两种。普查型侦察卫星的分辨率为 3—5 米,一幅图片覆盖的面积达几千到一两万平方公里,主要用于大面积监视目标地区的军事活动、战略目标和设施的特征以及对危机地区和局部地区的战略侦察。详查型卫星可拍摄目标地域的清晰照片,分辨率优于 2 米,一幅图片可覆盖几十到几百平方公里,主要用于获取局部地区重要目标详细信息,胶卷装在密封舱内由卫星弹出,由地面回收,所获情报要待回收数日以后才能利用。

"发现者"和"萨莫斯"是美国最早的两种图像侦察卫星,此后的实用型光学成像侦察卫星都用 KH(锁眼)编号,其间经历了 KH‐4"科罗纳"、KH‐5"氩"(Argon)、KH‐6"牵索"(Lanyard)、KH‐7(Gambit)和KH‐8"策略"(Gambit-3)、KH‐9"六角体"(Hexagon,又称"大鸟")。其中,"大鸟"亦被称为"低轨道监视平台",兼有普查和详查两种功能,1971 年 6 月 15 日首次发射,携带 4 个胶卷舱,用于传送分辨率达 0.3 米的详查信息,能够在 90 英里的高度分辨出 8 英寸长的物体。卫星上的红外照相机能够发现隐蔽的地下导弹发射井。它使用多普勒信标系统获取精确的定位数据,制图员可以精确测定卫星拍照时的所在位置,可以将苏联境内的地理位置精确定位在几十米的范围内,而早先的定位误差大于 100 米。[①] 代号为"锁眼"的 KH - 11 卫星,1976 年 12 月 19 日首次发射。卫星上装备的相机可不时改变视角,从而可以更频繁地观察同一地点,并产生立体像对。它的在轨时间比"大鸟"要长得多。KH - 11 还有一个更突出的优点:能够即时提供数据,这些数据经贝尔沃堡地面站完成处理后交中央情报局国家图像译释中心分析,然后即可交给决策者。整个过程仅需一小时,因而可用于执行危机监视和预警任务。1990 年 2 月 28 日发射的 KH - 12 载有一个反射望远镜系统、一台红外扫描仪、一个独立的遥感器包(包括光电增强管、专题测绘仪、多谱段扫描仪等)和高分辨率 CCD 可见光相机等设备,可以在 800 公里的空中分辨 0.1—0.15米的物体,还装有被称为"星光视野"的暗视装置,可以进行夜间侦察。

1988 年 12 月 2 日,美国又将能全天候、全天时侦察的"长曲棍球"雷达成像侦察卫星投入使用。这种侦察卫星通过发射并接收无线电波来产生雷达图像,由于无线电波不会因大气层中的水蒸气而衰减,故而可以穿云破雾。此外,它还可以提供地下管道和掩体的图像,这是传统的图像侦察卫星所不具备的功能。第五颗"长曲棍球"雷达成像侦察卫星重达 15 吨,携载直径约 20 米的巨型雷达天线,具有标准、精扫、宽扫等多种工作模式,并具备双侧视能力。[②]

电子侦察卫星。也称电子情报卫星,这种卫星上装有天线和无线电侦察接收设备,能将敌方各种无线电频率的电磁信号实时转发回地面站,或用磁带记录下来,在飞经本国上空时,再把信号回放给地面站。代

① "US Government declassifies reconnaissance satellites information", *Space flight* 45, March 2003.
② 参见周春平《地理空间情报学》,北京:军事科学出版社 2012 年版,第 50 页。

号为"流纹岩"(Rhyolite)的电子情报卫星由中央情报局研制,它能监测遥测装置、雷达和通讯系统,能监听甚高频、超高频和微波频电话和无线电通信。美国中央情报局前局长助理维克多·马凯蒂说,"流纹岩"卫星"能获取我们既想得到而又需要的情报,又是一项称心如意的工程。它可以获取有关苏联洲际导弹试验、反弹道导弹计划、反卫星计划一类的情报和有关中国洲际导弹的情报"①。

电子侦察卫星的主要任务有三项:第一项任务是侦测敌方的战略防御、空防系统和袭击兵器所用雷达的主要参数和位置,配合其他侦察手段判明重要军事态势。现代武器系统都带有相应的雷达装置,有的使用雷达搜索目标(搜索雷达),有的使用雷达为导弹制导(制导雷达),有的用雷达进行火炮瞄准(炮瞄雷达),等等。如果侦察到某地区雷达信号数量和特性与往常不同,则说明该地区武器系统部署发生了变化,由此可判断敌人的战略或战术意图。电子侦察卫星的第二项任务是侦收敌方超短波通信、微波散射通信和卫星通信,获取敌方政府和军队的战略意图等情报。电子侦察卫星的第三项任务是接收导弹试验时向基地发回的遥测信号,通过对遥测数据的分析,能了解导弹射程、投掷重量等性能,掌握敌方战略武器的发展状况,以便采取对策。此项情报美国情报界称之为遥测情报,又称外国仪器信号情报。分析人员一旦确定数据与特征的对应关系,就能利用数据创建导弹的计算机模型,然后推断出如初始重量(发射重量)和有效载荷重量(弹头"投射重量")这样的技术特征。冷战时期,这种遥测分析在跟踪苏联战略武器计划,监视莫斯科对军控协议遵守情况时,是一个特别重要的工具。但遥测分析也有弱点。如果了解到遥测对敌方分析己方武器计划方面的价值,了解敌方搜集其遥测信号的途径,它就会采取措施,保护遥测信息不为敌方所获。②

电子侦察卫星易受干扰和假信号欺骗,空中的无线电波非常密集、

① 转引自[美]杰弗里·里彻逊《美国情报界》,北京:时事出版社1988年版,第132—133页。
② 参见[美]艾布拉姆·舒尔斯基《无声的战争》,北京:金城出版社2011年版,第83页。

复杂,使它难以从中选出有用的雷达和通信信号。当敌方知道电子侦察卫星飞经某地上空的时间时,可以将当地所有雷达和超短波、微波通信设备关机,实施无线电静默,使卫星收不到信号。电子侦察卫星不停地绕地球飞行,仅当卫星飞过某地区上空时,才能对该地区实施侦察。为了连续监视某地区或连续侦听该地区通信内容,必须用多颗电子侦察卫星组网,即在同一轨道内,等间隔地配置3—8颗卫星,以接力方式连续实施电子侦察,提高侦察概率。这对识别信号特征,少受假信号欺骗,也很有帮助。

海洋监视卫星。海洋监视卫星主要用于探测、识别、跟踪、定位和监视全球海面舰艇和水下潜艇活动,监视与跟踪目标沿海岛岸雷达和通信,侦收舰载雷达信号和无线电通信,为武器系统提供舰船之间、舰岸之间超视距目标指示,为作战指挥提供海上目标的动态。海洋监视卫星是20世纪70年代发展起来的先进卫星技术,第一颗海洋监视卫星由苏联于1967年12月27日发射("宇宙-198"卫星),美国从1971年12月开始发射"一箭四星"的试验电子侦察型海洋监视卫星。

海洋监视卫星分两类,即雷达型海洋监视卫星(RORSAT)和电子情报型海洋监视卫星(EORSAT)。前者通过发射雷达波束对海面扫描并接收其目标反射的回波信号,以确定舰艇的位置和外形尺寸,能在恶劣的气象条件下实施昼夜监视。后者利用电子侦察设备截获海面目标发射的无线电通信和雷达信号,以测定舰艇的位置,或利用毫米波辐射仪和红外扫描仪等探测潜航中的潜艇。公开代号为"白云"(White Cloud)的美国电子情报型海洋监视卫星系统由1颗主卫星和3颗子卫星组成,主卫星主要利用各种侦察手段来获取情报,子卫星则装有射频天线,通过射频天线测定电子信号的到达时间,计算精确的信号发射源距离和方位。这种卫星可以为装备有"战斧"巡航导弹的美国战舰提供超视距的侦察和目标指引。1990年,天基广域监视系统(Space-Based Wide Area Surveillance System)取代了第一代"白云"海洋监视卫星。这种监视系统包括海军系统和空军系统两部分,海军系统除了进行电子信号探测外，还包括热红外探测，主要用于监视对方的舰船和飞机，空军系统则以天基雷达为探测器，主要用于战略空间防御，实施全天候监视。

导弹预警卫星。导弹预警卫星的任务是早期发现敌方弹道导弹的发射并发出警报。洲际弹道导弹从发射到命中8000至12000公里以外的目标，约需30分钟时间。导弹预警卫星能够在导弹发射后几十秒内发现它，从而提供约30分钟的预警时间。最初美国曾研制一种低轨道短波红外卫星，代号为"米达斯"（Midas，意为导弹防御与警报系统），后来"米达斯"计划逐渐演变成"国防支援计划"（DSP）。星载红外探测器通过感知火箭发动机燃烧时所喷射之羽状尾焰中的红外线，探测洲际导弹和潜射弹道导弹的发射，并将警报信息迅速传给美军，使其在被来袭导弹击中之前有足够的反应时间。在海湾战争期间，部署在赤道上空的预警卫星每12秒钟就观察一次伊拉克，几乎能实时监视"飞毛腿"导弹的发射情况，为"爱国者"导弹提供了90秒的预警时间。

核爆炸探测卫星。主要用于监视地面、空中和外层空间的所有核爆炸。核爆炸探测卫星上装有多种探测设备，能记录核爆炸时产生的X射线、Y射线、中子数目、电磁脉冲以及火球的闪光等。只要地面上或空中有核爆炸，卫星的仪器就能感知到，并向地面站发回信息。根据卫星收到信号时的位置，可估计出核爆炸的地点，评估核爆炸的规模。

与传统的航空侦察相比，航天侦察具有如下特点：

首先，侦察卫星是"合法的"侦察手段。

在情报史上，对别国从事间谍活动都是一件见不得人的肮脏勾当，它以国家的名誉、领导人的威望及情报人员的死亡为代价，风险极大。但是间谍卫星的出现则从根本上消除了这一切。这种太空飞行器彻底消除了国界的限制，可以自由自在地在太空翱翔。没有人再为之而抗议，更不会有人因此而死亡。情报搜集进入了一个全新时代。由于卫星侦察，美苏两国都相当准确地知道对方战略进攻力量的实际情况，双方都心照不宣地默认了卫星在这方面的侦察能力及其重要性。1972年签订的第一个《限制战略武器协议》中规定：可以用"国家技术手段"监视协议条文和议定书范围内的活动。签字的任何一方不得任意干扰对方的"国家技术手段"。国家技术手段即照相侦察卫星和电子侦察卫星的委婉说法。

其次,侦察卫星可为战略攻击提供准确目标。

战略威慑的有效性在很大程度上取决于战略打击力量的制导系统所用的导航数据,精确的地理坐标是战略打击力量实施攻击的重要依据。有的地图往往把某些重要城镇的地理位置故意标得偏离实际坐标几十或上百公里。为了避免战略武器的打击,苏联曾下大力气出版"错误地图"。美国利用卫星进行大地测量,修正了地图资料,为导弹目标绘出了准确数据。导弹能否精确地飞向目标,还跟地球重力场的变化有关。通过测地卫星探测到的地球重力场的微小不规则变化(主要是洲际导弹发射区和目标区的重力场情况),对洲际导弹设计人员极其有用,能大大提高命中精度。现在的侦察测绘卫星已具有很好的立体地图测绘能力。这种立体地图数据,对于巡航导弹的地形识别制导系统程序的编写,以及对于标绘低空战略轰炸机的突袭线路来说都是必不可少的。

再次,侦察卫星可为战略防御体系提供早期预警能力。

从 20 世纪 50 年代后期起,美国的战略方针是"大规模报复",一旦受到苏联的第一次打击,就全力以赴对苏联的大城市进行报复性还击。大量的远程轰炸机和导弹一直处于戒备状态。但由于地球表面弯曲,远程警戒雷达作用距离有限,不能对敌方导弹和战略轰炸机的来袭发出早期警报。当地面预警雷达搜索到来袭目标时,距离已经太近。1971 年 5 月第一颗实战型的预警卫星,即"国防支援计划"卫星被送入印度洋赤道上空 35800 公里的地球同步轨道。1983 年 8 月 23 日,里根总统提出了"战略防御计划",并于次年成立了战略防御计划局,企图建立起完善的多层次战略防御体系,一种有代表性的方案是设四个防御层,分别在导弹的助推段、助推末段、飞行中段和弹头重返大气层时进行拦截。这依赖于高效能的早期预警卫星系统。导弹预警卫星的出现使这种战略防御体系的建立成为可能。

最后,侦察卫星可运用于战场情报支援。

由于侦察卫星具有侦察平台高、覆盖面积大、飞行速度快、侦察效果好、情报真实可靠、准确及时等优点,因而也是一种很好的战役、战术侦察手段。在中苏边界冲突、印巴战争、中东战争、马岛战争、塞浦路斯冲突、中国对越自卫还击战、苏军入侵阿富汗、美国入侵格林纳达等事件期间,美苏都发射卫星进行侦察,获取情报。在伊拉克战争中,美军动用了6颗军用成像卫星(3颗 KH－12 和 3颗"长曲棍球"),每颗卫星一天两次通过伊拉克上空。先进的卫星系统、侦察飞机、地面站和地面侦察人员组成了一个天、空、地(海)一体化的情报、侦察和监视系统。该系统可为部队提供对方作战部署、兵力兵器和作战意图等方面的情况以及毁伤效果评估,同时也为"战斧"巡航导弹和联合直接攻击弹药(JDAM)等精确打击武器提供目标信息,为"爱国者"导弹提供预警信息和目标信息。由此可见,获得太空优势是取得信息优势的重要保证,空间系统是实现"传感器到射手"作战模式的重要基础。

同其他各种侦察手段一样,航天侦察也有自身的缺点和现实局限性。

首先,受制于轨道物理学定律,侦察卫星只能沿着固定轨道飞行,其机动灵活性明显不如侦察飞机、侦察车辆和侦察舰船,无法完成对运动目标的跟踪及连续侦察。在卫星运行的大部分时间内,它是毫无用处的。虽说可以通过某些方式使侦察卫星完成机动变轨,但这类机动变轨的变化程度受飞行高度限制,并不能完成大幅度的变角飞行。机动变轨也会给侦察卫星的使用寿命造成不良影响,使后者的工作质量无法得到保证。

其次,虽然卫星的飞行不受气候和地理条件的影响,其侦察质量还是受天气等条件的制约和影响。例如,阴雨天气和多雾天气对可见光照相侦察卫星的影响很大,而夜间条件下,红外和多光谱侦察卫星的分辨率也不是很高。虽然美俄等国在提高侦察卫星在恶劣天气条件下的工作质量方面取得了长足进步,但在目前情况下要想彻底消除天气条件对卫星侦察工作的影响还是不可能的。

再次,侦察卫星的飞行速度极快,单凭少数几颗卫星根本无法完成对某一地区目标的长时间或是连续侦察覆盖,也无法准确追踪侦察目标的变化情况。目前许多国家就是利用侦察卫星的这一弱点采取反侦察措施,在卫星侦察的间隔期内调整部署,完成调动。

最后,卫星的轨道是可预测的,因此对象国可以提前对其部队和敏感设施预警,通报侦察卫星对其实施侦察的时间。例如,1998 年印度在进行核试验之前,就成功地利用它对美国卫星性能的了解,进行了有效的拒止与欺骗行动。

第三节　公开来源情报资料搜集

通常认为情报具有隐蔽性,但通过公开、合法的手段搜集情报却是军事情报工作的重要组成部分。今天的公开来源情报工作(Open Source Intelligence,OSINT,也译为开源情报)是军事情报不可缺少的来源,是军事情报工作的重要组成部分。美国情报界将其列为一个重要的情报门类,与人力情报、技术情报等情报手段并列。

一、公开来源情报工作概述

公开来源情报工作是通过公开、合法的方式,从公开来源获取信息,并进行加工、提炼获取情报的过程,其生产流程与一般情报流程一致,其产品称为公开来源情报。

公开来源情报工作涉及公开来源情报信息、公开来源情报等名词。美国学者罗伯特·斯蒂尔(Robert David Steele)把公开来源情报区分为四个截然不同的范畴[①],包括公开来源资料、公开来源信息、公开来源情报,以及经证实的公开来源情报。所谓公开来源资料(Open Source

---

[①] 参见 Robert David Steele, "Open Source Intelligence," in Loch Johnson (ed.), *Handbook of Intelligence Studies*, NY: Routledge, 2007, pp. 131 - 132。

Data，OSD），即原始印刷品、广播、口头报告及其他形式的原始来源信息，如照片、录音带、商业卫片或个人信件等；公开来源信息（Open Source Information，OSIF）通常是广泛分发的普通信息，包括报纸、书籍、广播和每日报告等；公开来源情报（Open Source Intelligence，OSINT）是有意识发掘、识别、提炼并分发给精选受众的信息，旨在回答特定的问题，满足特定的情报需求；经证实的公开来源情报（OSINT/OSINT‑V）具有很高确定性，可由拥有秘密情报来源的全源情报专业人员生产，也可来自公开来源。① 实际上，这种区分仅是情报与信息在公开来源情报手段上的体现，我们依然可以把公开来源情报工作涉及的名词分成两类，一类是公开来源信息，一类是公开来源情报，后者是前者经过加工、提炼的产品，它们之间有着明显的区分。

美国《国防部军事与相关术语辞典》将公开来源情报定义为：大众可以得到的具有潜在情报价值的信息。② 2001 年出版的《北约公开来源情报手册》将公开来源情报定义为，从任何公开可用来源获取的，印制、电子甚至口头形式的非涉密信息。③ 这两个定义明显把公开来源信息与公开来源情报混为一谈。2006 年，美国陆军部将公开来源情报定义为，通过对公开信息的系统性搜集、处理和分析而得到的情报。④ 这一定义符合定义学的要求。美陆军 2010 年版《情报》野战手册（FM 2‑0）援引了这一定义。⑤

公开来源情报手段是最早的情报来源之一。近代专业情报机构缺乏专业化的人力情报搜集能力，通过公开来源获取情报就成为其唯一的手段。例如，英国陆军情报部在成立之初不从事间谍活动，但拥有世界

---

① 参见 NATO, *OSINT Handbook* (2001), pp. 2‑3。
② 参见 U. S. Joint Chiefs of Staff, *Joint Publication* 1‑02, *Department of Defense Dictionary of Military and Associated Terms*, 8 Nov. 2010, p. 268。
③ 参见 NATO, *OSINT Handbook* (2001)。
④ 参见 PB 34‑05‑4, *Military Intelligence* 31, no. 4 (October‑December 2005), p. 12。
⑤ 参见 Department of the Army, *Intelligence FM* 2‑0 (March 2010), 11‑1。

上最好的军事图书馆,丰富的图书资料成为情报部最重要的情报来源,情报部花在研究秘密情报方面的时间远少于阅读报纸的时间。① 第二次世界大战中,英国情报机构广泛利用公开来源情报。

美国情报机构也十分重视公开来源情报手段。第二次世界大战期间任美国海军情报主任的扎卡里亚斯海军少将曾言:"和平时期在我们的情报中约95%得自公开来源,如国外出版物,旅行家的观察报告,报纸上的文章或者专业杂志上的研究论文以及外国无线电台的广播和类似的其他方面……只有1%,甚至往往比这个比例更小,是得自真正的秘密来源。"②中央情报局国家评估办公室主席谢尔曼·肯特说,有90%以上的情报是可以通过公开途径搞到的。③ 珍珠港事件发生之前,公开来源情报资料是美国决策者了解国际动向最快、最好的情报来源。哥伦比亚广播公司的威廉·夏伊勒、《纽约时报》的奥托·托利切斯(Otto Tolischus)的新闻报道具有极高的情报价值。美国驻德大使多德的小女儿马莎·多德说:"总体说来,来自德国的消息就正在德国发生的情况传达了一个相当准确的图像。我所认识的那些记者的勤奋程度令人吃惊,他们有良好的新闻来源,比大多数人更能了解德国及那里所发生的一切。"④第二次世界大战期间,德国人有效地实施了报刊审查制度,但依然公布所有货物的货运价格,包括石油产品。根据这些价格表,美国战略情报局分析人员沃尔特·利维(Walter Levy)运用地理空间建模,查明了德国炼油厂的准确位置,为盟军的战略轰炸提供了准确的目标。⑤ 服务于美国驻欧空军参谋部的战略情报局的经济学家,使用大量公开经济数

---

① 参见 Christopher Andrew, *Secret Service*: *The Making of the British Intelligence Community*, London: Guild Publishing, 1985, pp. 22 - 23。
② [美]扎卡里亚斯:《秘密使命》,北京:群众出版社 1979 年版,第 1 页。
③ 参见[美]谢尔曼·肯特《战略情报》,北京:金城出版社 2012 年版,第 174 页。
④ Ernest. May, *Knowing One's Enemies*, New Jersey: Princeton University Press, 1986, p. 486.
⑤ 参见 Walter Laqueur, *The Uses and Limits of Intelligence*, Somerset, N. J.: Transaction Publishers, 1993, p. 43。

据,协助美国空军制定战略轰炸计划,以摧毁石油企业和滚珠轴承工厂这样的德国工业基础设施。①

　　第二次世界大战后,情报搜集技术突飞猛进,但公开来源情报资料依然是最重要的情报来源。例如,要想了解美国的情况,只需光顾美国政府出版局。在冷战期间,中央情报局从苏联的公开出版物,了解苏联产品的价格和产量,进而估计苏联的经济状况,"这是迄今为止社会科学研究中最大的独立项目"②。通过公开资料的搜集与研究,中央情报局在冷战后期预测了苏联的经济形势,进而判断苏联的政治局势,得出了戈尔巴乔夫改革受挫、苏联政局不稳的结论。美国陆军情报与安全司令部所辖亚洲研究小组(Asian Studies Detachment)一直通过公开渠道搜集、处理和分析中国、朝鲜和其他潜在对手的军队能力、兵力部署和战备方面的信息,汇报该地区各国经济、环境、政治和社会状况等情况。其成果包括朝鲜地下核设施、中国人民解放军空军航空航天科学技术的发展情况等,28次被美国国防情报局、国家地面情报中心和国家航空航天情报中心等机构评为具有"重大意义"。③ 冷战结束后,美国海军陆战队情报单位(MCIA)通过公开渠道进行远征要素研究,出版了三卷本研究报告《第三世界远征行动筹划和计划的要素评估》,涉及 67 个国家和 2 个岛群。后来该研究扩大到 80 个国家,其成果定名为《远征任务要素情报分析需求研究》(ExFac Study),分发陆战队有关单位。这些影响作战的要素包括:毒品威胁,恐怖主义,灰色武器和技术转让,核生化,美国资产,(敌军)海陆空军战斗序列,持续的冲突,文化,气候,海岸特征,地图、海图和大地测量,机场航站,港口,非战斗撤离后勤保障,高速公路和铁路,

---

① 战略轰炸结果各异。战略情报局的经济学家设计了一套相对复杂但实用的目标选择系统,但他们缺少足够的德国战时经济数据来充分发挥他们的战略分析优势。参见 Stephen Peter Rosen, *Winning the Next War: Innovation and the Modern Military*, Ithaca, N. Y.: Cornell University Press, 1991, pp. 148 - 170。

② Gregory F. Treverton, *Reshaping National Intelligence in an Age of Information*, New York: Cambridge University Press, 2001, pp. 8 - 9。

③ 参见 Department of the Army, *FMI 2 - 22. 9* (2006), 1 - 1。

地理条件概况,跨国机动性,通视性,行动高程,重要基地,通讯设施,医疗行动等。研究结果形成非常有用的"战略性概览",可以用于支援远征作战行动计划拟制。[①] 美国众议院"面向 21 世纪的美国情报界"研究小组(IC21)称,在美国情报界的情报产品《国家情报日报》中,引用最多的情报来源是公开信息以及国务院的报告,其次是中央情报局的特工报告、信号情报、图像情报以及武官的报告。[②]

公开情报工作最发达的国家当推日本。日本最早的民间情报机构玄洋社、黑龙会等,虽然也通过秘密手段搜集情报,但其主要情报来源是公开调查。例如,1886 年,荒尾精创办汉口乐善堂,以营销眼药水(精水)、药材、书籍、杂货为掩护并提供经费,开展"中国调查的试行调查",范围重点在中国西北、西南地区。1889 年荒尾精回国,向参谋本部提交了 2.6 万字的《受命书》,对中国的朝廷、内政、人物、兵事、欧洲四大国(英、法、德、俄)的对华策略作了详细分析。1892 年,根津一依据汉口乐善堂和上海日清贸易研究所的中国实地调查材料,编成《清国通商总览——日清贸易必携》,分地理、交通、运输、金融、产业、习惯等项,成为当时日本人从事对华各项活动的百科辞典。[③] 东亚同文书院先后派出 14 批"中国通"以"旅行"为名,到中国各地实况绘制 5 万分之一标尺的军用地图,测绘路线包括新疆、内蒙古、西藏,往往精确到地表的一棵树、一间房,涵盖路径、矿场、水源等相关信息,标注尤其细致。这些地图在日军侵华过程中起到了向导作用。1924 年 5 月创立于北京东城的东方文化事业总委员会专注于中国的文化情报,以搜集和整理中国文化界动向为特色。成立于 20 世纪 20 年代中期的东亚研究会,专门研究中国的社会文化问题,涉及中国的历史、文化、地理、文艺、社会、政治、军事等各个

---

① 参见 Joint Military Intelligence Training Center, *Open Source Intelligence*: *Professional Handbook* (October 1996), p. 95。

② 参见 House Intelligence Community, IC 21: *Intelligence Community In The 21st Century*, Washington, D. C. , March 4, 1996, pp. 186 - 187。

③ 参见冯天瑜《略论东亚同文书院的中国调查》,载《世纪书窗》2001 年 7 月 17 日。

方面。伪"满洲国"建立后,日本民间情报机构——"满铁"迅速加强了在华北的经济调查活动,向中国驻屯军提交了《华北独立场合的金融对策》、《日满华经济依赖关系调查》、《华北财政关系报告书》等调查报告。1936 年和 1937 年,满铁经济调查会与天津事务所合作,在华北驻屯军的支持和冀东伪政权的协助下还进行了两次"冀东农村实态调查",调查成果包括 25 个村的"实态调查报告书",以及《冀东地区十六县县势概况报告》,为制定关于华北主要成分农民的农村政策取得基本资料。

满铁对我国南方开展的调查活动中影响最大的是"中国抗战力调查",该项调查于 1939 年 7 月着手至 1940 年 5 月汇总,形成了以《昭和 14 年度总括资料》为名的报告书,获得了我国南方各省和国民政府政治、经济、军事等各方面资料,对日军调整侵华战略方案和部署起到了重要作用。"中国惯行调查"是满铁上海事务所在我国南方从事的又一重大调查活动,调查成果《华中惯行调查参考资料》为日本更好地了解中国社会、维护殖民统治提供了重要依据。[①]

战后,根据和平宪法第九条,日本放弃了战争的权利,秘密侦察手段的发展受到很大限制,公开情报搜集手段成为日本主要的情报搜集手段。内阁调查室的六个部中有四个在从事公开情报工作。日本陆、海、空自卫队的资料队专门从事公开资料研究。日本陆上自卫队资料队翻译的外国报刊、杂志主要有苏军机关报《红星报》和《军事通报》、美国《航空周报》、西德《士兵与技术》等专业书刊,美国议会议事记录,中国共产党机关报《人民日报》等。资料队从这些报刊杂志中摘译与日本有关的重要资料,每月出版近百页的《情报资料月报》和《技术资料月报》。[②] 例如,从苏联的铁路、班机时刻表,资料队可以推测出西伯利亚铁路的运输能力和机场跑道的长度;由增发通勤列车班次这一信息,资料队查明了中国新油田的位置;从人事变动消息,资料队也可在某种程度上掌握部队调动情况;从"沉着排

---

① 参见解学诗《日本对战时中国的认识——满铁的若干对华调查及其观点》,载《近代史研究》2003 年第 4 期。
② 参见[日]朝日新闻社编《新情报战》,北京:海洋出版社 1985 年版,第 93 页。

除故障的驾驶员"的消息报道中,资料队分析出苏联燃油系统的弱点。①

公开来源情报资料工作也是近代中国主要的情报来源。1930 年夏,国民党特务机构中央组织部调查科增设"特务组",搜集有关中共活动的情报资料,进行策划与调查研究,设计指导反共活动;增设"言文组",负责搜集各省市的报章杂志、各种进步刊物以及国外的华文刊物,分门别类加以剪贴,以掌握中共及其他党派的最新动态。② 1932 年,中央组织部调查科扩编为特工总部,情报科是特工总部的主要业务部门,日常工作是编辑《每日情报》,罗列当日搜集到的有关中共、民主党派、国民党内反蒋派系以及日、苏等各方面的重要情报。训练科开设了一所图书室,广泛收集各地特务查抄到的中共各种秘密文件和书报杂志,后来发展成中共早期资料的收藏"宝库"。1935 年国民党军重占江西后,陈诚在瑞金等地又搜集了不少来不及销毁的中共档案,汇集于此。③

我党我军历来十分重视对于军事情报资料的搜集与使用。1929 年 11 月 28 日,毛泽东在给中央的一封信中写道:"惟党员理论常识太低,须赶急进行教育,除请中央将党内出版物(布报、红旗、列宁主义概念、俄国革命运动史等,我们一点都未得到)寄来,另请购书一批,我们望得书报如饥似渴,务请勿以事小弃置。"④这封信里同时还附有一封致李立三的信,称"我知识饥荒到十分,请你时常寄书报给我"。同年,傅连璋利用合法身份,在汀州订了上海《申报》、《新闻报》及广东《工商时报》、《超然报》,派人送给毛泽东,受到毛泽东称赞。1941 年,中央作出决定,要求全党同志要动手"搜集国内外政治、军事、经济、文化和社会阶级关系方面的资料,加以进行研究,以为中央工作的直接助手"。中央政治研究室、总政敌军工作部等单位也相继成立专门从事公开信息搜集研究的部门。

---

① 参见[日]朝日新闻社编《新情报战》,北京:海洋出版社 1985 年版,第 94 页。
② 参见张文等《特工总部——中统》,香港:中原出版社 1988 年版,第 6 页。
③ 1949 年国民党退台后,这些资料被完整地存放在台北青潭,形成了"荟庐"资料,成为海外研究中共问题的重要资料。
④《毛泽东书信选集》,北京:人民出版社 1983 年版,第 27 页。

1941—1942 年间,毛泽东多次电请周恩来在国统区"购买各种书籍,不论普通的专门的","指定专人收集中外各地出版的关于国际问题的各种书籍"。1942 年 5 月 10 日,中央情报部一室(主要负责军事调查)设立公开情报研究单位——书报简讯组,对外称"书报简讯社",通过各地情报组织搜集了大量公开刊物,仅晋绥边区就系统定购了 13 种日文报纸、10 种中文报纸及大量书刊、年鉴,并专门设立两条秘密交通线,源源不断地将各类书报从敌伪区运往延安。这些材料经"书报简讯社"积累研究,逐步形成对重要事件、问题、人物、组织的系统的情报材料。在极度封闭的陕甘边区,"书报简讯社"以党的积极抗日和发展路线为指针,以秘密情报材料为佐证,系统整理出大量有价值的战略情报。毛泽东为《书报简讯》题词:"书报简讯办得很好,希望继续努力,为党即是为人民服务。"1944 年,美军观察组组长包瑞德在延安看到了 10 天前在东京出版的《朝日新闻》,惊讶不已。他后来在回忆录中还赞叹中共情报工作效率之高。[1] 解放战争时期,中共的公开情报搜集研究工作已经比较系统化,"书报简讯社"对公开信息的搜集整理工作也达到空前规模,通过对大量公开信息的分析研究,把某一事件、某一人物的动向以及各方面反应等,逐步组织成主题鲜明、内容详实的大部头专项情报材料,提供给中央领导与有关部门。情报产品也由以战略情报为主,逐步向战场情报领域拓展。新中国成立前夕,"书报简讯社"编写了数百万字的平津豫等十几个省市概况,对国统区重要机构、企事业单位,以及社团、帮会历史沿革、现状、主要人物等都有较为系统全面的介绍,为党中央制定解放和接管城市的基本政策提供了重要依据,一些材料的翔实程度甚至超出后来缴获的"国民政府"卷宗。新中国成立前夕,周恩来同志签发专门文件指出:"我们的原则应当是公开调查研究工作和秘密情报工作密切结合,互相佐证,两者不偏废。"[2]公开情报与秘密情报并重,成为中共情报工作的一项基

---

[1] 参见郝凤云《毛泽东与书报资料工作》,载《聊城师范学院学报》1993 年第 4 期。
[2] 薛钰:《周恩来与党的隐蔽战线——试谈民主革命时期周恩来对我党情报保卫工作的贡献》,载鲁振祥主编《周恩来百年纪念论文集》,北京:中共中央文献出版社 1998 年版。

本原则。

进入信息时代后，公开来源情报搜集获得了进一步的发展。1990年，美国情报分析家罗斯·斯坦雷顿·格雷首先提出"互联网公开来源情报资料搜集"这一概念。罗伯特·斯蒂尔积极倡导对现行的情报机构进行改革，改变目前情报机构过度依赖秘密情报的现状，主张将公开来源情报与秘密情报有机结合起来，从而使情报发挥更大作用。2001年和2002年，他为北约编写了《新北约公开情报手册》和《北约公开情报读物》，为北约在新形势下开展公开情报工作提供了理论指导。此外，他还撰写了《论情报：开放世界中的间谍与秘密》、《新情报术：个人、公众和政治》等，对公开情报理论进行了系统阐述，提出改变情报界的秘密文化，加强情报界与私人机构的合作，提高公开情报的利用率等。20世纪90年代以来，他主持召开了15次以上有关公开情报方面的国际会议，极大地促进了公开情报问题在世界范围内的探讨和研究，被称为领导世界潮流的公开情报领域专家之一。

二、公开来源情报资料的类型

公开来源情报资料种类繁多，可以通过无线电、电视、报纸，或者通过商业数据库、电子邮件或移动电子媒介（如信息存储光盘等）传播。[①]概括而言，公开来源情报来源可以区分为如下几种：

文献资料，也称为文献情报（Literature Intelligence，LITINT）。文献资料是最早出现的公开来源情报资料类型，也是最常用的公开来源情报资料类型。文献是一种相对"固化"的信息，具有稳定性、连续性、相对完整性。它有两种形式，其一是硬拷贝，即从印刷机、打印机、复印机等得到的印刷件，另一则是从显示器等装置上面显示的图像、文字，即软

---

① 参见 Robert D. Steel, *United States Marine Corps Comments on Joint Open Source Task Force Report and Recommendations* (Working Group Draft), C4I2 Department, Resource Staff, 11 Jan. 1992. p. 4。

拷贝。

　　文献资料按出版形式可划分为图书、期刊、报纸、专利文献、会议文献、研究报告、政府出版物、学位论文、标准文献、产品资料和其他文献等类型。各国的内政、外交方针、政治、经济、军事和文化教育及其他的社会活动，科学领域的新观点、新发现、新创造和新发明，往往会首先在报纸上披露出来。即使是在严格实施新闻检查制度的国家，老资格的情报专家仍然能够从报刊里寻找到十分可贵的情报材料。

　　政府出版物是各国政府和议会发表、出版的文献，对于了解各国的政治、经济、军事、文化、科学技术等情况具有较高的参考价值。政府出版物的内容广泛，一般可区分为行政性文献和专业性文献两大类。行政性文献一般包括政府工作报告、国会记录、政府法令、计划及其实施情况、报告、决议、指示以及调查统计资料等；专业性文献包括政府所属各部门的专题研究报告、技术性政策和有关的业务资料等。地图包括地形图、地质图、行政区划图、概况图、道路图、城市图、街道图、旅游图、航空图、气象图、海洋图、港口图等。它反映自然和社会现象的地理分布与联系，是了解各国人口、面积、地理位置、地形地貌、气候和生态环境、自然资源、工农业布局、交通枢纽和运输情况的重要来源和行军作战的必备工具。它的军事情报价值与比例尺的大小、成图方法、制图工艺水平、测绘与出版机构、出版年代与版次密切相关。

　　声像资料。即有声音或图像的情报资料，包括通讯社、广播、电视提供的信息等。最著名的声像资料来源是美联社、合众社、法新社、路透社四大通讯社，它们控制了世界上75％的电视节目和60％的广播节目的生产制作业，传播着西方80％—90％的新闻，具有极高的情报价值。有些国家的军队也设有独立的广播电台和电视台。如美军广播电视部拥有9颗卫星、3个电视频道、9个广播频道、1000多个播出站点，广电网络遍布全球，覆盖178个国家和地区，以及美军海上舰队的1000余个站点，提供丰富的广播电视节目。监听这样的声像网络，可以获得丰富的情报。

此外,声像资料还包括电影、录音、录像、幻灯片等,它们具有不可低估的情报价值。一部反映大规模军事演习的电影纪录片或录像带,把一国军队理论上的作战原则与实战的军事行动融为一体,展现在人们面前,其视觉冲击力是文字材料难以企及的。

照片资料。包括普通照片、新闻照片、技术装备照片、风景照片和广告宣传照片,它们不仅能给人以直观感受,而且能如实地反映拍摄对象的情况。历史上就曾有旅游风光图片为进军取胜铺平道路的例子。在1942年的太平洋战争中,美国战略情报局从一位旅游者手中获取的7张风景照片,成为美军获得的关于瓜达尔卡纳尔岛的唯一情报信息。

商业图像业是应用最广泛的公开来源。信息时代,高分辨率卫星图像已经实现了商业化,分辨率10米的商业卫星图片就足以绘制带有等高线的1比5万作战地图,并制作三维模拟影像。海湾战争期间,SPOT图像公司只花了60天时间就搜集了美军精确打击目标定位所需的地图、海图和大地测量信息,制作了1比5万带有等高线的作战图。① 目前IKONOS可以提供分辨率为60厘米的全色卫星图片,Quickbird可以提供分辨率为1米的卫星图片,SPOT可以提供分辨率为2米的全色卫星图片,适合于制图、三维任务预演以及空中精确打击,且可以通过网络订购。

实物。这主要指材料取样(Materials Sampling)和物料获取(Materiel Acquisition)。材料取样包括对微量元素、微粒状物质、废水、碎片残骸的收集和分析。物料获取特指获得某一件设备或者设备的一个部件,比如集成电路芯片、汽车、导弹或者雷达。对获取的实物进行逆向工程,就可以复制这个部件或者设备。对获取的实物进行性能分析,可以确定设备的优缺点,并研究出反制措施。美国情报界将这种新颖的

---

① 参见 Joint Military Intelligence Training Center, *Open Source Intelligence*:*Professional Handbook* (October 1996), p. 45。

情报搜集手段称为物料与材料利用。①

互联网。最大的公开信息来源是国际互联网。大多数报纸、新闻社都设有网站,实时更新世界各种事件的进展、意见和看法。许多出版物和媒体资料都能在网络上获取。通过互联网,训练有素的搜集人员,能搜索并监视可提供敌人意图、能力和行动征候与预警信息的互联网站。搜集人员可以跟踪并监视报纸、广播电台、电视台和互联网站,定期搜索网页和数据库,以寻找具有情报价值的内容。

经验丰富的情报人员发现,在各类网站上进行搜索,获得的情报不超过全部公开来源情报资料的 3% 至 5%。更有价值的是"深度网"(Deep Web),即没有被搜索引擎列入索引的网络。深度网的规模比容易访问的网络规模要大 500 倍左右。②

在线数据库(Online Databases)。互联网对公开情报的意义,在于其庞大的在线数据库。所谓在线数据库,就是将专业数据库放在服务器上,供用户 24 小时不间断访问。专业在线数据库一般需要授权才能访问,著名的专业在线数据库包括 Lexis-Nexis、Factiva 和 Dialog,以及简氏信息集团、Stratfor 和 Oxford Analytic 等。

灰色文献(Gray Literature)。即不公开的、内部的和半保密的文献,如工作论文、技术报告、白皮书、数据套件、会议摘要、商业图像、大学的年鉴、企业的旅行报告,等等,一般由非盈利机构、商业机构、教育机构、政府、俱乐部和协会等生产制作。它们包含敏感的或专用信息,对它们的接触受限,因此称其为公开来源稍有牵强。然而,由于文件控制或分发上的错误,这类文献仍可在公共图书馆找到,通过秘密搜集(例如通过人力情报手段)常可获得。许多研究机构的内部出版物,即使是在不保密的时候,也常常比一般的行业杂志更有价值。它们往往能够就该机构

---

① 参见 Robert M. Clark, *The Technical Collection of Intelligence*, Washington, D. C.: Congressional Quarterly Press, 2010, Chapter 11。
② 参见 Mark M. Lowenthal, *Intelligence: From Secrets to Policy*, Washington, D. C.: Congressional Quarterly Press, 2011, p. 112。

正在开展的工作提供更多细节。会议讨论记录也属于灰色文献类,通常比广泛散发的期刊和杂志更有价值。因特网上有些站点和有密码保护的聊天室类似于灰色文献,往往具有巨大的情报价值。当然,如何进入这些站点是一个很大的挑战。

智库。当代思想库数量惊人,它们专门从事与国家安全和对外政策有关的政治、经济、军事情报和战略问题等研究和分析,定期出版书刊和报告(如《兰德评论》、《布鲁金斯评论》等)、发表文章、举办讲座等,甚至直接参与政府的决策咨询。凭借在某些领域的深入研究,思想库在政府决策方面具有重要作用。例如,日本的野村综合研究所、英国战略研究所等,都是著名的具有情报研究职能的学术研究机构。美国的赫德森研究所早先以研究核战争著称,现在防务问题占其研究项目的一半。斯坦福研究所最大的合同单位是美国国防部和其他政府部门,75%以上的项目源于政府。《简氏防务周刊》拥有独特的情报来源、分析专家、外语专家以及与各方的广泛联系,其出版内容涵盖绝大多数国家。《公开来源情报:对国防情报界利用的评估》称,简氏参考出版物为军事情报分析人员提供了武器更新和销售的第一线索。此外,简氏还能提供非传统力量的战斗序列,如索马里军阀、跨国犯罪组织、第三世界革命组织等。1996年8月3日,阿斯平—布朗委员会举行有关公开来源的闭门听证会,委员会进行了一项基准测试,让 OPEN SOURCE SOLUTIONS 公司和情报界同时利用公开来源搜集有关布隆迪的情报。在快速订购后,委员会马上得到了简氏提供的部族武装战斗序列信息,Oxford Analytica 提供的战略评论,Eastview Publications 提供的俄罗斯 1 比 25 万地图。这一结果充分凸显了智库作为公开来源情报资料的便捷性。①

三、公开来源情报搜集的特点

公开来源情报搜集是与秘密搜集相对而言的。它不受发行、传播范

---

① 参见 Joint Military Intelligence Training Center, *Open Source Intelligence*: *Professional Handbook* (October 1996), p. 76。

围的限制,或者只受一般性的限制,可以通过各种公开手段或合法程序获得。它具有如下特点:

较易获得。公开来源情报的主要价值,在于它的获取相对容易。1994 年 3 月 1 日生效的美国中央情报主任第 2/12 号指令对公开来源情报的定义就是,"可公开获取的信息(即任何公众可以通过索要或观察合法获取的信息),以及在一定范围内公开发行或访问的非机密信息"[①]。通常情况下,大多数公开来源资料,通过订购、购买、索取、收听、交换、收看或参观等公开、合法途径和方法均可获得。20 世纪 70 年代,日本的某广播新闻社从监听中国广播节目搜集到的资料中,整理出了《中华人民共和国组织人名簿》一书,书中介绍了我党中央、国务院各部委、最高人民法院、各军区的负责人和各省、市、自治区常委和政府系统中的负责人的情况。冷战时期,即便如苏联这样一个封闭国家,有关苏联的情报至少也有 20% 来自公开来源。在互联网时代,公开来源情报资料的获取更为容易。

数量庞大。随着信息技术的迅猛发展,人类社会已迈入名副其实的海量信息时代。全世界各种文献量将超过每年 1.2 亿册,平均每天出版文献达 30 万件。其他如各种视听资料、电视、电报、电话、广播等传播的情报量更是大得惊人。公开来源情报的这一特点,在"信息爆炸"的时代表现得尤其突出。

内容广泛。公开来源情报资料来源广泛,从政治、军事、经济到人文、社会、地理,可以说是无所不包。例如,分析外国政府领导人的讲话,把它放到相关背景中进行分析(例如,他们在对谁说话,他们有些什么日程安排),你可以发现他们的态度、个性(用于建立人物传略)、政府所强调的重点等。经济分析十分依赖公开来源情报,科技分析在预测中广泛采用公开文献,军事情报资料较难获取,但公开来源情报也可提供一些

---

① Joint Military Intelligence Training Center, *Open Source Intelligence: Professional Handbook*, p. 5.

线索。例如,公开来源提供的恐怖分子和叛乱组织的情报特别有效。[1]所以,一个训练有素的、具有高度情报意识的情报人员不难从政府工作报告、国会的辩论、财政预算的讨论、科学技术情况报道等公开来源中,获得某一国家或国家集团有关政治、军事、经济、科技、社会、自然环境等各个领域的资料。

性价比高。现代通信技术的发展使公开来源情报具有极高的性价比。公开来源花费成本与秘密手段相比只是九牛一毛,但其能力和效益却远超想象。1995 年,美国情报界公开来源项目办公室主任约瑟夫·马尔科维茨(Joseph Markowitz)称,国家对外情报项目所资助的全源情报产品中有 40% 左右来自公开来源,但只花费了该项目预算的 1%。专家普遍认为,公开来源对全源情报产品的贡献度占到 40%—60%,在反恐和防扩散领域占到 80%。[2] 美国国防情报局前局长塞缪尔·威尔逊(Samuel V. Wilson)认为,"90% 的情报来自公开来源,另外 10% 来自秘密工作,只是后者更引人注目。真正的情报英雄是福尔摩斯,而不是詹姆斯·邦德"[3]。不管这一比例究竟是多少,公开来源情报的性价比没有争议。

处理任务繁重。处理与利用是情报工作中的一个重要环节,未经加工与处理的情报信息只是普通信息,不会形成知识的增值,也就不会成为情报。公开来源情报资料的易得性,导致其加工处理任务特别繁重,由此可能形成一系列问题。

首先,公开来源情报资料中的信息过载问题十分普遍。通常情况下,情报机构总是把搜集放在第一位,而加工、处理和分析总是放在第二位。情报机构搜集了大量的信息,但其加工处理能力却远远没有跟上,

---

[1] 参见 Susan B. Glasser, "Probing Galaxies of Data for Nuggets," *Washington Post*, November 25, 2005, A35。

[2] 参见 Joint Military Intelligence Training Center, *Open Source Intelligence*: *Professional Handbook*, p. 92。

[3] Donna O'Harren, "Opportunity Knocking: Open Source Intelligence For the War on Terrorism,"*Thesis*, Naval Postgraduate School, December 2006, p. 9.

造成了信息过载。对公开来源情报工作而言,这一问题尤其突出。

其次,公开来源情报分析对情报分析人员的素质提出了极高的要求。公开来源信息的易得性,是相对的。并非所有公开来源信息均可通过互联网便捷获取,很多重要信息存在档案室、图书馆及其他知识库中,部分只有向政府来源和私人提出搜藏申请才能获得。信息的可用性或者访问能力并不总是国际性的。据美国统计,大约 80％ 的所需资料,既不是电子格式的、英语的,也不是已出版发行的,需要专家将这些未完全成形的来源组合成连贯产品。这对情报分析人员连点成线或拼图的能力提出极高要求。分析人员必须具有从众多、零碎的来源中挖掘资料的能力,才能形成关乎地区的全景图像。

最后,公开来源情报资料精华与糟粕并存,去伪存真的难度极大。因为情报提供者所持的立场、观点、角度不同,对同一个情况的报导与分析往往出入很大,有的则是以讹传讹,直至该故事本身的生命力被无限放大,这种公开来源情报现象被称为回声(Echo)效应。在进行战略欺骗时,利用通信、广播电视、报刊、遗弃假的文件等手段散布假情报已是国际情报界的惯用伎俩,这些假情报有可能被回传至国内。因此,识别公开来源情报资料的真伪,是每个情报分析人员必须时刻注意的问题。

所以,公开来源情报搜集虽然具有易得、廉价、海量等特点,但它并不能取代传统的秘密情报搜集手段。从本质上来看,公开来源搜集为秘密搜集管理提供基础、为秘密搜集提供掩护和印证,但并不能取代秘密搜集。

四、公开来源情报搜集的作用

公开来源情报是重要的情报来源,它与秘密的人力情报手段和昂贵的技术搜集手段同等重要,在国家和军事决策中发挥着重要的作用。

情报搜集的起点。许多分析人员错误地认为,情报的使命是挖掘秘密,通过隐蔽手段搜集的"秘密"数据,比公开的或非保密的数据更有意

义或更重要。① 但正如谢尔曼·肯特指出的，一部分情报可以通过秘密
手段获取，但大部分还是通过没有丝毫浪漫色彩的公开观察和研究获
得。一个国家的基本情况，无论是政治、经济、科技、社会还是军事方面
的，大都可以从公开渠道获得。谢尔曼·肯特所说"现场情报"在所有的
情报研究中占据极重要的位置，但这样的情报均可通过公开渠道获得，
完全没有必要诉诸秘密手段。因此，美国国家情报总监麦康奈尔称公开
来源情报搜集是情报搜集的出发点。分析人员首先要分析已经掌握的
情况，分析存在的情报空白，在此基础上形成情报搜集策略，恰当地向各
种情报搜集手段分配任务。要避免浪费或误用秘密手段，使秘密人力情
报资源和技术手段能专注于最为关键、最为艰难的情报获取上。

情报搜集的基础。曾任美国国家情报委员会主席的约瑟夫·奈
(Joseph Nye)称，情报问题就像拼图游戏，公开来源就是拼图板的外围
部分，没有它就无法开始或完成拼图。因此，公开来源情报不是卫星、间
谍或其他情报能力的替代品，而是计划和实施联合行动的非常坚实的基
础。因此，公开来源情报可以弥补秘密情报手段之不足。美国中央情报
局官员阿瑟·胡尔尼克(Arthur Hulnick)认为"公开来源是秘密情报的
基石"②。

美国"大规模杀伤性武器委员会"的调查显示，要了解当地的社会、
文化和政治趋势，非秘密来源的信息至关重要。在战略层面，公开来源
情报可以有效地了解对方的政治计划和意图，预报可能出现的文化混
乱，预警可能发生的革命或剧变。③ 美国国务院情报研究局伊朗问题专
家斯蒂芬·费尔班克斯(Stephen Fairbanks)博士认为，对中东地区报纸
进行内容分析，常常是评估国家和地区稳定性的基础，秘密来源的报告

① 参见 Rob Johnson, *Analytic Culture in the U. S. Intelligence Community*, Washington, D. C.: Central Intelligence Agency, 2005, p. 24。
② Arthur S. Hulnick, *Fixing the Spy Machine*: *Preparing American Intelligence for the Twenty-First Century*, Westport, CT: Praeger, 1999, pp. 40 - 41。
③ 参见 Robert David Steele, "Open Source Intelligence," in Loch Johnson (ed.), *Handbook of Intelligence Studies*, NY: Routledge, 2007, pp. 129 - 147。

常因为接触面受限及个人偏见而带有片面性。① 在战役层面,公开来源情报可提供地理和民事概况,用以战区部队计划和部署;提供有关民事设施、政治派阀和个性、经济和财政因素的情报;对协调指挥联合行动和协同行动特别有用。在战术层面,公开来源情报对应对新威胁更有潜力和效力,包括防扩散、反恐和维和行动;有些第三世界国家的地图和目标电子信息很难从现有政府来源获得,公开来源情报资料常常是关键性来源。在战斗(技术)层面,公开来源情报资料可以提供重要的民事通信和计算能力情报,发动电子战所需的信息也来源于公开来源。

秘密情报的补充。公开来源情报是对秘密情报的补充。有些情况,如一个国家的经济、交通运输、气候情况,通过公开途径可以轻易获得,但通过秘密渠道却无从下手。有些信息,如登陆作战需要的潮汐时间表、市区轰炸的目标位置、影响作战的降雨量等,从无人留意的旧书中很快就能获得,而依靠秘密情报人员却耗时很长。②

在信息化和全球化时代,非传统安全威胁成为影响国家安全的重要因素,军队不得不在境外从事护航、剿匪和人道主义救援与反恐行动,而传统情报搜集能力通常不能有效覆盖这些地区,公开来源情报却能对这种情报需求作出快速反应。有的突发事件发展迅速,秘密情报手段根本无法作出反应,但公开来源情报却可以迅速覆盖。因此,美国中央情报主任的第一任公开来源协调官保罗·沃讷(Paul Wallner)形容公开来源情报是"现场的第一手来源"。柏林墙被推翻的时候,中央情报局从电视报道发现这一突发事件。海湾战争打响后,连美国总统都是通过CNN的现场报道了解战争场景。

为秘密来源提供掩护。公开来源情报可以掩护秘密情报来源。在军事行动、情报威慑和情报合作中,适当的信息披露和情报共享是必要

① 参见 Robert D. Steele, *Open Source Intelligence: What Is It? Why Is It Important To The Military?* p. 330。
② 参见 Jerom Clauser, *An Introduction to Intelligence Research and Analysis*, Lanham, MD: Scarecrow Press, 2008, p. 8。

的。这种披露和共享有时会危及情报来源。但如果某种秘密来源的信息在公开渠道找到印证,那么,披露方就可以声称情报来源于公开渠道,从而为秘密情报来源提供掩护。

为秘密来源提供"线索"和验证。公开来源情报还可以为秘密情报提供背景和验证,如经济数据、政治趋势和当地"草根"知识等。鉴于事件发生、发展速度极快,而情报手段又不可能覆盖世界所有地区,分析人员和决策者们必须依靠公开来源得到提示。一位前情报官员说:"当公共政治行动以快速、爆发性步调进行时,秘密情报、特工行动都被公开记录的事件所盖过。"[①]如果秘密人员不利用自己或其他机构通过公开渠道获取的大量情报,就难以弄清楚其活动的目标所在。

[①] S. C. Mercado, "Sailing the Sea of OSINT in the Information Age," *Studies in Intelligence* 48 (3), p. 2.

第四章　情报分析

在情报工作的众多门类中,情报分析处于核心地位。它是信息转化成情报的必经桥梁,是情报工作成果的体现,是衡量情报工作质量的标准。[①]

第一节　情报分析概述

情报机构的重要任务之一,是阐述国家安全面临的威胁和机遇,分析当前的时局,研判事态的发生缘由,判断事物发生的性质,预测事物的发展趋势,为统帅部的决策提供情报支持。高质量的情报分析是决策者作出英明决策的前提。

一、情报分析定义

分析,即将研究对象的整体分为各个部分、方面、因素和层次,对各

---

① 这种观念起源于二战时期,主要反映了美国、英国、以色列等英语国家的情报理念,但在其他国家情况未必如此。苏联情报工作的核心显然不是情报分析。根据苏联的情报理念,情报搜集尤其是秘密搜集更为重要。同样,法国情报机构也不会把情报分析放在最重要的位置。在 20 世纪的法国,最重要的是通过隐蔽行动支持国家的对外政策,改善法国的弱势地位。情报观不同,对情报分析作用的认识大不一样。

个部分进行缜密的考察,确定它们在多大程度上相互验证、补充或者矛盾,推算出事件发生的概率和事件之间的联系。分析的意义在于细致地寻找能够解决问题的主线,并以此解决问题。

分析有多种层次。在最低层次上,分析应当全面描述待研究现象,尽可能说明相关变数。较高层次的分析活动则应超越系统叙述范围,全面解读现象所有组成部分的重要性,剖析其可能具有的影响。在理想状况下,分析应该超越描述和解释这一层次,实现综合,这一过程通常被称为评估。评估,亦即评价与估计,前者是对情报结论的判断,比如是否包含新信息,与先前判断是相印证还是相矛盾,是否需要重新思考既有结论;后者则是对情报报告的可用性进行判断,比如来源的可靠性、信息的可信性以及对理解特定问题所具备的重要性等。

就情报工作而言,"分析"不仅是将问题的较大部分或要素分解为较小部分,对搜集到的信息进行思维处理,在此基础上得出结论。它还包括一个综合过程,即把认识对象有关的片面的、分散的情况、数据、素材等进行整合,将各个部分、各个方面、各种因素联系起来进行考虑,从错综复杂的现象来探求各个部分、方面、因素之间的相互关系,从而从整体上把握事物的本质、全貌和全过程,并获得新知识、形成新结论。这种分析方法,也称为"高级分析"①。

分析的这种层次划分,在情报工作中有鲜明对应。情报分析的基本任务,可以概括为提供对手的基本情况,报告事态发展的动向,解释事物的原因,分析事物发展的影响,预测事物的发展,评估对手的反应和可能选择,评估对策方案。由此,情报分析可以分成描述性分析、解释性分

---

① 美国学者韦恩·迈克尔·霍尔在《情报分析:如何在复杂环境下进行思考》一书中指出,高级分析是"比对手更好地进行具体和细化思维,更好地理解作战环境和知识的一种高层次认知过程"。高级分析有 14 个认知功能,包括分解、批判性思维、联系分析、模式分析、趋势分析、预期分析、技术分析、倾向分析、文化情报分析、异常性分析、符号学分析、群体分析,以及重构与综合等。参见 Wayne Michael Hall and Gary Citrenbaum, *Intelligence Analysis*: *How to Think in Complex Environments*, Santa Barbara, Calif: Praeger Security International, 2010。

析、评估性分析、预测性分析。

描述性分析是根据一定的逻辑关系,综合各种零碎的信息,以反映事件的基本情况,回答决策者关心的问题,如何人、何事、何时、何地等。这种分析工作,美国情报界形象地称之为拼图游戏,或连点成线。在谢尔曼·肯特划分的三类情报产品中,基本描述类、动态报告类情报提供对象国的一切静态和动态知识,包括民族、政治、经济、交通、军事、地理、气候、人口、科学、风俗等内容以及最新的发展变化,帮助决策者了解基本情况和重要动向,辅助其进行决策思考。描述性分析基本属于资料驱动,只要掌握恰当的情报资料,拥有基本的整编技能,分析人员就能胜任这项工作。

对许多初级分析人员而言,情报分析就此止步。他们将情报分析定义为情报整编,意即整理与编写。在他们眼中,情报分析就是剪刀加浆糊,在计算机文字处理设备发明之后就是"剪切"加"粘贴"。但中层情报分析人员已经不满足于此。这一类情报分析人员,懂得辩证法,知道世界是联系的,任何一种事态都不会无缘无故地发生,而是内因和外因相互作用的结果。他们要运用自己的专业技能,根据掌握的基本情况,追溯事物的来由,总结事物发展的原因,以帮助决策者解疑释惑。这样的情报分析可称为解释性分析。解释性分析需要确定各项事实、各种事件、各种现象和各种趋势之间的关系,回答"为何"这一问题。分析人员需要解释与结果关联最大的原因,分析当前事态对未来的潜在影响。

解释事物的原因,需要注意原因与结果的关系比较复杂,有一因多果、同因异果的情形,也有一果多因、同果异因的情形。例如,引起对手兵力异动的原因可能存在多种可能,有可能是对方正常的兵力调动,也可能是对方的战争准备,甚至可能是对方对我方行动所作出的反应。如果只从一个角度去考虑,可能会错误解释事物的原因,因此必须注意使用多向思维和逆向思维,探索事物发生的内在原因。

肯特在《战略情报》中把评估预测型情报作为最高层次的情报分析。但实际上,评估与预测还是有区别的。所谓评估,是对事态的评价与估计。美国中央情报局资深专家杰克·戴维斯认为："情报分析的主要职能是生产情报评估，以协助官员更好地理解与处理现实和未来的国家安全问题，包括影响美国利益的机会和威胁，对手、盟国及其他各方的动机、目标、实力和弱点，以此来改进决策过程。"①评估性分析要判断关键问题或事件的意义，指出其潜在后果。分析人员要指出，威胁是在增加还是减少？风险变高还是变低了？局势是在向好的方向发展还是即将失控？

评估事态的影响应当包括两个方面的内容。其一是风险，亦即事态发展对我国家安全利益可能带来的威胁。就可能发生的危机发出预警是分析人员的核心职能所在，坚实的预测性分析也应告诉用户危机可能在哪里发生，从而为决策者采取必要的措施保障国家安全提供关键的缓冲时间和准备时间。其二是机遇，即事态发展对我推进国家利益有益的一面。情报分析人员必须进行执行性分析，为决策者和行动者提供各种选择评估，以寻求机遇。

预测性分析要以未来为导向，回答"接下来会发生什么"。这使它迥异于描述性分析、解释性分析和评估性分析，因为这些分析大多以现在和过去为导向。预测性分析通常建立在已经掌握的数据和历史先例上，同时也离不开评估性分析。例如，对手解决科技瓶颈存在几种选择，比较这些方法的性价比，找出性价比最高的方法，依据常规理性推测敌人可能的行动方案，进行这样的预测，就需要评估。由于预测性分析的结论不纯粹基于事实，出现错误的可能性最大。

进行可靠预测分析的关键在于确认最有可能影响未来发展的关键驱动因素，围绕关键的不确定因素展开论证，分析其在多大程度上会影响事态的发展。此外，分析人员也应该明白，未来发展的可能性不止一种，坚实的预测性分析应提供未来的若干种走势，划定未来趋势的范围，

① Jack Davis, *A Compendium of Analytic Tradecraft Notes*, Washington, D. C.：Center for the Study of Intelligence, Central Intelligence Agency, 1997, p. 2.

并标出要点或观察指标,从而向用户说明,各种可能性中哪一种会开始出现。

如肯特所言,评估是一种微妙的知识,它只能来源于那些知识渊博、天资聪慧的大师级人物。[①] 评估性分析和预测分析要求分析人员必须精通本领域的主要内容,面对新证据时客观公正,在发展研究技巧上具有天分,在作出假设时能充分发挥想象,警惕自己在分析流程中的主观偏见,娴熟展示自己的结论……因此,这样的分析人员堪称真正的"分析"人员。他们理解情报现象是复杂的,其表相与本质不相一致,需要掌握专门技能的情报分析人员用自身的专业知识,通过自身的专业视角,解读情报资料,看清情报材料之间的内部联系。见微知著,探索事物之间的内部联系,了解事物发展的本质与规律,由此及彼和由表及里,是他们最关注的。在这方面,古今中外的军事家和情报理论家都有相同认识。

中国古代军事家对事物的表相与本质之间的联系有着清醒的认识。《吕氏春秋·仲夏纪·侈乐》中说:莫不以其知知,而不知其所以知。知其所以知之谓知道,不知其所以知之谓弃宝。所谓"知道",即"知之道",其内涵为"知其所以知",指的是认识规律或事物的本质。在《吕氏春秋·似顺论·似顺》中有这样一个战例:荆庄王欲伐陈,使人视之。使者曰:"陈不可伐也。"庄王曰:"何故?"对曰:"城郭高,沟洫深,积蓄多也。"宁国曰:"陈可伐也。夫陈,小国也,而积蓄多,赋敛重也,则民怨上矣。城郭高,沟洫深,则民力罢(疲)矣。兴兵伐之,陈可取也。"同样的事例,使者(侦察人员)与宁国得出了截然不同的结论,足见宁国已经能够透过现象认清本质,而一般的侦察人员则只看到了事物的表面现象,显然没有达到"知道"的水平。孙子在《行军》篇中列举了战场上的 32 种现象,以及各种现象所对应的事物的本质。这种建立在经验之上的判断,表明孙子时代的情报搜集已经注意到事物之间的内部联系,能够透过事物的表面现象,深入到事物的本质内部,看清敌人的真正意图。这是真正高

---

① 参见[美]谢尔曼·肯特《战略情报》,北京:金城出版社 2012 年版,第 49、53 页。

层次的情报分析。

克劳塞维茨将情况的不确定性和偶然性视为战争活动的第二大特征。他认为,"战争中的一切情况都很不确实……因为一切行动都仿佛是在半明半暗的光线下进行的,而且,一切往往都像在云雾里和月光下一样,轮廓变得很大,样子变得稀奇古怪。这些由于光线微弱而不能完全看清的一切,必须靠才能去,或者靠幸运解决问题。"①但克劳塞维茨也指出:"像没有超出我们认识能力的任何对象一样,战争这个对象用研究精神也是能阐明的,它的内在联系也是或多或少可以弄清楚的"②,"既然敌对双方不再是抽象的概念,而是具体的国家和政府,既然战争不再是抽象的东西,而是特殊的行动过程,人们就自然可以根据实际现象所提供的材料,来推断那些应该知道而尚未知道的将要发生的事情了"③。

克劳塞维茨提出:"认识战争和判断战争情况,必须遵循概然性的规律"④,通过概然性的规律,人们可以消除战争中的不确定性。所谓概然性,即现实战争中偶然事件发生的可能性。人们对于战争情况的认识,只能根据现实的可能性去加以推断,亦即根据大量已知的战争现象,去估计各种偶发事件的可能性的大小。"敌对双方的任何一方都可以根据对方的特点、组织和设施、状况以及各种关系,按概然性的规律推断出对方的行动,从而确定自己的行动"⑤。

克劳塞维茨对概然性的认识被毛泽东继承和发挥。1936 年 12 月,毛泽东在陕北红军大学作《中国革命战争的战略问题》的演讲。他指出:"指挥员使用一切可能的和必要的侦察手段,将侦察得来的敌方情况的各种材料加以去粗取精、去伪存真、由此及彼、由表及里的思索,然后将

---

① [德]卡尔·冯·克劳塞维茨:《战争论》,北京:商务印书馆 1978 年版,第 121 页。
② [德]卡尔·冯·克劳塞维茨:《战争论》,北京:商务印书馆 1978 年版,第 136 页。
③ [德]卡尔·冯·克劳塞维茨:《战争论》,北京:商务印书馆 1978 年版,第 32 页。
④ [德]卡尔·冯·克劳塞维茨:《战争论》,北京:商务印书馆 1978 年版,第 93 页。
⑤ [德]卡尔·冯·克劳塞维茨:《战争论》,北京:商务印书馆 1978 年版,第 33 页。

自己方面的情况加上去,研究双方的对比和相互的关系,因而构成判断,定下决心,作出计划,——这是军事家在作出每一个战略、战役或战斗的计划之前的一个整个认识情况的过程。"①所谓认识情况,就是对情报进行综合分析的过程。

在《论持久战》中,毛泽东承认战争具有很大的不确定性,"我们承认战争现象是较之任何别的社会现象更难捉摸,更少确实性,即更带所谓'概然性'",但是,"战争不是神物,仍是世间的一种必然运动,只要在作战行动中始终连续地组织好侦察,跟踪战争的发展变化,掌握有可靠的情报,再加以指挥员的聪明的推断和判断,减少错误,实现一般的正确指挥,是做得到的"②。

他进一步阐述说:"战争没有绝对的确实性,但不是没有某种程度的相对的确实性。我之一方是比较地确实的,敌之一方很不确实,但也有朕兆可寻,有端倪可察,有前后线索可供思索。这就构成了某种程度的相对的确实性,战争的计划性就有了客观基础。"③这种"朕兆"和"端倪",也就是"情报资料"。通过正确的分析后,自然可以得出一定的结论,即我们所说的情报结论。

在《改造我们的学习》一文中,毛泽东指出:"实事"就是客观存在着的一切事物,"是"就是客观事物的内部联系,即规律性,"求"就是我们去研究,"我们要从国内外、省内外、县内外、区内外的实际情况出发,从其中引出其固有的而不是臆造的规律性,即找出周围事变的内部联系,作为我们行动的向导。"实事求是的本意是:通过对客观事物的分析,探索客观事物的本质和发展规律。这种认识比上述 16 字诀更简炼,但对规律的把握则是一致的。

从情报的角度来说,"实事"就是情报机构必须获取的情报资料,"求"即情报研究的过程,"是"即情报研究的成果,即客观事物的本质和

---

① 《毛泽东选集》(合订本),北京:人民出版社 1964 年版,第 163—164 页。
② 《毛泽东选集》(合订本),北京:人民出版社 1964 年版,第 458 页。
③ 《毛泽东选集》(合订本),北京:人民出版社 1964 年版,第 462 页。

规律。情报工作中的"实事求是",不仅指情报人员应该讲真话,更应该透过纷繁复杂的情报现象,洞察情报事件的本质,预测其进一步的发展趋势。

对情报分析的这一功能,美国情报界认识非常透彻。1947 年《国家安全法》规定了中央情报局的五项职能,其中第三项职能是:联系与评价有关国家安全的情报,产生国家情报。这里的联系,法典原文用的是 correlate,意思是"使相关连",我们将其翻译成"整编"。美国人不会信奉辩证唯物论,却相信事物之间的相关性,表面上不相干的情报资料中,存在着相关性。这正是分析的本义:对信息中相互关联的各个部分进行缜密的考察,以确定它们在多大程度上相互验证、补充或者矛盾,从而推算出事件发生的概率和事件之间的联系。中央情报局以揭发真相作为其根本职能,要求情报分析人员应明确情报课题,预测事态发展,帮助决策者领悟问题的实质,上报真实情况,对情报需求作出反应,对情报素材作出评估,以确定其重要性、可靠性和准确性。在中央情报局总部的大门左首大理石墙面上刻有以下话语:"你们必晓得真理,真理必叫你们得以自由。"意思是说,中央情报局把追求真理(实际上是真相,也就是我们所说的本质)作为终极目标。这一观点有些人并不认同。马克·洛文塔尔表示,这种观点很美好,但夸大和不恰当地表述了大楼内或任何其他情报机构正在做的事情。① 情报工作涉及对手之间的相互竞争,要发现真理(真相)又谈何容易,但这并不妨碍情报机构将此作为目标。

本书认为,情报分析是情报工作的中心环节,但我们所说的情报分析,决非情报现象的简单罗列和情报材料的编写成文,而是掌握了分析技巧和专门技能的分析人员,通过系统缜密的思维活动,对相关信息进行分析和加工处理,以破解对手的行为密码,推断其整体情况,洞察其真

---

① 参见 Mark M. Lowenthal, *Intelligence: From Secrets to Policy*, Washington, D. C.: Congressional Quarterly Press, 2011, p. 7。

实意图,预测其发展和变化的趋势,从而帮助决策者塑造一个透明的决策环境,满足其决策需求,发现威胁、维护和增进国家安全利益的过程。正是这种高层次、高水平的分析活动,奠定了情报分析在整个情报工作中的中心位置。

二、情报分析简史

情报分析有着悠久的历史,但古代缺乏常设性情报机构,大多数情报分析由决策者亲力亲为,或者由其谋士或智囊进行。近代常设性情报机构进行的情报分析主要负责材料的整理与编写,只是一种浅层次的情报分析。

第一次世界大战后大战略的兴起使人们意识到传统情报工作的局限。1923 年 12 月,英国帝国防务委员会历史组设立战时贸易问题咨询委员会(Advisory Committee on Trade Question in Time of War,ATB Committee),评估第一次世界大战中经济因素对战争的影响,了解外国在经济战方面的弱点,研究对敌国施加经济压力的行政机制。这一机构在 1931 年 3 月改组成工业情报中心(Industrial Intelligence Centre,IIC)。工业情报中心对所获取的经济情报进行整理、分析和评估,然后形成报告分发至各部门。由于大部分情报来源于公开途径,它对研究人员的学术素养提出了极高的要求。如果分析人员不具备一定的分析能力,那么它只能编出一些统计报告,而不可能生产出高质量的情报。

1940 年 5 月 31 日,美国律师威廉·多诺万在《关于建立战略情报局的计划要点》中指出,"没有情报作依据的战略是无用的战略,没有战略作指导的情报是无用的情报",政府的各项政策应该建立在可靠的情报之上,这些情报应该包括相关国家的实力、意图及政策,情报机构应该对各种情报资料进行搜集、分析和解释。多诺万指出,战略情报不仅要由军事情报人员去加以分析,还应该交给经济学家、心理学家和工程技术人员及财政专家去分析。在多诺万的努力下,罗斯福于 1941 年 7 月 11 日发布命令,成立以多诺万为局长的情报协调局(Coordinator of

Information, COI),"收集、复核来自各个部门的有关国家安全的情报和资料"。多诺万在情报协调局内组建了一个分析家委员会,吸收各学科专家加入其中。1942年6月13日,情报协调局被改组为战略情报局(Office of Strategic Services, OSS),多诺万设置了一个学术力量强大的研究分析处。欧洲史和外交史专家威廉·兰格(William Leonard Langer)出任研究分析处处长。在整个二战期间,研究分析处取得了杰出的成就,其情报分析实践深深地影响了战后美国的情报工作,也对其他国家产生了积极的影响。

以威廉·兰格、谢尔曼·肯特、F. H. 欣斯利为代表的第一代情报分析家,大多有人文社会科学背景,深受实证主义的影响。实证主义主张"对可靠资料的批评考评,不偏不倚的理解,客观的叙述,所有这些结合起来,目的是再现全部历史真相"①,第一代情报分析家接受了这一观点,从而在情报分析专业化的道路上迈出了第一步。他们遵循实证主义的科学发现路径,遵循客观的"观察——归纳——验证"的科学发现模式。历史、对比和经验的方法成为情报分析中论证和得出结论时常用的方法。从已知情报素材归纳并推测出未知是情报分析的基本路径。

20世纪70年代,伴随着行为主义在社会科学研究领域的异军突起,分析人员开始尝试用行为主义研究方法来研究情报现象。行为主义所注重的定量分析、行为—现象联系分析、可操作性等基本原则促进了情报分析实践和理论的发展。行为主义认为,传统的情报分析实践更多地依赖情报分析者自身的经验,分析过程缺乏"科学"的基础,因此其分析结论在很大程度上是"不科学"的。要克服和改变这种现象,就必须运用"科学"的方法,通过被分析对象与外部环境之间可观察的、有规律的、可计量的各种证据,来形成最后的结论。这种观念直接推动情报分析进一步向科学化转变,量化分析等各种科学分析方法开

---

① 刘昶:《人心中的历史》,成都:四川人民出版社1987年版,第49页。

始在情报分析中大量使用。至 20 世纪中叶,情报机构已经开始逐渐使用基于大量数据和现象的统计方法,从而赋予了数理统计方法等新的内涵。1973 年夏秋,美国中央情报主任威廉·科尔比(William Colby)开始在中央情报局推广这种行为主义方法。中央情报局建立了方法论小组,以从事政治分析。1976 年 10 月,这两个小组和其他机构重组为地区与政治分析办公室(Office of Regional and Political Analysis),负责研究学术界和产业界所使用的行为主义分析方法,并对其进行检验和改造,以满足分析人员的需要。在行为主义的影响下,基于定量化的数理分析开始向模型方法转化,即针对事物发展的未来趋势,形成某些假设和推测,再根据量化的数据,通过数理逻辑运算,推理各种假设和推测的可能性。

实证主义和行为主义推动了情报分析的科学化道路,受其影响,情报分析人员强调情报分析的科学性,忽视了情报分析的艺术性;强调情报资料的客观性,忽视了情报资料的模糊性、欺骗性和不完整性。他们也不太了解自己的思维过程,不了解思维过程中的认知偏见。他们基本没有受过反欺骗方面的训练,面对敌方狡猾的战略欺骗伎俩,他们缺乏准备。1962 年的古巴导弹危机证明,以肯特为首的美国老一辈情报分析家在情报分析方法上存在很大缺陷。肯特本人也意识到,在处理复杂问题的思维过程中,认知偏见根深蒂固,情报分析人员需要进行持续不断的努力,以减少这方面的危害。他曾告诫分析人员,要努力避免在情报中寻找自己所期望的东西,克服一相情愿的愿望思维。

20 世纪 60 年代末开始的方法论转向为情报分析的发展提供了方法论支持。借鉴认知心理学的研究成果,罗伯特·杰维斯研究了国际政治中的知觉与错误知觉。杰维斯指出,人们对客观世界的认识极端重要,对于同样的客观世界,不同的人会有着不同的理解,不同的理解又会带来不同的决策。决策者与普通人一样,同样存在认知局限。由此出发,他分析了决策者的心理活动在国家的政治行为塑造中所发挥的作用。①

以小理查兹·霍耶尔为代表的新生代情报分析家,借助于心理科学研究的新成果,提出了一套新的情报分析理念。小理查兹·霍耶尔1975年加入中央情报局情报分局,参加情报分局政治分析办公室方法论小组。他从认知心理学视角系统讨论了人的思维机制,人存在的思维误区,人对信息的处理机制,并提出了改进情报分析的竞争性假设分析方法,从而将认知心理学在情报分析领域的应用提升到一个崭新的高度。②霍耶尔指出:人类思维并没有足够能力去有效应对内在(围绕复杂情报问题的自然迷雾)和外在(因对手的拒止和欺骗行动形成的认知迷雾)的不确定性;即使分析人员对那些因认知过程或者"动机不明"造成的偏见提高警惕,也并不一定能有效应对不确定性;确实存在一系列工具和技巧,能够帮助分析人员进行更高级的批判性思维,显著提高对信息不完整、模棱两可且经常被故意扭曲的复杂问题的分析质量。

从20世纪80年代开始,美国情报界开始尝试替代分析。中央情报局分析家杰克·戴维斯在中央情报局倡导替代分析,分析人员在分析问题时应避免镜像思维(Mirror Imaging),要设身处地,理解他国文化。在罗伯特·盖茨担任中央情报局情报分局副局长期间,情报分局开始了替代分析的尝试。接替盖茨担任情报分局副局长的道格拉斯·麦凯岑也支持采用系统化的、透明分析的新标准。2005年,美国情报界开始使用结构化分析这一术语,即借鉴科学研究的基本理念,严格遵循科学研究的程序,使用科学研究的方法,建立观念驱动型情报分析模式,外化思维过程,严格证伪假设,通过竞争性分析以防止思维被某种主流观点所支配,通过替代性分析,以减轻情报失误后果。结构化分析方法成为改进情报分析流程、提高情报分析质量、避免情报失误的利器。目前,这一方法得到国际情报界广泛认可。

第二节 情报分析流程

第二次世界大战后情报分析学正式诞生以来,已经经历了半个多世纪。借助于自然科学和社会科学的研究结果,结合历次情报失误的教训,情报分析家先后提出了两种具有代表性的情报分析流程。理解这些流程的差异,有助于我们更好地把握情报分析。

以谢尔曼·肯特为代表的第一代情报分析家,均采用传统的社会科学研究方法来进行情报分析。在《战略情报》一书中,肯特提出了一种情报周期(Intelligence Cycle),将战略情报的分析流程分为六个阶段,即客观问题的提出、客观问题的分析、材料的收集、材料的估计、假设、上报结论。上述流程,与其说是情报分析流程,不如说是社会科学或自然科学的研究流程。[①] 所有的研究人员都使用这些基本的流程。后来杰罗姆·克劳泽将这些流程简化为问题定义、数据搜集、数据分析和报告撰写。[②] 这种情报分析流程注重因果关系分析,能够把所研究的事件进行连贯思考,找到主导性的观点,并以此建立起完整的描述。[③] 但是,这一流程分割了情报搜集人员、处理人员和分析人员之间的联系,导致一种"把信息扔到墙外"的现象。谁也不用为信息负责,责任总是由下一个环节的人员承担。它也限制了信息的流动,使情报生产者与情报用户之间产生了距离。此外,由于这种流程相对程式化,因此易被对手发现,易被对手操控。

[①] 白俄罗斯学者库兹涅佐夫指出:情报研究过程的逻辑包括研究客体和研究对象的确定,解决上述问题的次序,以及要采用的方法。研究通常分三个阶段:第一阶段包括选择课题和主题,确定客体和对象、目的和任务,拟定假设;第二阶段包括选定方法并拟定研究方法的运用次序,对假设进行验证,直接开展研究,写出初步结论,并对其进行核实和修正,对最终结论和实际建议进行论证;第三阶段将研究成果规范化。

[②] 参见 Jerom Clauser, *An Introduction to Intelligence Research and Analysis*, Lanham, MD: Scarecrow Press, 2008。

[③] 转引自李景龙《美国情报分析理论》,北京:国防大学出版社 2010 年版,第 28 页。

解决这一问题的办法,是用情报流程(Intelligence Process)来代替现实中并不存在的情报周期,使搜集、分析和使用等各个环节充分互动,建立一个目标共享的图景,所有参与者均可从中提取他们所需要素,完成自己工作,并为此贡献自己的资源,以建立一个更加准确的目标情景。从 20 世纪 90 年代开始,美国情报界就开始倡导一种以目标为中心的流程。所有的利益相关方,包括情报搜集人员、情报分析人员和情报用户,组成一种非线性的、动态的以目标为中心的网络。在这个流程中,情报分析渗透了各个环节,但分析并不完全是由分析人员完成,情报用户和搜集人员也参与其中。由于情报用户全程参与了情报工作,情报生产者与情报使用者之间的距离被缩短,两者之间有了足够的互动,生产的产品能够满足使用者的不同要求,更能在决策中发挥作用。现在,这种情报流程理论已经为美国情报界普遍接受。美国情报界将其命名为"以网络为中心的合作过程"。

与传统流程相比,新流程强调情报分析的主观性,主张公平地对待所有的假设;强调以目标(任务)为中心,主张情报用户与情报生产者平等参与情报分析;强调构建思维模型,要求系统全面地考虑所有的假设;强调证伪方法的使用,在验证判断时多使用证伪法;承认思维的主观性,主张保持开放结论,以避免情报失误。

新的情报分析流程认为,情报分析实际上是一种模型建构。分析人员依据自己掌握的情况,对问题形成一个模型,然后向模型中填充证据,得出结论。这种模型实际上就是我们所说的思维模式。我们不可能避免思维模式。如果没有简化的思维模式,我们就无法应对涌入感官的大量刺激,也无法对自己要分析的大量数据进行处理。美国学者戴维·舒姆说:"如果不做任何假定或猜想,福尔摩斯可能永远也不能确定从哪里开始寻找线索。"[1]要求情报分析人员压制一切个人观点或先入之见,完

---

① David Schum, *Evidence and Inference for the Intelligence Analyst* I, MD, Lanham: University Press of America, 1987, p. 146.

全在事实的指引下进行"客观"思考,实际上是一种徒劳之举。

新流程认为信息的开放性模糊了情报搜集与情报分析之间的区别,最好的情报搜集者可能不是秘密人力情报人员,而是精通某一专题的情报分析家。① 分析人员以查看用户反馈的信息和下达的任务开始一天的工作,详细了解用户的需求,确定用户要求进行情报分析的原因,了解分析结果将支持怎样的决策,从而确定自己的分析产品类型,以及拿出分析产品的时间。在网络的支持下,所有的参与者可以共享对目标情况的了解,确定已经掌握的情况和存在的情报空白。当搜集人员获得相关信息时,该信息就被纳入目标共享图景,分析人员从中提取情报,并将其提供给用户,用户则可依次向共享的目标图景中增添自己所掌握的情况。在这个流程中,情报分析渗透了各个环节,但分析并不完全是由分析人员完成,情报用户和搜集人员也参与其中。情报用户全程参与了情报工作,从而最大限度地缩短了情报生产者与情报使用者之间的距离,允许两者之间有足够的互动,使产品能够满足使用者的不同要求,更可能在决策中发挥作用。②

这种以目标为中心的情报流程在美国情报界提出以后,得到了迅速的响应,很快成为美国情报界的主流观念。结合科学哲学和认知心理学的最新研究成果,美国情报界界定了一个情报分析新流程。这一流程的步骤如下。

一、确定情报目标

所谓目标,即情报机构试图处理的问题。在冷战时期,目标主要是敌对的主权国家或国家联盟,在后冷战时期,除了主权国家外,目标也可

① 参见 Gregory F. Treverton, *Reshaping National Intelligence in an Age of Information*, New York: Cambridge University Press, 2001, p. 104。
② 参见 Robert M. Clark, *Intelligence Analysis:A Target-Centric Approach*, Washington, D. C.: Congressional Quarterly Press, 2012, pp. 13 - 14。

以是类似于基地组织、哥伦比亚的贩毒组织、索马里海盗这样的非国家行为者。

通常情况下，情报机构围绕情报目标配置情报力量，确定情报需求，但有时受制于国家总体战略特别是决策者的战略取向，情报目标可能会发生变化。例如，在第二次世界大战爆发之前，希特勒禁止德军谍报局向英国派遣间谍，理由是德国和英国未来可能通过谈判解决争端。20世纪30年代，斯大林曾禁止苏联军事情报机构对德国开展间谍活动，以免刺激德国。这种作茧自缚的做法，毫无疑问限制了情报工作的发展。

确立情报目标时，经常会出现一种问题，即所谓时事综合症。情报机构把情报力量配置到一个次要的目标，而对后来酿成危机的目标没有关注，从而酿成情报失误。例如，在冷战时期，伊朗是美国在中东的两大战略支柱之一，其地位十分重要，但美国情报机构却没有把伊朗作为目标。中央情报局忙于通过伊朗向苏联渗透，国家安全局关心在伊朗设立信号截收基地以搜集苏联信号情报，国防情报局忙于向伊朗推销军火。没有一个机构真正关心伊朗的局势发展，连国王生了癌症这一重大情况都不掌握，结果当伊朗危机发生后，美国情报机构无法应付。从另一个角度来说，所谓时事综合症，实际上是情报机构满足于动态情况的跟踪，没有对目标进行长期的战略性思考，从而迷失在动向情况的海洋中。

二、定义情报问题

一个成功的情报分析产品，关键在于满足特定用户的特定需求，回答用户提出或者本应提出的问题。因此，了解用户及其需求，提出恰当问题，恰当分解问题，对情报进行分析、满足用户需求至关重要。

确定用户。分析人员必须确定用户是谁，承担何种责任，遇到什么问题，进行情报分析的原因，需要的情报产品类型，何时提交分析结果。同时，分析人员还应该了解用户的偏好，有无其他信息来源。分析人员对用户的需求和职责了解得越详细，提供的产品就更切合用户的需求。有的时候，情报用户与情报分析者通常不处于同一个部门之中，用户的问题要经过若干中介渠道才能到达一线分析人员手中,这就不可避免地导致信息曲解。例如,决策者需要了解某国当前国际收支状况,但为了保密,他只说需要了解某国的经济情况。这一需求会层层加码,当最后到达分析人员手中时,就变成了对某国经济的全面评估,其结果既浪费了分析人员的资源,也不能使情报需求得到满足。一位资深的政策用户评论道,"有时候,他们(情报官)认为是重要的却并不重要,而他们认为不重要的却十分重要。"①

了解用户需求,需要分析人员能够从用户的角度看待问题,"用别人的眼睛看世界"。分析人员应尽力通过角色扮演(也称红帽分析,Red Hat Analysis)或 SWOT 分析,站在决策者的立场上,设身处地地模仿决策者思考问题,不断地追问自己:"我到底想知道什么? 我想干些什么? 我最主要的兴趣点在哪里?"从而尽力保持情报分析与决策的相关性。

恰当提问。通常情况下,关键情报问题由情报用户向分析人员提出,但用户提出的问题往往比较笼统,而且可能具有误导性。例如,"伊拉克大规模杀伤性武器藏在哪里?"这显然不是一个好问题,因为它隐含的内容是"伊拉克确实拥有大规模杀伤性武器"。按此路径分析,只会导致分析人员走进死胡同。"巴巴罗萨计划"是不是德国进攻英国的掩护计划,或者"巴巴罗萨计划"是不是德国防范苏联的应急计划? 这样的问题同样不是好问题,因为它没有穷尽有关"巴巴罗萨"计划的其他可能性。因此,恰当地提出问题,是进行正确情报分析的前提。

分解问题。了解了用户需求后,分析人员要结合自己对该问题的理解,使用自己的专业技能,对问题进行分解,使之成为可以解决的子问题,从而正确回答决策者提出的问题。例如,要分析美国是否会对某国的核设施进行打击,情报分析人员需要了解美国在海外的用兵模式,即决定美国在海外用兵的主要因素是什么,这些因素目前的基本状况是什

---

① Stew Magnuson, "Satellite Data Distribution Lagged, Improved in Afghanistan," *Space News*, September 2, 2002, 6.

么，上述因素和该国的具体联系是什么。一旦把这一问题分解完毕，熟悉情况的分析人员对问题的答案已经十分清楚，他只需要整理成文，递交报告就行了。如果情报分析人员不具备相关专业知识，不能把宏大的问题分解成一个个小问题，那么，他就不可能正确定义这一问题。这里，起决定作用的正是他对这一问题的理解，以及他的逻辑思维能力。没有这两方面的技能，他会面对问题一筹莫展。如果他错误地分解了问题，那么，解决问题的途径与目标可能是南辕北辙，最终以失败了事。例如，美国习惯上将反情报工作定义为防御性情报工作，由此决定了美国反情报工作的防御性、被动反应性，造成了反情报工作的被动。所以，情报分析的成功取决于对问题的准确定义，错误的问题定义必然带来错误的情报分析结果。

三、形成并验证假设

科学的任务是透过纷繁复杂的外部现象，探索事物发展的客观规律。这是一个十分复杂的过程，离不开假设的方法。这种方法是：根据当前已经掌握的有限事实，作出某种假设，然后根据继续发现的事实，修改、完善假设，最后在实践中检验它。如果假设得到证实，它将转化为科学的理论，反之，它将被抛弃或修改。科学史上许多重大理论的创立，都采用了假设的方法。恩格斯说："只要自然科学在思维着，它的发展形式就是假说。一个新的事实被观察到了，它使得过去用来说明和它同类的事实的方式不中用了。从这一瞬间起，就需要新的说明方式了——它最初仅仅以有限数量的事实和观察为基础。"[1]卡尔·波普尔则认为"理论是大胆的猜测"，"我把人类知识看作是由我们的理论、假设、猜测组成的；看作是我们的理智活动的产物"，"这些大胆的猜测或尝试是用来帮助我们在无知中探索的工具"。[2]

---

[1]《马克思恩格斯全集》第 3 卷，北京：人民出版社 1972 年版，第 561 页。
[2] 参见夏基松《波普哲学述评》，哈尔滨：黑龙江人民出版社 1982 年版，第 45 页。

　　情报分析也离不开假设。从本质上说,情报分析就是情报人员观察世界、认识世界、探索客观事物本质的过程,而在分析过程中,提出并检验假设则是核心的推理技巧。理查德·贝茨说:开放性的头脑是空洞的头脑。① 罗伯塔·沃尔斯泰特(Roberta Wohlstetter)则认为,如果没有假设作指导,任何人都无法把"噪音"从"信号"中挑选出来。②

　　从科学研究的角度出发,科学的流程包括提出假设、观察、分类、用观察到的事实来证实或证伪假设。同样,针对某一个情报分析主题,在信息不明确的情况下,可能存在着多种发展途径,也就是说,事件的原因或未来发展有着不确定性。因此,在分析中,应当考虑到目前所掌握信息的程度,尽可能提出多种假设,对于同一信息作出尽可能多的解读,这是形成最终结论和判断的前提。情报分析所研究的命题往往十分复杂,其中涉及到的因素多种多样,而且大多在实时发展变化。它与人们一般提出假设的方法完全不同:通常情况下,人们都是利用推理的方式,利用现有的知识和经验储备来进行直觉判断,从多个可能性中选出自己认为"满意"的假设。这样的方法容易受到自身知识结构和认知偏见的误导。因此,在情报分析过程中,最符合科学研究逻辑的方法是:尽可能多地列出假设,进而选择最站得住脚,也就是反对证据最少的那个作为最有可能的假设。

　　形成假设的方法多种多样,《情报分析心理学》提出,分析人员应当了解自己的推理过程,能够根据所掌握的信息提出假设,并提出了四种基本的方法。③

　　一是"情势逻辑"方法(Situational Logic)。分析人员根据所掌握情况,理解在这一时间、地点发挥作用的各种特定因素,从而在逻辑上判定当前形势的前因后果,然后提出一个合乎情理并能够解释当前形势的想

---

① 参见 Richard Betts, "Analysis, War and Decision: Why Intelligence Failures are Inevitable," *World Politics*, Vol. XXXI (October 1978), p. 84。
② 参见 Roberta Wohlstetter, *Pearl Harbor: Warning and Decision*, Stanford: Stanford University Press, 1962, p. 56。
③ 参见 Richards J. Heuer, *Psychology of Intelligence Analysis*, Washington, D. C.: Center for the Study of Intelligence, Central Intelligence Agency, 1999, pp. 32–42。

定,这就是所提出假设的基本逻辑。根据这样的假设,分析人员既可以按照要求提出当前形势所形成的原因,也可以据此来对未来的发展趋势作出预测。采用这一策略时,分析人员需要特别留心确认自己的关键假定(Key Assumptions),因为用到的数据大多含混不清、有缺陷,甚至可能是骗局。

二是"理论分析"方法(Applying Theory),即根据归纳总结得出的规律性认识,对当前形势进行分析,特别是对比事物发展中的各种关键要素,从而对当前形势形成假设。这样的提出假设的方法,与归纳方法有着密切的关系:基础是大量相同相似案例的积累。"指标—征候"是这一方法的关键。分析人员要考虑,当前情况是否与其他有着相同现象的情况类似。例如,此次发生的经济危机是否与以往衰退的趋势相同?这种方法非常有效,因为有许多数据是无法获得的,而且它同时允许分析人员忽略一些潜在关键证据。但分析人员应该尤其注意,普遍化的模型和理论可能并不适用于他们所处理问题的特殊情况,这些独一无二的特点可能需要专门的定性或定量知识。通过了解问题框架,分析人员可以构建起一个概念模型,在评估与其他理论或模型的相似点和不同处时,确定与本问题关系最密切的因素。

三是"历史情势比较"方法(Comparison with Historical Situations),即超越当前信息的局限,将事件与历史上的先例或其他相似事件进行比较。本质上,这是类比方法的运用。在缺乏信息时,这样的方法往往能够较为快速地形成假设,但分析人员首先要确定当前事件中的关键因素,随后找出对当前情势具有启示意义的一个或几个历史案例或相似案例。但历史虽然有惊人相似的一面,但历史不会简单地重演。此外,要确定当前的情势与历史上的哪些情势更为相似,需要分析人员对历史进程有精准的把握,这实际上超出了对大多数分析人员的要求,因此,他们作出的类比往往是不恰当的。例如,有些美国官员认为美国在阿富汗和伊拉克重建方面的努力,与二战后美国通过"马歇尔计划"援助欧洲是一样的,但富有洞察力的分析人员发现,二者之间实际上差别很大,美国重建阿富汗的努力与 20 世纪 20 年代英国在伊拉克的努力有更多的相似之处。

四是"浸入信息"方法（Data Immersion），即不将信息置于任何预设模式之中，而是浸入其中寻找答案，随着时间推移，某种明显的模式（即可能的答案、假设）自然浮现，这需要分析人员首先压制一切先入之见。

除了这些常规的形成假设的方法之外，霍耶尔和弗森阐述了数种形成假设的结构化分析方法，包括简单假设法、多种假设生成法、象限假设生成法，并阐明了它们分别适用的场合。

简单假设法，就是由团队成员根据已知信息，自由作出假设，整合分类，通过问题重新叙述，提出新的观点。它经常被用于拓宽假设范围。使用这种方法，需要召集一个由各种背景、思维习惯的人员组成的团体，审查需要评估的问题、活动或行为的已有信息和解释。每名成员将写下三个替代解释或假设，然后通过情势逻辑法、历史类比法和理论应用法等激发创造性思考，识别关键驱动力量，利用问题重述和逆向思维提出新观点，更新替代假设清单，阐明每一个假设，然后选出最有可能以期望的方式发展的假设，并对其做进一步研究。

多种假设生成程序法提供了生成大批量假设的结构化机制。相对于其他方法，这种方法不会忽略某个重要的替代假设或某个不被看好的假设，因而可以给分析人员带来更大的信心。具体是：第一步，针对需要解释和研究的问题、活动或行为，列出"何人、何事、何时、何地、为何及如何"的清单。第二步，形成"六何"等要素的替代清单。第三步，努力确保每个清单中的替代项是相互排他的，进而生成一份所有可能的排列的清单。第四步，抛弃完全没有意义的排列。第五步，通过质疑每个组成要素的关键假定，对剩余排列的可信性进行评估。有些假定可能是可以自检的。为每个排列分配"可信值"，分值在 1—5 分之间。第六步，对剩余的排列进行重新整理，按最可信到最不可信的顺序进行排列。第七步，将排列作为假设重新陈述，确保每个排列符合一个好假设的标准。第八步，从清单的顶部选出最值得关注的那些假设。

如果分析人员面对的问题可以很容易地确定两个关键推动因素,那么他就可以用象限假设生成法来确定一组基本假设。该方法可以确定由这两个关键推动因素构造的四种可能的极端情景,生成分析人员使用其他方法时可能会忽视的选项。这种方法比较实用简便,主要用于预测事物未来发展。其基本步骤是:第一步,确定两个关键推动因素。第二步,利用这两个推动因素构建一个 2×2 矩阵。第三步,将每个推动因素视为从一个端到另一个端的连续体。在纵轴和横轴的两端写下每个推动因素的极端状况。第四步,在每个象限中写出两个推动因素塑造的最终局面的细节。第五步,提出显示事件是否正在朝某个假设发展的路标。利用这些路标或指标的变化来制定情报搜集策略,以确定事件在朝哪个方向发展。比如,针对某一政府未来发展的方向,可以设定两个基本推动因素:政府的集权化和受宗教影响力,然后再设定在这两个因素推动下该政府可能发展的四种极端方向,即四个极端的假设。

在以上三种方法中,简单假设法是最容易的方法,多种假设生成程序法可用于确定大量的所有可能假设,象限假设生成法可在预计只有两种驱动因素时使用,以确定一组假设,后两种方法在确定一组相互之间对立和极度耗费时间精力的假设时非常有用。[1]

细心的读者可能已经发现,本书使用了"假定"(assumption)与"假设"(hypothesis)两个词汇。假设是研究者根据自己对现象的观察或前期的研究对不同现象(变量)的关系作出的推测,需要进一步检验;假定是我们为方便推理所做的一个限定,可推断为真实的表述,从中可得出某种结论。假定也可理解为"理所当然的假设"。可见,假定是假设的隐含前提,是推理的出发点。

在情报分析中,分析人员面对的是不完整、含糊、有时具有欺骗性的信息,因此,分析人员在解读证据与进行推理时必须依赖假定提供指导,

---

[1] 详细讨论参见 Richards J. Heuer, Jr. & Randolph H. Pherson, *Structured Analytic Techniques for Intelligence Analysis*, Washington, D. C.：Congressional Quarterly Press, 2015。本书中文版由金城出版社引进。

作为填补信息空白的一种手段。分析人员的教育、培训和阅历，以及所在机构的背景，无不影响这些假设的作出。诚如小理查兹·霍耶尔指出的，情报分析人员在分析国际问题的时候，要受到自身经验、教育背景、文化价值观、自身的角色需求、组织规则以及信息的具体细节等因素的影响，"人们可以将这一处理过程形象地想象成透过需要调整焦距的透镜或风档来观察外部世界，因此所见到的景象可能会扭曲变形。例如，为了得到最清晰的中国图景，分析人员不仅需要有关中国的信息，他们还需要清楚理解自己用以观察这些信息的镜片。这些镜片有多种多样的称谓：思维模式（mind sets）、思维模型（mental models）、偏见（biases）、分析性假定（analytic assumptions）等。"①这些词汇，都可理解为假定，在大多数情况下，它们被视为理所当然，是指导分析人员进一步推论的出发点。例如，国际政治学中的理性行为人假说，就是一个著名的假定。分析人员假设所有的国际政治行为者都能理性抉择，并据此规范自己的行为，因此，他们的行为是可以预测的。同样，"希特勒不可能两线作战"也是一种假定，由此出发，斯大林断言在德国攻占英国之前，不会进攻苏联。这是一种假设。

无论是假设还是假定，它们都是对事态可能的解释或结论，是尚未确立真实与否的陈述，是基于观察得出的"有根据的推测"。而根据波普尔的观点，"由于科学的理论是尝试性、猜测性的假说，任何理论不管它曾经多么成功，也不管它曾经受过何等严格的检验，都是可以被推翻的"②，所以，假定或假设尚需通过更多观察或实验来获得证实或证伪。

对情报失误的案例研究表明，关键假定的错误是情报失误的重要原因。例如，在海湾危机爆发前，美国外交界和情报界弥漫着一种气氛，即认为萨达姆陈兵伊科边境，是为了讹诈科威特。这种假设依据的假定是

---

① Richards J. Heuer, *Psychology of Intelligence Analysis*, Washington, D. C. ：Central Intelligence Agency, 1999, p. xxii.
②《自然科学哲学问题》1980 年第 3 期，第 15 页。

伊科两国都是阿拉伯国家,一个阿拉伯国家不可能进攻另一个阿拉伯国家。这种假定是想当然的,因为历史上阿拉伯国家相互冲突的情景并不少见。所以,对关键假定进行检查,就成了克服情报失误的利器。弗森和霍耶尔对关键假定的训练经验表明,经过仔细检查,大约每四个假定就有一个无法成立。[①] 而通过关键假定检查,分析人员可以避免分析陷阱,提出新的见解,发现信息空白。

如前所述,假定与假设不同,假定是隐含的假设的前提,许多假定深深植根于社会文化信仰中,已经被分析人员无意识地接受了,或者被认为是真实的、理所当然的。多数分析人员对此缺乏足够的认识,因此在识别自己的假定时会遇到困难。克服这一认知障碍的关键,是在分析过程中让隐含的东西显性化。分析人员或分析团队需要进行换位思考,强迫自己进行批判性思考,审查分析过程中的推测和可能存在的偏见,包括他们自己并不知道正影响着分析的因素。一种名为"关键假定检查"的结构化方法,正是这样的一种工具。

关键假定检查分为八个步骤,包括:(一)召集一个小团体,团体成员与几名"局外人"一同对问题进行分析。进行关键假定检查时,很重要的一点是需要开放的思想,要让那些不太熟悉主题、能公开质疑假定的人参与进来。之所以强调"局外人",是因为原有的分析团体已经有了既定的思维模型,因此需要"局外人"带来其他新观点。(二)与会者带着自己的假定清单与会。如果前期没有做这样的要求,就在会议开始时先来一场头脑风暴,要求每名与会者在卡片上写下几个假定。(三)收集卡片并把假定列在白板上,供所有人观看。(四)引出其他的假定。引出附加假定。用不同方法激发参与者思考。(五)在确定全部假定后,批判性地检验每个假定。分析人员可以不断询问以下问题,如我为什么有信心认为这个假定是正确的? 什么情况下这个假定可能是假的? 这个假定是否

---

① 参见[美]凯瑟琳·弗森、伦道夫·弗森《战略情报的批判性思维》,北京:金城出版社 2016 年版,第 141 页。

可能在过去为真,但今天不再是了?这个假定是有效的,对此我有多少信心?如果假定不成立,会给分析带来多大影响?(六)分析人员将每个假定分成三类,即:基本成立、支持充分;正确,但有附加条件;支持不充分或有问题,存在关键的不确定因素。在对假定进行分类的时候,分析人员可以问这样一个问题:用户是否能基于这个假定作出决定转移资源或人员?如果答案是肯定的,那么假定可评级为"支持充分"。如果答案是看情况而定,那么假定可评级为"有附加条件",同时记录下附加条件。如果基于这个假定,转移人员或资源并不合适,或者假定不能成为转移人员和资源的理由,那么假定应该被评为"支持不充分"。(七)精炼清单,删除那些经过检查不成立的假定,加入在讨论中新提出的假定。(八)考虑是否要把不受支持的假定或关键不确定点,加入到搜集要求或研究主题中。①

关键假定检查可以发生在分析过程的任何阶段,但大多数分析人员更喜欢在开始分析工作时就进行这一步,以避免在发现错误的假定后,重新组织或者再次构思某个部分。分析完成后再检查假定清单,能让分析人员检查这些假定是否依然成立,有没有因为事件在分析撰写过程中发生变化而需要修改。

四、分析情报空白

假设形成、模型建立后,分析人员要搜集和评估相关信息,并将其填入目标模型中。这里面最重要的是准确掌握已知情况,确定情报空白,进行空白分析,以了解空白形成的原因,从而制定搜集策略,指导情报搜集,填补情报空白。

通常情况下,情报机构对目标会有相当了解,但情报空白仍不可避免地存在着。有些分析人员不重视情报空白的问题,他们往往根据既有

---

① 详细阐述参见[美]凯瑟琳·弗森、伦道夫·弗森《战略情报的批判性思维》,北京:金城出版社2016年版,第11章。

信息,就匆匆忙忙地得出结论。另一些分析人员则走向另一个极端,他们把主要精力放在情报搜集上,指望通过搜集解决所有问题。他们全然忽视了这样一个现实,即情报搜集不可能完全解决空白问题。恰当的方法是,分析人员必须在分析情报空白的基础上,了解情报空白产生的原因,确定情报需求,指导情报搜集。

进行情报空白分析,分析人员应根据基本需求的重要性和情报空白的大小,寻找空白并确定其优先次序。应根据空白的性质对空白进行分类:这些情报空白出现在哪个阶段,是搜集阶段、处理阶段、分析阶段还是分发阶段? 这些空白是怎样产生的,是因为对手的拒止与欺骗,还是因为我方搜集能力不足? 同时,分析人员可将空白划分为短期空白或长期空白。如果是短期空白,可"调整"当前的搜集系统;如果是长期空白,则应开发新的情报搜集能力。

情报空白分析完毕后,分析人员可以为填补空白制定搜集计划,向搜集来源和机构发出搜集指令。通常情况下,分析人员需要充分利用现有搜集资源,包括安插在敌方营垒中的秘密人力情报人员、已经掌握的公开文献。在此基础上,分析人员要依靠自己的判断,整合出最佳的搜集策略,为填补空白下达任务。但分析人员不能仅仅依靠过去的策略,因为一个能被对手预测到的搜集策略必定会失败,将搜集资源从一个目标转移到另一个目标,会造成其他领域的情报空白。因此,必须鼓励搜集人员开拓新的情报资源。

搜集策略成功的关键在于分析人员与搜集人员保持密切和持久的互动,简单地向搜集人员下达搜集指令,要求其搜集某类情报,是一件事倍功半的做法。只有把搜集人员纳入情报分析流程,使其能够接近并掌握目标模型,他们才能知道在这一流程中自己能发挥什么作用,从而更有效地作出回应。分析人员与情报搜集人员联系越紧密,就越能提供详细、明确的搜集指导。因此,谢尔曼·肯特指出,派驻国外的情报搜集人员,应有国内政府机关工作经验,了解国内政府机关的运作,与国内政府部门的人员有私交,这样他才会更容易地理解国内发出的搜集要求,进而采取有效的行动。[1]

五、关联情报资料

这一过程通常被称为情报处理。通常情况下,情报机构搜集的原始信息必须经过处理才能转化为信息,从而为分析人员所用,如航空侦察和航天侦察平台获取的图片,通过各种信号情报平台获取的电子信号,都必须经过加工与处理,其意义才能为情报分析人员所理解。这种专业处理,通常由专门的情报分析人员进行,如密码解析人员、图像释读人员。

情报处理的一个关键步骤是关联(collation,过去译为整理),即根据情报资料的来源和背景,以条理分明的方式对相关信息进行组织,进而显露出各种信息之间的内部联系。

关联的第一步是将材料分类。分类,即将信息分配到不同类别的过程,以更好地理解数据与更方便地存储和检索数据,这是进行研究、解决问题的一个必要步骤。

分类是发现事物之间相关性的必要手段。只有对事物进行恰当的分类,才能发现事物变化的原因。缪勒五法中的求同法、求异法和共变法,都是建立在分类的基础之上的。1869 年,季米特里·伊万诺维奇·门捷列夫按照元素原子量的大小,从最小的开始排列它们时,发现这些属性存在周期性。他虽然无法补全周期表,但基于空缺元素前后各元素的属性,他预测了那些应当被发现的元素的属性,并发现了他所预测元素中的三种。

在情报分析中,创造战斗序列与建立元素周期表相似。例如,基于对敌人作战原则的了解和以往的经验,也许可以确定敌人通常会在边境部署两支部队,同时设立一支预备队。如果我们了解其中一支战斗部队和预备队的情况,那么我们就可以试着推断另一支战斗部队的编制和组

---

① 参见［美］谢尔曼·肯特《战略情报》,北京:金城出版社 2012 年版,第 134—135 页。

成,即使我们无法接触这支部队。如果分析人员得到了一个未知武器系统的部分信息,而这些信息与分析人员以前知道的某个武器系统的部署模式相吻合,根据该模式的布局,分析人员可以将该武器系统归入到某一具体武器类,然后根据对该类武器的认识,就可以推断出该部署结构的其余布局以及该系统的大致特点。系统的传媒分析或内容分析(关于外国出版物、大众传媒或军方和政界要人的公开声明)是分类在情报分析中的另一个应用。

所谓筛选,即对所搜集的情报资料进行定向选择,从各种相关资料中选取更符合需求的资料,以备将来使用。情报机构获取的信息,有相当大一部分与待解决的情报需求没有关系,它们构成了干扰情报分析人员的"噪音",因此必须进行筛选,以剔除这些无效信息。

美国情报机构把所有的情报资料分成事实、信息、直接信息、间接信息等几种。事实即经过核实的信息,已知存在或已发生的事情。信息是有关某个情报问题的报告、研究和反映的内容。直接信息(Direct Information)是与情报问题有直接联系的信息,其细节通常被认为是事实,不仅来源可靠,直接接触该信息,而且内容具体,随时可以证实。例如,引用外国官员言辞的特别情报,关于港口驻泊舰艇总数的影像资料,驻外官员观察到的事件,等等。间接信息是与某一情报问题相关的信息,由于其来源可疑、缺乏直接获取途径以及内容复杂等一系列综合因素,其细节可能不是真实的。

不管是直接信息还是间接信息,都需要进行甄别。所谓甄别,即判定情报资料的真伪。这是情报处理中的一项重要工作。情报分析必须建立在准确的情报资料基础之上,不准确的情报资料,只会干扰情报分析人员的工作,误导其作出错误的结论。例如,在伊拉克大规模杀伤性武器扩散问题的评估上,美国情报界生产了100多份情报报告,但这些报告"几乎完全依赖"一位代号为"曲线球"(Curveball)的人力情报源,而这一情报源后来被证明是错误的,情报失误就此铸成。

甄别情报资料包含如下步骤:(A) 评估情报来源;(B) 评估传递信

息的通信渠道;(C) 综合评估情报资料的可信性。

（一）评估情报来源

即评估情报提供者的可靠性。通常情况下,这种评估可以根据来源过去的表现来进行。如果该来源过去提供的情报都很准确,那么我们也可以对其此次提供的情报来源的可靠性作出一个理性评估。当然这里要考虑到战略欺骗的问题。该来源过去提供了准确的情报,并不代表他此次提供的情报也是准确的。我们亦不能排除这种可能性:他过去提供的准确情报,是因为敌方有意放置,目的是为使其得到我方的信任。类似的例子在第二次世界大战中的双十行动中表现得特别明显。英国安全机构控制了德国的所有间谍,并逆用其为双重间谍,在逆用的过程中,英国情报机构通过他们向德国情报机构提供了部分真实情报,但其目的是维持他们在德国情报机构的信誉,在关键的诺曼底登陆中,他们向德国情报机构提供了致命的假情报。不管怎么说,情报来源过去的表现是评估其情报可靠性的一个重要标准。

评估来源要回答以下问题:

来源有提供信息的能力吗? 一个雷达专家如果对机载雷达的性能发表意见,那么,他的谈话是可信的,因为他具备这一能力。如果他进而叙述飞机的性能,那么他就相当地不可信,因为这超出了他的专业范围。同样,一个经济学家评估一个国家的通胀前景,这样的谈论具有可信度,但如果他进而评估通货膨胀可能产生的政治影响,那么就值得怀疑,因为这超出了他的能力。例如,在美国情报界起草关于伊拉克可能存在大规模杀伤性武器的《国家情报评估》时,德国联邦情报局提供了一份有关伊拉克所谓的生物战计划,该情报来自于一个代号"曲线球"的人力情报源。他是伊拉克一位化学工程师,声称伊拉克拥有若干个生产生物武器战剂的移动设施。这份材料成为这份《国家情报评估》的支撑性证据,因为这样的情报来源,具有提供这种信息的能力。

来源具备获取该信息所需的途径吗? 通常情况下,人们会想当然地认为人力情报源（线人）具有接触情报的途径,因而并不重视途径问题。

然而,途径是评估情报来源是否准确的关键。有的时候,线人并不具备获取某一情报的来源,但出于种种动机,他还是提供了这样的情报,这种情报就很值得怀疑。同样以伊拉克大规模杀伤性武器扩散问题的评估为例,"曲线球"提供的情报得到另一情报来源的证实,该情报来源不仅报告伊拉克正在生产芥子气和二元化学战剂,还报告了伊拉克的导弹、核武器与生物武器计划情况。但实际上,任一国家都会对敏感的武器研发计划采用部门隔离制度来进行保密,这位情报来源根本不可能同时接触到所有这些计划,他不具备获取该信息所需的途径,因此应该是不可信的,由此我们也可以推断,他证实的"曲线球"的情报也是不可信的。然而,中央情报局并没有意识到这一点,在此基础上作出了错误的判断。

来源具有既得利益或偏见吗(Vested Interest Or Bias)?在人力情报中,分析人员会遇到"情报掮客"(Professional Source),他们把信息卖给尽可能多的出价人。为了获得尽可能多的顾客,这些人会夸大其提供情报的重要性,从而提供有误导性的情报。同样,情报机构也有既得利益问题。20世纪50年代,美国军种情报机构曾经夸大苏联的战略轰炸机实力和远程导弹的实力,以为本军种争取更多的费用,从而在美国酿成了所谓"轰炸机差距"和"导弹差距"的争论。在卡斯特罗上台后,流离失所的古巴难民企图借助美国的力量重返家园,他们夸大了卡斯特罗政权的反对势力,导致美国决定用武力推翻卡斯特罗政权,从而酿成了猪湾事件。伊拉克的"曲线球"也是出于自身利益考虑,提供了虚假的情报。

(二)评估传递信息的通信渠道

在大型情报系统中,情报搜集需求必须通过某一官僚机构传递给负责需求分配的官员,如国别情报主管、野战情报军官、通信情报或人力情报的业务主管等,然后传递给某一间谍,而回馈则通过报告渠道传回。这一过程中,信息可能会被扭曲。这就是所谓熵现象。物理学原则告诉我们,任何通过通信系统传递的信息,其准确性随着联系环节的长度和中间节点的增多而下降。在传递过程中,信息的内容可能被无意识篡改。例如,在口头传播时,为了让杂乱无章的信息看起来更连贯,相关人员会把不连贯的事实连接起来,冗长的信息会被压缩,有些细节会被下意识地隐瞒,因为它们与情报传递者所掌握的其他信息不符。在第四次中东战争(赎罪日战争)发生前,人力情报源获悉战争将于 1973 年 10 月 6 日下午 2 点爆发,但在传递过程中,这一时间被误为下午 6 点,结果使以色列少了四个小时的预警时间。同样,"X 是一种可能性"这样的情报断言,在经历一定时间和通过不同的通信渠道后可能变成"X 可能是真实的",然后变成"X 很可能就是事实",最后就变成"X 就是事实"。在情报领域,我们把这种现象称为"渐趋合理性"(Creeping Validity)。"伊拉克大规模杀伤性武器委员会"的报告认为,"伊拉克可能藏有大规模杀伤性武器"这种假设随着时间的推移变成了一种看法,最终成了一种"不可辩驳"的结论。①

因此,在评估情报资料时,分析人员必须考虑情报来源与信息的接近程度。事件的直接目击者和参与者能够立刻搜集并呈现事实,但在缺乏这种第一手信息的情况下,分析人员必须依赖与情况有着某种近似性的渠道。但这种信息的可靠性是值得怀疑的。

(三) 综合评估情报资料的可信性

情报资料的可信性取决于它的真实性、准确性和可靠性。我们需要综合已经掌握的情况以及其他情报来源提供的情况,对情报资料进行综合分析。

评估情报资料的可信性,必须区分情报资料的类型。如果一份资料包含的信息可以增加或减少一个或多个假设的可能性,那么这份资料就与假设存在相关性,便可以称之为证据。证据之间可能相互支持,也可能相互冲突,评估与整合相关证据将直接影响到假设的修正与取舍。根据相关的程度,戴维·舒姆把能够证实事件的证据称为肯定性证据

---

① 参见 Report to the President of the United States, *The Commission on the Intelligence Capabilities of the United States Regarding Weapons of Mass Destruction* (March 31, 2005), pp. 10, 49。

(positive evidence)，能够证伪事件的证据称为"否定性证据"（negative evidence），此外还有与事件相关但表达信息不明的"模棱两可性证据"（equivocation evidence）和"缺失性证据"（missing evidence）。这就把各种情报资料区分开来：不具备相关性的情报资料，会干扰情报人员的分析判断，它们实际上是"噪音"。肯定性证据可以证实某一个判断，是情报人员主要倚重的资料，它们是揭示对手实力与意图的"信号"。"否定性证据"能够证伪某一判断，在现代认知心理学看来，它比证实性证据更有价值。在极端的证伪主义者眼中，它们几乎是唯一的证据。

"模棱两可性证据"同时支持不同的假设，这样的证据表面上有用，实际上不具有诊断价值（diagnostic value）。所谓诊断价值，即证据证实或证伪某种假说的能力。比方说，发烧这一现象可以说明一个人生病了，却不能说明他究竟生了什么病，因为有很多种病症可以引起发烧，因此，发烧在确定具体病症方面没有诊断价值。

情报分析中也存在同样现象。一个情报现象往往可以同时支持多种假设，那么，它在判断哪种假设可能性最大时，就没有什么价值。比方说，一个国家的军队调动这一现象，可以同时支持如下假设：一是进行军事演习，二是发动对外战争，三是国内出现了重大的政治危机或其他危机。那么，这种情报现象对判断对方的意图就没有帮助，也就是说不具备诊断价值。而这样的情报资料却被情报分析人员视为支持自己判断的主要依据。

评估情报资料的可信性，必须考察细节。细节决定着情报分析人员能否准确判断情报资料的可信度，细节越详细，越能揭露情报资料之间的矛盾。线人报告细节的能力、所报告细节的准确度，通常取决于其观察敌情的能力，也决定了我方是否应该信任他。一个普通士兵通常只能掌握其所供职部队或单位的详细细节，除此之外，他也许可以通过朋友或其他观察对其他单位的情况有所了解。但他不应该了解其他情况，特别是了解所谓的作战计划。线人如声称其掌握了此类高层机密，却不能证明其确实拥有接触此类机密的权限，对本该了解的人员、地点和术语等许多细节问题不甚了解,那么这种人就值得高度怀疑。在朝鲜战争期间,有一位情报员声称苏联军队计划进攻日本,但他明显不可能接触到如此高级的核心机密,此前他还提交过一份所谓的某司令部"命令",称苏军在中国东北地区设有该司令部,而这份命令所用术语与苏军惯用术语完全不同,由此美国情报人员认定此人提供的情报完全不可信。①

评估情报资料的可信性,必须考虑到对手的战略欺骗的问题。传统分析通常很少考虑欺骗的存在,他们认为获取的情报资料都是可靠的,是能够使用的。但事实上,我们获取的情报资料有很大一部分是对手有意提供的。因此,在甄别材料的时候,必须考虑欺骗的可能性。分析人员要追问:对手是否有从事欺骗的历史? 是否存在欺骗可能? 对方是否有欺骗动机、欺骗机会和欺骗手段? 是否有矛盾或异常信息? 是否忽略了任何与主要假设不符的信息? 是否存在传输欺骗信息的渠道? 潜在欺骗方是否需要牺牲敏感信息以确立欺骗渠道的可信度? 是否拥有监控欺骗行动影响的反馈机制? 目前情形是否符合以往的欺骗模式? 如果不符,是否有其他历史先例? 通过这种检查,分析人员可以较有把握地判断是否存在对手欺骗的问题。

在评估证据时,至少要避免七种陷阱。

依重直观。一般来说,进行情报沟通的渠道应该尽量短,但如果渠道过短,情报分析人员就会过分倚重直观证据,如他们自己搜集的证据。据迈克尔·赫尔曼讲,二战期间丘吉尔根据破译的德军将领埃尔温·隆美尔的电报,认为北非德军物资匮乏,因而命令英国向隆美尔发起攻势。然而,丘吉尔却不知道这一事实:为了达到要求补给和增援的目的,隆美尔一贯喜欢夸大短缺。②

依赖来源。分析人员最难以避免的陷阱之一是根据来源评估证据。

---

① 参见 Cynthia Grabo, *Handbook of Warning Intelligence: Assessing the Threat to National Security*, Lanham, MD: Scarecrow Press, 2010, p. 36。

② 参见 Michael Herman, *Intelligence Power in Peace and War*, New York: Cambridge University Press, 1996, p. 96。

人力情报机构往往重视通过秘密来源（间谍）获得的信息，而不重视从难民、移民和叛逃者那里获取的信息。就信号情报而言，通过电话窃听获得的通信情报比从高频无线电通信中搜集的情报更受重视。此外，分析人员会根据情报搜集的成本，来评估一种来源的重要性。在他们的眼中，昂贵的人力情报与技术情报比廉价的公开情报要有价值。但实际上，公开来源的情报资料极具价值，只是它对分析人员的技巧要求极高，一般人不易掌握而已。

喜新厌旧。分析人员往往看重最近获得的证据。信息的价值或一份报告赋予信息的权重，往往随着时间的推移而下降。最新的情报往往清新、明了并为分析人员所关注。但实际上，证据的重要性与其获得的时间早晚之间没有相关关系。有时，回溯过去获得的情报资料，换一个角度对它进行重新审视，往往会给分析人员带来新的启发。

不愿盘根究底。情报分析是洞察事物本质的过程，但由于人的思维惰性，分析人员往往满足于释读事物的表面现象，而不愿追究事物的本质。中央情报局前分析专家小理查兹·霍耶尔曾谈到这样一个实验：两组汽车机械师都发有一张选项表，列举了汽车不能启动的原因，最后一项选择是"其他原因"。结果发现机械师倾向于对表上列出的原因进行评估，而对"其他原因"则重视不够。[①] 这说明分析人员的思维还是会受惰性控制。

采信传闻。受诸多因素影响，证据的可靠性很成问题。例如，人力情报是重要的情报来源，但线人可能出于私利，有意歪曲事实，而分析人员并不掌握线人和搜集人员之间对话的非语言细节——环境、背景、面部表情和肢体动作，这不利于其判断真假。在"曲线球"一案中，如果美国分析人员能够在审讯中亲眼看看"曲线球"的风范，他们会对其报告持完全不同的态度。但在实际工作中，分析人员很难有机会与第一手的来

---

① 参见 Richards J. Heuer, *Psychology of Intelligence Analysis*, Washington, D. C.: Central Intelligence Agency, 1999, p. 119。

源接触。

　　像人力情报一样,通信情报也是传闻证据,报告中包含大量翻译,而对谈话内容进行笔头或口头翻译的通信情报分析人员可能不能客观地做到这一点。与人力情报来源一样,通信情报分析人员知道,令人兴奋或刺激性的报告比平庸的报告更有可能被发表。此外,有些通信情报目标知道他们已被监听,因而故意利用情报搜集人员作为传递信息的一种渠道。如在 20 世纪 50 年代,苏联肯定利用中央情报局和秘密情报局对柏林通信电缆的窃听传递了大量的假情报。情报分析人员不得不使用此类证据,但必须对其进行相应的评估。

　　迷信专家。专家意见经常被当作分析数据进行判断的工具。他们在指出逻辑缺陷方面能够发挥作用,他们对外国政治、社会和经济形势的理解通常也优于情报人员。但专家并不能完全保持客观。为了进一步开展自己的研究,他们经常言过其实。英国反情报官员彼得・赖特(Peter Wright)曾经评论道:"在重大问题上,专家们很少是正确的。"[1]中央情报局某办公室前主任曾评论说,"由著名科学家组成的专家组通常毫无用处。专家组成员很少愿意花时间研究大有用途的数据。"[2]研究表明,在预测方面,专家甚至不如一个简单的统计模型。[3] 因此,分析人员应该把专家的意见当作人力情报来处理,如果专家对某一问题的看法极为偏激,那么对这种意见应当小心。

　　过早下结论。即在事态没有完全显露、相关假设没有审查完毕、相关情报资料没有搜集完整之前,就匆匆忙忙地得出结论。

　　过早下结论,其主要危害并不在于人们会因为证据不全而作出错误的评估,而是当形势在迅速变化,或当一次重大的前所未有的事件发生

---

[1] Peter Wright, *Spycatcher*, Australia: William Heinemann, 1987, p. 12.

[2] David S. Brandwein, "Maxims for Analysts," *Studies in Intelligence* 22 (Winter 1978), pp. 31 - 35.

[3] 参见 Rob Johnson, *Analytic Culture in the U. S. Intelligence Community*, Washington, D. C.: Central Intelligence Agency, 2005, p. 64。

时,分析人员受困于已经作出的判断,更可能错过各种变化的征兆,更难修正最初的判断,就像古巴导弹危机中的情报分析人员一样。在没有过硬证据支持的情况下,谢尔曼·肯特坚持苏联运进古巴的武器是防御性武器,从而拒绝修正结论。萨达姆政权曾努力获得铝管,供其"美杜莎"火箭使用,但中央情报局分析人员却断定伊拉克是在为气体离心机获取铝管,以支持其核武器计划。当一位中央情报局官员建议了解这种火箭的精确尺寸,以判断这些铝管是否真的用于火箭时,分析人员拒绝了这一要求。[1]

六、提供竞争分析

建模或者构建假说是情报分析的基础,然而,无论是地图、概念、范式还是模型,它们都是情报分析人员主观认知的产物,不是客观真理,因此是有可能出错的。未能质疑取得共识的判断,未能质疑长期以来形成的思维模型,一直是大多数重大情报失误的一致特征。形势已经发生了变化,但分析人员基于既往经验的思维模型却没有跟上变化的步伐,或者没有意识到变化所产生的结果。

除了构建一个"好"的思维模型,避免成为某种思维定式的俘虏外,分析人员不仅要考虑到那些看上去可能发生、符合自己心理预期的假设,也要考虑到那些实际发生的概率很小,但只要有适当的条件和时机,依然可能发生的假设,让各种假设形成竞争,避免某一种假设先入为主。这就需要引入竞争性分析。

竞争性分析既可以由分析人员自己进行,也可以由其他成员或分析团队进行。分析人员在撰写分析报告或提交重大分析判断时,应该探究自己是否出错,以及在什么情况下会出错。有许多方法可以用来质疑分

---

[1] 参见 The Commission on the Intelligence Capabilities of the United States Regarding Weapons of Mass Destruction, *Report to the President of the United States* (March 31, 2005), p. 68。

析，但"事前分析法"（Premortem Analysis）和"结构化自我批判"（Structured Self-Critique）是发现重大错误最有效、最全面的方法。

研究证明，形成糟糕的集体决定的一个重要原因是力求达成一致意见，这种愿望会导致不成熟的结论和附和大多数人的观点。提高集体创造力和决策水平的关键，是向群体提供范围更加广泛的信息和意见，并予以考虑。

"事前分析法"的重要价值在于，它能够使不同意见合理化，从而可以帮助分析人员发现以前被忽视的潜在原因，从不同的角度重述问题，使分析人员能以不同的方式看待情况，得出不同的观点，从而帮助分析人员或分析团队质疑其结论的准确性。

在进行事前分析时，主持人邀请所有撰稿人和参与生产过程的关键利益相关者，参加一次头脑风暴会议：假设文章已经发表，简报已经提交，若干时间过去了。但时间证明，我们的关键分析判断出现了重大错误。我们该如何解释分析过程中出现的错误？主持人要求每个人写下数个他们认为的最佳答案，由主持人在黑板上记下这些答案，然后分小组讨论哪种解释最令人担忧。小组会讨论如何处理这些薄弱环节，如进行一次关键假定检查、欺骗检测分析，或者对"资产"的合法性进行评估（asset validation assessment）等。会议应总结出潜在的关键薄弱环节，制订出一项行动计划，来解决在事前分析阶段发现的问题。通过这种分析，分析人员会知道，原先判断的可靠性到底有多高，是否存在问题，是否存在替代解释，从而重新思考原有立场，并警示团队其分析可能存在问题，同时也可以确定事态正向相反方向发展的指标，指示一线情报搜集人员搜集相关指标，从而对未朝预期方向发展的事件发出预警。

"结构化自我批判法"是分析团队用于发现自身分析薄弱环节的一种程序，通常在"事前分析法"提出了对未来结果或事件的未决问题后，作为后续步骤，也可以在发布《国家情报评估》这样的重要报告前进行复核，它同时也可作为化解意见冲突的一种方法。在使用这种方法时，分析团队的所有成员"戴上"一顶假想的黑帽，批判自身的观点而不是为自己观点辩护。他们要从相反的观点出发,质疑分析中面临的一系列问题:是否确定了关键假定,并批判性地考察过该假定? 关键假定是否有效、可靠,是否有得不到支持的假定? 这种没有证据支持的假定会不会改变分析结果? 是否有证据反驳首要假设? 是否有关键的分析判断因为与分析主线不一致,而被忽视,或者被错误地阐释,甚至被遗弃? 是否存在重大信息空白? 缺少这些数据将如何影响关键的分析判断? 缺失的证据是否表明有人企图欺骗我们? 是否忽视了技术进步、全球化、经济、社会、环境和政治变动带来的外部环境变化对事态的影响? 是否假设对手的领导人会理性行动,而不受个人标准的影响? 分析主题是否涉及我们不熟悉的文化或亚文化,我们是否知道这将对决策过程造成影响? 对手是否有动机、机会或手段进行欺骗,从而影响组织的决策和行为? 团队将根据对这些问题的回答,再评估对判断的整体信心。

竞争性分析也有许多机制化的做法,即成立专门的机构来挑战既有的假设。这包括设立"魔鬼代言人"(Devil's advocacy)、"A 队 B 队"进行对抗分析(Team A and Team B)、竞争性假设分析(Analysis of Competing Hypotheses,ACH)。竞争性假设分析法系小理查兹·霍耶尔首创,它实际上是波普尔的证伪理论在情报分析中的运用,其主旨是帮助分析人员系统性地思考问题,而不是帮助他们得出答案。它重视情报分析过程中的思维陷阱,是克服先入为主、镜像思维等思维陷阱的有力武器。

竞争性分析假设法步骤繁复,但其核心有四点,其一是提供周详的假设,其二是考察证据的诊断力,其三是对假设进行证伪而非证实,其四是保持证伪工作的连续性。假设必须周详,否则就会陷入先入为主。所谓竞争性,实际上就是要求情报分析人员在进行假设时,要就事态的性质、事态的发展提出各种可能性判断,平等对待所有的假设,防止自己的思维被某一种假设支配。

同任何改进情报工作的举措一样,竞争性分析也只是一种设想的理想状态,在实际操作中依然存在不少问题。情报的价值在于消除认识中的确定性,帮助决策者克服主观倾向,克服认知上的不敏感性,但竞争性分析势必会形成不同的结论,给决策者选择性地使用情报留下空间,从而大大加剧了情报政治化的风险。① 此外,竞争性分析方法的核心在于提出一系列合理假设,把它们与现有信息放在一起进行验证,看哪些假设能站得住脚。对于未被证伪而"幸存"下来的假设还需要进一步验证。霍耶尔承认,使用这种方法也并不总能得出正确答案,但是,大量的案例研讨、不同的方法探讨,对于了解情报分析过程中的认知陷阱,克服情报分析过程中的思维误区,提高情报分析人员的技能确实可以起到有效作用。

七、分析替代方案

替代方案分析是 20 世纪 90 年代美国情报界提出的一种新的思维方式。这种分析方法注重发展性、质疑性、开放性以及持续性,提倡多种可能性选择,防止情报分析人员落入思维模式的误区,帮助决策者拓宽视野,减轻情报失误的后果。

替代方案分析法的提出,与美国情报界失误频发有关。从珍珠港事件到"9·11"事件和伊拉克大规模杀伤性武器问题评估,情报失误问题一直困扰着美国情报界。这说明,仅依靠体制调整和方法革新并不能保证避免情报分析失误。从本质上说,情报分析涉及到对手的战略意图,对手的"拒止与欺骗"增加了情报分析的难度,增大了情报失误的几率,绝对避免情报失误几乎不可能。而情报失误一旦发生,又会造成极为严重的后果。基于此,美国情报界和学术界认为,拓宽情报分析的结论范围,比强求无法肯定的结论更能反映事实真相,列出一系列"替代"结论对政策制定更有实际意义。20 世纪 90 年代初,借助于认知心理学和科

---

① 相关案例可见于第二次世界大战时法国决策者对情报的使用,以及越南战争时期约翰逊政府对情报的使用。分别见拙著:《第二次世界大战情报史》,北京:解放军出版社 2009 年版,以及《美国战略情报与决策体制研究》,西安:陕西师大出版社 2004 年版。

学哲学的研究成果,美国情报分析界提出了"替代方案分析"。情报人员在分析时要考虑各种可能性,给出每种可能性发生的相对概率,同时构思出替代情景想定(alternative scenarios),帮助决策者拓展思维,考虑结论的可选择性,避免情报失误。

情景想定是以情节的形式对未来目标进行描述,每个情景想定代表未来某一段时期清晰的、能够自圆其说的图景。它为事态的发展提供了一种或多种的可能性假设,以帮助情报人员和决策人员更好地应对未来可能出现的不确定情景。

分析人员常用四种基本的情景想定:阐释性情景想定(Demonstration Scenario)、驱动力情景想定(Driving-force Scenario)、系统变化情景想定(System-change Scenario)、时间片断情景想定(Slice-of-time Scenario),其中对克服先入为主影响最有效的是阐释性情景想定。

阐释性情景想定由兰德公司的赫尔曼·卡恩(Herman Kahn)、哈维·德威尔德(Harvey Deveerd)等人首先提出,这种方法可回答两个问题:假定的形势是如何一步一步出现的,在预防、改变或促进该过程的每个步骤上,有哪些可选方案。

以拒止与欺骗分析而论。情报分析人员应该设想拒止与欺骗的存在,正是这种拒止与欺骗,使我们找不到任何与目前主流观点相反的证据。如果这一假定得以成立,那么,我们应该看到什么? 对手的意图是什么? 可能对我们产生什么后果? 我们应该如何解释当前的情报资料?

这种方法将有力地挑战在情报人员心中占主导地位的观点:我们所看到的一切,都可能是假的;我们所获取的情报资料,有可能是对方有意布置的诱饵,我方的想法已落入对方的圈套。

阐释性情景想定主要依赖想定制定人员的特质与经验。一个负责编制想定的分析人员,想象力越是丰富,逻辑思维越是严密,其设计的想定过程与标志性事件和实际情况会越吻合。所以,美国中央情报局主张培养情报分析人员的想象能力和创造能力,在对复杂问题进行意义创建时,应该随心所欲。

将这种情景想定稍加变形,我们可以得到"假定分析(What if?)",它假定某种看似不太可能的事件可能发生或正在发生,从而含蓄地向主流的情报观点提出建议:分析结果可能是错误的。

在进行假定分析的过程中,分析人员要变换关键的假设,并不断自我提问:"如果某种情况出现,被分析者会作出何种举动?"然后根据情况设想答案。在做这种假定的同时,情报分析人员应追问自己:如果我们所看到的一切,都是对手有意提供的,那会发生什么情景?在这种情形下,情报分析人员同样会对自己判断的结论产生怀疑。例如,就古巴导弹危机而论,情报分析人员应该区分可能发生的事与确实会发生的事:如果我们对苏联在古巴军力建设的判断错误,会造成何种影响?如果我们对苏联在古巴军力建设的判断正确,会发生何事?如果我们关于苏联部署进攻性武器的结论错误,会造成何种后果?如果我们关于苏联部署防御性武器的结论错误,会造成何种后果?通过上述提问,分析人员会从心理上做好准备,考虑另外一种可能性的存在,同时提醒决策者注意判断失误的后果,从而帮助决策者在意外事件发生之前早做打算。

另一种替代分析称为"小概率——高影响分析"(Low-Probability/High-Impact analysis):分析人员对可能发生的小概率事件保持敏感,假定这种事件已经发生,思考事件究竟如何发生,及其可能的后果。这实际上就是最坏情况分析。需要指出的是,最坏情况分析一旦被决策者采纳,会导致决策者采取措施以应对危机,从而增加国家的投入,也会导致对手采取应对措施,导致危机进一步升级,加剧"狼来了"效应。

在进行情景想定的时候,分析人员会对每种可能性给出发生的概率。有些可能性发生的概率较大,而有些可能性发生的概率较小。有些可能性发生的概率虽小,但一旦发生就会产生非常严重的后果,对这种可能性要予以高度关注。例如,情报机构发现了对手的兵力调动,在判断对手意图的时候,我们可以作出各种假设:为了发动战争而调动军队,为了演习而调动军队,国内政局不稳而调动军队,国内出现重大自然灾害而调动军队,等等。在这诸多可能性中,发生战争的可能性可能最低,但其后果却最为严重。在这种情况下,情报人员应该设想:如果这种可能性要变成现实,那么,对手应该有哪些后备措施?我们应该可以观察到哪些征候?我们观察到了哪些征候?有哪些征候我们没有发现?这些因素给定后,可以指导搜集人员进一步搜集相关资料,以判断对手的动机,从而把失误的可能性降到最低程度。

第三节　情报产品要求

军事情报是决策与行动的基础,优良的军事情报产品必须客观、准确、及时,必须满足决策者的情报需求,必须具有可行动性,并且尽可能预测事态的发展趋势。

一、客观

情报反映的应该是真实的、客观的实际情况,不能以人的主观意志为转移。客观的情报应不带偏见,不被扭曲。但事实上,情报人员并不是生活在真空中,他的判断受到各种因素的影响。他的价值观、文化背景、教育程度,以及政策预期、组织文化,他自身的角色诉求,都会影响到情报的客观性。

偏见存在于情报流程的各个环节。在确定情报需求的时候,符合政策预期、得到上司首肯的搜集需求会得到优先满足;人力情报特工会根据自己的判断选择材料;分析人员会根据自己对问题的理解,有意识地选择某些情报资料,而对另一些材料视而不见;在作出结论的时候,分析人员选择了自己或领导中意的判断,而忽视与之相背离的判断。因此,偏见无处不在。

美国中央情报局分析家小理查兹·霍耶尔认为:"情报分析人员以感官提供的信息为基础构建自己认定的现实,但是,感官输入的信息要经历复杂的思维过程,正是这种思维过程决定了哪些信息会受到重视,如何对它们进行组织以及赋予它们怎样的意义。以往的经验、教育背景、文化价值观、自身的角色需求、组织规则以及信息的具体细节等,都会强烈影响到人们所感知的内容、感知信息的难易程度以及获得信息之后的处理方式。"①

除了这些客观存在的偏见外,还有许多主观性的偏见,它们同样会影响情报的客观性。例如,了解决策需求的情报机构会不遗余力地推销某个情报,以获得执行某些政策的权力;某个人力情报来源出于某种不为人知的原因,会兜售某个情报;某个情报分析人员也会卖力地推销某个观点,以迎合上司的意愿。

不具客观性的情报会对政策制定产生严重的消极后果,最终损害国家利益。典型的例子如伊拉克战争前中央情报局的线人"曲线球"提供的虚假情报。美国根据这份不具客观性的情报发动了伊拉克战争,推翻了萨达姆政权,达成了政策目的,但它对美国的国家利益和美国的情报工作都产生了非常消极的影响。所以,分析人员应该谨记其任务是尽全力解释事情发生的原因,建立独立于任何政治因素的论证框架。美国中央情报局把这一点明确写入了中央情报局的核心价值观声明,声称情报分析人员的责任是"向同事和用户寻找并说出真相"②。理查德·贝茨(Richard Betts)则声称"政治利益、偏好或决策绝不能左右情报判断,这是不容改变的规则"③。

二、准确

情报必须准确,情报判断必须尽可能反映事实的本来面目,并对未来的发展趋势作出尽可能准确的预测。准确是情报的生命。一条情报是真是假,是基本可信,抑或基本不可信,对用户至关重要。所谓"差之

---

① Richards J. Heuer, *Psychology of Intelligence Analysis*, Washington, D. C.: Central Intelligence Agency, 1999, p. xxii.

② *CIA Vision, Mission, and Values Statement.* www. cia. gov/about-cia/cia-vision- mission-values/index. html.

③ Richard Betts, *Enemies of Intelligence: Knowledge & Power in American National Security*, New York: Columbia University Press, 2007, p. 75.

毫厘,失之千里",准确性高,情报使用效益高,情报价值也就越高。

准确的情报是作出正确决策的源泉。长征期间,中央红军在两个月的时间里,在40万敌军密集部署、犬牙交错的阵地之间衔枚疾走,避实击虚,四渡赤水,争取了主动,走出了危局。毛泽东因而获得了用兵如神的美誉。徐向前元帅评论道:"毛主席用兵确有过人之处,但他也是以情报做基础的……红军之所以敢于在云贵川湘几个老军阀的防区内穿插往返,如鱼得水,就是因为我们在龙云、王家烈、刘湘、何键的内部安插了我们的人,并且破获了他们的密码。"①没有准确的情报,中央红军不可能取得四渡赤水的胜利。

三、先知

谢尔曼·肯特根据时间跨度,把情报分为三种类型:基本描述类、动态报告类、预测评估类,分别对应过去、现在、未来三个时段。他认为,"基本描述类战略情报和动态报告类情报本身可以满足决策者的部分决策需求,但其主要目的是为预测事态的轨迹服务……如果你掌握大弗鲁斯纳(一个虚构的国家)战略地位方面的知识、了解其特定薄弱点,知道她如何看待这些问题,同时了解其他相关国家的弱点和战略地位,那么你就很有希望预测她可能采取的行动。"②这样的情报才能使决策者的决策环境趋向于透明,才是决策者真正需要的。因此,前两类情报是为第三类情报服务的。如果情报机构不能在军事袭击和恐怖袭击发生以前提出预警,只是在危机发生后提供连篇累牍的分析报告,那么这种产品实际上不具备太多价值。美国情报分析家罗伯特·克拉克直截了当地指出:叙述过去的事件,不是情报分析,那是历史。真正的情报分析总是预测性的。预测性成为情报区别于信息和知识的本质属性。

中国古代兵家高度重视预测性情报。商代的甲骨卜辞中已有原始

---

① 周国剑:《毛泽东的智慧与当代领导艺术》,北京:时事出版社 2012 年版,第 291 页。
② [美]谢尔曼·肯特:《战略情报》,北京:金城出版社 2012 年版,第 49 页。

的军事预测活动记录。《易传》认为,战争胜负、宫廷政变、人事吉凶等社会现象的变化是事物刚柔阴阳的矛盾运动的结果,导致这些变化的初始迹象和征兆是"几",即"动之微,吉凶之先见者也",也就是事物发生初始的萌芽状态,以及客观形势变化的最初征兆,因此,人们应"早辨"、"知几",要善于发现苗头,提前判断事物的发展趋势。① 《管子》认为,聪明的军事统帅,不仅要"知",更应该"早知",应该"闻未极"、"见未形"、"知未始"。显然,这里强调的都是先知和早知。

先知首先是先期发现危机。情报是国家安全的第一道防线,情报机构是最高统帅部的战略哨兵,在预防突然袭击、维护国家安全方面,情报机构义不容辞。历史上,由于情报工作缺乏预见,从而导致国家遭到突然袭击的例子并不鲜见。第四次中东战争前,由于以色列情报机构错误判断了战争爆发的时间,结果使以色列遭到了突然袭击。1978 年伊朗宗教革命爆发前,美国情报机构错误判断了危机的性质,导致美国在巴列维国王垮台时手足无措,美国在中东的两大支柱之一轰然倒塌。

先知还意味着提前发现情报需求。为了给决策者提供坚实的情报基础,确保提供的情报具有相关性,情报机构必须预见决策者的情报需求,充分了解当前的任务,透彻理解潜在任务,列举敌我双方可能采取的全部行动方案,尽早地参与到行动计划的策划之中。②

四、及时

如前所述,情报的价值贵在"先知",情报的时效性是决定情报价值的重要因素之一。只有用户及时收到情报产品,并据此采取行动,改变或影响目标实体,这样的情报成果才是有价值的。时过境迁的情报

---

① 参见储道立、熊剑平《中国古代情报史论稿》,银川:宁夏人民出版社 2010 年版,第 17—29 页。
② 参见 U. S. Joint Chiefs of Staff, *Joint Publication 2 - 0*, *Joint Intelligence* (22 June 2007), Chapter II - 6。

有如昔日黄花,不具备情报价值,只能蜕变成普通的信息或者知识。在情报生产过程中,"时间就是一切"的格言非常适用。因此,时效性指的是情报生产的过程是短期还是长期,以及情报是否能够适时满足用户需求。

情报机构能否在恰当的时机提供合适的产品,决定了情报产品能否得到使用。曾任美国国家情报委员会副主席的葛里高利·特拉沃顿(Gregory F. Treverton)指出,情报通常在三个阶段对政策有用,其一是问题出现阶段,其二是政策选择阶段,其三是决策阶段。三个阶段情报对决策的支持力度不同,决策者对情报的重视程度也有很大差别。[①] 在第一个阶段,由于问题刚刚出现,决策者对问题的前因后果还不清楚,他需要情报机构利用自身的专业知识,帮助他解读这一现象,分析事件的来龙去脉、可能产生的影响与后果。这个阶段的情报有如久旱甘霖,最受决策者重视。但遗憾的是,情报分析人员很少表现出先知先觉,他们往往与决策者一样缺乏先见之明,因而经常没有情报可供。第二个阶段是大部分情报人员经历最多的阶段。在这个阶段,问题已经呈现,危机已然形成,决策者正在考虑各种对策,以消弥危机。情报机构要对事态的背景、进程与后果进行详细分析,帮助决策者消除"战争迷雾",思考每一种可能的对策选择,思考对手可能作出的每一种反应,从而为其作出选择做准备。这个阶段的情报也为决策者所看重。在第三个阶段,问题已经充分显现,危机已经暴露无遗,决策者依赖自己的聪明才智对形势作出判断,并定下了最后决心。但是,情报机构反应迟钝,只在决策者作出最终选择之后提供了情报。但决策者对这种马后炮式的情报没有兴趣。如果情报支持他的观点,他会接纳但并不会表示赞赏;如果情报与其决策相悖,那毫无疑问他会把它当成废纸。所以,情报机构应该提供前瞻性的情报产品。

[①] 参见 Gregory Treverton, *Reshaping National Intelligence in an Age of Information*, New York: Cambridge University Press, 2001, pp. 183 - 185。

五、完整

完整,是指情报产品的要素齐全,情况完整。情报要素越齐全,内容越具体,情报质量就越高,其使用价值就越大。[1] 如果情报没有包括必要的情报要素,就不能反映事物的全貌。

通常情况下,情报要素包括时间、地点、来源、内容、原因、结果等。时间,即所获情报的时间和情况发生、发展、结束的时间。基本情况的时效性要求不高,但动态情报尤其是重大事件的上报,对时效性要求很高,应做到实时或近实时。地点,即所获情况发生、发展、结束的地点或区域,军事情报对地点的描述要求十分准确、具体、规范。来源,即所获情报的渠道,包括公开来源、秘密来源、直接来源、间接来源。公开来源具有面广、量大、易得的特点,秘密来源和直接来源相对可信度较高,对间接来源的情报通常需追根溯源,鉴别真伪。内容,即所获情报的实质,通常包括事件、事实、实物等。原因,即所获情报事件发生、发展、结束的条件、背景或缘故,是分析情报实质、鉴别情报真伪的重要素材。结果,即所获情报事件发生或即将产生的结果,是分析情报、利用情报的重要因素。有时事件发生后并不能立刻凸显其结果,需要一个动态跟踪过程,要求不间断地跟踪情况的演变与发展。[2]

在军事领域,原始的军事情报资料,绝少是完整和完全准确的,不确定性、片断性,是情报资料的本质属性。即便经过情报分析连点成线,情报分析人员勾勒的情报图景依然可能是不完整的,因此,要素齐全的情报是情报人员追求的理想境地,未必真能实现。坐等一切齐备并不现实,即使能够等齐也会失去时效,特别是在国际局势发生重大变化和爆发战争的关键时刻,是不能等待事态全部明朗才作出决策的。在时效性

---

① 参见张晓军主编《军事情报学》,北京:军事科学出版社 2001 年版,第 13 页。
② 参见刘宗和主编《中国大百科全书·军事情报》,北京:中国大百科全书出版社 2007 年版,第 1 页。

和完整性之间,情报人员必须有所折衷,有所权衡。

六、相关

　　情报的价值在于使用,为履行情报的决策咨询职能,情报必须满足决策需求,必须与计划和行动密切相关,有助于解决正在发生或将要发生的问题。为此,分析人员必须了解情报产品的使用环境,恰当地界定情报问题,根据用户的需求量身定制情报产品,帮助用户理解决策环境。分析人员要进行执行性分析(Implementation Analysis),评估对手具备的能力,对手存在的可以为我使用的各种薄弱环节,分析我方各种措施的有效性,评估对手可能作出的反应,为决策者和行动者提供各种战术选择评估,以寻求机遇和规避风险。换句话说,情报分析人员不仅要试图去了解"X国正在发生什么",而且必须探求"对于X国发生的事情,我们需要做些什么"。如果决策者采取行动,会得到什么利益? 如果他不能采取行动,又会产生什么后果? 一句话,情报与决策必须密切相关,分析人员要提供可供行动的情报。

　　情报与决策的相关性要求情报人员与决策者之间保持密切的关系。如果情报人员对行动计划和实施情况一无所知,他就无法生产出符合要求的情报。[①] 但是,考虑到情报人员在情报—决策关系中的被动地位,这种密切关系很难建立,在这种情景下,分析人员应尽力通过角色扮演(也称红帽分析,Red Hat Analysis)或SWOT分析,站在决策者的立场上,设身处地地模仿决策者思考问题,不断地追问自己:"我到底想知道什么? 我想干些什么? 我最主要的兴趣点在哪里?"从而尽力保持情报分析与决策的相关性。

　　根据核心决策者对某一事件的疑问开展分析,是确保情报分析对决策者发挥作用的方法之一。这些疑问可以是已知的,也可以是由分析人员推测而来的。它们反映了决策者的情报需求。了解这些需求,可以确

[①] 参见[美]谢尔曼·肯特《战略情报》,北京:金城出版社2012年版,第149页。

保情报产品直击决策者真正关心的问题。一旦初稿完成,分析人员应站在用户角度评估材料,并试问材料是否具体而有效地阐述了核心决策者开展工作所需了解的内容。分析人员还可以假设他们是政策的实施者,列举自己在执行政策的过程中希望掌握的情况,然后检查产品中是否提供了具有可行性的信息和预测。如果没有强调核心关注内容,或者有太多的段落与具体关注内容没有直接联系,那么就要对初稿进行调整修改。

保持情报的相关性,需要避免出现另一种倾向,即有意迎合决策者的需求,故意歪曲事实,提供决策者希望得到的结果,这就是情报政治化。情报政治化是情报客观性的天敌,也是造成情报失误的重要原因。从短期来看,情报政治化可能会提高情报机构在决策者心中的地位,但从长远来看,情报政治化会损害情报机构的声誉,不利于情报工作的发展。

七、易用

除了提供客观、准确、及时的分析外,情报产品还必须以恰当的形式呈现。情报产品可能是一份详实的报告,也可能是口头汇报。但无论如何,情报产品都必须以通俗、流畅、易于接受的形式表达出来。在情报实践中不乏这样的案例,即分析人员经过认真研究,得出了颇具创见的分析结果,但因为表达得太差了,结果反而不如那些表达得比较流畅的研究成果有说服力。

一篇出色的文字报告,应该包括一个高效的摘要,对文章中所阐述的关键动因、因果关系和一般论证进行精炼的陈述;应该严格区分事实与假设,必须清晰地说明哪些是已知的(事实),你是如何知道它的(来源),是什么因素推动你得出这样的判断(关键假定)的,如果这些驱动因素发生改变会产生怎样的影响(替代分析),以及哪些情况仍未掌握(情报空白)等。所有的分析结论都必须能够清楚地查到你的分析理由,并在报告主体部分加以解释。

要使呈报的成果更容易被理解,应该利用图形和表格等工具组织和展示数据。原则上图表比单纯的文字更好,"一图道千言"的古老原则仍然适用。关键的字词、短语或句子要突出,以强调其重要性。

第四节　情报分析思维

情报分析是一个思维过程。在这一过程中,情报分析人员借助于思维工具,按照逻辑规律,对一些看似无关的事实进行逻辑推理,发现这些事实之间的内部联系,达到"由此及彼"和"由表及里"。因此,思维是情报分析的必备工具,研究情报分析思维对改进情报分析大有裨益。

思维,是人脑借助于言语、表象和动作实行的对客观事物的概括和间接反映。它反映的是一类事物共同的、本质的属性和事物间内在的、必然的联系,属于理性认识。思维具有间接性,即思维主体可以把本无直接关系的现象联系在一起,通过其他表征而不必去直接接触某些信息,便可以成功地揭示出这些事物的本质。从人类理性认识活动来看,思维方式本质上是一个理性的认识或反映方式,是一个信息的加工、处理的转换过程或方式。

根据不同的标准,思维可以分成多种类型。① 本书认为,对情报分析影响最大的思维形式有三种,即逻辑思维、批判性思维和创造性思维。在进行情报分析过程中,逻辑思维发挥着核心作用。但受分析主体思维能力的局限,思维主体的逻辑思维过程会存在误区,这些误区限制了思

---

① 钱学森曾主张把人类思维的基本形式划分为形象(直感)思维、抽象(逻辑)思维和灵感(顿悟)思维三种,后来和戴汝为院士讨论后,他的分类有所变化。在 1995 年 6 月 28 日致杨春鼎教授的信中,钱老指出:"思维学是研究思维过程和思维结果,不管在人脑中的过程。这样我从前提出的形象(直感)思维和灵感(顿悟)思维实是一个,即形象思维,灵感、顿悟都是不同大脑状态中的形象思维。另外,人的创造需要把形象思维的结果再加逻辑论证,是两种思维的辨证统一,是更高层次的思维,取取名为创造思维,这是智慧之花! 所以(应)归纳为逻辑思维、形象思维和创造思维。"实际上钱老这种表述依然大有商榷余地。研究思维过程不可能"不管在人脑中的过程",如果我们承认灵感与顿悟都是形象思维的话,那么,形象思维与创造性思维实际上即为一种。

维的质量。了解思维的局限,挑战常规情报思维,是成功进行情报分析的必要前提。因此,在研究情报分析思维时,不仅要研究逻辑思维,也要研究批判性思维与创造性思维,这样才能切实提升思维质量。

一、逻辑思维

逻辑思维(Logical Thinking)是人们在认识过程中,通过某些思维规则和思维形式(如概念、判断、推理),能动地反映客观现实的理性认识过程。在这一过程中,思维主体把感性认识阶段获得的对于事物认识的信息材料抽象成概念,运用概念进行判断,并按一定逻辑关系进行推理,从而产生新的认识。只有经过逻辑思维,人们才能把握具体对象的本质规定。逻辑思维是科学思维的一种最普遍、最基本的类型。经常运用的逻辑方法有比较与分类、归纳与演绎、分析与综合、论证与反驳等。

比较。比较是确定对象之间同异关系的一种逻辑思维方法。它通过对对象的同异之处加以对比,从而把握对象之间的区别和联系。比较是理性思维的起点。人们认识事物,把握事物的属性、特征和相互关系,都是通过比较来进行的。只有经过比较,区分事物间的异同点,才能更好地识别事物。事物的特征和本质在对比中最容易显露出来,特别是正反相互对立的事物的比较,具有极大的鲜明性,能给人留下深刻的印象。经过对比,正确的论点更加稳固。

比较也有一个由浅入深的过程。把握事物表面上的相同点和差异之处,只是比较的第一步。更深入地比较事物,就是把握表面上看来差异极大的事物间的共同本质,以及表面上极为相似的事物间的本质区别。为此,必须把握不同类型的比较方法。

比较与分析、综合紧密联系。比较是对事物的各部分、各种属性或特性的鉴别与区分,分析是比较的前提,没有分析就谈不上比较。比较的目的是确定事物间的异同,比较也离不开综合。比较既可以是同中求异,也可以是异中求同,还可以同异综合比较。

进行比较时,首先要考虑对象的可比性。《墨经》说:"异类不比,说在量,木与夜孰长,智与粟孰多。"也就是说,比较应当在同一关系下进行,即比较应是同一关系下的比较,否则比较就会失去意义。其次,进行比较时,要找到比较的标准。只有在同一标准之下,比较所得到的结论才可能是正确的。如果比较不按同一标准进行,不在同一尺度下展开,其结论肯定是错误的。

类比。客观世界不同事物之间往往存在某种相似关系,不同领域内的规律性也往往有某种近似性关系。人们在利用已知事物去认识未知事物时,往往会利用这种相似性进行逻辑推理,从而导致新认识的产生。这种方法,就是类比。即依据两个或两类对象之间存在着某些相同或相似的属性,推出它们还存在其他相同或相似属性的逻辑方法。类比推理的结构可表示如下:A 有属性 a、b、c、d;B 有属性 a、b、c,推出结论 B 也有属性 d。

类比涉及一种直觉,即两件事情是相似的;类比还涉及一种判断,即既然它们在某个方面是相似的,那么它们在其他方面也可能是相似的。例如,分析人员可能会观察到一种新型军用飞机有几种特征与现有的某型飞机相似,可认为该新型飞机可用于遂行类似任务。

类比是运用非常广泛的一种科学思维方法,尤其是在事实材料不足、知识很不充分的时候。人们常常把未知的研究对象与已经比较熟悉的对象加以类比,从而对未知的研究对象形成一定的理性知识。类比法有多种,如以己类人,以人类己,以物类人,以人类物,以物类物。

类比能启发人的思维,对新事物作出试探性的解释。由事物之间的相似性而引起的类比推理,能启发人们的思路,引起丰富的联想,使人在百思不得其解的困境中,通过类比物受到启发,从而找到科学解释的正确途径。同时,类比作为一种或然性的推理,能够在类比的过程中,用已有的知识去解释未知的事实,探索未知的领域,从而达到科学发现的目的,这就是类比的探索作用。在科学研究中,人们往往要根据已知的科学原理和事实,对未知的现象和规律提出假说,并进而运用新的事实材料去验证假说。

　　类比在国际关系领域和情报分析领域普遍使用。第二次世界大战时期,为判断苏联的寒冷天气对军事行动的影响,战略情报局研究分析处派经济小组前往华盛顿,对气温在零度以下发动机的工作情况、供给影响等方面进行现场调查,从而得出德军最早在第二年春季才能发起进攻的重要结论。这实际上就是一种类比方法。因为华盛顿与苏联的纬度大致相同,气候也相同,因此,要估计苏联的抵抗能力,就到华盛顿去看一下,在那里一个装甲师一天要消耗多少口粮,多少弹药,多少汽油,这样就可以估算出德军有没有能力发起进攻。

　　罗伯特·杰维斯和欧内斯特·梅发现,决策者特别喜欢使用类比法。如根据20世纪30年代的经验,西方决策者都认为对侵略者的扩张不能采取绥靖的方法,在侵略的苗头刚露出来的时候,就应该把它扼杀。朝鲜战争爆发之时,杜鲁门依据30年代的经验,立即判断第三次世界大战爆发了,苏联要同美国一决雌雄了。参谋长联席会议主席布雷德利后来承认:“每一个人似乎都认为,如不采取行动保卫朝鲜将是绥靖主义。历史证明绥靖行动是接踵而至的,其后果是不可避免地导致战争。”一位名叫格兰·佩奇的历史学家后来贴切地写道:“作出有关朝鲜的决定的真正依据几乎同朝鲜本身毫无关系。”①现在我们都知道,美国人在错误的时间、错误的地点与错误的敌人打了一场错误的战争,其根源就在于美国决策者把朝鲜内战的爆发与30年代希特勒的扩张进行了类比。美国政府之所以相信军事占领伊拉克可能奏效,是因为它看到了第二次世界大战后美国成功占领德国和日本的例子。

　　在看到类比法的高度创造性和富有启发性的同时,也必须注意到类比推理论证是不严格的,其结论是很不可靠的,不能用它证明或反驳某种判断。从类比推理的公式可以看出,类比推理的前提不蕴涵结论,所以它不是必然性推理,其结论是或然性的。高度创造性和高度不可靠,

---

① [美]奥马尔·布雷德利、克莱·布莱尔:《将军百战归》,北京:军事译文出版社1985年版,第693页。

这是一根藤上结出的两个果,一个根上长出的两棵苗。亚里士多德曾把它与不完全归纳法联系起来。黑格尔认为类比的结构可能很肤浅,也可能很深刻;创造性很大,不可靠性也很大。有的科学家,如马赫,则由于类比推理过程中逻辑不严密而认为它不是逻辑推理。

孙子早就认识到类比法的局限。孙子认为先知"不可象于事,不可验于度,必取之于人也"。"不可象于事",就是说不要用过去的事实来类比今天的事实,即不能犯经验主义的错误。进行类比时,不仅仅要考虑其相似性,更要考虑两种现象之间不同的条件、性质或环境。这应该成为使用类比推理时的一种标准做法。

在进行情报分析时,不可避免地要对相似事物进行比较研究。但是,由于事件发生的时间、地点、人物及背景都发生了改变,完全相同的事件很难出现,"人不可能两次踏进同一条河流"。如果只看到事件表面上的相似性,而忽视其本质上的差异性,结果就会得出错误的结论。从这个意义上说,类比法往往是错误的源泉。

要使类比在科学发现中更加有效,就要注意提高类比推理结论的可靠性。首先,类比所依据的相似性质或关系越多,则类比结论的可取性就越高。要使类比行之有效,必须列举尽可能多的相似性,以增加其可靠性。其次,类比中的共有或共缺属性应该是本质属性,两个或两类对象类比中的共有或共缺属性愈是接近本质,则结论的可靠性就愈高。再次,类比对象的共有或共缺属性与类比结论之间应有本质的或必然的联系。如果类比对象的属性和类比结论所得到的属性之间有本质的和必然的联系,则其可靠性就高,否则,其可靠性就低。[①]

归纳。归纳是从个别事实中推演出一般原理的逻辑思维方法。它由推理的前提和结论两部分构成。其前提是若干已知的个别事实,是个别或特殊的判断和陈述。结论是从前提中通过逻辑推理而获得的一般原理,是普遍性的陈述和判断。归纳法的客观基础是个性和共性的对立

---

① 参见刘冠军《科学思维方法论》,济南:山东人民出版社 2000 年版,第 106—107 页。

统一,个性中包含着共性,通过个性可以认识共性。个性中有些现象反映本质,有些则不反映本质,有些属性为全体所共有,有些属性则只存在于部分对象中,这就决定了从个性中概括出来的结论不一定是事物的共性,也不一定抓住了事物的本质。归纳法的客观基础决定了这种推理的逻辑特点:它是一种扩大知识、发现真理的方法,但也是一种不严密的、或然性的推理。

演绎。演绎是从一般原理推演出个别结论的思维方法,其主要形式是三段论,即由大前提、小前提和结论三部分组成。大前提是已知的一般原理,小前提是已知的个别事实与大前提中的全体事实的关系,结论则是由大、小前提中通过逻辑推理获得的关于个别事实的认识。普遍性的原则是关于某一类事物的共同属性或某种必然性的知识,如果掌握了这种知识,就可以将它推广到这类事物的任何个别事物,从而引出个别结论。如人们根据物质是无限可分的这一观点推知基本粒子也是可分的,这就是一个演绎推理。

演绎法的根据在于一般存在于个别之中,一类事物共有的属性,其中每一个事物也必然具有。所以,只要演绎的前提是经过实践证明了的正确结论,同时推理过程严格遵循一定的逻辑规则,那么就可以从一般推知个别,而且得到的结论是必然性结论。由于结论的可靠性与前提的真实性有着必然的联系,因此,我们应该选择准确可靠的结论、命题作为前提,严格按照一定的逻辑规则,运用演绎推理来获得一定的科学结论。正确进行演绎推理必须满足以下条件:第一,前提必须真实,以真实作为前提。第二,前提与前提之间(大前提必须包括小前提,两者要有内在联系)、前提与结论之间要有必然的逻辑联系。第三,推理形式必须合乎逻辑规则。在推理的形式合乎逻辑的条件下,运用演绎法从真实的前提中一定能得出真实的结论,这就是演绎推理的特点。

演绎法也有局限性。首先,演绎推理结论的可靠性受前提的制约。前提具有保真性,但前提是否正确在演绎范围内是无法解决的。这就必须依靠其他方法获得并证实作为一般性知识的前提。其次,演绎法是创造性比较小的思维方法。演绎推理的结论包含在前提之中,即结论所涉及的知识范围不超出前提所涉及的知识范围。演绎法的创造性在于帮助我们发现和掌握以前未曾注意到但是已经包含在已知知识之中的结论。

归纳和演绎反映了人们认识事物两个方向相反的思维途径,前者是从个别到一般的思维运动,后者是从一般到个别的思维运动。在近代哲学中,归纳主义抬高归纳,贬低演绎,把归纳看成万能的、唯一的认识方法,认为一切科学理论都是靠归纳法得来的。而演绎主义则正相反,把演绎看作是唯一可靠的认识方法,认为一切真实可靠的知识,都是从先验的或直观把握的原始原理推演出来的。这种思维方法把归纳和演绎看作是各自独立、相互平行的两种逻辑的证明工具和推理规则,割裂了归纳和演绎的辩证关系。但实际上,归纳与演绎相互联系,互为条件。归纳与演绎必须相统一。归纳为演绎提供前提,没有归纳就没有演绎。归纳要从个别概括出一般,作为对实际材料进行归纳的指导思想,往往又是某种演绎的结果。

辩证逻辑强调归纳和演绎相互区别,又相互联系。归纳与演绎必须在相互转化的过程中,弥补各自的缺陷。归纳之后,需要通过演绎将归纳所得的一般结论推广到未知的事实上,并用这些事实来检验一般结论的正确与否;演绎之后,又要将演绎所得的个别结论与事实相比较,并通过新的归纳来检验、修正、充实原有的演绎前提。例如,情报分析人员通过对历次恐怖袭击发生之前的征兆进行总结,归纳出恐怖袭击的一般征候表,并以此来指导反恐情报搜集和分析。在进行反恐情报搜集与分析的过程中,情报人员也会发现新的恐怖袭击模式,以修改原有的征候表,从而可以更精确地就恐怖袭击提供预警。只有在如此周而复始的相互转化过程中,归纳和演绎才能弥补各自的缺陷,充分发挥其在探索真理过程中的方法论作用。正如恩格斯指出的:"归纳和演绎,正如综合和分析一样,必然是属于一个整体的。不应当牺牲一个而把另一个捧到天上去,应当把每一个都用到该用的地方,但是只有记住它们是属于一个整体，它们是相辅相成的，才能做到这一点。"①

分析。即把一个复杂的事物分解为各个部分、各个要素，然后分别加以考察的一种思维方法。客观事物本身是统一性与多样性、整体与部分、系统和层次的统一体，但它最初出现在人们的感官面前时却是一个感性的整体。人们对它的认识是直观的、笼统的，单靠这种直观的、笼统的认识不能把握事物的本质和规律。要使认识更深入地把握事物的本质和规律，就必须在感性认识的基础上，深入到事物的内部，以把握事物的各个部分、要素，并进而把握事物的本质和规律，这就必须运用分析方法。如果没有分析，认识只能获得浑浊的直观整体，不能深入到事物的层次、要素、部分中间去。列宁说："如果不把不间断的东西割断，不使活生生的东西简单化、粗糙化，不加以割碎，不使之僵化，那么我们就不能想象、表达、测量、描述运动。"②毛泽东明确指出："所谓分析，就是分析事物的矛盾。"③人们在认识事物的思维过程中，分别研究事物的各种矛盾，分析不同过程、不同阶段的矛盾，以及矛盾着的各个方面的特点、属性。只有通过对矛盾的具体分析，才有可能从总体上了解整个事物各种矛盾的特殊性，进而了解事物的本质及内在的规律。可以说，科学分析最基本的方法就是矛盾分析法。

分析方法随着科学的进步，也经历了一个由简单到复杂的发展过程。依据分析方法的不同作用，可以把分析方法分为定性分析法、定量分析法、因果分析法、结构分析法、数学分析法等。

分析法在定义情报问题时十分重要。定义情报问题，即对笼统而复杂的问题进行分解，使之可以解决。费米曾问他的学生芝加哥有多少个钢琴调音师。在统计不发达的情况下，这个问题看起来很难回答，但这一问题可以分解成一系列的子问题，从而得出问题的答案。例如，我们可以估计芝加哥市有多少户家庭，平均多少户家庭能拥有一架钢琴，一

---

① 《马克思恩格斯选集》第 3 卷，北京：人民出版社 1972 年版，第 548 页。
② 列宁：《哲学笔记》，北京：人民出版社 1974 年版，第 283 页。
③ 《毛泽东文集》第 7 卷，北京：人民出版社 1999 年版，第 277 页。

位调音师每年可调多少架钢琴。由于这些小问题都是可以回答的,因此,最终棘手的问题也就得到处理。[①] 这种方法被称为从战略到任务,即把一个最高级的抽象问题分解成较低级的构成功能(Constituent Functions),直到得出必须予以执行的最基础的任务或必须予以解决的最基础的子问题。同样,要了解一个国家的基本实力,我们也可以把它分解成若干子项。如《孙子兵法》认为通过比较敌我双方的"五事"、"七计"可知胜负,诸葛亮分析汉末群雄割据的局面得出了天下三分的结论,毛泽东则通过对比中日双方在人口、资源、战争的正义性、国际支援等多种因素得出中国必胜的结论。这都是分析法在战略分析或情报分析中的妙用。

分析方法的局限在于:它割裂事物的联系,着眼于局部的研究,这就容易使人的思维限制在狭小的范围内,养成一种孤立、静止、片面地看问题的习惯;另一方面,分析的结果,只能得到关于事物各个部分或因素的局部知识,这就容易使人只见树木不见森林,缺乏对事物的整体认识。因此,我们的认识不能停留在分析阶段,不能孤立使用它,必须由分析发展到综合阶段。

综合。即把对象的各个部分、各个方面和各种因素结合起来,形成对研究对象的整体统一认识的思维方法。综合是在分析的基础上进行的,它的特点是按照事物各个要素、各部分之间本质的、有机的联系,从整体系统的高度,从动态的过程,说明事物的本质及其运动规律,从而形成对事物的新的整体性认识。综合法能全面地、本质地、深刻地揭示事物自身及一事物与另一事物的联系,使人们对各种事物有一个全面的、本质的正确认识。

1984年初,美国《华盛顿邮报》驻莫斯科记者杜德尔,以他独特的新闻嗅觉和细致入微的洞察力,预告了一条令人震惊的新闻——苏联领导人安德罗波夫去世了。事后有人认为他有绝密的情报来源,实际上他不

---

① 参见 Hans Christian von Baeyer,*The Fermi Solution*,Portland:Random House,1993。

过是综合分析了一系列相关因素作出的准确推断。这些因素是：

1. 安德罗波夫有 173 天没有在公开场合露面，近几天不时传出他身体状况不佳的消息。

2. 这天晚间的电视节目不加说明地将原来安排的瑞典阿巴流行音乐换成了严肃的古典音乐。

3. 苏共新上任的高级官员耶戈尔·利加乔夫在第一次向全国发表电视讲话时，破天荒地省略了苏联高级官员在电视讲话前必须转达安德罗波夫问候的习惯。

4. 他驱车通过苏军总参谋部大楼和国防部大楼时，发现几百扇窗户都异常地亮着灯，而且大楼附近增加了卫兵和巡逻。

5. 他的一位能知道苏联高级官员活动内情的朋友没有能如期与他通话。

6. 上述一系列情况与 1982 年勃列日涅夫逝世前的情景有许多共同之处。

综合上述各种分析，杜德尔得出一个假设：安德罗波夫去世了。

分析和综合是对立的，两者思维的出发点和思维运动方向是不同的，一个是从对象的整体走向各个局部，一个则是从对象的局部走向整体。但是，两者又是统一的。人们在认识事物时，特别是从本质上认识事物时，总是首先解剖事物的各个部分、各个方面，弄清其各部分的结构、功能以及在事物整体中的作用，然后再进行全面、整体的把握，以揭示事物的本质规律。如果没有分析，就不能对对象的各个部分、因素的本质属性形成认识，不能深入到事物的层次、要素、部分中间去。没有在分析基础上的所谓综合，对事物的总体性认识就是空洞的，没有依据的。

分析也依赖于综合，没有综合也无所谓分析。分析总是以过去某种综合的成果来指导的，没有综合，认识只能停留在部分、片面和外在的现象上，不能把握事物的全体、本质和规律。如杜德尔对安德罗波夫去世的推测，是综合了各种蛛丝马迹得出的结论，但它是建立在杜德尔对苏联领导人更替模式的基础之上的。没有这种了解，杜德尔也无从下手。再如毛泽东对中日战争的分析，是建立在得道多助失道寡助这个判断的基础之上，而这个判断是综合考察了历史上各次战争以后得出的结果。因此，只有把分析与综合有机地结合在一起，才能发现事物的联系和关系，才能更好地认识事物。

溯因，又叫逆推，是从结果反推原因的一种推理方法。任何事物的产生、变化与发展，都有其内在或外在的原因。因此，当研究者发现某种现象或实验结果难以理解或一时无法解释时，可试用溯因法找出某种假设以解释它。因此，溯因法是解释事物的方法。

溯因法不同于归纳法、演绎法。归纳法是从观察现象中推出假设，演绎法企图从高一层的假设中推出观察现象的合理性，而溯因推理则是：某一意外现象被观察到，就做出某些假设，试着对它进行解释。如果假设得到验证，则这一意外现象就可以得到解释。这种溯因推理又可称为回溯推理（reductive inference），是一种非演绎推理。它的独特性是由果溯因，由已知事实探求未知理由的过程。

溯因推理的基本模式是：

> 观察到新现象 P，
>
> 若 H 为真，则可解释 P，
>
> 因此有理由认为 P 为真。

这里 P 是已知的具体的现象和结果，H 一般是某种理性认识，或尚未观察到的假定事实。

溯因法与解几何证明题时应用倒推分析有一定相似之处。欲证明某一结论，我们常常从结论出发，依据定理分析在何种条件下此结论方可成立，一步步地倒推，若能推到所给定的初始条件，则此题的证明就解决了。

亚里士多德最早论述过溯因法。他认为有三种逻辑推理形式，即归纳推理、演绎推理和溯因推理。人们曾把它称为"还原法"、"假说推理"、

"外展"、"逆推"。20世纪初,哲学家查尔斯·桑德斯·皮尔斯(Charles Sanders Santiago Peirce)进一步研究了溯因法,将其作为用于提出假说的一种推理方法。他认为假说演绎法是从假说推出可以检验的具体判断,以检验假说是否为真,溯因说则是依靠猜测、直觉和灵感,从已知结果形成假说。他认为溯因法实际上是建立任何新东西的唯一逻辑过程,科学的过程就是溯因、演绎与蕴涵的组合,新知识只能通过溯因建立。溯因和假说演绎结合起来,就构成一个完整的从经验到理论的研究过程。

20世纪中期的英国科学哲学家汉森,把溯因法看做是作出科学发现的推理方法而系统地加以研究。他总结的溯因推理模式是:

　　　偶然地发现了一些意外的、令人惊奇的现象 P1,P2,P3……

　　　找到了一个假设 H,

　　　以它作为原因能解释现象 P1、P2……使这些现象不再令人惊奇。

　　　因此有充足的理由去推敲 H,使它可能成为一个来自现象 P1、P2……而又可以解释这些现象的假说。

汉森说,P1、P2……现象之所以令人惊奇,可能是因为它们与人们公认的理论不一致,因而被视为反常。

溯因不像归纳那样,从已知事实概括出理性认识;也不像假说演绎法那样,从假设推出待检验的事实;而是从待解释的现象出发,得到能解释这些现象的假说。这种解释性假说的提出要依靠研究者的专业基础和丰富的想象力,依靠研究者在科学思维方面的综合能力。相对于归纳法和演绎法而言,溯因法更像是一种"发现的逻辑"。如果我们面对的是这样一类的已知事实:这类事实是新出现的,数量很少,因而不能充当归纳的前提,而且也不能用现有的理论来解释,因而也暂时缺乏真正有效的演绎前提。在这种情景下,我们只有撇开旧理论、提出新假说这一条路可走了。

溯因法还有一个特点,那就是它比归纳和演绎更能体现出科学发现的复杂性。作为一种逻辑推理的形式,它不像归纳和演绎那样规范。归纳和演绎都有相当规范的格式,几乎都是"一步到位"的。而科学发现的实际过程却不那么规范,它往往表现为"逐步逼近"的方式。溯因法恰恰最能体现这一点。在倒推已知事实被引发的原因的过程中,可以提出各种各样的假说,这些假说中必定有一个假说最能揭示本质而入选。

溯因法在情报分析中很有价值。当一种新的情报现象出现以后,溯因法可以帮助情报分析人员逆推可能导致现象产生的原因,提供可能的答案,从而为情报搜集提供指导,也为进一步论证提供依据。在对手的行为不符合常规模式的情况下,溯因法往往能够独辟蹊径。尽管在推论时并不能保证分析人员所提出的假设一定正确,但是在证明假设的过程中能够找到各种最有可能的假设,从而得出那种虽然很微妙却足以使我们采取行动的情报。例如,林彪事件发生后,日本信号情报机构监控到中国紧急关闭了所有机场,但对此种异常现象无法作出解释。在这种情景下,日本内阁调查室试着用溯因的方法对此种现象进行解释,结果发现了产生这一异常现象的真实原因。在预警情报工作中,情报人员会监视到一系列异常迹象。对这些现象,基于各种先验理论的分析人员的解释各有不同。一个对敌情高度戒备的情报人员,会依据征兆指标表判断这是敌方发动战争的征兆,而一个认为局势正常的情报人员,则会认为对方不过是在进行演习,战争根本不可能爆发。在这种情况下,归纳和演绎都无济于事,而溯因法则可以派上用场。它会强迫分析人员进行思索,到底是哪一种情况导致对方进行了兵力调动,列举敌方调动兵力的所有可能,从而摆脱先入之见的控制。

二、批判性思维

传统的情报思维模式受逻辑实证主义和行为主义方法论的影响,使用基本的逻辑方法如演绎法和归纳法为分析工具,强调对观点的证实。他们强调情报分析的科学性,坚信情报分析与学术研究是一回事,从而忽视了情报分析的艺术性;他们强调情报资料的客观性,忽视了情报资料的模糊性、欺骗性和不完整性。他们也不太了解自己的思维过程,不了解思维过程中的认知偏见。他们倚重自己的思维模式、教育背景、历史经验。他们判断的依据,往往是证据性材料的多少,决策者的期望,以及自己对这个问题的了解。他们接受那些与自己的期望一致的情报资料,而排斥那些与自己的预期不一致的情报资料;他们认为情报空白是由于搜集能力不足引起的,却没有意识到这可能是敌方的拒止引起的;他们认为自己的判断是客观的,却没有意识到在自己判断的过程中,有许多主观的因素,如敌方的欺骗、上级的预期、自己的思维模式,发挥了关键的作用。他们基本没有受过反欺骗方面的训练,面对敌方狡猾的战略欺骗伎俩,他们缺乏准备,非常容易受到一个符合预想的故事的影响。

为打破传统思维模式的局限,西方情报界引进了自然科学、哲学和心理学的成果,提出了许多主张,其中最重要的是打破传统的思维模式,发展批判性思维。这种思维方式建立在认知心理学的基础之上,是我们从事科学研究时必须具备的一种思维方式。美国中央情报局培训师杰克·戴维斯指出:在情报分析中进行批判性思维,就是将科学调查的过程和价值取向,应用到战略情报的特殊环境中去。①

国际公认的批判性思维权威、《批判性思维基础概论》一书的作者理查德·保罗(Richard Paul)认为,人们的心智结构不能适应我们直面的变化,往往引导我们"安分",形成与单调的常规相结合的习惯,也就是,新变旧、复杂变单纯,把一切都归结为类似的范式和习惯。而要改变这种范式和习惯,必须用习惯改变习惯、范式改变范式,这就需要从技能和情感意向两方面来培养批判性思维。"很多方面的实证研究表

---

① 参见 Katherine Hibbs Pherson, Randolph h. Pherson, *Critical Thinking For Strategic Intelligence*, Washington, D. C.: Congressional Quarterly Press, 2012, Introduction, xxi。

明,批判性思维的技巧和批判性思维所需要的思想品质都非常重要,二者缺一不可。"①

理查德·保罗和琳达·埃尔德指出,一个批判性思维者必须具备下列技能:(1)能够正确认识到需要解决的困难和问题,同时找到有效的解决途径。(2)能够积极进行元认知②行为,在解决问题的同时弄清楚自己的思维活动中所使用的假设、存在的先入之见以及思维本身的质量。(3)为了找到各种命题之间的内在联系而阐释数据,评估证据,判断论点。(4)从证据中推断出合理的结论并进行概括。(5)寻找与之相矛盾的概括和结论,判断某一论断的可信度。(6)论点阐述合理、清晰。(7)为提高思辨的质量而关注思辨的过程。这正是一个情报分析者所必须具备的基本技能。

理查德·保罗指出,一个具备批判性思维的人应该具备如下品质:独立思考,不偏不倚,对个人中心主义和社群中心主义有着深刻的理解,具有谦逊的求知情操,不轻易下结论,勇于挑战既有标准,坚持不设双重标准,不论遭遇什么挫折或障碍都坚守理性原则,崇尚理性思维,怀有强烈的求知欲,不断探求形形色色的情绪背后存在的观点以及林林总总的观点所反映的情绪。③ 也有学者把它概括为:探索真理(truth-seeking)、思想开放(open-mindedness)、分析性(analyticity)、系统性(systematicity)、批判性、自信心(self-confidence)、好奇心(inquisitiveness)、判断力。这正是一个优秀的情报分析人员所必须具备的核心能力。

批判精神。批判精神是一种面对权威不盲从的精神,是一种对真理或真相执着追求的精神,对自己的思维能力进行审视的精神。这种精神也被称为科学精神、质疑精神。它的基本特征是:通过科学方法获得的

---

① David T. Moore, *Critical Thinking and Intelligence Analysis*, Washington, D. C.:National Defense Intelligence College, March 2007, p. 15.
② 即对认知过程的认知,具体地说,是关于个人自己认知过程的知识和调节这些过程的能力,是对思维和学习活动的知识和控制。元认知包括元认知知识和元认知控制。
③ 参见 Richard W. Paul and Gerald Nosich, *A Model for the National Assessment of Higher Order Thinking*, Dillon Beach, CA:Foundation for Critical Thinking, n. d. 。

知识可能存在错误，任何已有的科学结论未来都可能被推翻。① 这与 20
世纪批判理性主义大师卡尔·波普尔的观点是一致的。波普尔认为，科
学必然包含错误，因此需要接受检验。这不是科学的缺点，恰恰是科学
的优点和它的力量所在，恰恰是科学之所以成为科学的本质特征。法国
学者莫兰指出："什么是科学的进步？这就是消除错误、消除错误，再消
除错误。人们永远不能肯定已占有了真理，因为真理是……通过消除虚
假的信念和错误而取得进展的。"②

这对情报分析至关重要。因为情报分析也是从假设开始的，分析人
员根据掌握的情报资料，得出一个初步结论。在这一过程中，既往的经
验，决策者对这一事件的判断，自身的预期，都会对假设的产生造成影
响。因此，假设不是客观产物，而是思维运动的结果。不幸的是，这样的
假设往往被当成了终极判断，尤其是来自决策者或权威人士的判断，以
及得到大量材料支撑的判断。它们成为判断其他情报资料的指针。情
报失误就此铸成。

试以苏德战争和第四次中东战争以前的情报失误为例。苏德战争
前，斯大林的阴谋理论成为情报机构判断情报资料的指针，不符合斯大
林预期的都是假情报。所有的情报均被情报部长戈里科夫（Filipp
Golikov）分成"来源可靠"和"来源可疑"两大类。对那些与斯大林看法
相左的情报，斯大林批上"存档"即予以退回，并不再传阅，连总参谋长和
国防人民委员也无从了解。③ 同样的情景在第四次中东战争前也发生
过。以色列南部军区司令部情报处的本杰明·西曼－托夫（Benjamin
Siman-Tov）中尉向他的上司南部军区司令部情报官戴维·格达利亚
（David Geddaliah）中校递交了一份报告，认为"从一切可以观察到的迹
象来看，战争是不可避免的了"④。然而，这样的判断却被格达利亚中校

① 参见阎学通、孙学峰《国际关系研究实用方法》，北京：人民出版社 2007 年版，第 33 页。
② 转引自孙小礼《科学方法中的十大关系》，杭州：学林出版社 2004 年版，第 283 页。
③ 参见 Barton Whaley, *Codeword Barbarossa*, Cambridge：MIT Press, 1974, p. 198。
④ ［美］斯图尔特·史蒂文：《以色列间谍大师》，北京：群众出版社 1986 年版，第 410 页。

扣留,理由是,它们与情报部的主流观点不符。

在上述两个例子中,苏军情报部和以色列军事情报部的领导人显然缺乏批判精神,他们把决策者的判断奉为圭臬,从而排斥了与其相反的情报资料,得出了错误的判断。他们显然忘记了情报分析的主观性,忘记了情报分析质量的高低与一个人的职务没有关系。他们也忘记了所有的真理都只是相对的,即便是以前得到验证的假设,也同样需要重新验证。

主动思考是批判性思维的重要特征。一个有创造力的思维主体绝不能被动地接受来自环境的刺激,对别人的观点不加批判地"悉数照收",不能看到什么,听到什么,就简单地相信什么。他应当主动地运用自己的理智能力和知识去分析,作出自己的判断,有选择地接受外部刺激。对自己的判断,他也应该有一个质疑的精神。应该问一下,在自己提出的问题中有哪些是先入之见,支持自己判断的哪些是证据哪些只是自己的推论,等等。美国情报学者特拉沃顿指出:如果情报不对主流定势提出挑战,那它还有何用。[①]

美国情报界倡导"结构化自我批判",以发现自身分析所存在的薄弱环节。所有参与情报分析的成员要带上一顶假设的黑色帽子,批判而不是支持自己的观点。他们要回答一系列问题,如不确定性的情报来源、使用的分析程序、关键假定、证据诊断、异常证据、信息缺口、替代决策模型、文化知识的可用性,以及潜在欺骗的特征。小组据此重新评估其判断的整体置信度。

探索真相。一个人只有充满了对真理或者真相的追求精神,他才会去探索自己的认知行为,才可能接受人家的质疑,或者对一些流行的"理当如此"的观点表示怀疑。情报工作的目的就是探究"山那边的情况",情报分析就是探究事实真相。我们希望自己的分析和评估,能够正确解

---

① 参见 Gregory F. Treverton, *Reshaping National Intelligence in an Age of Information*, Cambridge University Press, 2001, p. 5。

读敌方动向,正确判断敌方意图,正确预测敌方未来行动。这已经远远超出了情报资料所提供给我们的材料本身的含义,已经前进到由此及彼和由表及里的境界。这就是我们所说的实事求是。

怎样才能做到实事求是?最重要的一点是具有探索真相的品质。在分析一个问题的时候,在处理情报资料的时候,情报人员要能自我质问:目前的态势有哪些异常情况?在表面的正常状态下,是否潜藏着某些不正常的暗流?目前我所掌握的情报资料,是不是准确地反映了态势?有没有情报空白?这种空白是如何产生的?是对手实施拒止措施的结果吗?我所看到的东西,是对手有意提供给我的吗?有没有可能发生"不可能发生的事情"?反复提出这些问题,情报人员就会不满足于对现状的了解,不满足于既有的情报资料。他会去追踪新的线索,质疑自己的判断,发现新的异常迹象。

开放的胸怀。这对于思想者十分重要。这个世界不存在终极真理,任何判断都要接受别人的质疑,分析者要具有接受批判的"雅量"。在情报分析时,这种"雅量"更为重要。情报分析是一种主观的产物,任何判断只是你个人的看法,必须接受验证,包括资料的验证、同事的质疑。认知心理学的研究显示:一旦一个人形成了某种判断,写成了文字,那么,他就不容易再去改正。他担心人家批评他没有立场,朝三暮四。为了显示自己"立场坚定",一个情报分析人员通常不愿意改变自己的观点。除非确切的事实摆在面前,他才会承认自己错了。

批判性思维明确认识到认知偏见的存在,同时认为思维模式在认知过程中不可避免,但为了克服某种假设的先入为主,批判性思维要求分析人员从不同视角去批判性地考察,在评估各种可能性时全面考虑各种需要考虑的问题,不预设前提条件。不偏听偏信,全面考虑各种可能性,不让自己的思维被一种解释主宰。根据这种思维方法,情报分析人员不仅要考虑到那些看上去可能发生的可能性假设,也要考虑到那些实际发生的概率很小、但只要有适当的条件和时机依然可能发生的事件,让各种假设形成竞争,避免某一种假设先入为主。

换位思考(角色扮演)。这是批判性思维所必须具备的另外一种思维品质。分析人员面临的挑战,就是要去理解作战环境,理解我们自己、我们的朋友、我们的敌人是如何思考的,我们行动所处的文化之中的那些人和领导人是如何思考的。在这场智力较量中,最核心的就是要从对手的观点和思维角度,了解他们是如何思考、计划、决策、行为、反馈和调整的。而换位思考无疑提供了这样一种方法。所谓换位思考,即情报分析人员以富有想象力的方式,让自己置身于他人的位置上,准确地重建对手的观点和推理过程,从异于自己的前提、假设和观点出发进行理性论证,以便真正地理解对手的行为。

角色扮演不是单纯地想象其他领导人或其他国家会如何思考,如何作出反应,而是融入角色,将事实与观点以不同于以往习惯的形式联系起来,真正地成为那个角色。如果不能进入其他人的思维世界,情报分析人员永远也不会成功。角色扮演不能由单个分析人员进行,必须要有小组内部的互动,在有组织的模拟或推演背景之下,让不同分析人员扮演不同的角色。角色扮演本身不会给出任何正确答案,但它可以使参与者从新的角度来看待某些问题。参与者对"你的立场决定你的观点"这一心理现象会有更深刻的体会。通过改变角色,参与者将在不同的背景下思考问题,这就解放了思维,使我们能够作出不同的思考。

换位思考的对立面是镜像思维,即全部思维都是以自我为中心,从而无法正确理解对手的想法、感受和情绪。在这种情况下,应该有意识地从不同的角度观察问题,如先从自己的视角分析问题,接着从对方的视角来看待问题,要将自己完全放在敌方的立场,了解对方决策者对其战略环境的认知,明晰对方决策者面临的战略困境,掌握对方决策者摆脱困境时可能拥有的筹码。只有在这种前提下,情报机构才能真正理解对方的决策行为。

中央情报局分析家小理查兹·霍耶尔指出:为了能够从外国领导人的角度出发去审视其所面对的各种可能,情报分析人员必须准确理解其价值观和设想,乃至误判和误解。没有这样深入的认识,对于外国领导人当前以及未来的决策所作出的解释和预测就难免沦为没有充分证据支持的臆测。外国领导人的行为看起来常常是不理智或"不符合其最高利益"的。这样的结论常常意味着我们的分析人员将自己的价值观和概念框框强加于外国领导人和社会之上,而没有真正理解他们眼中的情境逻辑。①

"红队"分析(Red Team)是挑战镜像思维的一种做法。红队是由训练有素、富有经验的专家组成的分队。他们协助指挥官根据作战环境,从对手或第三方角度出发,充分探寻各种计划和行动方案,参与敌我双方行动方案的推演,扮演对手,检查己方行动和计划的漏洞,协助指挥官及其参谋人员了解敌人情况,形象地反映作战环境相关方面的重要工具,从而达到优化决策的目的。

美国2007年版《联合情报》指出:"情报分析人员必须想方设法去了解对手的思维过程,同时应培养并不断提高从敌人角度进行思考的能力……联合部队指挥官应要求联合参谋部情报处从以下视角评估所有建议的行动:'对手会怎样看待此类行动? 对手会作出何种反应?'"

"与敌换位思考的能力源自充分了解对手的目标、动机、目标、战略、意图、能力、行动方式、弱点以及价值观和得失观。此外,联合参谋部情报处还必须了解作战环境中的对手、中立方和非战斗人员的文化、宗教、教派、种族、社会规范、传统习俗、语言和历史。在推演各类行动方案和确定敌高价值目标的过程中,情报分析人员站在对手的角度进行思考和作出反应的能力具有特殊的价值。由训练有素的人员组建的有组织的或专业的红队,可以确保为军事演习提供称职的敌人。"②

红队分析法的产品取决于队伍的素质和经验、所采用的方法和工具,以及他们所作出的所有努力。只有真正了解对手的历史与文化,了

---

① 参见 Richards J. Heuer, *Psychology of Intelligence Analysis*, Washington, D. C. : Central Intelligence Agency, 1999, xxii.

② U. S. Joint Chiefs of Staff, *Joint Publication 2 - 0*, *Joint Intelligence* (22 June 2007), Chapter I - 27.

解对手的思维过程和思维方法,才能真正站到对手的立场上进行思考,其得出的结论才是有价值的。

明晰思维过程。情报分析是情报资料变成情报产品的过程,这一过程中涉及大量的思维活动。受行为主义心理学的影响,传统的情报分析理念却很少关注这一思维过程,仅认为认知是一个被动过程。人们对大部分思维活动都毫无察觉,也不了解知觉的局限、制约分析人员的心理因素等问题。詹姆斯·亚当斯说:"当我们说要改进思维的时候,我们一般指的都是获取知识或信息,或者指某种应该具有的想法,而不是思维的实际运作过程。"①在情报分析中情况也是如此。当我们说要改进情报分析工作时,我们经常指的是写作质量、分析产品的种类、情报分析人员与情报用户之间的关系,或者对情报分析过程的组织。我们几乎不注意如何改进分析人员思考问题的方式。我们也不在意,我们的结论是怎么得出的,我们经历了哪些思维过程,使用了哪些思维方法。

批判性思维是一种自觉的、思辨目的明确的思维方式。对于一个思想者来说,他的思维活动有两个目标:一是提高思维质量,另一个是得出正确结论。因此,一个具有批判性思维能力的人,必定会关注思维过程,关注哪些因素影响了人的认知活动的过程和结果,这些因素是如何起作用的,它们之间又是怎样相互作用的。

美国情报界在 20 世纪 90 年代提出了一种结构化分析技巧(Structured Analytic Techniques),以系统化、透明化的方式,将主观思考过程外在化、具体化,以使其能够被他人共享、改进和轻松评判。每种方法都留有一条线索,其他分析人员和管理人员可以沿循这条线索,来察看某个分析判断的依据是什么。分析人员在分析过程的每一个步骤都可以接触不一致的观点,确保分析人员的不同意见都可以被听到,并在分析过程的初期得到认真考虑。较之采用传统分析方式,此类技巧能

---

① James L. Adams, *Conceptual Blockbusting: A Guide to Better Ideas*, New York: W. W. Norton, 1980, p. 3.

够使分析人员的思考更加开放、更易于接受评估和评判。

三、创造性思维

创造性思维方法是相对于习常性思维方法来说的,所谓习常性思维方法,就是重复运用已有的思维方法解决已有问题。它属于重复性的信息处理活动,遵循现有的思维程序和步骤。创造性思维则不同。创造性思维是人类在开拓认识新领域、创造认识新成果过程中使用的富有创新意义的思维方法。这种新的思维方法不是简单地重复已有的思维过程和思维形式,而是在新的事实面前,在新的思维环境中运用的一种新的思维方法。[①] 它是思维的一种能力品质,具有一般思维的特点,同时也有不同于一般思维的地方,即有创造性想象的参与。创造性思维的重要标志是:善于在真正有问题的地方发现问题,分析问题,找出问题核心所在;善于建立独特的假说;善于巧妙安排实验或观察来验证、修正或推翻假说;善于在实验或观察中发现相同事物或现象中的不同点和不同事物或现象中的相同点;善于抓住偶然出现的异常现象并加以追踪研究;善于从实验观察结果中概括出新的理论见解,提出新的假说。

创造性思维具有独创性、求异性、联动性、发散性等特征。独创性是创造性思维最重要的特征,它反映了思维的深度及对事物本质特征的把握程度,只有触及事物的本质,才能"棋高一着"。求异性是指在认识客观事物的过程中,特别关注在客观事物之间的差异性和特殊性,不局限于已有的知识和方法,总是大胆地提出新鲜的设想,有时甚至是异想天开。它往往表现为对司空见惯的现象和已有的权威性理论持怀疑的、分析的、批判的态度。已有的知识是人类认识世界的基础和前导,但它又可能成为科技进步的障碍。被人们接受的某些理论观点越完备,创立者的威望越高,这种习惯性惰力便越大,它常常会像荒沙一样把新的思想和发明掩埋起来,使人们的认识长期停留在某一水平上。只有大胆求

---

① 参见刘冠军《科学思维方法论》,济南:山东人民出版社 2000 年版,第 260 页。

异,才能打破习惯性惰力的束缚,使新的发明和发现涌流出来。联动性是指创造性思维善于由此及彼产生连贯的思索,从一类事物联想到另一类事物,从一个思路到多个思路,由正向到逆向,从纵向到横向,引起一系列"连锁反应",体现出思维的灵活性、变通性和流畅性,从而产生奇妙的效果。思维的发散性则使思维沿着不同的通路向外发散,在发散出无数的联想和闪光的灵感之后,再找出正确的答案和结论。

创造性思维对情报分析具有重要意义。从本质上说,情报工作是敌对情报机构之间的斗智斗勇,具有极高的艺术性。中国兵家直言"兵者诡道",西方兵家则称情报战为"魔术师之战"。这都说明了这门学科的艺术色彩。我们所经历的情报失误,很多是因为情报分析人员缺乏足够的想象力,不能准确测度对手的行为模式。谁能想到日本的特遣舰队能长途奔袭1000海里,对珍珠港发动突然袭击?谁能想到,恐怖分子能驾驶着民航客机,撞击世贸中心?这些事件在发生之前,都被认为是不可能发生的。它反映了情报人员思维的局限。布什总统国家安全顾问赖斯指出:"任何人都无法预料到,这些人会用一架飞机撞世贸中心,再用一架飞机撞五角大楼。不可能想到他们会试图……拿被劫持的飞机当导弹。"[1]一位国防部官员也认为:"我认为我们中的任何人都想不到大飞机可以构成对国内的空中威胁。我还不知道有谁曾如此设想过。"[2]对恐怖分子的作战方式缺乏想象,成为"9·11"恐怖袭击得以发生的一个重要原因。因此,在发展严谨的逻辑思维能力的同时,情报人员还应培养创造性思维,以确定各种非传统安全威胁的模式,识别那些打破先例和趋势的突变性事件。

创造性思维是后天培养与训练的结果。卓别林指出:"和拉提琴或弹钢琴相似,思考也是需要每天练习的。"因此,我们可以运用心理上的"自我调解",有意识地培养自己的创造性思维。

---

[1] [美]大卫·雷·格里芬:《新珍珠港》,北京:东方出版社2004年版,第96页。
[2] [美]大卫·雷·格里芬:《新珍珠港》,北京:东方出版社2004年版,第97页。

　　首先，展开"幻想"的翅膀，培养直觉思维。想象力是人类运用储存在大脑中的信息进行综合分析、推断和设想的思维能力。在思维过程中，如果没有想象的参与，思考就会发生困难。人的创造性的思想火花，来自直觉、灵感或顿悟。人们在进行创造性思维过程中，往往既需要经过长时期的准备和积累，又要有短时间的突破；既要有长时间的沉思，又要有瞬时的顿悟。这种瞬时的顿悟使问题立即得到解决，立即找到问题的答案，就是所谓的直觉和灵感。所谓"直觉"就是这样一种"敏感或机灵"，它能"直接地把握整体，并且洞察到正确的东西"。灵感则是指主体对于反复思考尚未解决的问题，因某种偶然因素或潜意识信息启发而得到突然顿悟的心理状态，是人们借助直觉启示对问题的突然领悟。一般说来，直觉和灵感没有严格的区分，它们往往共同发挥作用，但严格说来，二者还是有区别的。

　　直觉属于创造性思维的范畴，它可以产生和形成于任何科学、艺术、技术产品的思想和构思，在人类思维认识史上，占有非常重要的地位。著名哲学家凯德洛夫指出，"没有任何一个创造行为能离开直觉活动"[1]。爱因斯坦曾说："物理学家的最高使命是要得到那些普遍的基本定律，由此世界体系就能用单纯的演绎法建立起来。要通向这些定律，并没有逻辑的道路；只有通过那种以对经验的共鸣的理解为依据的直觉，才能得到这种定律。在我们的思维和我们的语言表述中所出现的各种概念，从逻辑上来说，都是思维的自由创造，它们不能从感觉经验中归纳地得到。"[2]因此，"真正可贵的因素是直觉"[3]。法国科学家彭加勒指出："逻辑是证明的工具，直觉是发现的工具"，"逻辑可以告诉我们这条路或那条路保证不遇见任何障碍；但是它不能告诉我们哪一条道路能引导我们到达目的地。为此，必须从远处瞭望目标，教导我们瞭望的本领是直觉。没有直觉，数学家便会像这样一个作家：他只是按语法写诗，但是却毫无

---

① [苏]B. M. 凯德洛夫：《自觉论》，载《科学与宗教》1979 年第 1 期。
② 《爱因斯坦文集》第 1 卷，北京：商务印书馆 1976 年版，第409 页。
③ 《爱因斯坦文集》第 1 卷，北京：商务印书馆 1976 年版，第284 页。

思想。"①法国著名哲学家柏格森在分析现代数学的创造时指出:直觉是发明的根源,"我们往往把科学的逻辑工具当作科学自身,却忘记了作为其余一切的发生根源的形而上学的直觉"②。因此,现代科学发展不仅依靠实验手段、理论分析、数学和逻辑运算,也离不开非逻辑、非理性的直觉、灵感、顿悟的作用。③ 在创造性思维活动中,直觉思维能够突破经验思维和理论思维的局限,充分调动思维的潜能,从思维的起点跳跃到思维的终点,从而创造性地提出新的科学理论、假说或概念。如阿基米德在洗澡的时候发现浮力,牛顿在苹果树下发现万有引力,普朗克提出量子假说,爱因斯坦提出相对论,都是直觉或顿悟的结果。④ 这就是说,科学假说的提出,在一定程度上依赖直觉的作用。

直觉与顿悟并非人的某种神秘的、天赋的认识能力,而是思维主体以已有的知识和累积的经验为基础,对事物本质及其发展趋势未经充分的逻辑推理而直接形成的一种直观。思维主体在对事物的认识和预见活动中舍却或压缩了逻辑思维过程,而领悟或洞察了对象的本质及其发展趋势。在极特殊的情况下,人们对事物未来的把握甚至省却了对事物当下情形的认真分析,而直接觉察到事物的未来发展趋势。⑤ 直觉或顿悟包含一定的逻辑思维因素,但是总体上说还是非逻辑的,它是思维主体通过联想、想象、灵感等非逻辑思维形式在整体上把握对象的本质和未来发展趋势的思维过程。

直觉思维在情报分析中发挥着重要作用。如前所述,情报分析不仅是一门科学,更是一门艺术,在敌对情报机构的斗智斗勇过程中,情报分析人员离不开直觉思维。例如,情报分析的第一步就是提出各种可能性假设,这就需要情报分析人员展开幻想的翅膀,能从各个不同的角度来

---

① [法]彭加勒:《科学与方法》,北京:商务印书馆 2006 年版,第 438 页。
② [法]柏格森:《形而上学导言》,北京:商务印书馆 1963 年版,第 33 页。
③ 参见吴宁《社会历史中的非理性》,武汉:华中理工大学出版社 2000 年版,第 43 页。
④ 本节关于直觉思维的论述,参见了张浩《直觉、灵感或顿悟与创造性思维》,载《重庆社会科学》2010 年第 5 期。
⑤ 参见卜延军《军事预见研究》,北京:国防大学出版社 1999 年版,第 81 页。

提出假设。假设越周详，情报失误的概率就越低。在这种情况下，我们可以通过直觉思维，来提出一些创造性的假说。由于每个人都有不同的教育背景，不同的思维方法，他们看问题的视角不可能完全一致，在这种情况下，我们可以采取一些机制化的做法，把不同年龄段、不同文化背景的情报分析人员组成不同的分析小组，通过直觉、内省等方法，发展创造性思维，促进非传统安全威胁的模式识别，避免情报失误。例如，为了理解恐怖分子的思维模式，美国中央情报局与电影业合作，制作视听游戏，帮助分析人员"像恐怖分子一样思考"。另外，可以把持不同观点的人员召集在一起，通过"头脑风暴"的方法让大家进行意见交锋，从而碰撞出思想火花。

其次，培养发散思维。发散思维，又称"辐射思维"、"放射思维"、"多向思维"、"扩散思维"或"求异思维"，是指从一个目标出发，沿着各种不同的途径去思考，探求多种答案的思维。发散思维是创造性思维的最主要的特点，是测定创造力的主要标志之一。

创造性思维要求人们在遇到问题时，不受现有知识的限制，不受传统方法的束缚，能从多角度、多侧面、多层次、多结构去思考并寻找答案。它的思维路线是开放性、扩散性的，善于从全方位思考，不拘泥于一种模式，能灵活变换某种因素，从一个思路到另一个思路，从一个意境到另一个意境，随机应变，产生适合时宜的办法。

发散思维的一个重要特征是进行逆向思维（Thinking Backwards）。所谓逆向思维，就是与一般思维程序相反或从事物的反面思考问题和处理问题的思维方法。我们常规的思维都是正向的，这是一种常规的、常识的、公认的或习惯的想法与做法。逆向思维恰恰相反，是对传统、惯例、常识的反叛，是对常规的挑战。它的思维取向总是与常人的思维取向相反，但并不是主张人们在思考时违逆常规，不受限制地胡思乱想，而是训练一种小概率思维模式，即在思维活动中关注小概率可能性的思维。人们在思考问题时，往往习惯于按照一定的规则和程序进行，久而久之就形成一定的思维定势。逆向思维要求打破常规，从事物的反面和一般程序的相反方向去进行超常规性的思考，以达到常规性思维达不到的效果。

与逆向思维类似的一种方法叫水晶球（Crystal Ball）。想象一个完美的情报来源（比如一个水晶球、一个出色的人力情报来源）告诉你某个假定是错误的，然后，我们必须提出一个情景想定，来解释这种事态是如何发生的。如果我们能够提出可信的想定，那就意味着那个假设确实应该受到质疑。这种逆向倒推的方法，也可以迫使情报人员打破原有的思维定势，思考其他可能性的存在。

把正向思维与逆向思维并用，我们可以培养悖论思维能力。悖论思维方法是一种积极的探索性思维方法。它主张既要进行正向思维，又要进行逆向思维，要把二者有机结合起来。悖论思维方法侧重于思维的"自由创造"，它要求思维主体充分发挥主观创造性，突破经验的狭隘界限，破除传统思维方法的束缚，构建出新的理论。

对情报分析人员而言，掌握逆向思维能力对提高分析质量、克服情报失误意义重大。我们在评估对手的意图与行为时，既必须将对手作为理性行为人来考察，从常规、理性的角度出发，评估其行为模式，同时，我们也必须考虑到对手行为非理性的一面，考虑到对手的价值观、思维模式可能与我们的文化不相一致，他对战略环境、战略实力的认识可能与常规思维相冲突，因此，其举动可能违反常规。例如，如果美国决策者在决定对日经济制裁时，考虑到日本独特的文化、价值观以及日本决策者对当前战略困境的认识，那么，他就会重新思考经济制裁在遏制日本对外扩张方面的作用，从而重估日本的对外冒险战略。再如，在第四次中东战争前，以色列军方对中东力量平衡的认识无疑是正确的，在没有取得制空权、根本不可能赢得战争的情景下发动战争，毫无疑问是一种冒险的绝望之举，一个理性的决策者根本不会作出如此决策。但是，如果以色列军方能够站在阿拉伯领导人的立场上进行逆向思维，那么，它可能发现，与注定要输的战争相比，僵持的中东政治局势、阿拉伯人内部的不满，可能更令人绝望，通过战争打破中东的政治僵局，是摆在阿拉伯人面前的唯一选择。

逆向思维有助于打破思维定势。分析人员首先假设未来确实发生了某些意料之外的事情，然后将自己置身于未来，回顾过去，解释为什么会发生这样的事情？在出现这种状态的半年或一年前，必须发生哪些事情，才能使这种结果成为可能？再往前推半年或一年时间，又需要发生什么事情，才能为其埋下伏笔？如此这般，一直推到现在为止。① 这种倒推的方法，为可能导致该状态的各种事件描述出一条看似合理的路径。通过这种方法，分析人员可以获得一个全新的视角，不再从现在出发看待问题。分析人员发现，他们可以建立起相当有说服力的想定来解释之前认为不可能发生的事情。

四、常见思维误区

情报分析是一种认知活动，分析人员易受各种思维倾向的影响，兹将这些思维倾向列举如下：

一相情愿（Wishful Thinking），也称波利亚娜情结（Pollyanna Complex），即过于轻信，过度乐观，不愿意直面不愉快的选择。例如，在苏德战争爆发之前，斯大林一直不希望战争在 1942 年以前爆发，因此他抛弃了一切与此不一致的情报。出于同样的原因，在 1982 年马尔维纳斯群岛战争爆发以前，英国外交部之所以没有预测到阿根廷的入侵，是因为它不愿意面对这一情景。

一相情愿的一种变形是最佳估计，即基于对他人可能如何行事的认知倾向和惯常信念，作出一种乐观估计。例如，日本在发动太平洋战争前，就对美国的反应作出了一连串的最佳估计。1940 年 6 月日军进入印度支那北部之时，美国作出了强烈的反应，但参谋本部第 20 班（战争指导班）在 25 日的日志中写道："本班坚信仅仅是进驻法属印度支那不会

---

① 参见 Richards J. Heuer, *Psychology of Intelligence Analysis*, Washington, D.C.：Central Intelligence Agency，1999，p. 71。

引起禁运。"在美国声明冻结日本资产后,26 日的日志这样写道:"本班不认为会全面禁运,估计美国不可能这样做。尽管禁运是迟早的事,但其时间现在判断应该不是今、明年早期。"①在日本人眼中,既然日军进占印度支那北部时美国没有作出强烈反应,那么,日军"和平"进占印度支那南部,美国也不应作出强烈反应吧。当满载着士兵前往法属印度支那南部的轮船起航两天后,近卫首相把这一情况告诉了币原喜重郎。币原断定"这会引起大规模的战争",竭力劝近卫调回船只。而近卫却颇为不解,说"不过是驻兵而已,又不是战争"。对这种"最佳估计",山本五十六的好友堀悌吉曾评论道:"不论是海军大学所进行的沙盘演习,还是军令部提出的对美作战的战略计划,实质上都是脱离实际的主观臆断,是主观主义的产物……这纯属用想当然代替现实的概念游戏,是把敌人的行动规范在自己想像之中的脱离实际的主观臆断,不过是一相情愿而已。"②

镜像思维(Mirror-imaging)。分析人员假设自己处于对手的类似位置,设想自己或本国政府可能采取的行动,进而推导对手也会采取类似的行为。

镜像思维的第一个表现是:人类具有相同的思维模式和价值观,因此其观察问题的视角是一致的。换句话说,我们可以通过观察自己的行为来判断其他人的行为。在他们看来,自己的行为是合乎理性的,思考问题的立场、方法都是正确的,其他人也应该采取类似的方法来思考问题。本质上,这是一种文化优越论或种族优越论的流露。越是文化先进的民族,这种倾向越是强烈。美国所犯的历次情报失误,大都有种族优越论的影子。

1998 年,印度人民党上台执政。大选时,人民党扬言"为了确保国家安全、领土完整和印度的统一,我们将采取必要措施和所有可能的行动。

---

① [日]渡边恒雄:"检证战争责任",载日本读卖新闻战争责任检证委员会编《检证战争责任:从九一八事变到太平洋战争》,北京:新华出版社 2007 年版,第 181—182 页。
② [日]阿川弘之:《山本五十六》,北京:解放军出版社 1987 年版,第 325 页。

我们将重新评估核政策，争取获得核武器"，但美国情报机构和决策者认为，这只不过是人民党争取选票的宣传，根据美国的经验，大选中开出的都是空头支票，并不一定必须兑现。一旦人民党执政，它将会放弃大选中的主张，组织联合政府，在对外政策上走温和路线。美国情报机构全然没有想到，各个民族都有自己独特的思维方式，印度人的想法与美国人截然不同。

镜像思维的第二个表现是：决策者是理性的，其决策受各种因素的影响，是可知的，我认为理智的事物，对方也会认为是理智的。这又称为"理性人假说"（Rational Actor Hypothesis）或"理性选择理论"。这一理论可简单概括为理性人目标最优化或效用最大化，即理性行动者趋向于采取最优策略，以最小代价取得最大收益。如谢尔曼·肯特指出：在某些限制下，评估一个人在特定环境中可能会做出怎样的举动并不困难或者深奥。在成千上万的案例中，正规评估（Formal Estimates）非常正确地——很多时候是大胆地、明确地——指明了这一点……这个人之所以会按分析的那样行动，因为：（1）他思维正常，至少可以证明思维是清晰的；（2）他不能独断专横地作出决定——最起码必须与能够提供建议的人商量，在非独裁政府内，必须经过政府和大众的审查；（3）他了解本国传统势力的实力，清楚地知道什么是被普遍接受的国家利益观和目标观，且明白国家政策就是要进行权衡，保护某些国家利益，推进其他国家利益；（4）他信息灵通……上述原因和其他一些现象大大缩小了外国政治家的选择范围，因此他们也就会采取更为谨慎的情报分析类型，从而作出更为稳妥的分析。[①]

珍珠港事件前，美国决策者从理性出发，相信美国强大的国力、军力对日本扩张具有遏制作用，相信经济制裁的威力。他们认为日本还不到一个加州大，GDP只有美国的十分之一，从理性的角度考虑，日本根本不应言战，唯一可取的就是坐下来老老实实谈判。他们根本没有意识到，

---

① 参见 Sherman Kent，"A Crucial Estimate Relived，" *Studies in Intelligence* 8，no. 2（1964）。

由于民族观念的不同，日本不可能像美国那样思考美国的经济制裁。尽管美国的贸易禁运已经使日本的国民经济陷入困境，国内矛盾已经十分尖锐，但是，他们却不想在美日纠纷问题上做出实质性让步。在他们看来，美国提出的条件太苛刻了，即使美国同意暂时取消对日本的经济封锁，那又有什么意义呢？经济命脉还是掌握在美国人手里，他想什么时候让日本投降都成。这是日本决策者无论如何不能接受的。而且，如果不发动新的对外战争，天皇政权很可能被推翻，这更是不可接受的。因此，尽管日本在侵华战争中已经没有取胜的希望，同美国开战更是以卵击石，但是，只要能保住统治体制安泰，哪怕是国家化为焦土，统治者也不惜一战。至于说这场战争的成败，那就顾不上了。如果不打仗，那就只能听凭美国佬宰割，而冒险开战还有一线战胜的机会，原先储备的物资会随着时间的拖延消耗完毕，因此，时间对日本不利，迟打不如早打。因此，制约日本发动战争的经济封锁，成了日本决策者铤而走险的催化剂。

同样，以色列之所以未能预见到埃及—叙利亚会发起第四次中东战争，在很大程度上也是由此种现象引起。以色列情报机构不能设想，阿拉伯国家会发动一场看起来必输无疑的战争。战争爆发前不足两个月，摩西·达扬在以色列国防军参谋学院指出："力量对比对我们非常有利，足以消除阿拉伯国家恢复敌对行动的考虑和动机。"[1]然而，埃及总统安瓦尔·萨达特并没有指望赢得战争。他只想打一场有限战争，逼迫超级大国介入阿以冲突，逼迫以色列坐下来谈判解决阿以冲突问题，而不是取得彻底胜利。在他看来，失败的战争同样可以达到政治目的。这与西方的信条是完全背道而驰的。

即便决策者的行为受理性约束，但本质上，人类事务不受规律约束，只受反复无常的自由意志左右。"因果法则可以解释事件出现的必然

[1] Avi Shlaim, "Failures in National Intelligence Estimates: The Case of the Yom Kippur War," *World Politics* 28 (April 1976), p. 362.

性,因此该法则也支持通过推论演绎的方式对事件进行预测。个体天性是具有个体特点的行为模式,但这并不意味着在相同情形下,个体不会偶尔用截然不同的方式行动。"①对手的行为固然有模式可循,但并不排除他突发奇想,做出一些惊人之举。一旦他有了这种惊人之举,而分析家又没有预测到,那么情报失误就会发生。后来谢尔曼·肯特曾经总结古巴导弹危机前美国所犯情报失误的原因,他承认:"当我们重新审视苏联领导层是多么小心地应对冷战中的其他危险情况时,当我们评估自从古巴共产党政权建立后美国人民及政府表现出来的愤怒和决心时,当我们猜测苏联一定清楚美国的这些态度时,当我们自问,苏联是否有可能冒这种险——无论是在古巴,还是在其他所有的地方——其征候,也就是苏联外交政策的行为模式,大声喊出了一个否定的回答。"②因此,纯粹从理性角度判断对手的行为,必定会增加错误判断的几率。

镜像思维本质上是属于类比法的误用。所以美国学者提出,情报人员应该进行分析而非类比。

镜像思维的第三个表现,是"此处未被发明综合症"(Not Invented Here),意思是,我方未能发明的技术,对手也不会发明;我方做不到的事情,我的对手也不能做到。例如,1939 年,英国和德国均已开发并部署了雷达系统,但开发雷达系统的技术路径不一,两国技术人员用自己的方法去探测对方的雷达,结果都没有发现,由此认为对方没有部署这种系统。

在判断大规模杀伤性武器的问题上,美国情报界从美国核武器的发展经验出发,认为像伊朗、朝鲜这样的"流氓国家",不可能发展出弹道导弹、核武器这样的大规模杀伤性武器。但是,1998 年拉姆斯菲尔德委员会的调查报告却显示,这些国家完全可能从另外一种技术角度发展出进

---

① Woodrow J. Kuhns, "Intelligence Failures: Forecasting and the Lessons of Epistemology," in *Paradoxes of Strategic Intelligence: Essays in Honor of Michael Handel*, eds. Richard K. Betts and Thomas G. Mahnken, London: Frank Cass Publishers, 2003, p. 86.

② Sherman Kent, "A Crucial Estimate Relived," *Studies in Intelligence* 8, no. 2(1964).

攻性武器。这一点很快就得到了证实：朝鲜发射了大浦洞导弹。

满意策略（Satisficing Strategies）。认知心理学认为，在作出判断时，我们往往会选择第一眼看上去觉得满意的解决方法，而不是在审查所有可能性后从中挑一个最好的方案，预期的范式深深地嵌入人们的思维之中。哪怕已经得到警告，并努力考虑到那些不同于先入之见的认识，预期的范式依然会对我们的认知造成影响。努力保持客观并不能确保准确的认识。这就造成一种结果：与预期相一致的事件比较容易认知和处理，而与其相矛盾的事件在认知过程中容易被曲解或忽视。

就情报分析而论，从表面上看，分析人员只有在掌握了大量情报资料的情况下才会作出判断，但实际上，分析人员只是根据很少的情报资料，就试图去找出那个最具可能的假设，也就是看上去对当前形势最为"准确"的估计、解释，以后去搜集相关的情报资料来验证这种假设。这就是情报分析中的"满意策略"。

这是一个下意识的过程，与分析人员的品格没有关系。我们不能想当然地认为，只要我们力求"客观"，我们就能保证判断是客观的，是反映了事态发展的本质的。没有一个情报人员不希望在分析时客观、公正。所谓"力求客观"，实际上只是我们极力追求的理想境界，在现实生活中很难实现。

美国参议院情报特别委员会在《美国情报界关于伊拉克战前情报评估的报告》中指出："情报界一直都在致力于使分析人员克服分析中的偏见。换句话说，就是要抵制预期在情报报告中看到自己想看到的东西的意向或倾向。在有关伊拉克是否拥有大规模杀伤性武器能力这一问题上，委员会发现，在很多情况下，情报分析人员的分析更多的是主观预期，而非客观评价。"①

认知相符。认知心理学的实验表明，早期判断会对未来认知的形成

---

① The Commission on the Intelligence Capabilities of the United States Regarding Weapons of Mass Destruction, *Report to the President of the United States* (March 31, 2005), p. 155.

产生负面影响。一个观察者一旦认为自己清楚正在发生什么，形成的认知就很难改变。逐步获取的新信息会被轻易地纳入分析人员此前已经形成的印象之中。这表明，在观察者形成特定印象之后，他对这一事物的认知就会受到限制。新的信息总是被同化到已经存在的图景中。换句话说，情报分析人员的经验可能有助于分析问题，但也可能造成分析障碍。理解了这一点，我们就可以理解，为什么一个经验丰富的老资格的分析人员，在危机来临之前不如一个刚入行的新手敏感。

思维模式的顽固性对情报分析人员提出了严峻的挑战。情报工作的目的在于揭示未知世界，情报分析人员必须与极端模糊的情况打交道，他面临的时间压力不允许他等到情况完全清楚后才作出判断。他要在情况尚处于萌芽状态时就进行研究，必须在此情况下形成基本假设。而在他作出判断之后，事态在不断发展，材料在不断累积，而他的认知却受到了原有假设的影响，这些新材料被融入原先的假设，成为支持他观点的佐证。所以，即便有再多的材料，再清晰的论据，都很难打破他的思维定势。

美国情报界对第四次中东战争的研究准确地表达了情报人员的这一思维过程：增量分析中存在的问题，尤其是将增量分析应用于动态情报工作流程时产生的问题，在冲突发生之前就已经存在了。分析人员经常以当日获得的信息为基础，匆匆忙忙地将其与前一天得到的材料进行比较，然后就像装配流水线一样，整理出情报产品。这样得出的结论或许存在某些源自直觉的真知灼见，但主要不是通过对累积的证据进行系统性通盘考虑而作出的推论。①

同样的情景也发生在长期评估上。分析人员长期跟踪某个问题，在撰写定期评估报告时，为了节约时间和精力，他并不去重新考量所有的情报资料，而是回顾一下此前所写的相关报告，并视情对其进行更新。

---

① 参见 Richards J. Heuer, *Psychology of Intelligence Analysis*, Washington, D. C.：Central Intelligence Agency, 1999, p. 15。

这不仅省力,在某种程度上也更保险。上年的报告已获认可,如果分析人员仅关注新证据所表现出来的变化,他就不必重新进行推理,从而最大限度地减少争议。显然,在一个渐渐变化的态势中,这将产生一个巨大的失误隐患。因为情报证据几乎永远都是片断的、不完整的,新信息的点滴积累可能不会使得分析发生根本性变化,即使当累积的证据表明应该采用不同的方法重新进行评估,分析人员也不会改变自己的看法,因此,旧的形势评估报告可能会持续过长时间。罗伯特·杰维斯指出:与那些不一致的情报逐步到来相比,大量情报与主流观点不一致,情报分析人员改变自己观点的可能性要大得多。① 然而,对一个老资格的情报分析家而言,他永远也不可能碰到这种情景,他得到的材料总是逐步到来的,因此,他也就不可能改变原有的判断。

团体迷思(也称"从众心理")。从众心理是一种常见的心理现象。在受到外界人群行为的影响时,个体的知觉、判断、认识上会表现出符合于公众舆论或多数人的行为方式。学者阿希进行的从众心理实验表明,只有很少的人能保持判断的独立性。从众性强的人缺乏主见,易受暗示,容易不加分析地接受别人意见并付诸实行。

从众心理在情报分析中表现为团体迷思(Group Think)。情报分析是一种团体行为,一个情报分析人员的看法,必须得到同事和组织的认同。在这种情况下,分析人员在作出判断时,会主动去考虑团体的意见,尤其是此前对某问题的评估。如果他发现某些证据与传统观点不相吻合,他可能会改变自己的看法,但仅此而已,他不太可能让所有的人都去改变看法。如果他执意这样做,去挑战"传统思维",那些坚持现有观点的人们有可能会群起而攻之。这个时候,墨守成规,或与团体保持一致,就变成了集体意志,它迫使情报分析人员放弃自己离经叛道的思想,考虑大多数人的意见。

---

① 参见 Robert Jervis, *Perception and Misperception in International Politics*, Princeton, NJ: Princeton University Press, 1976, p. 308。

美国心理学家欧文·杰尼斯（Irving Janis）对团体迷思作了详细研究。① 他通过研究珍珠港事件、朝鲜战争、猪湾事件、越战、古巴导弹危机、马歇尔计划的发展、水门事件等事件，参照各个事件的环境、决策过程、决策结果，建立了团体迷思的模型。该模型包括八项诱发团体迷思的前置因素，八种团体迷思表现形式，团体迷思对群体决策过程和结果的七种影响。

杰尼斯归纳的诱发团体迷思的因素有八项：第一是群体高凝聚力，这种高度的凝聚力使团体内部对某一问题形成高度共识，一旦出错则全盘皆错。典型的例子如赎罪日战争前泽拉归纳的两条"概念"，这两条概念成为以色列情报界判断战争征候的准则。第二是命令式的领导方式。这实际上指的是高度集中的情报体制和决策体制，引发了情报分析中的一言堂，使情报分析人员不能提出不同意见。如斯大林对苏德战争前国际局势的判断即是如此。他认定德国在完成对英国的征服之前不可能进攻苏联，与此相悖的情报都是假情报，都是"英帝国主义"散布的旨在挑拨德苏关系的阴谋。第三是群体成员背景和价值观的相似。相同的知识背景，相同的价值观，使情报人员对某一问题的看法"趋同"。第四是群体与外界的隔绝。封闭的氛围，使情报人员的思维受限，不容易提出不同意见，也很难接受外界对情报资料的解释。第五是缺乏有条理的决策方法程序。情报人员缺乏科学的分析方法。第六是外部压力及时间压力。情报人员由于各种压力，干脆放弃提出不同意见，直接采取现成的答案了事。第七是现有的方案已被领导接受，群体没有信心去寻找更好的方案。在这种情况下，大家总是愿意相信，领导要比自己高明，何必去自讨没趣呢。第八是由于刚刚经历的失败使得群体处于一种很低

---

① 杰尼斯出生于美国纽约州布法罗，1939 年获得芝加哥大学理学士学位，1940 年入哥伦比亚大学攻读博士，期间曾和奥托·柯林贝格（Otto Klineberg）举办社会心理学研讨会。第二次世界大战期间，他是司法部特别战争政策小组的高级社会科学分析家，1947 年受聘于耶鲁大学，1972 年出版《小团体思想的受害者》一书。他于 1967 年获美国科学促进联会颁发的社会心理学奖，1981 年获美国心理学会颁发的杰出科学贡献奖，并获美国实验心理学协会 1991 年度杰出科学家奖。

的自尊水平,在这种情况下,情报分析人员没有充分的自信以提出不同的观点。

杰尼斯归纳了团体迷思的表现形式,包括:"无懈可击之错觉",即群体过分自信和盲目乐观,忽视潜在的危险及警告,意识不到相关决策的危险性。团体成员具有这样一种强烈的感受:"我们知道自己在做些什么,不需要外人来搅和。"这在各种情报失误中易见。如赎罪日战争中,以色列情报人员自以为以色列的军事优势将使埃及无法发动一场进攻。在珍珠港事件中,美国海军通信部的情报人员则有两次通过猜测"蒙"对了日本航空母舰部队的位置,当他们第三次失却日本航母部队的无线电呼号时,他们又尝试用"蒙"的方法,但这一次蒙错了。

"集体合理化",一旦群体作出某个决策,群体将更多的时间花在如何使决策合理化,而不是对它们进行重新审视和评价上。如古巴导弹危机前,以谢尔曼·肯特为首的中央情报局国家评估办公室曾发出一份绝密备忘录,断言苏联不可能在古巴部署进攻型导弹。① 这一群体性判断后来影响了美国情报界的判断。肯尼迪总统的国家安全事务助理麦乔治·邦迪说:"据我所知,目前没有证据表明古巴人及古巴政府会同苏联政府联合起来试图安装大规模进攻性设施,而且我认为目前这样做的可能性不大。"②赎罪日战争前,以色列南部军区的西曼-托夫中尉两次呈递报告,认为埃及的演习是为了掩饰它的战争准备,但报告却被南部军区情报部长格达利亚中校驳回,理由是这份报告与"情报部的判断——埃军的行动是演习——相互矛盾"③。

"对群体道德深信不疑":成员相信群体所作出的决策是正义的,是为了获得最优成果,不存在伦理道德问题,因此忽视道德上的挑战。

"刻板印象":模式化地认为任何反对他们的人或者群体都是邪恶

---

① 参见 Klaus Knorr, "Failures in National Intelligence Estimates: The Case of the Cuban Missiles," *World Politics*, 16 (April 1964)。
② [美]威廉·曼彻斯特:《光荣与梦想》,北京:商务印书馆 1980 年版,第 1345 页。
③ [日]田上四郎:《中东战争全史》,北京:解放军出版社 1985 年版,第 385 页。

的,难以沟通的,故此不屑与之争论;或者认为这些人或者群体过于软弱、愚蠢,不能够保护自己,认为自己群体既定的方案会获胜;对异议者施加压力:群体不欣赏不同的意见和看法,对于怀疑群体立场和计划的人,群体总是立即给予反击,但常常不是以证据来反驳,取而代之的是冷嘲热讽。为了获得群体的认可,多数人在面对这种嘲弄时会变得没有了主见而与群体保持一致。

"对不同意见的自我审查":单个成员在对于议题有疑虑时总是保持沉默,忽视自己心中所产生的疑虑,认为自己没有权力可以去质疑多数人的决定或智能,从而造成全体一致的错觉。这是群众压力和自我压抑的结果,是使群体的意见看起来是一致的,并由此造成群体统一的错觉。表面的一致性又会使群体决策合理化,这种由于缺乏不同的意见而造成的统一的错觉,甚至可以使很多荒谬、罪恶的行动合理化。

"心灵卫道士":某些成员会有意地扣留或者隐藏那些不利于群体决策的信息和资料,或者是限制成员提出不同的意见,以此来保护决策的合法性和影响力。

杰尼斯分析了团体迷思的后果,其中主要包括不考虑既定选择的风险和不全面研究替代方案、未制定突发情况的备用方案等八项。如赎罪日战争前,以色列情报机构就没有研究过,万一泽拉的"概念"失灵,以色列能拿出什么替代方案来应对可能出现的危机。在伊朗宗教革命爆发后,美国情报界也没有研究过,一旦巴列维政权垮台,美国的对伊政策如何调整。这使得情报失误的后果更为严重。

第五节　情报分析失误

情报分析是一种主观认知活动,其结果受情报来源、情报分析人员的认知能力与敌方战略欺骗的影响,发生情报失误在所难免。在引起情报失误的各种原因中,最常见的失误是情报分析失误。情报机构错误地判断了对手的实力、意图,没有及时发现敌对势力发动突然袭击的征兆,预警不及时或者根本没有预警,或者情报机构的预警没有得到决策者重视,成为情报机构诟病的根源。但并不是说所有的情报失误都是预警失误。如果我们错误判断了国际局势,失去了所谓的战略机遇,虽然我们并没有遭到突然袭击,但我们的判断显然是错误的,这也是一种情报失误,情报机构没有履行优化决策、抓住机遇这一职能。但在此种情形之下,当然只有失误而无"意外"。这样的失误在历史上比比皆是。例如,美国朝野批评中央情报局低估了苏联的战略核力量,没有预计到苏联的突然垮台,就是此种情报失误的典型。所以,大多数情报失误案例都或多或少涉及突然袭击,但也有一些情报失误案例与突然袭击无关。

一、思维模型的局限

情报分析从模型建构开始。塞缪尔·亨廷顿指出:"如果我们必须要认真地思考这个世界,并有效地采取行动,某种简化的现实地图、某种理论、概念、模型与样式是必要的。"①这些地图、理论、概念或范式,就是模型。

这些思维模型是有用的,它是我们观察问题的工具,也是情报分析的起点。没有这些工具,我们就没有办法进行情报分析。我们不可能每天抽出大量的时间和精力去重新调查、重新思考所有的观点。一个老资格的分析家之所以在处理突发事件时比一个新手迅速,是因为他已经经历过类似的事件,胸有成竹。而一个新手则没有这样的体验,他心中没有一个既定的模型,因此不知道如何下手。

但是,这些思维模型建立在过去的经验基础之上,未必适合复杂的情报分析主题,依此建构情报分析模型存在极大风险。研究表明,所有的情报失误,均涉及未建立恰当的情报分析模型。错误的情报分析模型,只会得到错误的情报分析结果。因此,要避免情报失误,首先必须建

---

① Samuel P. Huntington, *The Clash of Civilizations and the Remaking of World Order*, New York:Simon and Schuster,1996,p. 29.

立一个恰当的情报分析模型。然而，认知心理学的研究表明，要做到这一点并不容易。最早被分析人员接受的思维模式容易演变成先入为主，导致分析人员排斥一切与之相反的观点，并对与此相悖的材料视而不见。由此，错误的思维模式导致分析人员在情报分析的起始阶段就犯了错误，不管后期他们如何努力，他们都不可能避免判断失误的发生。例如，在伊拉克大规模杀伤性武器扩散的评估问题上，分析人员首先形成一个预期：伊拉克正在重启大规模杀伤性武器项目，若不加以制止，伊拉克很快将会拥有核武器。由此出发，他们只是去寻找与此相关的情报现象，并根据预期的立场进行解读，而没有考虑到其他的可能性。后来的调查显示，"我们这个关于伊拉克大规模杀伤性武器的报告的目的就是为了找出伊拉克拥有大规模杀伤性武器的证据。"这种对信息的选择性认知，直接导致了情报失误的发生。

二、搜集能力的不足

情报搜集是情报流程中的重要一环。情报机构的第一使命就是搜集足够的情报资料，发现敌方的战争征兆。我们常说情报分析是情报工作的中心环节，但如果搜集机构不能提供足够的情报资料，那么这种分析就只能建立在猜想和假设的基础之上，其可靠性大成问题。因此，情报搜集工作是进行正确情报分析的基础。世界上大部分国家，都把情报工作的主要力量放在搜集方面。如美国情报界每年数百亿美元的经费，有80％花在国家侦察办公室、国家安全局等机构身上，花在中央情报局身上的只有10％。但尽管如此，情报机构依然很难搜集到反映对手意图的核心情报。

以珍珠港事件而论。在珍珠港事件前，美国通过密码破译了解日本的外交意图，这种由破译密码得来的情报，被称为"魔术"。但"魔术"提供的线索是模棱两可、含糊不清的。它没有提供日本进攻的时间、地点，并没有一份电报提到要进攻珍珠港。在1998年的印度核危机发生前，由于印度进行了卓有成效的战略欺骗，美国情报界在危机发生前没有搜集到什么情报资料。美国中央情报主任乔治·特尼特承认:"我们的确没有得到情报。"①"9·11"事件发生前,美国情报界就恐怖袭击发出过大量的警告,但这些警告没有涉及恐怖袭击发生的时间、地点,美国情报界实际上并不清楚恐怖袭击的真正目标,决策者也无从采取应对措施。

三、"噪音"的干扰

在分析情报失误发生的原因时,我们发现:绝大多数的情报失误,不是由于情报机构缺乏可供分析的情报资料,恰恰相反,可供分析的资料太多了,以至于他们无所适从,最后也没能得出正确的结论。因此,失衡的信号与"噪音"比例,是情报失误发生的一个重要原因。

这一经典性论述由美国学者罗伯塔·沃尔斯泰特首先发现。她认为:在珍珠港事件发生前,美国情报机构已经掌握了足够的情报资料,足以预料到日军对珍珠港的攻击,但是,由于这些情报资料淹没在大量不相干的"噪音"里,能使人觉察日本意图的信号反而不引人注目。所谓"信号"指的是某行动或敌人企图采取某行动的迹象(signs)、线索和证据。"噪音"是指不相关、不一致的背景信息,是指向错误的迹象,通常用来掩盖那些指向真相的迹象。"噪音"通常会抵消"信号"的效果。这样,罗伯塔·沃尔斯泰特就建立了情报失误分析的一个模式:信号—噪音模式。在她看来,所有的数据,都可以分成两个部分,一部分是信号,另一部分是噪音。噪音占了信息的绝大部分。如何从大量的噪音中过滤出信号,是分析人员的使命。

美国学者迈克尔·汉德尔认为,在进行情报分析时,情报分析人员面临多重"噪音"障碍。敌人的目标和意图并不明确,同时存在很多目标,构成了情报分析的第一重"噪音"障碍。如一直到1941年9月,日本还未确定是南进还是北进。在1973年的赎罪日战争前,叙利亚和埃及

---

① Gregory Treverton, *Reshaping National Intelligence in an Age of Information*, New York: Cambridge University Press, 2001, p. 1.

在确定进攻时间方面也有分歧。这些都为情报人员分析敌人的意图造成困难。敌方最后决心未定，计划临时改变，情报机构原先搜集的情报资料就成了干扰情报人员判断的第二重"噪音"。如德国进攻苏联的时间，苏联情报机构曾判断有 1941 年 5 月 15 日、1941 年 6 月 15 日，但最终德国发起进攻的日期却是 1941 年 6 月 22 日。这并不是苏联情报机构搜集的情报不准确，而是希特勒在关键时刻改变了主意。德军原准备在 1941 年 5 月 15 日向苏联发起进攻，但由于德国的盟国南斯拉夫在 5 月初发生了政变，亲德政府被推翻，新政府与苏联缔结了互不侵犯条约。南斯拉夫发生的事态严重干扰了希特勒的战略部署，他不得不暂时中止对苏联的战争准备，先行进攻南斯拉夫。这个举动干扰了斯大林的判断，使他对原有情报渠道的真实性产生了怀疑，进而使他坚信自己的判断：1942 年以前德国不会进攻苏联。国际环境的缓和或紧张，都会分散情报人员对"信号"的注意力。静默的国际环境会成为掩盖战争准备的背景噪音，使观察者的思维囿于和平环境。如赎罪日战争之前，美苏之间出现缓和，国际社会也在阿以之间进行调停，这种缓和局面使以色列情报界和决策层错误地认为，为了缓和，苏联会阻止阿拉伯国家发动战争。这种缓和的国际局势掩盖了敌对双方的紧张状态，钝化了情报人员的嗅觉。但国际环境过于紧张又会分散情报人员的注意力，如珍珠港事件前，欧洲战场的形势分散了美国情报人员对日本的注意力。朝鲜战争爆发前，美国情报界的注意力集中在欧洲和伊朗。在美国情报界开列的"危险地区"名单中，朝鲜列在第 10 名之后。这是情报分析人员面临的第三重"噪音"障碍。情报人员的先入为主也会成为干扰分析判断的"噪音"。汉德尔认为，情报人员应该意识到，要区分"噪音"和"信号"十分困难。在情报分析人员眼中，所有的材料都是"噪音"而不是"信号"，因此，对各种情报资料，不管其有无根据，都必须一视同仁。汉德尔的上述理论没有考虑到敌方战略欺骗所释放的假信号，实际上这些假信号也应归属于"噪音"。

　　汉德尔认为，从根本上说，用各种情报手段获取的信息可以分为两类：正确的和不正确的，用情报术语来说就是"信号"和"噪音"。这种两分法具备理论价值，但在实践中还是不能明确将其分成信号和噪音。我们很难清楚地将信息归到哪一类中去，因为大部分的信息都是混合了两方面的元素，所以不能说某条信息完全可靠或完全不可靠。确定某条信息的可靠性，分析家必须借助许多其他数据。由于信息内在的矛盾特质，分析和评估的过程常常无法顺利进行，而无处不在的欺骗使情报分析工作更加举步维艰。鉴于上述危险因素的存在，情报分析家认为大部分信息在未被证实前都是可疑的，如果他本身也频繁使用欺骗手段，他便会更加敏感，怀疑该信息被对方操控。如果他过去上过一次当，他就会变得更谨小慎微。因此，越是担心上当，就越容易上当。欺骗行为以及普遍存在的不确定性，至少在短期内使所有信息都被打上了问号。"在进行战略预警时，很难辨别'信号'和'噪音'，所有的信息，无论是有效还是无效，都必须同等对待。事实上，存在的只是噪音，而不是信号。"①进一步搜集信息，只会得到更多的噪音。搜集到的信息越多，就越难对其进行及时的过滤、组织和处理。因此，将信号与噪音区分开来也变得更加困难。

四、信息共享障碍

发生情报失误之后，情报机构对失误的原因进行调查，结果却发现，在危机爆发之前，情报机构已经搜集到了反映对手意图的情报，但由于各种原因，这样的信息没有与其他机构共享，从而妨碍分析人员进行全源情报分析，形成完整图景。

信息不能共享的根本原因，首先在于情报体制的限制。现代情报工作强调专业分工，大国通常会根据情报机构的职能和手段设立多个情报

---

① Miahael Handel, "Intelligence and the Problem of Strategic Surprise," in *Paradoxes of Strategic Intelligence*：*Essays in Honor of Michael I. Handel*, eds. Richard K. Betts & Thomas G. Mahnken, p. 10.

机构,形成所谓"烟囱式"情报体制,以提高情报机构的工作效率。在这种"烟囱式"情报体制下,各个情报门类都有独立的搜集、处理、分析和分发途径,它们之间互不连通,各个部门之间的信息不能共享。一个机构对另一个机构所掌握的信息一无所知,这样的安排最终导致了行动的失败、重复性的劳动,甚至造成机构间行动撞车。

大量的情报失误案例表明,信息不能共享是情报失误得以发生的重要原因。如美国情报界有十余家情报机构,每一家情报机构都是一个"烟囱",都拥有自己的情报手段,有权进行情报分析,并向自己的主管部门上报情报成品,但相互之间却很少进行信息交流与共享。"9·11"事件后,美国国防部长拉姆斯菲尔德曾言,当前美国政府存在的"烟囱"现象,与20年前的美国各军种一样严重,要各个机构放弃一部分权力、地盘来换取一个更强大、迅捷和高效的机构,十分困难。

就"9·11"恐怖袭击而言,联邦调查局和中央情报局在袭击之前都收集到一些征候,但他们都没有共享所掌握的信息。一位官员指出:"9·11"恐怖袭击之所以发生,是因为情报警告中发生了断层。这种断层之所以发生,部分是因为分析家之间糟糕的信息共享。美国情报界清楚"基地"组织习惯于在多处同时发动袭击,联邦调查局没有把外国人进行飞行训练的古怪行为这样的片断信息放到这一背景中去考察。

信息不能共享的原因,还在于过度保密。搜集部门搜集的资料,一般会隐去情报来源。保护情报来源和最大化地利用信息之间总是存在某种程度的矛盾。通常情况下,中层分析人员不能看到情报来源的身份,也就无从对情报来源进行核实,许多情报失误就此发生。例如,如果美国情报界能够核实"曲线球"提供的情报,并与"曲线球"亲自交流,他们也许就会对这一"神奇的"线人产生怀疑,也就不会作出萨达姆政权正在发展大规模杀伤性武器这一判断。此外,如果所获取的信息与自己关注的领域密切相关,分析家也许会更加审慎地考虑自己的判断,更容易把片断的信息联系起来,更容易洞察事物的本质。

以珍珠港事件而论。为了"魔术"的安全,美国情报机构严格限制了

"魔术"情报的分发范围。驻在各地的陆海军部队指挥官不在阅读"魔术"情报的范围之列,但如果华盛顿认为这些情报对他们有用,通常会冠以"据极可靠来源"的字样转发给他们阅读。海军作战部长斯塔克一直以为太平洋舰队司令官金梅尔(Husband E. Kimmel)海军上将了解"魔术"情报,但实际上,早在 1941 年 6 月,出于保密原因,金梅尔的名字已经被从"魔术"阅读者的名单上勾掉了,为了保密,甚至没有向他透露有关内容。金梅尔和珍珠港基地司令肖特(Walter Short)将军对日美关系出现重大变化的情况一无所知,连日本对珍珠港表现出的强烈兴趣也没有通报给他们。日本使馆决定焚毁密码本,这是日美关系破裂的前奏,但肖特等人却蒙在鼓里。太平洋舰队的情报参谋埃德温·T.莱顿(Edwin Layton)少校说:"当获取的情报与你有关时,你往往会更加重视它……如果我们能看到'魔术'的脱密电报,我们肯定会对偷袭珍珠港的可能性有所警惕。"[1]但是,在莱顿要求获得外交电报时,他的要求却被拒绝。注意保密是好的,但因此而限制它的使用,则是不恰当的。如果情报不能在决策中发挥作用,它就没有什么价值。

过度保密的另一个例子是关于"超级"的秘密,在整个二战期间,盟国很好地保护了这一机密,但也付出了巨大的代价。源于"超级"的信息被伪装成来源于间谍活动或特种作战的信息,一些不了解信息真实渠道的高级战地指挥官总是对其心存怀疑,结果错失了许多机会。

战后美国情报组织的改革使这些问题有所改善。创建监视委员会(Watch Committee)、设立战略预警小组(Strategic Warning Staff,1973年)和国家预警情报官(National Intelligence Officer for Warning,1978年),这些举措提高了情报交流和协调的速度。然而,为保密起见,仍然禁止信息在(情报机构)内部横向交流。

---

[1] Nathan Miller, *Spying for America: The Hidden History of U. S. Intelligence*, New York: Paragon House, 1989, p. 253.

五、敌方战略欺骗的影响

信号的模糊、知觉的局限等因素已经对情报分析构成了重大障碍，但情报工作的对抗性促使对手进一步释放假信号，误导分析人员的分析，使其作出错误的判断。研究表明，大部分情报失误案例都与战略欺骗有关。

1998 年美军联合出版物《信息作战联合条令》认为欺骗是"操控、歪曲、伪造证据，引导对手作出不利于其自身利益的反应"①。美军《FM-33-1-1》野战条令则认为，欺骗是有意歪曲现实以获得竞争优势。② 毛泽东在《论持久战》中用更为通俗生动的语言表达了相似的意思：把敌人的眼睛和耳朵尽可能地封住，使他们变成瞎子和聋子，要把他们的指挥员的心尽可能地弄得混乱些，使他们变成疯子，用以争取自己的胜利。他指出："错觉和不意，可以丧失优势和主动。因而有计划地造成敌人的错觉，给以不意的攻击，是造成优势和夺取主动的方法，而且是重要的方法。错觉是什么呢？'八公山上，草木皆兵'，是错觉之一例。'声东击西'，是造成敌人错觉之一法。在优越的民众条件具备，足以封锁消息时，采用各种欺骗敌人的方法，常能有效地陷敌于判断错误和行动错误的苦境，因而丧失其优势和主动。'兵不厌诈'，就是指的这种事情。"

战略欺骗这一手段历史悠久，中国古代兵家用"诡道"一词来指代欺骗。春秋末期的孙子明确提出"兵者，诡道也"，用兵时必须以"诡诈"待之，以达到"出其不意，攻其无备"的目的。他列举了 12 种军事欺骗的方式（"示形 12 法"），即"能而示之不能，用而示之不用，近而示之远，远而示之近。利而诱之，乱而取之，实而备之，强而避之，怒而挠之，卑而骄

---

① U. S. Joint Chiefs of Staff, *Joint Pub 3-13*, *Joint Doctrine for Information Operations*, 1998.
② 参见 Department of the Army, *Field Manual 33-1-1*：*Psychological Operations Techniques and Procedures*。

之,佚而劳之,亲而离之",其目的则是"攻其无备,出其不意"①。古代欧洲人则用"谋略"(Stratagem)一词来指代欺骗。克劳塞维茨在《战争论》中也论述过诡诈与出其不意的问题。但是,西方对战略欺骗的理论总结,则是 20 世纪 60 年代以后的事情。美国学者巴顿·惠利以罗伯塔·沃尔斯泰特的情报失误研究范式为基础,剖析了"巴巴罗萨"行动。惠利的分析表明:罗伯塔·沃尔斯泰特的理论范式不能用于剖析"巴巴罗萨"行动,希特勒在发动苏德战争前并不希望通过"噪音"来掩盖信号或模糊信号。相反,他竭尽全力,让每一个假"信号"都清晰地指向同一个目标:德国在征服英国前不会进攻苏联,德军在东线部署只是为了隐蔽其征服英国的企图,德国不会通过突然袭击手段来对付苏联……这些欺骗措施,无一不同斯大林的心理预期暗合,从而坚定了他的理念。由此,惠利认为,战略欺骗是引起斯大林判断失误的一个重要因素。② 珍珠港事件与其说是一起"信号"被"噪音"蒙蔽的案例,不如说是日本巧妙策划成功实施的欺骗行动。由此,战略欺骗问题开始进入西方学者的视野。惠利进一步分析了 1914 到 1968 年间的 16 场战争中共 168 个欺骗、突袭和非突袭的案例。研究表明,标准的"信号—噪音"模式很少存在,在绝大部分的突袭案例中,总是伴随着欺骗。这就是他于 1969 年出版的《谋略:战争中的欺骗与突袭》③一书的结论。后来,他的《战略欺骗总论》(Toward a General Theory of Deception)试图就战略欺骗问题建立一个总体理论,内容涵盖战略欺骗的传统、战略欺骗与魔术的关联、战略欺骗的结构、反欺骗等方方面面。

　　欺骗与保密有着密切的关系。传统的战略欺骗理论认为,战略欺骗有两个组成部分,即保密和欺骗,即中国古代兵家所谓"隐形"和"示形"。"隐形"是"示形"的前提。假设机事不密,军情泄露,取守势必不能自保,采攻势亦不能达到出其不意的效果。因此,无论是进攻还是防守,保守

---

① 骈宇骞等译注:《武经七书·孙子兵法》,北京:中华书局 2007 年版,第 8 页。
② 参见 Barton Whaley, *Codeword Barbarossa*, Cambridge:MIT Press, 1974, p.242。
③ Barton Whaley, *Stratagem:Deception and Surprise in War*, Cambridge, MA:MIT, 1969.

机密是最重要的。故孙子指出,"故善攻者,敌不知其所守;善守者,敌不知其所攻","善守者,藏于九地之下","故形兵之极,至于无形;无形,则深间不能窥,智者不能谋"。欺骗,则是隐形的深化,欺骗者故意采取某种行动诱惑敌方,造成敌方的错觉和过失,从而调动敌人,掌握战场主动权。"故能而示之不能,用而示之不用,近而示之远,远而示之近"就表达了这一观点。进入信息时代后,人们对情报的信息功能认识越发清晰,对保密与欺骗之间的区别与联系也有了更深刻的认识。美国蒙特雷海军研究生院国家安全事务系教授詹姆斯·沃兹提出了"拒止与欺骗"(Strategic Denial and Deception)这一概念。沃兹认为,拒止是一国为达成某种特定目标而进行的一系列信息活动;欺骗指误导对手,使其相信错误信息。美国情报研究的另一位领军人物艾布拉姆·舒尔斯基认为,拒止指试图阻塞对手获取关于军事发展计划、政策、行动计划等真相的所有信息渠道,从而使其无法及时作出反应。欺骗指采取措施使对手相信不真实的信息或表象,目的是诱使其作出于己方有利于彼方不利的反应。① 他们的认识各有千秋,但都认为战略欺骗应通过释放欺骗信息,传递虚假图像,误导对方的情报机构和决策者,从而导致其作出符合己方战略需求的决策行为。

欺骗在国际政治、军事斗争中无处不在。我们从报刊上看到的材料,可能是敌方故意散布的假情报,我们通过技术手段听到的信息也可能是假的,我们从卫星照片上看到的坦克可能只是一些木制模型,即便是秘密人力情报人员从敌人保险柜里拿到的文件,也可能是敌人有意提供的饵食。20 世纪 70 年代,苏联的科技情报工作者从西方国家获得了大量的情报,但其计划暴露后,美国和法国情报机构就向苏联特工提供了大量的假情报和做过手脚的装备。它们把假的芯片装在仪器里,导致西伯利亚的石油管道突然爆炸。

---

① 参见 Roy Godson and James J. Wirtz, "Strategic Denial and Deception," in *Strategic Denial and Deception*, eds. Roy Godson and James J. Wirtz, New Brunswick & London: Transaction Publishers, pp. 1 - 2。

因此,战略欺骗是引起情报失误的主要因素。如果在情报分析中不考虑战略欺骗的影响,那么,分析的准确性是大成问题的。

六、情报分析方法的缺陷

情报研究是社会科学研究的一部分,因此,社会科学研究方法也适用于情报研究。这是第二次世界大战后流行的情报观,许多情报分析家相信,借助于自然科学的研究成果,情报研究可以成为科学的一部分,其结果就像科学一样准确。

传统的情报分析家主要使用三种情报研究方法,即历史研究法、归纳法和证实法。不幸的是,它们都是有缺陷的分析方法,许多情报失误正是由此引起。

我们总说以史为鉴,要让历史告诉未来。我们认为历史会以某种方式重复,历史会惊人地相似。因此,我们在思考问题时,总是调动自己的智商,看看当前正在发生的事情与历史上是否有某种程度的一致性。这一方法为我们思考问题提供了一个起点。我们知道,我们的思考不可能从空白开始,我们的脑子里总有一些印象。

但是,历史研究也使人们犯了许多错误。这样的错误不能不使人们对历史研究这种方法表示怀疑。例如,第一次世界大战后,法国军界的首脑人物,根据第一次世界大战的经验,认为未来的战争依然是阵地战,有着良好准备的防御者比进攻者拥有更大的优势,机关枪和火炮可以杀死任何进攻力量。法国军事当局声称:20世纪战争的全部教训,都在1914—1918年间学到手了。根据第一次世界大战时坦克使用的经验,它认为坦克是一种战术性突破兵器,只能在战术范围内使用;坦克是步兵、骑兵进攻的辅助性工具,而非独立的兵种;坦克应分散到各个步、骑兵单位。当时这种观点看来是天经地义的。但现在我们都知道,这种观点是错误的,它是1940年法兰西土崩瓦解的罪魁祸首。再如,第二次世界大战的导火索,实际上是1938年的慕尼黑事件。当时的西方决策者,如张伯伦和达拉第对希特勒的扩张采取了姑息养奸的绥靖政策,导致希特勒的胃口越来越大,最后导致第二次世界大战的爆发。对侵略者的扩张不能姑息,这是从历史中得出的经验。然而这一经验在二战结束后不到五年就使美国人犯了一个大错误:1950年6月,朝鲜内战爆发。喜欢历史的杜鲁门根据自己的经验,对这一事态迅速作出了判断:第三次世界大战终于开始了,苏联要同美国一决雌雄了。在朝鲜战争爆发后举行的第一次国家安全委员会会议上,美国决策者达成共识,即这是"柏林事件更大规模的重演"。参谋长联席会议主席布雷德利后来在回忆录中承认:"每一个人似乎都认为,如不采取行动保卫朝鲜将是绥靖主义。历史证明绥靖行动是接踵而至的,其后果是不可避免地导致战争。"一位名叫格兰·佩奇的历史学家写道:"作出有关朝鲜的决定的真正依据几乎同朝鲜本身毫无关系。"①美国决策者认为,扔下南朝鲜不管是错误的,美国除了反击外别无选择。这种错误的历史类比方法,使美国人在错误的时间、错误的地点,与错误的敌人打了一场错误的战争。

以上例子说明,历史研究是一种不可靠的情报研究方法。也许,我们确实可能从历史中得到某种灵感,得到某种借鉴,但是,它的风险也是很大的。

历史研究法之所以不可靠,与归纳法的不可靠有关。我们总是从历史现象的重复中发现历史规律,这种发现的方法就是归纳法。经验主义哲学家认为,科学是"经验的科学",科学知识来自对经验事实的归纳,因此归纳法是发现的方法。然而,归纳法在逻辑上是有缺陷的,因为"从逻辑的观点看来,无论从多少单称陈述中,都不能推论出全称陈述来,因为用这种方法得出的结论总是有可能错误的。不管我们看到过多少只白天鹅,也不能证明这样的结论:所有的天鹅都是白的"②。

归纳原则还承认从过去可以推论出未来。谢尔曼·肯特曾说,情报

---

① 转引自[美]奥马尔·布雷德利《将军百战归》,北京:军事译文出版社1985年版,第693页。
② [英]波普尔:《科学发现的逻辑》,北京:科学出版社1986年版,第1页。

人员要研究历史,了解现状,预知未来。从过去预知未来,实际上就是一种不完全归纳方法。通过这种方法,情报人员可以从已经掌握的情况,推断出未来发展的趋势。但波普尔认为这种论证方法是荒谬的,因为"过去能推论出未来"这个论据,本身尚待证明,用它来论证"过去能推论出未来",已经陷入了循环论证。

波普尔对归纳法的批判击中了归纳法的要害。从过去经验中归纳出来的事实并不能保证必然适用于未来,多次重复的经验也不能保证今后一定会重复。依据这一方法进行情报判断,发生失误的概率颇高。

在1973年10月赎罪日战争爆发之前,埃及在边界地区多次进行大规模的军事集结。以色列军事情报部长泽拉正确地判断这些军事集结都是纯粹的军事演习,而总参谋长埃拉扎尔却认为这可能是埃及发动战争的前奏,因而两度进行了军事动员。事实证明泽拉的观点是正确的,军事动员白白地浪费了2000万美元。1973年10月,埃及第三次在边界附近进行军事集结,泽拉依据过去的经验判断埃及的军事集结依然是为了进行演习,结果遭到了突然袭击。

证实是我们在进行情报分析时常用的方法。我们发现了一个新的情报资料,根据我们对这种问题的认识,得出一个初步判断。然后,我们再去搜集新的情报资料,来证实这种判断。通常情况下,一个判断的佐证材料越多,我们认为其真实的可能性越大。如果一个判断得到了各种途径的情报资料的佐证,那么我们肯定会认为,我们的判断是准确的。当然,我们也会遇到一些情报资料,与我们的判断不相吻合,这个时候我们就会想方设法把它清除出去。

这并不是说我们不诚实,或者说我们的职业操守有问题。这是我们的知觉在作怪。霍耶尔指出,把新资料同化到既有的知觉中,这是人固有的特性。因此,我们对新的现象、新的资料视而不见,这并不是我们主观上出了问题,而是我们的知觉先天存在的问题。

但实际上这种证实的方法存在很大的问题。有的情报资料,不仅支持一种判断,还能同时支持另一种相反的判断。比方说,我们发现了敌方的军队在调动,这样的情报资料它意味着什么呢?它既意味着敌方可能要打仗,也可能是要进行演习。因此,这种情报资料缺乏诊断价值,不能作为支持某一观点的核心证据。

在敌方的战略欺骗广泛存在的情况下,证实的缺陷更为明显。在战争中,敌对情报机构往往释放大量的假信号,从而将其真实的意图掩盖起来。情报机构会制定周详的欺骗计划,利用各种手段,向受骗者提供假情报。在这种情况下,如果我们一味以佐证性情报资料的多少来衡量一个判断的真伪,就恰好落入了敌方的欺骗陷阱。

以上例证说明,在判断情报资料真伪、权衡某一观点的正确与否时,我们不能"倚多为胜",佐证性材料的数量不能说明任何问题。

七、"狼来了"症候

作为统帅部的战略哨兵,情报机构应该在战争爆发之前向决策者发出警报,以便决策者能及时采取预警措施,挫败敌人的突然袭击。一般而言,在每次突然袭击发生前,情报机构都能在某种程度上发出警报,但是,这些警报没有兑现,成为虚假的警报。虚假的警报不仅不能起到预警作用,反而使人们产生了一种麻痹心理,当真正揭示危机来临的警告发出时,人们反而不以为然。这就是所谓"狼来了"症候(Wolf-Cry Syndrome)。

美国军界早就意识到日本有可能对珍珠港发动突然袭击,其方式可能是空袭或潜艇攻击。对美国海军来说,奇袭珍珠港已经成了一种常识。太平洋舰队司令官金梅尔在上任之初也提出过这种假设。1941 年 1 月,美国海军部电告太平洋舰队,说日本将以偷袭珍珠港开始美日战争,要太平洋舰队提高警惕。10 月 18 日,鉴于日本内阁改组,军国主义分子东条英机上台,海军作战部长斯塔克命令美国海军进入戒备状态,说日本有进攻英国和美国的可能性。11 月 27 日,陆军参谋长马歇尔又向珍珠港发出战争警告令,说日本即将采取侵略行动,要太平洋舰队采取适当的防御措施。由于前几次警告均是虚惊一场,这个真正的战争警告在珍珠港也就没有引起任何反应。

在古巴导弹危机前也存在类似情况。早在危机发生一年半前,古巴难民就报告苏联在古巴部署导弹,但事实上均是无稽之谈。1962年9月,古巴难民报告苏联在古巴部署了中程导弹,但这些报告查证下来,要么是地空导弹,要么就是什么也没有。当古巴难民再次报告苏联在古巴部署了中程导弹时,情报人员就不相信他们的报告了。

赎罪日战争前,"狼来了"症候对情报人员的影响尤其明显。萨达特继任总统后,曾将1971年定为"决定的一年",但实际上他当时还没有力量发动一场战争,所谓"决定的一年"成了人们的笑柄。这对以色列情报分析人员产生了很大影响。卡罗尔·贝尔指出:"(赎罪日战争)前两年埃及没有实现的威胁在人们心目中留下了深刻的印象:埃及无力在军事上解决问题,这一点有意无意地成了埃及人隐蔽自己意图的阴谋。"[1]1973年5月和8月埃及的两次军事动员更是起到了削弱以色列人警觉的作用。以色列情报机构两次发出警报,认为战争即将爆发,但两次警报都是不成功的。决策层因而认为,对情报界的警报不必过于认真。当埃及宣布于9月30日再次动员时,以色列认为这只不过是一场寻常动员,因此不以为意。达扬说:"萨达特曾两次使我们宣布总动员,每次都使我们毫无价值地浪费了1000万美元。所以第三次再来的时候,我以为又像前两次一样是一场儿戏,但我失策了。"梅厄夫人说:"这个国家中无人意识到,在过去的一年里我们有多少次从同一个情报来源得到情报说这天或那天战争就会爆发,但战争都没有爆发。我不会说这已经足够好了,但我确实认为它(对我们的决策)是至关重要的。"[2]

虚假警告对情报分析人员的影响是显而易见的。巴顿·惠利认为,虚假警告的数量越多,同突然袭击相关的机会就越大,而且,虚假警告还

---

① Coral Bell, "The October Middle East War: A Case Study in Crisis Management During Detente," *International Affairs* 50 (Oct. 1974), p. 534.

② *Jerusalem Post Weekly*, 11 December 1973.

起着破坏情报来源可靠性的作用,并使以后的警告效果减弱。德国入侵西欧前,德军最高统帅部内部的反希特勒势力一再向盟国情报机构通报"黄色方案"的实施时间,但由于希特勒一再更改计划的实施时间,反希特勒地下抵抗组织的情报被盟国情报机构认为是假情报。当真正的入侵发生时,盟国措手不及。因此,"狼来了"症候大大干扰了对敌人未来行动的判断。①

警报过多会削弱情报人员的可信度,使得后来的警报难以受到应有的重视。但是,如果情报人员过于限制自己的警报数量,也许会错过最佳告警时间,从而使决策层在面对突然袭击时束手无策。珍珠港事件发生前,海军作战部长斯塔克决定不向太平洋舰队进一步告警,原因就是此类警报已经太多了。②

"感到怀疑时,就应作出反应"是最简单的预警模式,然而频繁的预警失误使这一模式不切实际。如果这种情况持续下去,不仅在政治上和财政上,还可能在行动方面,削弱全力搜集情报的动力。例如,要利用现有的飞机对珍珠港实施全方位的侦察,美军不得不削减训练,推迟前往菲律宾的重要运输任务,使飞行员疲惫不堪,还会在短期内消耗掉所有适飞的飞机,所以,"一个处于高度戒备状态并准备就绪的国家必然在随后的日子里跌入(预警)低潮。"③在错误的时间做好准备反而可能使自己在攻击真正来临之际措手不及。另外,战争是交战双方活的反应,如果对方并没有发动战争的动机,而情报机构发出了错误的预警,决策者据此采取了措施,那么这种措施必定会刺激对方作出类似的反应,从而导致危机升级,最后导致战争爆发。引发第一次世界大战的七月危机,就是这种错误预警的例证。

---

① 参见 Barton Whaley, *Codeword Barbarossa*, Cambridge: MIT Press, 1974, pp. 187 - 188。

② 参见 Roberta Wohlstetter, "Cuba and Pearl Harbor: Hindsight and Foresigh," *Foreign Anairs* 44 (October 1965), p. 28。

③ Roberta Wohlstetter, *Pearl Harbor: Warning and Decision*, Stanford: Stanford University Press, 1962, p. 398。

第六节　情报分析失误的避免

从前面的分析可以看出,情报失误可以发生在情报工作的各个环节,情报体制、决策者对情报工作的看法、情报搜集、情报分析乃至情报传递,都可能造成情报失误。因此,要防止情报失误,就应该从这些环节寻找答案。

一、建立协调的情报体制

从本质上说,情报分析是一种机构行为,而不是一种个体行为,因此,要避免情报失误,首先还是要从改革情报体制入手。

大量的历史事实证明,过于集中和过于分散的情报体制都会导致情报失误。过于集中的情报体制会引发情报分析中的一言堂,造成团体迷思;而过于分散的情报体制容易导致情报活动不能协调,所搜集的信息不能共享,情报界不能得出协调一致的看法。

20世纪的情报经验表明,情报协调是情报改革的主基调。建立一个协调的情报体制,营造一个信息共享环境,保证情报界各成员机构能够加强合作和协调,避免恶性竞争和资源浪费,确保搜集的情报能够得到共享,这是国际情报界的基本共识,所有的情报体制改革,都是围绕这一目标设计和实施的。这就要求加强机构的集中度。但这种集中不是中央集权。无论哪种政治体制,都不希望出现"情报沙皇",但信息共享需要一个权威情报首长,以保证情报界的协调运转。

二、营造开放的情报工作氛围

与协调的情报体制相对应的则是开放的情报工作环境。许多情报失误源于情报分析的一言堂,某个组织,某个情报分析人员,囿于传统思维,固守主流观点,听不进不同意见,从而导致失误发生。因此,在强调协调一致的同时,保持开放性的情报工作氛围、让不同意见有发声的机会至关重要。20世纪70年代，美国在这方面进行过很好的尝试。为了评估苏联战略力量对美国国家安全的威胁，当时的中央情报主任乔治·布什同意对苏联的战略力量进行竞争性分析。中央情报局负责苏联战略力量评估的国家情报官员组成了A队（Team A），16名来自美国政府其他机构和学术界的专家组成了B队（Team B），其负责人是哈佛大学历史系教授理查德·派普斯（Richard Pipes）。他们根据中央情报局提供的机密文件，对苏联的低空防御能力、苏联洲际弹道导弹的精确度，以及苏联的战略政策和目标进行了检查。它对中央情报局逐年编发的关于苏联威胁的《国家情报评估》文件进行了检查，认为它大大低估了苏联的战略力量，误读了苏联的战略意图，误以为苏联在战略力量建设、战略武器使用方面与美国相同，存在着镜像思维。事后检查表明，B队对中央情报局《国家情报评估》的批评，大部分是错误的。但是，主持这项工作的中央情报主任乔治·布什却认为，这项实验是有意义的。就重大的情报问题，确保决策者听到不同意见，防止其偏听偏信，这本身就是一件有价值的事情。剔除B队工作中的故意挑刺、先入为主和意识形态观念作祟，B队从事的竞争性分析，对打破情报分析人员的先入之主、破除情报工作的一言堂是有价值的。

竞争性分析的优点主要体现在允许向高层表达不同观点，从而深化讨论，将注意力集中于现有证据，判断这些证据是否明确地支持某个立场。因此，对于由轻易接受传统思维所引起的问题来说，竞争性分析法就是一剂"解药"。有了竞争性分析中心，尽管不能保证，但至少会有一方对某种流行观点提出质疑，并迫使其他机构努力为其辩护。

竞争性分析需要一个开放的情报工作氛围。实践表明，一个封闭的情报系统，不可能容纳不同意见的存在；一个缺乏民主作风的领导人，不可能听进不同意见。团体迷思之所以得以发生，就是情报机构内部的紧张氛围，压制了不同意见的产生。开放的情报工作氛围对竞争性情报分析至关重要。

必须指出，这种机制化的设置并不是万应灵药。理查德·贝茨声称,任何一种机制性解决方案,包括竞争性分析和"魔鬼代言人",都无法防止情报失误。竞争性分析也许使不同于传统思维、可能会遭到压制的意见得到发表,但它向决策者提供了多种不同意见,却可能使决策者更加迷惘,甚至迫使他们干脆彻底忽略情报,直接采用自己中意的观点。同样,将唱反调机制化,可能会使得其他人不再仔细考虑他们的反对意见,人们会认为"魔鬼代言人"之所以提出不同意见,"只是在履行他的职责而已"。这样可能导致一个荒谬的结果:原本对正统观念强有力的挑战,因为被看成是可以预测的老调重谈,结果被完全忽略。①

三、提高情报人员的分析技能

案例研究使美国学者得出一个重要的结论,即经验无助于克服情报失误,虽然历史会有惊人相似之处,对以往欺骗实践和各种情报失误的了解可能有助于情报人员进一步提高对欺骗的警惕性,使其更加审慎、系统地判断各种情报,识破敌人的欺骗阴谋,但实践表明,经验对克服敌人的欺骗阴谋并无多大帮助,因为历史并不会重演,对欺骗保持警惕只会使情报人员更加疑神疑鬼,从而导致情报失误的发生。

例如,美国学术界通过珍珠港事件的研究已经得出明确的结论,在进行情报分析时不能用自己的价值观念和思维方式来判断对手的行为取向,这个结论为情报界所认同,但是,同样的错误美国情报界一犯再犯。这不是因为美国情报界不善于吸取经验教训,而实在是因为情报分析的难度太大,因为你不知道对手的行为取向是否合乎常理。从这个意义上讲,情报失误和突然袭击不可避免这一认识有一定的道理。

然而,这并不是说提高情报分析人员的分析技能对克服情报失误没有帮助。情报分析是一门艺术,更是一门科学。反复训练确实可以提高分析人员的技能。第二次世界大战期间,英国、美国和德国情报机构都

---

① 参见 Richard K. Betts, "Analysis, war and decision: why intelligence failures are inevitable," *World Politics* 31, no. 1 (October 1978)。

十分重视情报分析,但只有英国和美国的情报人员取得了成功,而德国情报分析人员在评估苏联和美国的意图时都犯了错误,其根本原因就在于英美的情报分析人员大都是本国的学界精英,是各个学科的领军人物。我们在美国战略情报局研究分析处的名单上看到有威廉·兰格(哈佛大学历史系教授,美国外交史权威)、谢尔曼·肯特(耶鲁大学教授,欧洲问题专家)、爱德华·梅森(哈佛大学教授,经济学家)、约瑟夫·海登(密歇根大学教授,政治学家)、加尔文·胡佛(杜克大学教授,经济学家)、爱德华·厄尔(普林斯顿大学教授,国际政治学家)。在研究分析处的 900 位专家中,后来产生了 5 名美国历史协会的主席和 3 名诺贝尔奖金获得者。看这样的名单就如同在翻阅美国学术界的名人录。同样,在英国情报机构的名单上我们也可以看到 F. H. 欣斯利这样的超一流学者。这些人具备丰富的经验和广阔的见识,在各自的领域都具有崇高的声誉,都有在政府中任职的经验,能从全球视角来观察各自领域的问题。他们把现代学术研究方法应用于情报分析,对国际形势发展及国内的政治动态加以分析,并公正、客观地作出评价。相形之下,德国情报分析人员则基本上是军事情报机构的原班人马,他们只受过基本的军校教育和参谋教育,在学术素养和研究能力方面远不能同英美情报人员同日而语。他们在分析中出错的可能性就更大一些。这也是德国在第二次世界大战情报战中失败的一个重要原因。20 世纪 60 年代以前,美国国家评估办公室的评估工作之所以受到决策者欢迎,首要原因是它当时吸引了一大批顶尖级专家学者。后来随着情报分析的职业化趋势越来越明显,中央情报局招聘的大多是一些刚刚走出校门的大学生,众望所归的专家越来越难见到了,情报分析质量也随即呈下降趋势。因此,提高情报分析人员的分析技能,是改进情报分析工作、避免情报失误的必然之路。

美国中央情报局深信情报分析是一种技能,像木工和瓦工手艺一样,通过反复操练可以得到提高。因此,中央情报局经常举办情报失误研讨班,通过案例研讨,使分析人员了解情报分析过程中的认知陷阱,从而提高其分析技能。可以相信,尽管历史不会重演,尽管丰富的经验并不能保证避免情报失误,但是,提醒情报分析人员培养严谨的情报分析能力(包括逻辑思维能力、创造性思维能力和批判性思维能力),严格遵守情报分析流程,运用批判性思维,注意情报认知中的陷阱,了解自己的思维特点,娴熟使用各种情报分析方法,挑战主流情报观点,严格甄别各类情报信息,提防对手的战略欺骗,恰当地展现情报结论,这对克服情报失误总是有好处的。

四、使用科学的情报分析方法

情报失误大都发生在情报分析环节,团体迷思、先入之见、战略欺骗成为情报失误的最重要因素。许多学者认为,要克服分析环节产生的情报失误,必须了解情报认知过程中的障碍,提高情报分析人员的情报认知能力。也就是说,要从情报分析方法上去寻找避免情报失误的利器。

从谢尔曼·肯特开始,西方情报学者大多受实证主义和行为主义方法论的影响,但这种方法论本身存在重大缺陷,因此传统的情报思维模式都有一定的局限性,如:将基本的逻辑方法如演绎法和归纳法作为分析工具,强调对观点的证实;强调情报分析的科学性,坚信情报分析与学术研究同一性质,忽视了情报分析的艺术性;强调情报资料的客观性,忽视了情报资料的模糊性、欺骗性和不完整性。这种方法论层面上的缺陷必然导致情报分析陷入唯一的、"科学的方向",使情报分析的科学性大打折扣,情报失误不可避免。

从 20 世纪 70 年代开始,西方情报分析家逐步借鉴自然科学和社会科学的研究成果,改进了情报分析的程序,提出了一整套情报分析方法。这套方法强调假说的作用,意识到思维模式在情报分析中的重要作用,强调情报研究程序的规范性和可视化,强调使用证伪方法来剔除假说,强调情报分析结果的相对正确性,主张竞争性的情报分析,倡导开放性的情报结论,防止先入之见。① 这套方法可以改进情报分析,帮助情报人员克服情报分析过程中常见的错误。

　　情报工作本质上是对立双方的智力对抗,对手的拒止与欺骗加大了情报分析的难度,因此,上述改革方案虽然取得了一定的成效,但绝对避免情报失误依然是人们的一种美好愿望,不可能成为现实。理查德·贝茨就指出,大多数改革解决的都是具体问题,却因此引发或加剧了其他问题;分析流程的革新不能完全克服信息的模糊性和矛盾性带来的制约作用,更为合理的情报体制也无法完全避免决策者的政策取向、认知特质和时间压力给情报分析造成的影响。② 因此,情报失误难免,我们必须承认这一现实。

---

① 详细阐述参见 Richards J. Heuer & Randolph H. Pherson, *Structured Analytic Techniques for Intelligence Analysis*, Washington, D. C.：Congressional Quarterly Press, 2010。本书中文版由金城出版社出版。

② 参见 Richard K. Betts, "Analysis, war and decision：why intelligence failures are inevitable," *World Politics* 31, no. 1 (October 1978), p. 85。

第五章　反情报

在中国的军事情报学体系中,反情报通常是一个被忽略的问题,在实际的情报工作中,其受关注程度,无论是认识、资源投入,还是人力配备,与其本身的重要地位根本不成比例。但是,反情报工作与对外情报工作,实际上是一个硬币的两个方面,其重要性实在无法忽视。

第一节　反情报概说

情报工作有两大基本目标:其一是提供有关对手或潜在对手的及时、准确和相关的情报,消除情况认识中的不确定性,以支持决策者的决策。这样的情报工作通常称为积极情报或对外情报。其二是通过反情报保护友好力量,防止敌对情报机构搜集己方的情报。情报工作的这两大目标,看起来相互对立,实际上相辅相成。

一、反情报的定义

在国际情报界,美国的反情报工作水平远不及苏俄和以色列、法国等,美国情报界学者对美国反情报工作的总体评价是"我们国家的反情报计划未能履行自己的使命",学者约翰·厄尔曼(John Ehrman)认为美国的反情报工作组织松散、概念不明、执行无力。① 然而，美国情报界和学术界对反情报的定义最多，这反映了美国对反情报认识的复杂变化。

谢尔曼·肯特曾从知识、活动和组织三个角度来描述情报，这种做法完全可以搬到反情报的定义上来。反情报是有关敌对情报机构、恐怖组织和犯罪集团从事间谍活动、其他情报活动、恐怖活动等非法活动的知识，反情报同时也是为挫败上述非法活动而开展的行动。

从知识角度出发，反情报是保护和维持一个国家的军事、经济和生产实力时所需要的一种知识。美国官方对反情报的认识虽有不同，但均强调反情报的知识性，即反情报是挫败外国间谍活动、其他情报活动、破坏活动和恐怖活动所需要的信息。约翰·厄尔曼更强调反情报是一门分析学科（推理学科），其研究对象不仅包括国家层面上的情报机构，还包括非政府组织、恐怖分子、犯罪团伙，其研究的目的是理解这些机构的运作行为，揭示这些机构在相关政策制定、执行中发挥的作用，探索让他们按照我们期望的方式运作的可能性。这样的知识，无论在政策层面，还是在行动层面，都是有益的。所以，他将反情报定义为"研究外国和外国实体的情报机构的组织情况及行为方式，并将所获知识付诸应用的过程"②。美国首任国家反情报执行官范·克里芙则把这样的知识称为反情报"战斗序列"（CI Order-of-battle Preparation），其内容包括敌对情报机构对美开展情报工作能力的情况；相关情报机构的工作条令；任务分配模式，受领任务的人员；敌方情报机构体制、组织和预算情况；人员招募情况和培训方式；领导体制；联络方式和行动资源情况等。③

反情报是一种特殊类型的情报活动，与其他情报搜集手段有着明显的不同。它不仅要发现敌对主体的情报活动、破坏活动和恐怖活动等，

---

① 参见 John Ehrman，"What are We Talking About When We Talk about Counterintelligence?" *Studies in Intelligence* 53，no. 2。

② 参见 John Ehrman，"What are We Talking About When We Talk about Counterintelligence?" *Studies in Intelligence* 53，no. 2。

③ 参见 Michelle Van Cleave，"Strategic Counterintelligence：What Is It and What Should We Do About It?" *Studies in Intelligence* 51，no. 2。

还需消除此种活动的危害,并试图利用此等活动,误导对手的行为。在整个反情报流程中,反情报机构需要采取各种行动。因此,各国情报界均认同反情报是一种活动。如美国学者艾布拉姆·舒尔斯基认为,从广义而言,反情报指为保卫本国(包括其自身与情报相关的活动)免受敌方情报机构所害而搜集和分析的信息,以及为此目的而开展的行动。由于必须防范敌方所有形式的情报活动,反情报的范围几乎与情报本身一样宽广。从狭义而言,反情报通常专指防备对方获取对其有利的知识的行动。① 与厄尔曼强调反情报的知识性不同,舒尔斯基强调的很明显是反情报的行动性。应该说,这样的认识符合大众对反情报的认知。《中国军事百科全书·军事情报》认为:反情报是对对方情报活动或意图采取的反制措施,是情报斗争的重要内容之一,是维护国家安全的一项重要工作,具有防反结合的特点,通常由国家和军队专门机构组织实施。反情报可分为防御性反情报和进攻性反情报。防御性反情报指制定和完善自身的防奸保密制度和措施,设置障碍,防范对方的情报搜集活动。进攻性反情报指主动出击,通过反情报调查,查明、辨别对方的情报搜集意图和行动,并及时对其实施瓦解和反击。②

美国官方多从知识和行动两个方面来定义反情报。例如,1975 年丘奇委员会报告认为,反情报是一种特殊的情报活动形式,独立于其他情报门类,具有鲜明的特色,其目的是发现敌对情报机构的活动,削弱其活动能力。为达成此目的,需挫败外国特务对美国政府的渗透,操控外国的情报活动。1981 年 12 月 4 日里根总统颁布的第 12333 号行政指令规定:反情报是为了防范外国势力、组织、个人或恐怖组织及其代表进行的间谍活动、其他情报活动、破坏活动或者暗杀行动而搜集的情报和遂行的行动。③

---

① 参见[美]艾布拉姆·舒尔斯基《无声的战争》,北京:金城出版社 2011 年版,第 159 页。
② 参见刘宗和主编《中国军事百科全书·军事情报》,北京:中国大百科全书出版社 2007 年版,第 198 页。
③ 参见 *Executive Order* 12333, *United States intelligence activities*。

综上，本书认为，反情报是为防范外国情报机构、恐怖组织、犯罪集团进行的情报活动、颠覆活动、破坏活动、暗杀行动而搜集的信息和遂行的行动。反情报是情报工作的重要组成部分，是情报斗争的重要内容，是维护国家安全的重要工具。反情报具有防反结合的特点。

二、反情报的特性

传统上，对外情报被称为积极情报，而反情报被认为是一种消极被动型的活动。在所谓民主体制国家，这种现象更为突出。以美国而论，无论在资源投入还是优先程度，对外情报工作均被置于优先地位，而反情报工作被置于从属地位。联邦调查局实质上是一个庞大的执法机构，反情报仅仅是其一个很小的职能。中央情报局反间谍处的编制不到整个行动分局的 3%。

这种反情报认知也使反情报机构采取了错误的反情报战略和战术。肃清敌方情报机构的"鼹鼠"，不让本机构被外国情报机构渗透，成为反情报机构最重要的目标。在对付外国情报机构的渗透时，反情报机构往往习惯于"逐案处理"（case-by-case），忽略对反情报工作的宏观把握和分析判断，不能对外国的情报威胁作出战略反应；反情报机构侧重于行动，忽视对敌对情报机构的行为模式、组织机制、人员结构的分析和研究；反情报举措往往是应急反应型的，不能在实质的间谍案发生之前采取先发制人的措施，"总是在间谍进入美国后才想办法抓住他，而没有能力做到在他踏上美国领土前阻止一切"[①]；反情报机构以抓间谍为主要手段，发生罪案、调查、侦破、判刑是主要的反情报流程，很少想到可以操控对方的双重间谍，以欺骗对手，挫败对手的情报攻势。

但在所谓威权国家，这种现象并不明显。例如，在苏联的两大情报体系中，负责维护国家安全的国家安全系统的重要性远远超过负责对外

---

① Christopher Roache, ed., "Hamre: CI Needs to Accelerate Transformation to Avert Crisis," *The CIFA Track*, DoD: Counterintelligence Field Activity, 20 May, 2003.

情报的总参情报部。这与苏俄的国内政治环境有关。在沙俄时代,影响国内安全的有抗命的贵族、喜欢暗杀的民粹主义者、激进的布尔什维克;在苏维埃时代,影响国内安全的有反对苏维埃政权的白俄分子、形形色色的政治反对派、各个民族的分立主义者。苏联叛逃者维克多·苏沃洛夫曾经指出:对苏联而言,来自国内的敌人与来自外部的敌人一样可怕。所以,克格勃的职能是防止苏维埃政权因内部动乱而崩溃,而格鲁乌的职能则是防止苏维埃政权因外部打击而崩溃,两者的职能是一致的。相形之下,克格勃把力量更多地放到了国内安全方面。不过,此种情景,在民主政体国家中的法国和以色列同样存在。这两个国家的国内情报工作一向发达,这大概与其历史传统、紧张的国内局势有关。

积极的反情报工作与消极的反情报工作在各方面都呈鲜明对照。前者从战略全局看待反情报的作用,后者则认为其是消极的、无足轻重的;前者重视反情报分析,后者把反情报活动作为反情报工作的全部内容;前者主张从总体把握一个国家面临的安全威胁,后者则认为暴露出来的间谍案件是孤立的、个体的;前者主张对抓获的敌方间谍要进行操纵和利用,后者则认为抓住敌方间谍就大功告成。

结合"9·11"事件后美国的反情报工作转型,我们更可以发现,真正的反情报工作是最有力的安全保卫工作。它是国家情报体系的一个有机组成部分,是极具进攻性的情报手段,是威力极大的情报手段,而绝非消极,在国家安全事务中无足轻重。

冷战结束后,美国开始反思其反情报工作中存在的问题。2001 年,克林顿总统颁布第 75 号总统决策指令《加强美国反情报效能——21 世纪的反情报》,美国的反情报政策开始调整。2005 年,布什总统对反情报工作重新定位,把"识别、评估、消除、利用外国情报威胁"作为国家安全的首要规定,并整合反情报工作,将其纳入国家安全计划,将反情报搜集及行动作为促进国家安全目标的工具。2008 年美国政府重新修订第 12333 号总统行政命令,重新界定了反情报的定义,将反情报定义为"识别、欺骗、利用、挫败或保护代表外国势力、组织、个人或其代理人,或者国际恐怖主义组织或活动所进行的间谍活动、其他情报活动、破坏活动，或暗杀活动，为此而搜集的信息，以及开展的行动"①。国家反情报执行官办公室则认为：反情报是确定和应对针对美国的外国情报威胁的事务，其核心关注对象是外国情报机构以及非国家行为体的同类组织，如国际恐怖主义组织。反情报既有防御任务，即保卫国家秘密和资产免受外国情报渗透的危害，也有进攻性任务，即查明外国情报机构正在策划的行动，以更有效地挫败其目标。② 2008 年的《国家反情报战略》明确指出：通过反情报工作，可以了解外国政府与敌对组织的安全目标、战略能力、战略局限和战略计划，并及时向决策者发出预警。这样的情报对决策者、任务规划者以及行动人员至关重要。2009 年美国的《国家情报战略》首次将"反情报"纳入国家六大使命任务之一。

反情报转型主要体现为战略反情报这一观念的形成。根据前反情报执行官米歇尔·范·克里芙的观点，战略反情报是指"使反情报的搜集和行动成为实现国家安全的政策目标的工具，并站在战略高度，开展进攻性行动，以破坏针对我国的外国情报活动及其情报能力"③。它强调从战略层面自上而下地规划反情报工作，使反情报工作成为国家安全计划的一部分。同时，将反情报的搜集和行动作为实现国家安全目标的工具，使反情报工作成为决策者在制定对外政策和国防政策时的助手。《国家反情报战略》明确指出，反情报的职能之一就是"利用"，即通过实施欺骗、操纵影响对方决策的情报产品、诱使对方提供情报、渗透对方秘密行动组织等途径，充分利用对方弱点，做到"拒敌于国门之外"。这样的理念很快被美国学术界所接受。美国学者文森特·布莱德曼（Vincent Bridgeman）认为，反情报是情报活动的一个组成部分，其主要

---

① *Executive Order* 12333, *United States Intelligence Activities* [As amended by Executive Orders 13284 (2003), 13355 (2004) and 13470 (2008)].

② http://www.ncix.gov/about/about.php.

③ Michelle Van Cleave, "Strategic Counterintelligence: What Is It and What Should We Do About It?" *Studies in Intelligence* 51, no.2.

对象是竞争方的情报工作,其核心任务是理解竞争者对情报的依赖,并对这种依赖加以利用。罗伊·戈德森(Roy Godson)认为,反情报指"确认并抑制外国情报机构的威胁,并操纵这些外国情报机构,以达成操纵者的利益"[1]。"操纵"(manipulate)一词暗示反情报进攻性的一面。

三、反情报的环节

一般而言,反情报活动是一个反复的过程,它包括威胁评估、已方评估、提出反情报措施、实施反情报措施、评估反情报措施成效五个过程。这五个过程被称为反情报流程。

威胁评估。即评估敌对情报机构的能力,也就是所谓反情报战斗序列分析,其内容包括:敌对情报机构的情报能力,如人力情报能力、技术搜集能力等;敌对情报机构的工作条令;任务分配模式,受领任务的人员;敌对情报机构体制、组织和预算情况;敌对情报机构人员招募情况和培训方式;领导体制;联络方式和行动资源情况等。[2] 通过分析对方的情报活动,反情报人员可以帮助决策者了解对方的兴趣、目的、计划和情报能力,并回答这样的问题:如果与对象国发生军事对抗,那么对方情报机构在对抗中将扮演怎样的角色? 应该如何阻止这些行动? 对方情报机构实施欺骗的能力如何? 我方能否发现对方这样的欺骗阴谋? 我方可以采取哪些反制措施? 通过回答这样的问题,反情报可以在政策制定中发挥作用。例如,印度之所以能在1998年通过拒止与欺骗措施瞒过美国的图像侦察,就是因为它在此前已经清楚地了解了美国的图像侦察能力。从兵法上说,这是"知彼"。

在进行威胁评估的时候,反情报人员不仅需要了解敌方情报机构针对我方的情报活动,同时也要分析所有预示外国情报行动可能成功的

---

[1] John Ehrman, "What are We Talking About When We Talk about Counterintelligence?" *Studies in Intelligence* 53, no. 2.

[2] 参见 Michelle Van Cleave, "Strategic Counterintelligence:What Is It and What Should We Do About It?" *Studies in Intelligence* 51, no. 2。

"异常现象"。例如，一向有效的信号情报突然失灵，运作很久的秘密人力情报网络突然暴露，信息系统不断遭到入侵，这些异常迹象都显示己方的安全出现了问题，因此必须进行分析排查，把片断的、貌似不相关的异常迹象联系起来，从而揭示敌方的行为模式，把敌方的行动暴露出来。

己方评估。对反情报工作而言，了解己方的能力与弱点，与了解敌方的实力与意图一样重要。敌方情报机构向己方发动进攻，总是会寻找我最薄弱的地方下手。只有了解己方的实力和薄弱环节，反情报机构制定的反制措施才有针对性，才不致四处设防。因此，在了解敌方的情报能力后，情报机构必须进行己方评估，了解己方的优势和弱点，寻找己方存在的安全漏洞，并对漏洞进行分级。《孙子兵法》云："先为不可胜，以待敌之可胜，不可胜在己，可胜在敌。"[1]只有了解自己的优长与不足，我们才能制定出有针对性的反制措施。

己方评估包括评估己方的实力、薄弱环节、机会和威胁等四个方面。我们可以用一个矩阵来表示。

	机会	威胁
实力	如何利用我方的实力获益？	如何利用我方实力使我面临的威胁最小？
弱点	如何确保我方不会失去一个好的机会？	如何弥补我方的薄弱环节，使威胁不致成为现实？

评估己方的薄弱环节，最有效的工具是建立"蓝军"（美军称之为"红队"，Red Team），也就是站在敌方的立场上观察己方存在的漏洞。这种方法美国首用。1988 年洛克比空难发生后，一个总统委员会要求美国联邦航空管理局采取措施，改进美国机场的安检设施，这导致了红队的产生。所谓红队，即通过复制恐怖分子的战术，寻找各个机场在安保方面的漏洞。美国联邦航空管理局通过红队调查，发现波士顿的洛根国际机场存在严重的安全隐患，但没有引起重视。"9·11"事件进一步证实了

---

① 《孙子兵法·谋攻篇》。

红队的价值。美国 2007 年版《联合情报》把"红队"作为一个术语收入：
"情报分析人员必须想方设法去了解对手的思维过程，同时应培养、提升
从敌方视角进行思考的能力……联合部队指挥官应要求联合参谋部情
报处从以下视角评估所有建议的行动：'对手会怎样看待此类行动？对
手会作出何种反应？'"①

提出反制措施。在威胁评估和己方评估的基础上，反情报人员应该
对敌方的情报能力和我方的安全漏洞了然于胸，对敌方可能采取的行动
方案已经十分清楚，如何反击敌方的情报攻势也就顺理成章了。反情报
人员应能针对对方的人力情报能力、图像情报能力、信号情报能力等，提
出有针对性的反制措施。在制定反制措施的过程中，反情报人员应该分
析每个措施可能的收益，评估每个措施可能存在的风险，进行收益与风
险对比，列出各个反制措施的先后顺序，供决策者参考。

执行反制措施。反情报最大的特点在于它具有采取行动的功能。
所有的反情报方案，最终都由反情报机构执行。如第一次世界大战爆发
后，英国安全机构根据战前掌握的德国间谍网活动的情况，一举抓捕了
全部德国间谍，并对其进行了审判。

有些国家的反情报机构与执法机构是一体的，具有执法权力，但有
些国家，如英国，反情报机构与执法机构是分离的，军情五局（MI5，又称
安全局）并没有执法权力，抓获间谍必须依靠苏格兰场（Scotland Yard）
进行。这就需要安全机构与执法机构之间进行协调。通常情况下，两者
是有些冲突的。如反情报机构关注的是利用反情报调查，了解敌对间谍
网的整体情况，从而达到利用、操控敌对情报机构的目的。而执法机构
关注的是破案，他们喜欢逐案处理，不太愿意长期经营。在这种情况下，
维持反情报机构与执法机构之间的良好关系就十分重要。

评估反制措施的效果。在反情报措施执行过程中，反情报机构要不

---

① U. S. Joint Chiefs of Staff, *Joint Publication 2 - 0*, *Joint Intelligence* (22 June 2007),
Chapter I - 27.

断分析威胁变化、反制措施效果、反制措施对军事行动的影响,如有需要,应适时调整反情报措施。

四、反情报的作用

苏联用"剑"与"盾"指代维护国家安全的情报与安全机构,这一比喻可谓十分贴切。通常情况下,人们用剑指代进攻性的对外情报机构或军事情报机构,而用盾来指代维护国家安全的反情报机构,但实际上,反情报同样具有剑的功能。当反情报机构挫败敌对势力的进攻,维护国家安全利益时,它是一面安全盾牌;当反情报机构通过进攻性反情报行动,误导对手的认知,操控对手的行为,影响其政策制定时,它又是一把出鞘的利剑。手段不同,目的一致。①

反情报的战略意义体现在以下几个方面:保证国家情报系统、武装力量、科技和经济力量的安全;为国家政策及决策提供支持;为军事行动提供支持。

确保己方情报系统的安全。情报机构要搜集敌对国家的政治、军事和经济等方面的情报,它以渗透对手的政治、军事、经济部门为目标。而反情报机构则以对手的情报机构为目标,在防止、侦测和打击敌对势力对己方情报机构的渗透方面扮演着关键的角色。

苏联情报机构在渗透西方情报机构方面成就卓著。从 20 世纪 30 年代开始,苏联特工就渗透了英国的秘密情报局、军情五局和政府通信总部等情报部门,金·菲尔比差一点成了秘密情报局的局长,唐纳德·麦克莱恩差一点成了英国外交部的常务次官。20 世纪 50 年代,苏联间谍乔治·布莱克成了秘密情报局的高级特工。20 世纪 80 年代被美国人称之为"间谍十年",苏联安插在美国情报机构内的大量间谍浮出水面,其中尤以中央情报局的阿尔德里奇·埃姆斯最为出名。埃姆斯向苏联

---

① 参见 Michelle K. Van Cleave, *Counterintelligence and National Strategy*, Washington, D. C.:National Defense University Press, 2007, p. 3。

提供了大量情报,使得美国在苏联发展的数十名间谍被处决,给美国情报机构造成了巨大损害。这样的渗透触目惊心,危害巨大。一个被渗透的情报机构,连维护自身安全都成了问题,更不用说开展对外秘密人力情报行动了。

因此,开展反情报行动,发现并弥补存在于己方情报系统内的安全漏洞和可能被敌方利用的弱点,确保己方情报系统的安全,至关重要。在这方面,情报机构可以采取很多措施,如人事审查、安全调查、制定保密措施,等等。进攻性的手段,如打入和打出,可以更有效地保护己方情报系统的安全,苏联情报机构的成功经验足可借鉴。

维护己方信息安全。反情报的主要目标是维护信息安全。信息的泄露会导致己方难以发挥军事、经济和科技优势,己方政府、军事和外交、经济、科技系统的安全将受到严重危害。因此,反情报机构必须承担起维护信息安全的重任,使其免遭敌方情报活动之危害。

为决策提供情报支援。敌对情报机构和敌对实体通过情报活动支援其战略目标,对国家安全造成了严重威胁。开展反情报行动,了解对手的计划、意图和实力,特别是其情报能力、战略能力、战略局限以及相关计划,可以为了解对手的实力和意图提供一个窗口。通过这些情报,决策者可以"知己知彼",推断出这些国家的政治领导人看待外部世界的视角与方式,在政策制定和决策过程中,充分发挥己方优势,实现己方战略目标。

珍珠港事件前,美国联邦调查局曾与一位名叫达斯科·波波夫(Dusko Popov)的双重间谍联系。他表面上是德军谍报局的间谍,但真实身份则是英国的双重间谍。他奉命搜集珍珠港的情况。这是日军情报机构请求德军谍报局代为搜集的。他到达美国以后,立即与联邦调查局联系,但是联邦调查局局长胡佛认为他是个骗子,根本不相信他提供的情报。如果胡佛具有足够的情报意识,他是可以猜测到日本对珍珠港的兴趣的。在第二次世界大战中,英国情报机构建立了"双十体系",通过操控德国双重间谍了解希特勒的所思所想,从而使自己的欺骗计划更有针对性。最新的美国《国家反情报战略》，已经明确提出反情报是美国的七大情报搜集手段之一，从而承认了反情报手段也是一个重要的情报来源。

　　支持军事行动。支援武装部队是反情报工作的重要职能。反情报机构将反击一切针对己方军事计划、行动、能力、意图的敌对情报活动，全力支持各个层次的军事行动，并协助压制针对己方武装力量的敌对情报活动，尤其是图谋发动恐怖袭击的情报活动。

　　支援军事行动，首先体现在压制敌对情报机构的活动，维护自身的信息安全、人员安全和设施安全，维护军事行动的安全。为此，反情报机构必须确定己方的薄弱环节，评价既有的安全措施，以对抗对手的情报活动、破坏活动、颠覆活动等，维护自身安全。

　　支援军事行动，也体现在通过战略欺骗干扰对手的判断，误导对手的决策。反情报机构可以通过拒止措施，增加敌对情报机构情报搜集的难度，防止敌方情报机构正确判断我方实力和意图，从而增强战争的不确定性，达到战场单向透明，取得信息优势，为获得制信息权奠定礎石。此外，反情报机构还可以向对方发送虚假信息，干扰对手的认知，使其作出错误判断。

　　在战略欺骗的设计与执行中，反情报发挥着关键的作用。战略欺骗的策划与实施大多由反情报机构负责。例如，二战中对盟军战略反攻具有重大意义的"坚韧"（Fortitude）欺骗计划，其主要策划者就是以英国军情五局为核心的伦敦监督处（London Controlling Section）。欺骗信息发布的渠道、欺骗效果的反馈和评估，也由反情报机构负责。负责管理"双十体系"的军情五局官员约翰·马斯特曼列出了"双十体系"的七个目标，其中包括控制敌人的秘密情报系统，从德国情报机构提出的问题中猜测敌人的计划和意图，通过传递给敌方的答案对敌人施加影响，就英国的计划和意图对敌方实施欺骗等。①

①　参见［美］艾布拉姆·舒尔斯基《无声的战争》，北京：金城出版社2011年版，第180—181页。

第二节　反情报措施

所有的反情报措施,都可以归结为三类,即拒止(denial)、发现(detection)和欺骗(deception)。有人把这三类措施分为防御性措施和进攻性措施,但实际上三类措施相辅相成。

一、拒止措施

所谓拒止,即防止敌对情报机构接触敏感信息,策反己方人员,渗透己方设施。大部分的拒止措施都是防御性措施,包括保密分级、物理安全、人员安全和行动安全。

建立保密制度。安全措施的第一步,是政府及其各级机构必须确定哪些信息重要且需要保护,也就是确定将哪些信息保存在"墙"内。这就需要根据信息的敏感度对信息进行保密分级。所谓敏感度,即情报暴露给敌对外国势力可能引起的危害程度,也就是被保护信息的重要性。信息越敏感,越需要小心保护,有权接触的人也就越少。在目前的制度中,基本的秘密等级是秘密(confidential)、机密(secret)和绝密(top secret)。在第二次世界大战中,英国信号情报机构破译了德军的"埃尼格码",所获取的情报被称为"超级机密"(Ultra)。

此外,为进一步限制接触信息,还有许多其他的限定,其中最重要的是"知悉权"(Need to Know)这一制度。如前所述,按照涉密级别,情报越敏感,有权接触的人就越少。但原则上,单纯的接触许可权限并不足以获取信息接触权限。需要接触信息的人必须证明,自己为了履行官方职责,"有必要知道"这样的信息。任何控制保密信息的人,在提供信息之前,都可以确定请求者是否有必要知道秘密。因此,卫星图像系统的工作人员能够接触的秘密,与从事人力情报工作人员接触的秘密可能不同,而接触人力情报的权限,可能只涵盖某具体案件或某种类型的人力情报,而不是全部人力情报。

　　保密与信息共享是一对矛盾,自"9·11"恐怖袭击以后,美国情报界有许多人认为这种信息源头控制的做法阻碍了信息共享,开始强调"共享需求",国家情报总监迈克·麦康奈尔颁布了一个标准,要根据情报官员或情报机构共享情报的积极性,来评价其表现。

　　人事安全(Personnel Security)。这涉及一种甄别程序,即在雇用潜在雇员前,对其进行入职安全审查,在位雇员也需要接受此类审查,以确定其依然符合接触此类信息的要求。甄别程序的主要功能是判断潜在雇员保守秘密的意志和能力。此类判断的关键因素是潜在雇员的性格和忠诚度。判断雇员的性格,必须考虑个人的心理稳定性,以及他是否有被敌方情报机构敲诈的弱点。

　　人事安全的首要措施是进行调查,以衡量一个人的忠诚指数,决定其能否接触保密信息。这样的忠诚指标,主要包括个人言谈举止或生活方式上的变化,如其婚姻问题、饮酒次数、涉嫌吸毒、超出已知收入的个人消费水平、债台高筑。调查依靠个人安全问卷所反映的信息,相关机构还将查阅各类司法机构以及其他政府机构的数据库,对调查进行核实和补充。

　　加强背景调查,防止不合适的人员入选,还可以使用测谎器。该项技术主要为美国情报机构所使用,尤其是中央情报局对测谎器看得最重。该机构要求所有申请者必须参加测谎器测试,所有人员必须定期接受测谎器复测,这是其继续获得中央情报局雇用的条件之一。测谎器主要用于识别欺骗,获取线索,比较矛盾的陈述,核实证言或其他对象的证明。

　　然而,多年来,美国政府其他部门强烈反对使用测谎器。美国国务卿舒尔茨说:"我对所谓的测谎器测试持有保留看法。这不算是科学仪器。它会把清白的人当做有罪的,而一些有罪的人却成了漏网之鱼。事实充分证明,职业间谍或职业泄密者可以经过训练,而不会被测出来。"①

①　"Polygraph For Shultz Not Likely," December 21,1985.

尽管使用测谎器看起来具有很大的威慑作用,但其总体精确性颇受争议。没有标准的测谎程序,每个情报机构都各行其是,针对同一主题,人们会得到不同的测谎结果。许多清白的受试者因通不过测试而被不公正解雇,或被迫离开情报机构。20世纪70年代,有一苏联叛逃者尤里·诺森科(Yuri Nosenko)因通不过测谎器测验,结果被中央情报局当成假叛逃者关了三年。舒尔茨说外国情报机构找到了骗过测谎器的方法,这完全是有可能的。一个骗术高明的被测者,完全有可能骗过测谎器。从1985年4月到1994年2月,在差不多九年时间里,埃姆斯一直充当苏俄间谍,但在这一期间,他两次通过测谎器测试。美国国家研究委员会(National Research Council)于2002年进行的一项研究发现,刑事调查提问多涉及具体问题,测谎器用处较大,而反情报提问多涉及一般性问题,其用处就不如前者,更有可能得到错误测试反应。①

物理安全(Physical Security)。物理安全是指采取措施防止外国间谍接触保密信息,涉及的措施包括:放置保密信息的保险箱的强度、探测相关区域(情报人员处理保密信息的区域)遭受非授权入侵的警报系统的特征,使用先进的口令系统,保护存储于计算机中的保密数据。在维护安全时,对一个区域进行"大扫除"以检测和排除窃听装置也很重要。20世纪70年代,在美国大使馆办公楼档案馆的烟囱中发现了一根苏联天线。20世纪80年代,美国大使馆大量电子打字机被窃听。苏联利用美国的安全疏忽,设计了窃听系统,将整个建筑作为天线来拾取和传输信号。

上述安全措施大多是被动的,并不能直接消除敌方的情报威胁,而只是努力阻止其接触信息。这样的被动安全措施,有时不被认为是一种反情报措施。例如,在中国,这些被动安全措施被称为机要工作,并不被视为反情报工作的组成部分。美国陆军的反情报手册 FM 34-60:

---

① 参见 Mark M. Lowenthal, *Intelligence: From Secrets to Policy*, Washington, D. C.: Congressional Quarterly Press, 2012, p. 165。

Counterintelligence 明确指出应该明确区分反情报措施和安全措施。①
1981 年 12 月 4 日里根总统颁布的第 12333 号行政指令规定：反情报是
为了防范外国势力、组织、个人或恐怖组织及其代表进行的间谍活动、其
他情报活动、破坏活动或者暗杀行动而搜集的情报和遂行的行动，但不
包括人员、物理、文件或通信安全项目。但是，2008 年修订的 12333 号行
政命令已经取消了这一限制。② 说到底，安全是情报机构的职能之一。
英国把情报机构称为情报与安全机构，苏联把情报机构称为国家安全机
构，这是有道理的。

更为主动的措施应是理解敌方情报机构的运作方式，以挫败或破坏
其行动，并最终利用这些行动，以利于己方。这些措施包括反间谍、反颠
覆、反破坏、反恐怖、反侦察、隐藏和欺骗等。

二、侦查措施

反情报机构使用侦查措施来揭露或破坏敌对势力的情报搜集活动、
颠覆活动、破坏活动和恐怖活动。这些措施包括设点检查、控制人员流
动、人员甄别、审讯、调查、渗透等一系列活动。这些措施可以归纳为监
视行动、渗透行动和反情报调查等类别。

监视行动。③ 所谓监视，即对人员、车辆、地点或物体进行持续观察
和监听，以获取相关个体的行为或特征信息。监视是了解敌方情报机构
的一种方式，是持续监视其情报官员活动的地点，以确定他到过哪儿、与
谁联络，并以此为基础进行进一步调查。

开展监视活动可以获取犯罪活动和未授权活动的证据，可以获得监
视目标的活动信息，随时掌控监视目标的动向，拓展信息线索的获取渠

---

① 参见 Department of the Army，*FM 34 - 60：Counterintelligence*。
② 参见 *Executive Order 12333，United States Intelligence Activities* ［As amended by
Executive Orders 13284（2003），13355（2004）and 13470（2008）］。美国的法令可以随时修
订，而编号保持不变，这一点尤须注意。
③ 本小节内容，主要参照 Peter Jenkins，*Advanced Surveillance*，United Kingdom，Intel
Publishing，2003。

道,使调查人员发现其他的信息来源或线索,或者使他们获取更多的情报。监视也可以验证线人所提供信息的可靠性,为今后的审问提供信息支持。监视可以采取静止、步行或者机动的形式。在大多数情况下,三种形式会联合运用。

监视的概念很简单,但实际上是一项复杂的任务。对方情报官员均接受过逃避监视的训练,擅长使用"擦肩而过"和死信箱等秘密人力情报工作技巧,以隐蔽接头对象的身份。一旦发觉自己被监视,他可能取消任何计划好的会面。所以,隐蔽监视难度极大,需要动用众多人力。当英国军情五局监视克格勃在伦敦的间谍头子朗斯代尔时,动用了所有的员工,包括他们的家属。由于这种监视十分麻烦且成本较高,选定真正的情报官员作为监视目标就非常重要。敌方情报机构可以利用各种官方掩护身份为其情报官提供掩护,如外交官、贸易代表、媒体记者,以及联合国等国际组织的雇员。反情报机构要确认担任这些职位的人当中,哪些是真正的情报官员。

通常情况下,反情报机构对某个大使馆的运行情况了解得越多,它就越可能分辨出该大使馆中哪些人是真正的外交官员。如果某位官员没有从事外交工作,那么他就可能是从事情报工作的。通过观察人事轮换模式也可以确定外交官员的真实身份。如果确定 X 为情报官,那么替换 X 的人员也可能是情报官。最后,反情报机构还可以使用双重间谍以确定敌方情报官员的身份。

渗透行动。要实现反间谍目标,最直接的方式是直接通过人力或技术手段从敌方情报机构搜集情报。也就是,渗透对方的情报机构。这涉及两种秘密人力情报工作技巧,其一是打入(plant),其二是拉出(defector),即利用变节者。例如,二战后的几年中,潜伏在英国军情六局(即秘密情报局)的苏联间谍金·菲尔比给他的克格勃控制人及时提供了英美在波罗的海沿岸国家、乌克兰、俄罗斯和阿尔巴尼亚开展隐蔽行动的情报。据菲尔比自述,到 1951 年他被清除出军情六局时,他出卖了数百名英美特工。20 世纪 70 年代,英国军情五局招募了克格勃驻伦敦的情报官员利亚林（Oleg Lyalin）。根据其口供，英国在一天之内驱逐了 105 名披着外交官身份的苏联情报官员。20 世纪 80 年代初，克格勃驻伦敦情报站副站长奥列格·戈尔季耶夫斯基（Oleg Gordievsky）被英国秘密情报局当成了宝贝。他让英国人确信克格勃在军情五局和军情六局中没有间谍。1983 年，当军情五局官员迈克尔·贝坦尼（Michael Bettaney）企图出卖英国机密时，接待他的戈尔季耶夫斯基立即向秘密情报局通风报信，贝坦尼被处以 23 年监禁。这些例子说明，总体上反间谍活动与间谍活动没有太大差别，然而，反间谍活动的目标是对方情报机构，而不是其政府领导人、武装部队或其他机构。

要在苏联这样的封闭社会开展人力情报活动十分困难，过去美国和其他西方国家依赖苏联情报机构的叛变者以获取反间谍信息。克格勃负责在美国和加拿大开展间谍活动的北美处副处长维塔利·尤尔琴科（Vitaliy Yurchenko）就是一个典型。1985 年，尤尔琴科利用去罗马出差的机会出走。为了向中央情报局证明自己的诚意，他出卖了两位渗透美国情报机构的苏联间谍，即国家安全局前雇员罗诺德·佩尔顿和中央情报局前雇员爱德华·霍华德（Edward Lee Howard）。

最具威力的渗透行动是使用双重间谍。这些间谍表面上为敌方情报机构从事间谍活动，实际上却被其对象国家情报机构所控制。他们可以调查本机构被敌对情报机构渗透的情况。

双重间谍有三种来源。第一种是对方情报机构派遣的间谍，但暴露后他们改换了门庭。大部分双重间谍都属于这种类型。第二种是主动投诚的敌方情报人员，他们出于各种动机背弃了自己的主子，转而为新主人效劳。例如，第二次世界大战时著名的德国间谍达斯科·波波夫（"三轮车"）就是这样一个典型。他被德国情报机构招募，但转身就与英国秘密情报局联系。第三种是"诱饵"（dangles），也就是己方情报机构发现敌方情报机构对某招募对象有招募意图，于是主动派遣该招募对象打入。这里面最著名的一个案例被称为"cassidy's run"。卡西迪是一名美军士兵，在运动场上引起苏联武官关注，联邦调查局要求卡西迪乘机打入苏联军事情报机构。① 需要指出的是,是否同时为两个或多个情报机构服务,不是判断双重间谍或多重间谍的标准。判断双重间谍最重要的标准,是"逆用"或"转化",也就是孙子所说的,"必索敌人之间来间我者,因而利之,导而舍之,故反间可得而用也"。

双重间谍行动都以反情报为目的,真正控制该间谍的情报机构的目标是:了解对方情报官员的身份和弱点,了解对方情报机构的搜集需求,了解对方的秘密人力情报工作技巧。在最简单的层次上,反情报组织可以通过双重间谍渗透敌方的掩护机制,确定敌方情报机构负责控制间谍的情报官员身份。例如,在卡西迪这个案例中,联邦调查局渗透了苏联在美国的军事情报网络,近十名苏联特工在美国落网。除辨认敌方情报官员身份外,这些行动也能让反情报官员了解对手的秘密人力情报工作方法,从而更好地采取反击措施。如果敌方情报机构为双重间谍提供了某种特殊设备,如间谍专用的无线电发射器,逆用他的情报机构就有机会对其实施检查,并截收敌方情报官员与其真正线人之间的无线电通信。在卡西迪这个案例中,美国了解到苏联如何在美国吸收和运用间谍,也更了解他们的秘密人力情报技巧,例如空心石头、密写墨水、扫描照相机、密码和通信技术。

反情报调查。反情报工作非常复杂,远非抓间谍那么简单。事实上,反间谍是一项长期而艰苦的工作。挖出潜伏在己方内部的"鼹鼠",也许需要几年甚至更长的时间,不同的间谍案例可能以各种方式相互联系。

要确定情报机构是否被渗透,一个最好的办法是在敌方情报机构发展高层线人,即在敌方情报机构内安插特工,或者策动叛变。但即使如此,要让线人在众人中辨认出间谍也是非常幸运的。只有当线人直接参与操控他们,或者他在敌方情报机构中位居高阶,这种情况才有可能。

---

① 参见[美]戴维·怀斯《特工卡西迪——围绕着神经毒气的秘密间谍战》,北京:国际文化出版公司 2003 年版。

更有可能的是,线人可能只能提供与间谍身份相关的线索。要让这些线索产生结果,就必须进行分析。

例如,某人可能发现敌方已经接触到与某一主题有关的几份保密文件。假设这些文件由同一个特工提供,可以审查这些文件的分发名单,看看哪些官员可以接触所有这些文件。另外,线人可能知道,该特工曾在特定日期与他的控制人在某城市见过面,那么审查旅行记录将会发现,哪些可以接触相关信息的官员当时正好在那个城市。如此顺藤摸瓜,反情报机构便不难揪出嫌犯。

此外,还有其他线索可显示渗透的存在,例如某个间谍网突然暴露、对方的军演模式突然改变。从 20 世纪 60 年代末到 80 年代初,美国海军军官常常惊奇地发现,在秘密选定的演习区域,苏联舰只正等待着美国的战舰。一位海军上将说:"好像他们有我们作战计划的副本一样。"[1]但直至 1985 年约翰·沃克(John Walker)间谍网暴露后,美国才了解到海军的加密材料被定期送给苏联,苏联人得以阅读海军大量的加密通信。

三、欺骗措施

反情报的最终目的是操控敌方情报机构,向对方情报机构传递虚假信息,误导它作出错误的判断。同时,在可能的情况下,要利用对方的局限和我方的优势,对敌方的情报行动进行打击。所以,美国《国家反情报战略》规定,战略反情报的任务是"识别、评估、消除、利用"敌方针对美国的情报行动[2],这种认识鲜明地体现了反情报工作的进攻性。

反情报机构可以通过各种手法实施欺骗,如通过公开渠道(包括外交、媒体等)发布假信息,利用打入的特工和策反的间谍传递假情报,也

---

[1] ［美］艾布拉姆·舒尔斯基:《无声的战争》,北京:金城出版社 2011 年版,第 201 页。

[2] 参见 Office of the National Counterinteligence Executive, *The National Counterintelligence Strategy of the United State*. March 2005。

可以通过技术手段传递虚假信息。例如，如果知道敌方的间谍已经潜入我方，我方可以把虚假信息有意传递给他；如果了解敌方已对我方通信线路实施监听，我方可以在被监听的线路上散布假信息。

双重间谍是传递虚假信息的重要手段。通过双重间谍，反情报机构可以巧妙地将真实情报与误导性情报混在一起，并由双重间谍提供给敌方，以误导敌方。例如，在第二次世界大战中，英国控制的德国间谍，就不断地误导希特勒，说盟军的主攻方向是加来而非诺曼底。这种欺骗性信息在误导希特勒作出错误判断方面发挥了决定性的作用。

为了使双重间谍在其前主人那里建立信誉，反情报机构需要通过双重间谍向敌方情报机构提供一些真实的情报。通常情况下，反情报机构通过双重间谍提供表面上涉密、敏感度不高，或者敌方情报机构已经从其他渠道获得的信息。这种方式回报巨大，但任务同样艰巨。反情报机构必须在保证双重间谍取得信任所获得的收益，与披露情报所引起的危害之间保持平衡。一个基本的原则是：在不引起敌方情报机构怀疑的情况下，尽可能少提供有用情报。

欺骗的最终结果，是导致敌方误判形势，作出（或不作出）某种你希望他作出的反应。在策划欺骗的过程中，"你希望敌方怎么做？"远比"你希望敌方怎么想？"重要。所以，反情报机构不仅可以通过欺骗误导对方的决策，还可以引导它采取你所希望的行动，达到借刀杀人的目的。20世纪80年代，法国情报机构控制了苏联克格勃X线的军官维托洛夫（代号Farewell，"永别"），不仅掌握了克格勃驻外科技官员的详细情况，而且获取了克格勃详细的科技情报获取清单。根据法国情报机构提供的情报，美国中央情报局、联邦调查局和国防部联合采取行动，修改某种芯片的设计，使其看起来无害，并使克格勃获得了这批芯片。这种芯片被装在西伯利亚的输气管道上，用来监控输气管道内部的压力，结果西伯利亚的输气管道由于压力过高发生了大爆炸。这是利用对方情报机构达成自己目的的生动案例。

第六章　隐蔽行动

在情报机构承担的所有职能中,隐蔽行动(Covert Action)是最具争议的话题之一。它以秘密推行本国的外交政策、影响其他国家的观念与行为为目标,以宣传、颠覆、破坏、暗杀和准军事行动为主要手段。由此,人们给情报机构贴上了"阴谋"和"杀手"的标签。关于情报机构的许多争议,都与隐蔽行动有关。但由于历史和现实的原因,许多大国的情报机构,如美国中央情报局、苏联克格勃、以色列摩萨德、法国对外安全总局都将隐蔽行动作为情报机构的一个重要职能。因此,在军事情报学中讨论隐蔽行动问题,依然有其现实的必要性。

第一节　隐蔽行动概说

隐蔽行动是西方情报界尤其是英美情报界专用的一个名词,苏联称类似的行动为"积极措施"①(Active Measures),以色列情报机构称之为

①苏联的"积极措施"并不完全是情报机构的职能,还包括苏联政府和苏联共产党在国外开展的其他政治行动。苏联将积极措施定义为"利用公开和隐蔽的手段,影响外国的事件、行为和行动"。这与美国对隐蔽行动的界定基本一致,不过苏联术语关注的是其目标,即政治影响,而不是其使用的手段究竟是秘密的还是公开的。

"特别行动"。名称各异,但内容大同小异,通常指用秘密方式影响外国的政治、经济和社会生活,以秘密推进国家的外交政策。这样的行动,实际上是一种外交政策工具。

一、隐蔽行动定义

如前所述,情报机构的隐蔽行动职能古已有之,在第二次世界大战中成为一种重要的战争手段。但是,对隐蔽行动的正式定义始于冷战。

1947年美国《国家安全法》规定中央情报局应该"执行国家安全委员会指示的其他职能和义务",至于是何种职能、何种义务,法典均未作详细规定。在冷战期间,隐蔽行动被美国政府用作遏制苏联扩张,争夺中间地带的工具。中央情报局副局长小理查德·比斯尔(Richard M. Bissell,Jr.)后来承认"隐蔽行动,(就是)试图通过隐蔽手段去影响——有时称之为'干涉'——别国内政"①。美国中央情报局对隐蔽行动的正式定义则是,"一国以不被认为是本国所为的方式所采取的旨在影响某些政府、事件、组织或个人以支持其对外政策的活动。它包括政治、经济、宣传及准军事行动"②。表述各异,实质相同。

对隐蔽行动的非议始于20世纪70年代,当时中央情报局从事的一系列隐蔽行动因失败而曝光,一些情报专家反对使用"隐蔽行动"这个术语,他们认为这个词强调了秘密性,弱化了政策性。因此,吉米·卡特政府精心想出了一个中性且略带滑稽色彩的词语"特别活动"(Special Activity)来取代"隐蔽行动"(Covert Action)。1981年12月4日里根发布的第12333号行政命令继承了这一用法。命令规定,所谓隐蔽行动即特别活动,指的是在国外从事支持已制定并付诸实施的国家对外政策目标的秘密活动,目的是不暴露美国政府的作用,或不公开承认美国政府

① [美]维克托·马凯蒂、约翰·马克斯:《中央情报局与情报崇拜》,北京:生活·读书·新知三联书店1979年版,第49页。
② CIA, *Consumer's Guide to Intelligence*, Washington, D. C.: Central Intelligence Agency, 1995, p. 38.

所起作用,其目的不是影响美国的政治过程、公众舆论、政策或媒体,且外交活动、情报搜集和生产活动,或与之相关的支持活动,不属于隐蔽行动范畴。① 美国情报授权法给隐蔽行动下的法律定义则为,"美国政府开展的一项或多项行动,目的是影响外国的政治、经济或军事,但政府不愿公开暴露或公开承认它在其中所起的作用。隐蔽行动不包括……传统的反情报活动……外交活动……军事活动……(或)执法行动"②。

　　英国秘密情报局曾是隐蔽行动的倡导者,但在冷战期间却放弃了隐蔽行动职能。美国中央情报局早期的几位局长,如罗斯科·希伦科特(Roscoe H. Hillenkoetter)和比德尔·史密斯(Walter Bedell Smith)都反对中央情报局卷入隐蔽行动,但史密斯的接替者艾伦·杜勒斯却把隐蔽行动作为自己的主要使命。杜鲁门总统在 20 世纪 60 年代曾对中央情报局无法无天的行为大加鞭笞,说中央情报局偏离了他原先规定的轨道。但实际上,正是在他任内,中央情报局开始了隐蔽行动,1947 年《国家安全法》为中央情报局规定了五项职能,其中第五项就是"执行总统和国家安全委员会交办的其他职能",这一含糊其辞的规定,为中央情报局从事隐蔽行动开了方便之门。接替杜鲁门的艾森豪威尔对隐蔽行动更是热衷。他在战时担任过盟军司令,对战略情报小队的隐蔽行动能力大加赞赏。他认为,这是情报机构在和平时期可以大显身手的地方。冷战这种环境为隐蔽行动提供了土壤。美苏两个都是核大国,如果发生热战,将可能毁灭整个世界,而如果由中央情报局出手,通过隐蔽行动的方式,那情况就不一样了。因此,他当选总统后,决定以中央情报局作为美国政府的第三只手,以隐蔽行动的方式推进美国的国家利益,遏制苏联的扩张。尽管比德尔·史密斯在战时当过他的参谋长,两人关系也挺好,但他在上任后,还是让艾伦·杜勒斯担任了中央情报主任。在艾森豪威尔任内,中央情报局从事了大量的隐蔽行动事务。可见,决策者对

---

① http://www.fas.org/irp/offdocs/eo12333.htm.
② *Intelligence Authorization Act*, Fiscal Year 1991, L. 102 - 88, August 14, 1991[50 USC 413b].

隐蔽行动的价值最清楚，他们没有学者身上的学究气，不关注这一事务是否属情报职能，他们知道这种事情由情报机构去做会最轻松、最隐蔽、最能够达到目的。因此，在美国总统颁布的情报指令中，隐蔽行动是不可或缺的内容。

隐蔽行动的目标不是获取知识或信息，而是影响外国政府的行为、事件和环境，直接推进国家的外交政策目标。从这一点上说，它比传统的情报项目更像国家的外交政策工具。外交系统不可避免地会卷入到隐蔽行动中来。隐蔽行动的目标、隐蔽行动的规模、国家的介入程度、隐蔽行动与公开外交的界限，都由外交系统规定。因此，说隐蔽行动是秘密外交是恰当的。

隐蔽行动是公开行动的替代手段。之所以要采取秘密执行的方法，有三个理由。首先，有些活动如果公开承认就无法进行。冷战初期美国中央情报局操纵意大利选举一事即属此例。如果意大利选民知道中央情报局资助了意大利基督教民主党，那么，意大利共产党就会把基督教民主党看作是美国的走狗，中央情报局的支持就会适得其反。

其次，如果情报机构针对某对象国的行动暴露，极可能引起对方的强烈反应。为避免引起报复或事件升级，有必要使用隐蔽行动。例如，在阿富汗战争中，沙特、巴基斯坦和埃及、美国向阿富汗圣战者组织提供了援助，以反对苏联的入侵，这是一个公开的秘密，但没有一个国家公开承认。如果它们公开承认这种支持，苏联就不得不作出激烈的对抗或报复。通过隐蔽行动的方式，所有的利益相关方都找到了一个回旋的余地。

再次，情报机构的行动有时违背了国家的既定外交政策，也迫使情报机构通过隐蔽行动的方式推行自己的政策。如里根政府时期，向尼加拉瓜反政府武装提供武器援助就直接违反了美国国会的相关规定。在这种情况下，中央情报局通过隐蔽行动的方式，可以有效地避开国内舆论的质疑与反对，不必向民众解释其政策，也不必请求国会批准。

冷战以后，由美国推行的隐蔽行动呈现出一个新特点：中央情报局在执行针对伊拉克萨达姆政权的隐蔽行动中,不再使用隐蔽行动的手段。这与国际局势和萨达姆政权的孤立相关。冷战结束后,美国作为唯一超级大国可以对国际事务为所欲为,而萨达姆政权本身在国际社会就十分孤立,针对这样一个政权开展颠覆活动,无须担心影响美国的国家形象。因此,美国可以公开与伊拉克的反对派组织联系,向他们提供经济资助和政治援助,开办电台广播,从事各种颠覆活动。

二、隐蔽行动的隐蔽性

隐蔽行动是由情报机构进行的一种秘密活动,但与一般意义的秘密活动(Clandestine Operations)不同。

隐蔽行动是情报机构以秘密或隐蔽方式发起的一项行动,但"秘密"的确切含义依特定情况而有变化。在某些情况下,行动需要绝对保密。如通过走私军火进入外国,帮助共谋者在该国发动政变,这样的行动要求绝对保密。在另外一些情况之下,行动本身为公众所知,但政府要隐藏其参与其间的事实。如情报机构为某家报纸或电台提供经费支持,这种事需要保密。如果暴露,其宣传即会失去公众的信任。因此,"隐蔽行动"所采取的方式必须是隐蔽的,行为者的真实身份必须掩盖。

一般的秘密活动要对活动本身保守机密,而隐蔽行动则需要对行动者的身份保密,对行动本身则不需要保密。这是隐蔽行动与一般的秘密行动最大的区别。《美国国防部军语和相关语词典》认为隐蔽行动的计划与执行"必须隐蔽身份,或者允许其发起者进行似是而非的否认"(Plausible Denial)[1]。也就是说,clandestine 意味着隐藏(hidden),而 covert 指的是可以否认(deniable)。一旦这一行动暴露,当事者可以理直气壮地宣布,此事与自己无关。如果做不到这一点,那么行动就失败了。如猪湾入侵时,美国驻联合国大使阿德莱·史蒂文森(Adlai E. Stevenson)

---

[1] U. S. Joint Chiefs of Staff, *Joint Publication* 1 - 02, *DOD Dictionary of Military and Associated Terms* (8 November 2010), p. 87.

信誓旦旦地说入侵是古巴流亡者搞的,同美国没有关系,但是古巴大使
拿出了照片,证明轰炸古巴的叛军飞机是从美国佛罗里达起飞的。史蒂
文森闹了个大红脸,隐蔽行动的目的就没有达到。同样,在"伊朗门事
件"(Iran～Contra affair)中,里根刚开始也否认向尼加拉瓜反政府武装
提供了武器,但是当所有的证据都显示美国难脱干系时,他只得宣布,国
家安全顾问约翰·波因德克斯特(John Poindexter)对此事负责,顾问本
人已经辞职,负责此事的奥利佛·诺思(Oliver North)中校已经被解除
在国家安全委员会里的职务,他本人并不清楚美国与伊朗的军火交易情
况,从而与此事撇清关系。在"彩虹勇士事件"(Sinking of the Rainbow
Warrior)中,法国特工在新西兰奥克兰港炸沉了绿色和平组织的旗舰
"彩虹勇士",造成了人员伤亡。新西兰警方一路追踪,将法国对外安全
总局从幕后揪了出来。密特朗总统的态度与里根如出一辙。他假装糊
涂,把责任推给了国防部长和对外安全总局局长,最后拉斯科特(Pierre
Lacoste)局长不得不辞职,密特朗总算摆脱了干系。因此,隐蔽行动的特
征是"可否认",是否可信关系不大,实际上大家心里都明镜儿似的,只是
不说出来罢了。

三、隐蔽行动与情报活动的区别和联系

隐蔽行动通常由情报机构执行,它与情报活动存在着千丝万缕的联
系,但两者之间亦有区别。

世界各主要大国的隐蔽行动机构都是秘密人力情报机构,如美国中
央情报局国家秘密行动部负责隐蔽行动和间谍活动,克格勃的"积极措
施"和间谍活动主要是由第一总局的 S 局进行,而摩萨德的行动处也是
身兼双重职能。这样的安排使隐蔽行动机构可以充分利用情报机构在
当地的"资产",从而大大缩短行动的准备时间,提高了成功的可能性,同
时也避免了秘密人力情报机构与隐蔽行动机构之间的恶性竞争。

隐蔽行动所使用的技巧主要是"渗透",也就是在对象国安插渗透
者,形成自己的"资产",从而使行动成为可能。假如情报机构想资助一

个政党，左右一家报纸的编辑方针，或者发动军事政变，那就得在其内部安插自己的特务。这些人是情报机构发动隐蔽行动时的主要依靠力量。没有这些秘密人力情报资源，隐蔽行动就失去了立足之地。隐蔽行动中发展渗透者的工作，与秘密人力情报行动中的招募工作完全一致。专案官员需要物色合适的对象，确定他与自己具有相同的动机，愿意与情报机构合作。

尽管有这些共同点，情报活动与隐蔽行动还是存在很大差异。首先，隐蔽行动以行动为目的，其目的是改变对象国家的外交政策。而间谍活动则以搜集情报为目的，获取对象国家的实力和意图是秘密人力情报工作的首要任务，这里面不涉及改变对方国家政策的问题。两者之间在目的上存在区别。

其次，尽管秘密人力情报渗透与隐蔽行动中的渗透手段相同，但是，与秘密人力情报工作不同的是，隐蔽行动中的渗透可以不通过雇用的方式进行。双方要建立一种密切而友好的关系，金钱在其中只起次要的作用，而讹诈更不起作用。例如，冷战早期，中央情报局依托伊朗的保皇党人、民族主义军官、保守毛拉和街头流氓联手发动"阿贾克斯"行动（Operation Ajax），推翻了摩萨台政权。中央情报局与这些"资产"的联系就建立在利益而非金钱的基础之上。其他隐蔽行动的情况大抵也是如此。

再次，隐蔽行动中的渗透与秘密人力情报行动中的渗透在目的上也存在差别。情报机构向一个外国政党提供经济支持，这是一种隐蔽行动。如果情报机构出于情报搜集目的，在这个政党中发展"资产"，并提供报酬，那就是秘密情报搜集。

从理论上说，情报分析是情报工作的中心环节，正确的情报分析是开展隐蔽行动的前提条件。隐蔽行动机构需要情报分析机构来确定隐蔽行动的目标、制定隐蔽行动计划、提出相关建议，并对隐蔽行动的效果进行评价。所有这一切，都要求隐蔽行动机构与情报分析机构紧密配合。但实际上，隐蔽行动机构与情报分析机构之间这种紧密联系很少存在。据比斯尔说，中央情报局的情报分析家所起的作用微乎其微。在决定行动计划时，隐蔽行动专家并不会去请教情报分析家，他们对情报分析家不偏不倚的公正态度感到不满。除非情报分析家的意见与隐蔽行动专家的意见一致，否则，情报分析家的意见就会被抛在脑后，不会对行动专家产生任何影响。更多的情况是，行动专家为了避免来自外界的干涉，总是对情报分析家封锁消息，这就是情报界通行的"知悉权"原则。通过这项原则，行动专家把大部分情报分析家排除在隐蔽行动计划之外。在很多情况下，情报分析家并不了解正在发生的事情，其情报分析难免偏颇。这成了行动专家自行其是的理由。如在确定对古巴的"冥王星"行动（Operation Pluto）之前，情报分析家认为卡斯特罗政权稳固，古巴流亡者不可能推翻卡斯特罗政府，但这种意见对中央情报局的决策层没有任何影响。他们认为，处于第一线的行动专家比在中央情报局总部坐而论道的分析家更贴近现实。就猪湾入侵而言，中央情报局负责情报分析的副局长罗伯特·艾默里（Robert Emory）从未得到过有关入侵的正式通知。在智利 1970 年大选前，中央情报局的《国家情报评估》表示，美国在智利没有重大利益，阿连德当选不会明显地改变世界军事力量的平衡，阿连德的胜利也不至于对这个地区的和平带来任何威胁，但这样的分析，白宫和中央情报局行动分局根本听不进。类似的例子在美国情报史上比比皆是。

不仅中央情报局如此，世界上大多数国家的情报机构都难脱窠臼。情报分析家们坐而论道，行动专家（包括从事间谍活动的人员）神神秘秘，这似乎成了情报机构难以摆脱的痼疾。说到底，这还是"匕首加斗笠"的情报传统在作怪。

如果总结一下隐蔽行动的成功经验与失败教训，我们就可以看出情报分析在里面所起的作用。失败的隐蔽行动通常有一个特征，即过高估计了己方的力量，不重视行动中可能遇到的不利因素。如猪湾入侵、伊朗门事件，都是如此。如果事先能动用情报分析力量，对行动的前景、策略进行一些分析，情况可能会好得多。但出于传统的隐蔽行动文化，情报分析往往被忽视了。当然情报分析本身也存在一些问题。分析家的工作与行动人员不一样,他们的视角不一样,获取的情报资源也不一样。分析家比较学究气,掌握的情报往往不如现场行动人员,其分析不切合实际,往往答不到要点,不能让行动人员信服,这也是他不受重视的原因。因此,情报分析人员和行动人员需要进行磨合,找到一个结合的途径。

第二节　隐蔽行动的类型

国际情报界从事的隐蔽行动类型大同小异,通常有发展影响间谍、支持友好政府或组织、经济战、宣传战、破坏活动、政变、暗杀、代理人战争等多种形式,有些国家还根据国情,进行一些特别行动,如以色列的秘密外交。这些行动可分成五类,即政治战、心理战、经济战和准军事行动、突击行动。

一、政治战

这是情报机构广泛进行的隐蔽行动,其目的是影响对象国的行为、内部事件和形势,其针对的目标可能是一个国家的政府、整个社会,也可以是其特定阶层。这种类型的隐蔽行动,包括秘密支援友好政府、敌对国家中的友好政治力量,通过宣传或影响间谍影响外国政府的观念等。例如,在冷战时期,支持友好国家的资产阶级政党、工会和文化团体,遏制左翼势力的发展,影响该国的内外政策,这是美国中央情报局采取的重要隐蔽行动。中央情报局进行的第一场隐蔽行动就是秘密资助意大利基督教民主党,帮助它赢得选举。这种支持有的可以公开,有的则不能公开,对于接受支持的一方来说,秘密帮助可能更加称心,因为这样就不会招致"内政受到外国干涉"的指控。20 世纪 80 年代,美国秘密援助独立的波兰团结工会也是支持敌对国家中的友好政治力量的一个典型例子。美国政府与天主教会和美国工会合作,在波兰共产党政府于 1981

年12月宣布军管令以后,向团结工会提供经费、印刷机和秘密通讯设备。

通常情况下,中央情报局并不会公开拿钱出来赞助其支援对象,一切资金运作都是秘密的。它有时会找一些个人、公司或其他机构,请他们以自己的名义捐助中央情报局指定的赞助对象,或中央情报局设立的幌子基金会。但幌子基金会也有缺点,它们很难做大,否则会过于引人注目。最好的方式是通过民间大牌基金会洗钱。在冷战期间真正帮了中央情报局大忙的是诸如福特、洛克菲勒、卡内基这样的大牌基金会。中央情报局往往将经费拨到这些基金会的账上,然后这些基金会再以自己的名义把钱"捐助"给中央情报局指定的对象。在里根执政期间,美国支持安哥拉反政府武装"争取安哥拉完全独立全国联盟"(UNITA,简称安盟)同古巴对抗,其主要手段就是在联合国和非洲统一组织由美国出面单方面采取行动,或通过友好政府出面扶持安盟。这种"通过友好政府"的做法实际上也是一种隐蔽行动——让别人出头露面,说自己想说的话,做自己想做的事,而自己的真实面目和幕后活动则被掩盖了。要求进出口银行不要给安哥拉贷款同样具有隐蔽行动的性质:表面上拒绝贷款的是进出口银行,幕后操纵者则是美国政府。

以色列的外缘战略,在某种意义上也是一种支持友好外国政府或政治力量的隐蔽行动。以色列意识到自己在地缘政治上的不利态势,但也看到内圈阿拉伯国家的内部矛盾。阿拉伯世界的内部矛盾使以色列在外交上有了回旋的余地。阿拉伯国家本身有宗教少数派和少数民族,任何反对或打击阿拉伯民族主义的力量都是以色列的潜在盟友,如黎巴嫩的马龙教派、叙利亚人的德鲁兹派、伊拉克的库尔德人、苏丹南部的基督徒,在各自国家都处于穆斯林的支配下,伊朗人尽管信仰伊斯兰教,但坚称自己是波斯人而非阿拉伯人。这些力量构成了以色列潜在的外围同盟。与这些力量建立联系,便成为以色列情报机构的一个重要职能。从20世纪50年代开始,以色列"情报先生"希洛(Reuven Shiloah)便提出了"外围战略"的构想,即通过情报机构的秘密联络渠道,与阿拉伯国家内部的少数民族或反对派别建立协作关系,同中东地区非阿拉伯国家建立秘密联盟,从而形成对敌对阿拉伯国家的反包围态势。在这种外围战略中,情报机构实际上扮演了秘密外交部的角色。在以色列建国初期,情报机构秘密合作的对象主要是波斯湾外围和北非这两个与中东相邻的地区。摩萨德与伊拉克的库尔德反对派、黎巴嫩的基督教民兵组织建立了秘密联系,并为他们提供武器和训练。20世纪60年代,摩萨德曾对伊拉克的库尔德游击队提供过军事训练。伊朗与以色列从未建立外交关系,但是以色列情报机构阿利亚-B的特工蔡恩·科恩被德黑兰承认为以色列政府的正式代表。巴列维国王命令伊朗国家航空公司用飞机将犹太流亡者直接从伊拉克运往特拉维夫。伊朗的情报机构"萨瓦克"完全是由摩萨德特工按照以色列情报机构的设置而组建的,摩萨德还帮助招募、训练了伊朗特工,其目的是鼓励伊朗政府中的亲以色列和反阿拉伯分子。

20世纪六七十年代,摩萨德扩大了"外围"。在北方,它同土耳其建立了情报合作关系,向其提供极端组织的情报、情报装备和人员培训等,而土耳其情报机构则提供了有关叙利亚的军事、政治情报。随后以、土、伊朗三国建立了秘密情报合作组织"三叉戟"。在南方,以色列情报机构与苏丹、埃塞俄比亚的情报机构形成了"南方纽带"。这些情报合作关系同国家间政治关系截然不同,有时甚至是相互矛盾的,但正是通过这种联系,以色列获得了有利的战略态势。

苏联情报机构则通过支持外国共产党组织或左翼组织、民族主义组织,以推进苏联的国家利益。20世纪70年代末80年代初,莫斯科认为,由于古巴情报局已经有效地"控制了"桑地诺民族解放阵线的"火星"游击队,今后如要利用桑地诺游击队进行特别行动来对付美国目标,就必须与古巴情报局合作。克格勃在桑地诺游击队内部安插了许多间谍。1974年5月,桑地诺游击队代表团访问了苏联驻哈瓦那大使馆,并致函苏联共产党中央委员会要求援助。桑地诺游击队曾企图绑架美国驻尼加拉瓜首都马那瓜的大使特纳·谢尔顿,但谢尔顿幸免于难。苏联通过

对第三世界国家提供经济援助、军事援助,大肆向第三世界国家渗透,以
施加政治影响。

通过影响间谍对对方的观念施加影响,以改变其行为、事件或局势,
拓展己方的利益。所谓"影响间谍"(Agent of influence),即利用其地位
影响公众舆论和对外政策制定,使其有利于其服务的情报机构。① 影响
间谍可能在东道国掌握实权,在社会上有着广泛声誉,可以方便地接触
政府官员、舆论领袖及媒体。他可以利用职权直接采取行动使另一国政
府获益,也可以影响同僚对政治局势的看法,引导他们采取有利于其代
表的政府的立场。

影响间谍不一定是真正的间谍。苏联情报机构和苏共中央国际部
根据情报机构的控制程度和控制类型,把影响间谍分成三类。第一类是
"信得过的联系人",他们愿意为外国政府工作,促进双方的共同利益,但
并不接受情报机构的详细指导,通常也没有酬金。第二类是"控制之下
的"特工,他们接受并执行情报机构的详细命令,一般也接受经济报酬。
第三类则截然相反:情报机构通过其助手或社会关系对其实施操控,而
其本人尚浑然不觉。② 克格勃叛逃者戈尔季耶夫斯基声称,他曾听过一
次演讲,主讲人声称罗斯福总统的特别助理哈里·霍普金斯(Harry
Hopkins)是苏联影响间谍。霍普金斯在不知不觉中受到了斯大林和一
个据称是苏联领导人特使的情报官员的操控,协助罗斯福在美国战时的
两大盟国——英国和苏联——间保持"中立"。

1950年,美国政策协调局的爱德华·兰兹代尔(Edward Geary
Lansdale)中校出任政策协调办公室(Office of Policy Coordination)马尼

---

① Mark L. Reagan, "DOD Dictionary of Military and Associated Terms," *DTIC Online*, May
2, 2011, "Agent of Influence, GL‐4". http://www.ncix.gov/publications/ci_references/
CI_Glossary.pdf.

② 参见 Andrew and Gordievsky, *KGB: The Inside Story of Foreign Operations from Lenin to
Gorbachev*, New York: Happer Collins Publishers, 1990, pp. 287, 334, 349‐350。另一方
面,解密的苏联通信显示,霍普金斯同苏联驻美非法特工有过会面,说明霍普金斯实际上就
是受苏联控制的间谍。

拉地区的负责人,他的公开身份是菲律宾军队的顾问。在那里,他看中了菲律宾国会议员拉蒙·马格塞塞(Ramon Magsaysay),认为他是一个可以取代共产党而又没有与日本人勾结污点的人物。他亲自劝说马格塞塞,为他出谋划策,向他提供种种帮助。后来,马格塞塞担任菲律宾国防部长,兰兹代尔的收获就可想而知了。长期担任美国国务院情报研究局局长、后来出任中央情报局副局长的雷·克莱因(Ray S. Cline),曾任中央情报局台北情报站的站长。克莱因与蒋介石的关系一般,但与蒋介石的儿子、当时的"行政院长"、未来的"总统"蒋经国关系密切。他们是牌友,也是酒友,两人可以通宵猜拳。克莱因因此成为中央情报局里的一个传奇人物。

苏联情报机构在 20 世纪 30 年代及 40 年代招募了许多在美国政府工作的间谍,其中以哈里·怀特(Harry Dexter White)的职位最高。这位出色的经济学家于 1934 年进入财政部,用浅显的语言把复杂的货币问题表达出来是他的拿手好戏。他的经济思想对财政部长亨利·摩根索有着重大影响。1945 年,怀特坐上了财政部的第二把交椅,成为财政部的副部长。1946 年,杜鲁门任命怀特为国际货币基金组织美国方面的负责人。1941 年至 1945 年的美国副总统亨利·华莱士在 1948 年参选总统,他曾公开表示,如果他当选总统,怀特是他心目中的财政部长第一人选。除从事间谍活动外,怀特还凭借自己的影响力,影响美国的对苏政策。1945 年 1 月,苏联要求美国以 2.25％ 的极优惠的利率,向其提供长达 30 年的 60 亿美元贷款。怀特说服财政部长摩根索,建议罗斯福总统向苏联提供利率更优惠(2％)、额度更大(100 亿美元)、还款时间更长(35 年)的贷款。他通过密电,把白宫的态度、摩根索的意见和他本人的意见通报苏联。

另一个著名的影响间谍是挪威外交部官员阿恩·特里霍尔特(Arne Treholt)。他利用在外交部和联合国工作的机会,竭力使挪威的政策对苏联有利。他曾是挪威代表团成员,参与同莫斯科的边界问题和白令海捕鱼权问题的谈判。他不仅让克格勃完全知晓挪威的谈判立场,而且发挥了影响间谍的作用,使协议有利于苏联。该协议"因过度倾向苏联利益",而受到挪威方面的批评。①

法国的皮埃尔-查尔斯·百代也是一位出名的影响间谍。1976 年,他创办了一家由克格勃资助的政治新闻简讯,名为 Synthése(Synthesis,综合报)。在其后的三年中,这家新闻简讯渗透了法国政治精英的大部分,法国众议院有 70% 的成员都是其订阅客户。它诋毁并攻击西方的利益和政策,夸大法国与其他北约成员国(尤其是西德和美国)之间在利益和政策上的差异,捍卫苏联及其盟国的利益。②

1979 年叛逃美国的克格勃官员斯坦尼斯拉夫·列夫钦科,详述了苏联使用影响间谍影响日本媒体和政治的几个例子。克格勃东京站认为日本社会党一位著名成员是中国间谍,因而动用另一名社会党成员狙击其取得社会党的领导地位;它曾利用《读卖新闻》的高级记者,推动发表一篇文章,企图使一位被捕的格鲁乌间谍获得释放;它曾利用合众国际社的特约记者,公开了一封据称是驾驶米格-25 从西伯利亚叛逃日本的苏联飞行员的妻子的信,请求他重回苏联。那封信的目的是希望公众对日本政府施加压力,促其同意苏联要求并归还飞行员,但未能成功。③

使用情报和假情报影响对象国的行为。通过提供情报(或假情报),引诱对方政府按照己方预期的方式行动,是影响外国政府行为的另一种方法。1983 年美国向阿亚图拉·霍梅尼传递关于"苏联特工和在伊朗境内活动的合作者"的详细信息,多达 200 人被处决,伊朗共产党被取缔,这沉重打击了克格勃在伊朗的行动,削弱了苏联在伊朗的影响。④

---

① 参见 Christopher Andrew & Oleg Gordievsky, *KGB*: *The Inside Story of Foreign Operations from Lenin to Gorbachev*, New York: HarperCollins Publishers, 1990, pp. 568 - 571.

② 参见 Richard H. Shultz, Roy Godson, *Dezinformatsia*: *Active Measures in Soviet Strategy*, New York: Pergamon-Brassey's, 1984, pp. 133 - 149。

③ 参见 John Daniel Barron, *KGB Today*, London: Hodder and Stoughton Ltd. , 1984, pp. 76 - 81, 85 - 90, 93 - 94。

④ 参见 Bob Woodward, "CIA Curried Favor with Khomeini, Exiles," *Washington Post*, November 19, 1986, Al, 28。

除提供真实的情报影响外国政府的认知外，足以乱真的虚假信息同样可以达成目标。美苏情报机构都通过假情报来从事隐蔽行动，但伪造情报，离间美国与西方盟国的关系，是克格勃的绝活。"假情报"一词就来自于俄语的"дезинформация"。克格勃的 A 处（特别行动处）专门负责这方面的工作，A 处伪造的情报通过 PR 线（政治情报处）官员传达给国外情报站。据估计，PR 线官员花在"积极措施"上的时间占他们全部工作时间的 25%。"假情报"同"宣传"一词的区别在于，它一开始就是隐蔽的，这决定了它至少在初始阶段就是一项地下活动。

越南战争期间，美国想制造北越存在反共游击活动的印象，从而使北越对其安全机构的能力产生怀疑。一帮被劫持的北越村民被带到南越控制下的一个小岛，组成所谓"爱国者同盟圣剑"（Sacred Sword of the Patriot League），并接受相关训练，随后渗透回北方"传播关于同盟的消息"①。

传播虚假消息的另一种手段叫"无声的伪造"，伪造的档案被秘密地传递给外国政府，却不让媒体知道。对象国政府对文件信以为真，并不再调查此事。被伪造文件诋毁的政府永远都不会了解真相，因此也就无法否认该文件的真实性。捷克斯洛伐克前特工拉迪斯拉夫·比特曼声称，1977 年苏联准备了一份伪造的备忘录，讨论了一个由美国、伊朗和沙特阿拉伯发起，致力于推翻埃及总统安瓦尔·萨达特的阴谋。该备忘录谎称出自美国驻德黑兰大使馆，计划将其匿名送达埃及驻贝尔格莱德大使馆。但由于埃及政府向华盛顿进行了官方质询，美国的答复使埃及相信备忘录是伪造的，因此这次隐蔽行动归于失败。②

---

① Richard H. Schultz Jr., *The Secret War against Hanoi*: *Kennedy's and Johnson's Use of Spies*, *Saboteurs*, *and Covert Warriors in North Vietnam*, New York: HarperCollins, 1999, pp. 130 - 148, 162 - 163.

② 参见 Ladislav Bittman, *The KGB and Soviet Disinformation*: *An Insider's View*, McLean, Va.: Vergamon-Brassey's, 1985, pp. 112 - 113。

二、心理战

"心理战"一词源于德国,意指利用科学的宣传、恐惧以及国家压力,对敌人实施心理压制。[①] 美国战略情报局长威廉·多诺万认为,向一个国家的士气和精神防务发动心理攻势,是现代战争一个重要的组成部分,无线电广播是发动这种精神攻势的最重要的武器。[②] 在联席心理作战委员会的第一次会议上,多诺万指出:"与公认的军事行动不同,全部手段的战略意义在于摧毁敌人的政治结构及其抵抗意志。"[③]而所谓的手段则应包括"对军事战略产生影响的真正宣传",散布谣言,"黑传单"或"黑电台",其真正发起者的身份应该是秘密的。1943 年,战略情报局专门成立从事心理作战的士气作战处(Morale Operations Branch)。该处主要从事黑色宣传,以虚假宣传的方式打击敌军士气,支持轴心国内部的反法西斯抵抗运动。当年 12 月,参谋长联席会议修改了战略情报局的章程,要求战略情报局"负责执行一切形式的瓦解工作,包括散布谣言,建立自由电台,散发假传单、假文件,通过资助、训练人员和供应物资来组织和支持第五纵队的活动,以达到制造混乱与分裂、破坏敌人士气的目的"[④]。1943 年 8 月美国参谋长联席会议将心理战定义为,"用传统军事行动以外的所有精神和物质手段,摧毁敌人的抵抗意志和抵抗能力,剥夺其盟国或中立国对其的支持,增强美军赢得胜利的能力和意志的一种战争形式。它包括以下几种手段,即公开宣传、颠覆活动、特种作战(如破坏活动、游击战争和间谍活动)、政治和文化压力、经济压力

---

① 参见 Ladislas Farago, *German Psychological Warfare*, New York:Putnam's Sons, 1941。
② 参见[美]托马斯·特罗伊《历史的回顾——美国中央情报局的由来和发展》,北京:群众出版社 1987 年版,第 91 页。
③ Anthony Cave Brown, ed. , *The Secret War Report of the OSS*, New York:Berkeley, 1976, pp. 42 – 63.
④ John Ranelagh, The Agency:The Rise and Decline of the CIA, New York:Simon and Schuster, 1986, p. 64.

等"①。第二次世界大战时期,英美情报机构把遂行的政治战、心理战、宣传战、经济战、颠覆、破坏、暗杀和非常规军事行动统称为"心理战"(Psychological Warfare)或特种作战(Special Operation)。中央情报局最早开展的隐蔽行动事务就是心理战。1948 年 3 月 22 日,中央情报主任希伦科特发出详细指示,要求在特别行动办公室(Office of Special Operations)设立一个单位,"在美国及其占领区之外实行隐蔽心理战",这些行动应包括"传递信息、收集情报和进行说服劝诱等一切手段","要始终掩盖这些活动源自美国政府"。这些活动应与其他美国政府机构的对外情报活动"截然分开",其目标应是"瓦解从事反美活动的外国工具——无论是政府、组织还是个人的力量","通过影响外国公众见解,使其有利于实现美国的目标",支持美国的对外政策。

心理战主要通过各种宣传影响外国社会的认知,使用的手段包括纸质媒体、广播、电视,以及互联网。情报机构进行的宣传有三种类型,即白色宣传、灰色宣传和黑色宣传。

白色宣传。即向受众讲真话,把被当局掩盖的事实真相告诉受众,从而引起受众对当局的反感。例如,苏联领导人赫鲁晓夫在苏共二十大上作了《关于个人崇拜及其后果的报告》,揭露了斯大林破坏社会主义民主和法制,镇压政治反对派的事实真相。鉴于报告所涉及问题的敏感性,苏联政府对报告内容严加保密。中央情报局通过以色列情报机构搞到了这份报告,1956 年 6 月 4 日,赫鲁晓夫的秘密报告由《纽约时报》发表,"自由欧洲"电台和"自由之声"电台连续用三天半的时间,向东欧广播这份秘密报告。东欧各国政局立即出现动荡,先后爆发了波兹南事件和匈牙利事件。

灰色宣传。情报机构把真实的材料、半真半假的材料和完全虚构的材料糅在一起,使受众根本摸不清头脑,从而产生偏见。1949 年 5 月,

---

① 参见 John Magruder, *Memorandum on Intelligence for Psychological Warfare*, Feb. 1943. www. icdc. com/~paulwolf/oss/magruderfeb1943. htm。

"自由欧洲全国委员会"在纽约登记成立,其宗旨是"利用逃亡的东欧人多种多样的专长来开展各种项目,以此积极地与苏联的统治地位作斗争"。一年之后,"自由欧洲全国委员会"即成为中央情报局的下属机构。在 413 名工作人员中,美国人有 201 名,第一年的预算高达 1703266 美元,另有 1000 万美元的预算专用于委员会于 1950 年在柏林建立的"自由欧洲"电台(Radio Free Europe)。这两家电台的节目安排全部由中央情报局决定。

苏联最大的通讯社塔斯社、苏共中央的机关报《真理报》以及苏联政府的机关报《消息报》,都是苏联极具影响力的宣传机构。塔斯社在世界 100 多个国家拥有分支机构和新闻记者,而另一家"民间的"苏联通讯社——新闻社,与几百个国际性的新闻社、电视台和电台以及报纸、杂志有业务联系,其影响远远超过了中央情报局建立的"自由欧洲"电台、"自由亚洲"电台或"美国之音"。1979 年 3 月,伊朗的阿伊托拉·莫塔哈里被暗杀,莫斯科电台的波斯语广播立即播发了塔斯社电讯,暗示中央情报局与暗杀阿伊托拉的恐怖组织有联系,中央情报局应该对此承担责任。由于塔斯社是知名新闻社,一般人不会对消息来源产生怀疑。

除了官方的通讯社为克格勃的积极措施出力外,苏联也建立了类似于"自由亚洲"电台之类的机构,进行灰色宣传。其中,"我们的电台"是针对土耳其政府的,广播离间土耳其与美国等西方盟国之间的关系,而另一家针对伊朗的"伊朗全国之音"则在苏联的巴库活动。1979 年美国人质危机发生后,"伊朗全国之音"进一步煽动伊朗穆斯林的情绪,激化美伊关系。

灰色宣传通常通过掩护组织进行,以避免暴露宣传的来源。所谓掩护组织(Front Organization),又称前线小组,是情报机构从事隐蔽行动的有力工具,这些掩护组织表面上是私营的,实际上都接受中央情报局的资助。

美国和苏联情报机构建立了大量的掩护组织,以从事隐蔽行动。中央情报局成立了一个叫做"文化自由大会"（Congress for Cultural Freedom）的组织。该机构成立于1950年，在其鼎盛时期，它在35个国家设有分支机构（包括"文化自由美国委员会"），拥有自己的新闻社，出版20多种刊物，经常举办艺术展览，组织高规格的国际会议，并为音乐家、艺术家颁奖。"文化自由大会"的宣传有双重目的，一方面是反共，一方面是树立美国的正面形象，在世界范围内宣扬美国价值观和美国生活方式，在外国培养出一批以美国是非为是非的知识精英，再通过他们去影响本国的公共舆论和政策制定。

中央情报局赞助了大量政论性刊物和文化刊物，包括著名的《撞击》、《评论》、《新领袖》、《诗歌》、《思想史杂志》、《代达罗斯》（美国科学与艺术院的机关刊物）等。中央情报局还让"文化自由大会"免费为各国知识精英订阅这些刊物。在20世纪70年代针对智利阿连德政府的"轨道"（Track）行动中，中央情报局曾拨款150万美元用于支持智利反对派报纸《信使报》。另外，中央情报局也向其他国家的社会民主杂志提供津贴，防止这些刊物左倾。①

中央情报局在书籍出版方面也很活跃，自20世纪50年代以来，由中央情报局提供资助或出版的英文书籍有200余部。吉拉斯的《新阶级》、帕斯捷尔纳克的《日戈瓦医生》和麦克法夸尔编辑的《百花齐放》都是中央情报局推销的"重点书目"。在大多数情况下，出版商都知道这是中央情报局搞的，有些出版商本身就是中央情报局的"资产"。

苏联也建立了大量的掩护组织。克格勃第一总局的卡鲁金说，克格勃实际上控制着各种各样的和平运动、青年组织、妇女团体和工会组织，鼓动他们发动反战示威，反对在欧洲部署导弹。在美国卷入越南战争期间，仅格鲁乌就向世界各地的和平组织提供了近10亿美元的经济援助，以煽动美国民众的反战情绪。据称，这是一项极为成功的运动，回报十

---

① 参见［英］弗朗西丝·斯托纳·桑德斯《文化冷战与中央情报局》，北京：国际文化出版公司2002年版。

分丰厚。

操纵宣传的另一种方法是把故事放到独立新闻媒体或安排与政府或其情报机构无明显关联的作者和出版社进行书籍创作和出版。例如，中央情报局使用了来源不明的宣传机关，包括通过在电台或报社工作的影响间谍，秘密补助出版书籍和报纸文章。如中央情报局支持创作并出版《潘科夫斯基的文件》(The *Penkovsky Papers*)。

黑色宣传。这是一种更直接的影响社会的方法，是通过可利用的媒体散布意见、情报、假情报。但是，政府不愿与宣传中包含的材料扯上正式联系。在这些情况下，政府可通过某种方式散布观点或发布事实，同时又使信息来源看起来不太明显。为达成此目的，可以将观点或事实刊载在非政府拥有或控制的新闻媒体上，或者将其刊载在表面上独立但实际上为政府控制的媒体上。

克格勃 A 处专事伪造工作，其伪造技术炉火纯青。一份伪造的《稳定行动特别情报作战训练》，经中央情报局鉴定，在文风、结构和用词上极少有错，由于它使用了合适的打字机、纸张和词汇，外人根本无法辨别。通常克格勃以一个大致真实的文件为蓝本，但其内容、目标却与真实文件大相径庭。一份以绝密文件形式出现的《NR100－6 文件》提到，一旦美国情报机构获悉苏联即将发动进攻，美国将进行先发制人的打击，而北约国家也在美国的攻击范围之内。这份文件有真有假。美国确实有先发制人的进攻计划，但它的北约盟国却不是打击对象。这份文件意在警告美国的盟国：美国人是靠不住的，关键时刻，它不会照顾你们的安全利益。A 处最成功的战术是向第三世界国家的领导人秘密出示苏联伪造的美国文件，以此来警告他们，中央情报局和美国其他情报机构可能会对他们展开敌对行动。由于绝大多数文件永远也不会被公开，因此美国通常无法去追究它的真实性。

据克格勃叛逃者米特罗欣披露，冷战期间苏联情报机构曾利用作家马克·勒恩(Mark Lane)编造肯尼迪被暗杀的理论，利用中央情报局的叛徒菲利浦·艾吉(Philip Agee)诋毁中央情报局，散布联邦调查局局长埃德加·胡佛是同性恋者的谣言;编造谣言,诋毁马丁·路德·金,说他是秘密领取政府津贴的线人。在安德罗波夫担任克格勃主席期间,克格勃伪造文件,说美国中央情报局与魁北克解放阵线有联系。20年后,这个伪造的备忘录仍被加拿大出版物,甚至被一些学术界权威所引用。1982年的马岛战争后,克格勃伪造了里根总统与撒切尔夫人通话的录音带,录音带里里根与撒切尔夫人相互攻讦。里根说撒切尔夫人应对"谢菲尔德"号巡洋舰的沉没负责,而撒切尔夫人则反唇相讥,说苏美中程核武器谈判的失败,责任全在里根身上。1987年,克格勃以中央情报局局长威廉·凯西的名义,伪造了一封推翻印度总理拉吉夫·甘地的信;1988年,克格勃又杜撰了里根下达的在巴拿马制造混乱的指示;1989年,克格勃编造了南非外交部长皮克·博塔撰写的一封有关南非与美国达成的一项有害的(根本不存在的)的秘密协议的信。

与中央情报局一样,克格勃A处也积极利用掩护组织出版书籍,来诋毁中央情报局。1968年,中央情报局驻拉丁美洲的一位满腹怨愤的行动官员菲利普·艾吉(Philip Agee,代号庞特)因酗酒、财产管理不善和企图调戏多位美国外交官的妻子而被迫辞职,1973年他与克格勃驻墨西哥情报站联系,提供了"大量关于中央情报局活动情况的情报",但克格勃情报站却因为艾吉提供的情报太好,认为这些情报不是真的,并认为艾吉是中央情报局阴谋的一部分。[1] 后来艾吉去找古巴情报机构,古巴情报机构把他提供的情报抄送给了克格勃。在A处和古巴情报机构的策划下,1975年1月,艾吉的回忆录《公司内幕:中央情报局日记》[2]出版。艾吉在书中披露了250名中央情报局的情报官员和间谍的情况,宣称"世界各地成千上万人或被中央情报局杀害,或被它和它支持的机构毁掉了自己的生活"。本书出版后立刻在英国成了畅销书。中央情报局

---

① 参见 Christopher Andrew & Vasili Mitrokhin, *The Sword and the Shield*: *The Mitrokhin Archive and the Secret History of the KGB*, New York: Basic Books, 2000, p. 230。

② 参见 Philip Agee, *Inside the Company*: *CIA Diary*, Harmondsworth, Middlesex: Penguin, 1975。

内部秘密杂志《情报研究》上刊登的一篇对《公司内幕》的评论,承认它是
"对中央情报局一次沉重的打击"①。

2000年,一位前克格勃上校 Sergei Tretyakov 叛逃美国,出版《J同
志》一书,称20世纪70年代,为了阻止美国在西欧部署潘兴二型导弹,
苏联炮制了"核冬天"理论。安德罗波夫要求苏联科学院提交虚假报告
以进行理论支持,同时资助欧洲的反核团体与反对武器扩散的和平组
织。苏联和平理事会充当先锋,发动欧洲民众在美军基地前面举行
示威。

三、经济战

美国中央情报局常用经济战作为隐蔽行动的一个手段,这大概同美
国在全球的经济地位有关。苏联和以色列等国,则未见有使用经济战作
为隐蔽行动的案例。

经济战使用的次数并不是很多。在很多情况下,它只是一种辅助手
段,或者作为整体隐蔽行动计划的一个组成部分,以向对象国施加压力。
如中央情报局在策划对古巴的隐蔽行动时,曾计划破坏古巴的食糖加工
业。糖是古巴的主要资源。中央情报局计划购买大量的糖,然后在某国
倾销,以此来破坏古巴的市场,但没有取得成功。后来,中央情报局的特
务曾计划在古巴的出口糖中布下一种无毒但无法入口的药物。在
1969—1970年间,中央情报局曾使用改变气候的方法,来破坏古巴糖作
物的生长。

由政府出面组织的经济封锁一般都会成功,如20世纪70年代美国
对智利阿连德政府的经济封锁使智利经济陷入瘫痪,最终导致全国性的
罢工风潮,直接促成了反对阿连德的军事政变的发生。80年代初里根政
府针对尼加拉瓜桑地诺政权发动了一系列的经济战,中央情报局的特别

---

① [英]克里斯多夫·安德鲁、瓦西里·米特罗欣:《克格勃绝密档案》,北京:当代世界出版社
2002年版,第367—368页。

行动小队炸毁了尼加拉瓜的储油罐,在尼加拉瓜的港口布雷,并停止向桑地诺政权供应汽油,这些行动造成了桑地诺政权的困境。

四、准军事行动

支援外国政治团体,影响外国政府的认知和政策,不一定都使用和平手段。有的时候,支援的对象希望通过暴力手段影响政府政策甚至推翻政府。没有这种对象,情报机构还可以通过支持现有团体或建立"傀儡"团体来开展此类行动。这就使隐蔽行动通常与暴力手段联系在一起,如颠覆、破坏、暗杀、政变、准军事行动等,而准军事行动是规模最大、暴力性最强、危险度最高的隐蔽行动,它们牵涉到装备和训练大规模军事组织,以直接攻击对手。

准军事行动应当与特种作战区别开来。两者最大、最主要的区别在于:特种作战部队由身着军服的军事人员组成,完成传统军事人员不能执行的战斗任务,而准军事行动并不会使用己方身着军服的军事人员作为战斗人员。在一场准军事行动中,正规军人充其量只能起到情报机构的军事顾问的作用。例如,中央情报局策划的"冥王星"行动,就聘请了五角大楼的正规军人充当顾问,但美军并没有参与后来的入侵行动,这也是行动失败的根源之一。在大多数准军事行动中,准军事行动人员主要负责提供培训、帮助供应部队给养,以及为当地武装力量提供指挥协助。但在阿富汗战争中,中央情报局准军事人员扮演的角色更接近实战人员。

此类行动最为敏感,也是隐蔽行动引起非议的主要根源。英国学者洛克哈特认为,尽管准军事行动的重要性是毋庸置疑的,但它不应该被视为情报机构的功能之一,因为它们的技能、训练与情报工作不同。要秘密地、不着痕迹地进行一场准军事行动是不可能的。一场准军事行动如果可以公开进行,那就应该把它交给海军陆战队或经过特别训练的部队去做。

破坏。通过破坏活动打击对象国的重要目标是情报机构的传统职能。1587 年,英国国务大臣沃尔辛厄姆(Francis Walsingham)动用海盗袭扰,焚毁了西班牙无敌舰队的军舰,直接削弱了西班牙的战争准备;沙俄秘密警察机构中央特别部(Особое От деление)在巴黎进行爆炸,栽赃于民粹分子;1914 年 11 月 11 日,德国总参谋长向德国驻中立国的武官发出指示,要求他们"雇佣无政府主义组织成员作为破坏分子",17 天后,德国公海舰队情报局指示,所有德国海军机构和海军社团"立即动员所有破坏人员和监视人员,针对装载军火开往英国、法国、加拿大、美国和俄国的船只的民用和军用港口,或有军火库和战斗部队驻地的港口进行破坏活动"①。1915 年,德国在美国各地进行了一系列的破坏活动。他们在军火船上安置定时炸弹,使其在海上爆炸;在军工厂纵火;炸毁运载军火的火车等。1916 年 7 月 30 日凌晨,德国破坏分子成功在新泽西的黑汤姆(Black Tom)岛进行大爆炸,美国向协约国运送军火的中枢被摧毁。爆炸使整个港口如同地震一样晃动,附近的玻璃全部震碎,13 个巨型库房和 6 个码头被毁。在整个二战期间,英国特种作战局(Special Operations Executive)、自由法国的游击队员、苏联的游击队组织,均把破坏作为最重要的工作之一。

苏联情报机构极重视破坏活动。苏联早在第二次世界大战时就成立了专门的侦察与破坏力量,1949 年苏军建立了独立的特种侦察连,其主要任务是在战争爆发前渗透到敌后,进行破坏活动,暗杀敌军政要员。格鲁乌下属的每个军区情报部均设有特种作战处(spetsnaz),负责在外国领土上进行牵制性的行动、刺杀敌方的军政首脑、破坏敌方的交通补给线和进行旨在动摇敌人继续作战勇气的恐怖活动。Spetsnaz 这个词是一个合成词,意味着"特殊目的"(Special purpose)。不同于苏联常用的"侦察"(razvedka),Spetsnaz 不仅要寻找和发现敌方重要的目标,而且要向这些目标发动攻击,并消灭它们。这一职能,与二战时英国的特种

---

① Jeffrey Richelson, *A Century of Spies: Intelligence in the Twentieth Century*, New York: Oxford University Press, 1995, p. 28.

作战局十分相似。据格鲁乌叛逃者维克多·苏沃洛夫说,苏联有 20 个特种作战旅,外加 41 个独立的连队,从事特种作战的总实力达到 3 万余人。克格勃 V 部是执行部(Executive Action Department,Department V),即所谓"湿活部"(wet affairs),负责采取颠覆、绑架、破坏和暗杀等积极措施,其前身是克格勃第 13 处或 F 线,1969 年重组并扩大,其成员分散在各驻外站。其主要任务包括:鉴定要攻击的西方目标,并为苏联破坏与情报小组(特工组)以及东西方冲突中的当地共产党"抵抗力量"消灭这些目标做好准备。格鲁乌特种作战部队的破坏职能与克格勃 13 处为战时破坏计划所做的准备工作有所重叠。1960 年 4 月 7 日,苏共中央委员会通过第 P－274－XIVI 号决议,要求克格勃与格鲁乌更加密切地合作,但实际上这种协调效果不明显。

信息社会以网络为基本构架,以打击对方的网络为目标的网络战成为破坏活动的一个重要目标。例如,为了迟滞伊朗核计划的执行,美国和以色列向伊朗的电脑植入震网病毒(Stuxnet)。这是一种恶意软件,可以通过改变铀浓缩过程中离心机的运行进度来破坏离心机。

暗杀。主要大国的情报机构均以暗杀作为重要的隐蔽行动手段。二战期间,英国特种作战局暗杀了海德里希,结果引起了希特勒的疯狂报复。法国情报机构国外情报暨反间谍局参与暗杀了摩洛哥的持不同政见者本·巴尔卡(Mehdi Ben Barka)。1975 年 11 月 20 日公布的丘奇委员会调查报告显示:中央情报局对任何一个被谋杀的外国领导人都不负有责任,但是"美国官员鼓动或私下参与过政变阴谋,造成了特鲁希略、吴庭艳和施奈德的死亡"[1]。实际上,中央情报局还有很多暗杀图谋。其暗杀目标包括刚果民族运动领导人卢蒙巴、古巴领袖菲德尔·卡斯特罗。中央情报局的暗杀行动在菲德尔·卡斯特罗身上达到了登峰造极的地步。中央情报局采取了一系列针对卡斯特罗的暗杀行动,但无一成

---

[1] Church Committee: *Alleged Assassinations Plots Involving Foreign Leaders*, pp. 4 - 7. http://history-matters. com/archive/church/reports/ir/html/ChurchIR_0001a. htm.

功。有些计划过于异想天开,结果使中央情报局贻下笑柄。从暗杀卡斯特罗这件事,我们可以发现,单独的暗杀阴谋是很难奏效的,没有内部因素的配合,暗杀一个外国领导人无异于痴心妄想。

与中央情报局相比,克格勃和摩萨德的暗杀效率高了许多。克格勃有"暗杀器"之称,苏联领导人托洛茨基、情报机构的叛徒克里维茨基(Walter Krivitsky)、乌克兰民族主义分子列夫·列别德(Lev Rebet)和史蒂芬·班德拉(Stephen Bandera),均死于克格勃之手。尽管没有太多的证据,但当时人们从被暗杀的对象可以猜出谁是暗杀的指使者。20世纪50年代和60年代,克格勃有两位杀手霍赫洛夫和斯塔申斯基(Bogdan Stashinsky)先后叛逃西方,后者在德国法庭受审,克格勃暗杀的阴谋得到了证实,苏联被搞得声名狼藉。后来,有几次暗杀并非克格勃所为,但也被归到克格勃身上,如暗杀罗马教皇。

摩萨德是暗杀高手。它对巴勒斯坦恐怖组织"黑九月"(Black September)的暗杀,堪称情报史上的经典案例。此外,摩萨德还暗杀过巴勒斯坦解放组织副司令杰哈德(Khalil al-Wazir, Abu Jihad)。不过,在新千年的巴以冲突中,摩萨德似乎改变了手法。它不再通过暗杀来消灭对手,而是开始实行定点清除这种赤裸裸的手段。

政变。政变是改变一个国家内政外交的最直接的途径。把一个不听话的政权搞掉,换一个听话的傀儡上去,执行自己的意志,这是最直截了当的办法。

美国和苏联大量使用政变手段。中央情报局早期最成功的两项隐蔽行动都是通过政变达成的。这两个行动的代号分别为"阿贾克斯"(AJAX)和"成功"(Operation PBSUCCESS),其目标分别是伊朗的摩萨台(Mohammad Mosaddegh)民族主义政权和危地马拉的阿本斯(Jacobo Árbenz)政权。在伊朗的行动中,中央情报局只是提供了金钱,主要利用了当地的痞子、流氓及保王党人闹事,而在危地马拉的行动中,中央情报局不仅提供了金钱,还为叛军提供了武器和人员训练,最后竟然出动了飞机。

　　中央情报局策划的政变包括：1963 年在南越策动倒吴政变，导致南越独裁者吴庭艳兄弟被杀；1961 年在刚果策动蒙博托政变，导致刚果前总理卢蒙巴被杀；1961 年 5 月 30 日，多米尼加独裁者特鲁希略·马丁内斯被杀，其中也有中央情报局的影子。1973 年，中央情报局更策动智利政变，总统阿连德在政变中死亡。上述政变均在当时引起轩然大波，但是冷战以后前苏联地区的橙色革命所引起的反应，则要缓和得多。这主要得益于冷战的结束以及美国民主价值观的推行。

　　克格勃是政变大师，其策划的政变一点不比中央情报局逊色。1969 年 6 月，鲁巴伊（Yobaya）和伊斯梅尔（Ismael）分别担任南也门总统委员会主席和南也门民族解放阵线总书记，苏联重点发展同伊斯梅尔的关系。1975 年，鲁巴伊调整对苏联的政策，关闭苏联在亚丁的文化中心，宣布苏联驻南也门大使为不受欢迎的人。1978 年 6 月，苏联直接支持伊斯梅尔发动军事政变，推翻鲁巴伊。1979 年 10 月，苏联同南也门签订了《友好合作条约》。这样，在非洲之角形成了苏联、埃塞俄比亚和南也门的同盟，大大有利于苏联对非洲的进一步渗透和扩张。从 20 世纪 70 年代初期开始，苏联积极介入阿富汗内部事务，导致阿富汗接连发生政变。

　　代理人战争。即培训对象国的反政府武装，自己却不出面，以秘密地发起隐蔽行动。冷战初期，中央情报局在流亡者中招募了大量难民，在经过简单的培训后就让他们通过空投、海路潜回波兰、苏联的波罗的海三个加盟共和国及乌克兰，与当地的地下抵抗组织取得联系。中央情报局向这些地下抵抗组织提供了大量的金钱和武器，但收效甚微。后来，中央情报局还在东欧共产党控制的"薄弱"地区进行准军事行动。阿尔巴尼亚的"宝贵的行动"（Operation Valuable）就是一个典型的例子。中央情报局和英国秘密情报局联手，招募了许多流亡者，在阿尔巴尼亚登陆。但由于情报泄露，潜入的"小鬼"上岸即成了俘虏。

　　从西藏和平解放伊始，中央情报局就在西藏开展了大规模的隐蔽行动，其主要的手段是培训叛乱分子，进行武装入侵。1956 年，西藏暴乱发生后，美国确定了积极支持西藏叛乱武装的方针。在中央情报局的支持下,原先仅限于西藏邻近省份和西藏东部的叛乱扩大到了西藏中部。中央情报局提供的通讯器材发挥了重要作用。后来,中央情报局挑选了一些富有游击战争经验的游击战教官来训练西藏叛乱分子,其中游击战专家安东尼·普埃曾先后在印度东北部、美国哈尔营地招募、训练康巴人。他们除学习各种军事、秘密人力情报技巧外,还要接受政治教化。1957年,中央情报局从旅居印度的康巴人中招募了 6 名特工,将其送到塞班岛进行为期六个月的培训,培训结束后,中央情报局用改装的 B-17 远程飞机潜入西藏,空投了这些叛乱分子。从 1957 年到 1960 年,中央情报局一共向西藏空投了 400 吨货物。1958 年初,中央情报局增招飞行人员,加强对西藏的空投行动。大约有 300 多名西藏人在科罗拉多州里德威尔镇的海尔兵营接受中央情报局的秘密训练。所有的训练是在绝密情况下进行的,全部受训人员统一使用假名,连教官都不允许询问他们的真名实姓。1961 年,4 位美国公民因为偶然间撞见 15 名穿着迷彩服的亚洲人前往一处名叫“全球主人”的基地而遭拘禁。当时的国防部长罗伯特·麦克纳马拉还亲自打电话给《华盛顿邮报》的主编,请求其不要发文披露此事。许多被招募来的西藏分裂分子直到训练结束,也不知道自己身处美国。

1964 年 10 月,中国成功地试爆了第一枚原子弹。美国极为震惊,对西藏叛乱分子越来越失去信心。1965 年 5 月,中央情报局对西藏叛乱分子进行了最后一次的武器空投,但隐蔽行动并没有放弃。中央情报局建立了“四水六岭护法协会”(Chusi Gangdruk),这是一支由 2000 名康巴战士组成的游击武装,驻扎在尼泊尔的木斯唐(Mustang)等地。由罗杰·麦卡锡(Roger E. McCarthy)创建的中央情报局西藏特遣部队和藏人游击武装继续执行代号为 STCIRCUS 的行动,对中国驻军进行骚扰。1972 年 2 月 21 日尼克松访华后,中央情报局不得不终止了对西藏长达 10 多年的秘密战。1974 年,在中国政府的强大压力下,尼泊尔政府关闭了木斯唐基地。

1961 年初,安哥拉爆发反对葡萄牙殖民统治的武装斗争。到 1974

年,安哥拉争取独立的武装力量主要分为三派:以内图(Agostinho Neto)为首的安哥拉人民解放运动,得到苏联和古巴的支持;以罗伯特·霍尔顿(Roberto Holden)为首的安哥拉民族解放阵线,美国给予支持;萨文比(Jonas Malherio Savimbi)领导的争取安哥拉彻底独立全国联盟。1975年11月,安哥拉人民解放运动在苏联的支持下,宣布成立安哥拉人民共和国。安哥拉民族解放阵线和争取安哥拉彻底独立全国联盟也宣布独立,内战更加激烈。苏联大量增加对安哥拉人民解放运动的军火供应,至少向安哥拉人民解放运动提供了3亿美元的援助,并把17000名古巴军人送到安哥拉,进行"代理人战争"。1976年3月,安哥拉人民解放运动取得决定性胜利,安哥拉内战结束。内战结束后,苏联大力发展同安哥拉的关系,向安哥拉提供大量的军事援助,并签署了经济、文化等方面的合作协议。1976年美国国会通过《克拉克修正案》,禁止对安哥拉反政府武装提供军事援助,美国在安哥拉的隐蔽行动一度处于沉寂。但里根上台后,终于说服国会于1985年8月撤销了这一限制,并授权每年给安哥拉反政府武装"争取安哥拉完全独立全国联盟"(UNITA,简称安盟)5000万美元的援助。之后里根政府便恢复了对安盟的军事援助,包括提供"毒刺"导弹。里根政府对安盟的军事援助既隐蔽又公开。之所以是隐蔽的,是因为援助是秘密进行的;之所以又说是公开的,是因为里根政府多次公开表示支持安盟,甚至在白宫接见其领导人,这就使它那些秘密军事援助也变成了掩耳盗铃式的把戏。

在中美洲,里根支持尼加拉瓜的反政府武装,同桑地诺阵线对抗。1986年10月22日,里根总统签署了《第248号国家安全决定指令》(NSDD248),文件对尼加拉瓜反政府力量给予了特别的关注。[①] 1987年2月27日,里根又签署了一份关于中美洲的政策文件,即《第264号国家安全决定指令》(NSDD264),明确表示美国政府的政策是促进整个西半球的民主,决心看到"民主"在中美洲获胜。鉴于中美洲5个国家中已有

---

① http://www.fas.org/irp/offdocs/nsdd/nsdd-133.htm。

4 个变成"民主国家",只有尼加拉瓜还是所谓"专制国家",里根要求总统国家安全事务副助理主持的计划审查小组(Planning Review Group)在 3 月 10 日前开会审议美国对尼加拉瓜的目标,并将讨论结果报告总统国家安全事务助理;要求计划审查小组利用一切政治和外交措施,提出一个与尼加拉瓜民主抵抗力量一起努力在尼加拉瓜实现民主的政治战略;要求财政部长提出一个扩大和加紧对尼加拉瓜经济禁运的计划。此时尼加拉瓜已成为美国在拉丁美洲除古巴之外的心腹大患,美国必欲除之而后快,采取隐蔽行动自然是题中应有之意了。

阿富汗也是里根政府隐蔽行动战略实施的重点之一。里根上台后,继承了卡特政府对阿富汗的隐蔽行动政策,继续给阿富汗穆斯林游击队以秘密支持,打击苏联驻阿部队。里根政府极大地增加了对阿富汗游击队的援助,援助的武器包括"毒刺"导弹等高技术武器,给苏联驻军造成致命打击。

1977 年 7 月,地处非洲之角的埃塞俄比亚和索马里为争夺欧加登地区的主权,发生大规模武装冲突。苏联公开支持埃塞俄比亚,索马里宣布废除 1974 年同苏联签订的《友好合作条约》。从 1977 年 11 月下旬开始,苏联出动海空军,向埃塞俄比亚运送价值 10 亿美元的武器装备、2000 名军事顾问和 17000 名古巴军队。1978 年 3 月,索马里从欧加登地区撤军,埃塞俄比亚在苏联的支持下,赢得了这场战争的胜利。

支持国际恐怖主义。苏联情报机构与国际恐怖组织有着千丝万缕的联系。在安德罗波夫时期,克格勃越来越倾向于使用恐怖主义代理人采取行动。爱尔兰共和军即成为克格勃使用恐怖主义代理人活动的首次机会。1972 年 8 月,安德罗波夫向苏共中央委员会提交了一项"向爱尔兰朋友输送武器的行动计划",代号为"闪光行动",拟输送的军火包括 2 挺机关枪、70 支自动步枪、10 支瓦尔特手枪和 41600 发子弹。所有枪支弹药均非苏联制造,以便伪装成与克格勃无关。这批军火再次由苏联情报收集船"减速器"号运送。克格勃实验室在军火装运前对军火进行了仔细检查,以确保与苏联丝毫无关。瓦尔特手枪用西德油润滑,包装材料均由克格勃驻外特工购自国外,并规定标志浮筒必须是芬兰或日本产品。此项"闪光行动"由S局(其前身为五处)8处的一位官员在"减速器"号上进行指挥。①

　　克格勃除运送军火给爱尔兰共和军外,还利用第三世界恐怖分子和游击队——如解放巴勒斯坦人民阵线和桑解阵游击队,作为其代理人。1970年,解放巴勒斯坦人民阵线主席乔治·哈巴什的副手瓦迪·哈达德博得青睐,被克格勃发展为特工。安德罗波夫给勃列日涅夫的报告中称:我们与W.哈达德关系的性质可使我们在一定程度上控制解放巴勒斯坦人民阵线的对外行动,以一种有利于苏联的形式施加影响,也可在遵守必要的共同秘密条件下通过这个组织实施有利于我们利益的一些积极措施。② 安德罗波夫请求勃列日涅夫批准利用哈达德开展反对美国中央情报局的隐蔽行动。这一行动的目的是,劫持中央情报局贝鲁特情报站的第二把手,并将他送往苏联。行动计划拟由克格勃贝鲁特情报站的一个可靠特工"民族主义者"(即哈达德)付诸实施。勃列日涅夫于1970年5月25日批准了上述申请。克格勃驻贝鲁特情报站把这个中央情报局人员(代号"维尔")经历的档案材料,包括其家庭地址、汽车、去美国使馆办公的来回路线和个人习惯,传给了哈达德。哈达德同意挑选三名"最有经验和最可靠"的枪手来绑架维尔。但由于维尔神出鬼没,变化无常,绑架没有成功。

五、突击行动

　　所谓突击行动,就是由情报机构提供情报和指导,由特种部队负责实施,进行必要的武装袭击或预防性打击,以解救人质,维护国家安全。这种手段,以色列情报机构常做,主要是情报机构与特种部队联合进行。

---

① 参见[英]克里斯多夫·安德鲁、瓦西里·米特罗欣《克格勃绝密档案》下册,北京:当代世界出版社2002年版,第614—615页。
② 参见[英]克里斯多夫·安德鲁、瓦西里·米特罗欣《克格勃绝密档案》下册,北京:当代世界出版社2002年版,第605页。

20世纪六七十年代,巴勒斯坦恐怖组织针对以色列的恐怖活动甚嚣尘上,以色列的民航班机时常遭到恐怖分子的劫持,解救人质就成了以色列情报机构的第一要务。无论是摩萨德、阿曼还是欣贝特(Shin Beth, General Security Service),都投入了大量的力量对抗恐怖主义的袭击。特种部队"塞雷特"(Sayerot Mat'kal, General Staff Reconnaissance Unit 269)是反恐怖主义突击行动的主要力量,但在它的背后却是以色列情报机构的大力支援。在历次突击行动中,摩萨德和阿曼不仅为行动提供了敌人的数量、配备的武器、突击行动地点的准确位置等情报,而且还多次动用摩萨德的秘密外交渠道和以色列情报机构在国外的情报网,确保了行动的成功。

著名的恩德培机场行动就是突击行动成功的典范。1976年,一架法国客机被4名恐怖分子劫持到乌干达的恩德培机场,机上83名犹太人被扣留。摩萨德迅速作出反应,首先通过秘密情报渠道取得了以肯尼亚作为行动基地的许可,同时为准备突袭机场的"塞雷特"提供了恩德培机场的精确地图,供"塞雷特"进行精心的攻击准备和模拟训练。在摩萨德的精心组织下,以色列人长途奔袭近3000公里,成功地解救了人质。这不仅是以色列情报机构的巨大成功,也成为国际反恐怖主义成就的里程碑。

以色列情报机构有时也充当行动者的角色,发现危险立即消灭危险,这也是情报机构的传统。1979年,以色列情报机构发现,通过秘密渠道不能劝阻法国政府放弃向伊拉克出售核反应堆,摩萨德通过一次精巧的计划,将炸弹直接安装在运往伊拉克的"塔穆兹"反应堆的核心芯片上,在法国彻底摧毁了这一隐患。

主要参考文献

1. 毛泽东选集(合订本). 北京:人民出版社,1964

2. 卜延军. 军事预见研究. 北京:国防大学出版社,1999

3. 储道立,熊剑平. 中国古代情报史论稿. 银川:宁夏人民出版社,2010

4. 高金虎. 美国战略情报与决策体制研究. 西安:陕西师范大学出版社,2004

5. 郭化若主编. 十一家注孙子. 上海:上海古籍出版社,1978

6. 黄朴民等. 孙子兵法解读. 北京:解放军文艺出版社,2003

7. 李景龙. 美国情报分析理论. 北京:国防大学出版社,2010

8. 林伯野. 军事辩证法. 北京:解放军出版社,1985

9. 刘冠军. 科学思维方法论. 济南:山东人民出版社,2000

10. 刘宗和,高金虎主编. 第二次世界大战情报史. 北京:解放军出版社,2009

11. 刘宗和主编. 中国军事百科全书·军事情报. 北京:中国大百科全书出版社,2007

12. 钮先钟. 战略研究. 桂林:广西师大出版社,2003

13. 任国军. 美军联合作战情报支援研究. 北京:军事科学出版社,2010

14. 孙建民. 战后情报侦察技术发展史研究. 北京:军事科学出版社,2008

15. 王亮,彭亚平编著. 俄罗斯军事情报文选. 北京:军事科学出版社,2007

16. 严怡民. 情报学概论. 武汉:武汉大学出版社,2000

17. 阎学通,孙学峰. 国际关系研究实用方法. 北京:人民出版社,2007

18. 张铭主编. 政治学方法论. 苏州:苏州大学出版社,2000

19. 张文等. 特工总部——中统. 香港:中原出版社,1988

20. 张晓军主编. 军事情报学. 北京:军事科学出版社,2001

21. 张晓军主编. 美国军事情报理论研究. 北京:军事科学出版社,2007

22. 张晓军主编. 美国军事情报理论著作评介(第一辑). 北京:时事出版社,2005

23. 张晓军主编. 美国军事情报理论著作评介(第二辑). 北京:时事出版社,2010

24. 赵冰峰. 情报论. 北京:兵器工业出版社,2011

25. 郑介民. 军事情报学. 台北:"国家安全局",1958

26. 朱建新,刘保成,邱蜀林主编. 现代军事技术教程. 北京:国防大学出版社,2001

27. 曾华锋. 现代侦察监视技术. 北京:国防工业出版社,1999

28. 〔德〕卡尔·冯·克劳塞维茨. 战争论. 北京:商务印书馆,1978

29. 〔德〕瓦尔特·戈利茨. 德军总参谋部,1650—1945. 海口:海南出版社,三环出版社,2004

30. 〔法〕伯格森. 形而上学导言. 北京:商务印书馆,1963

31. 〔法〕穆罗汗. 21世纪的战争. 北京:经济日报出版社,2003

32. 〔法〕彭加勒. 科学与方法. 北京:商务印书馆,2006

33. 〔美〕T. N. 杜普伊. 国际军事与防务百科全书. 北京:解放军出版社,1998

34. 〔美〕艾布拉姆·舒尔斯基. 无声的战争:理解情报世界. 北京:金城出版社,2011

35. 〔美〕大卫·雷·格里芬. 新珍珠港. 北京:东方出版社,2004

36. 〔美〕拉·法拉戈. 斗智. 北京:群众出版社,1962

37. 〔美〕迈尔斯·科普兰. 新谍报学. 北京:群众出版社,1980

38. 〔美〕迈克尔·贝斯洛斯. 五一风云——U2事件内幕. 北京:军事译文出版社,1986

39. 〔美〕内森·米勒. 美国谍报秘史. 南京:译林出版社,1991

40. 〔美〕托马斯·特罗伊. 历史的回顾——美国中央情报局的由来和发展. 北京:群众出版社,1987

41. 〔美〕维克托·马凯蒂和约翰·马克斯. 中央情报局与情报崇拜. 北京:生活·读书·新知三联书店,1979

42. 〔美〕谢尔曼·肯特. 战略情报:为美国世界政策服务. 北京:金城出版社,2012

43. 〔美〕约瑟夫·特伦托. 中央情报局秘史. 北京:时事出版社,2003

44. 〔日〕阿川弘之. 山本五十六. 北京:解放军出版社,1987

45. 〔日〕朝日新闻社编. 新情报战. 北京:海洋出版社,1985

46. 〔日〕日本读卖新闻战争责任检证委员会编. 检证战争责任:从九一八事变到太平洋战争. 北京:新华出版社,2007

47. 〔瑞士〕若米尼. 兵法概论. 北京:军事科学出版社,1994

48. 〔苏〕M. A. 米尔施坦因等. 论资产阶级军事科学. 上海:上海人民出版社,1960

49. 〔苏〕奥列格·察列夫. 克格勃特工在英国. 长春:吉林人民出版社,2003

50. ［英］波普尔. 科学发现的逻辑. 北京：科学出版社，1986

51. 包昌火. 让中国情报学回归本来面目.《情报杂志》2011 年第 7 期

52. 陈思彤. 布鲁克斯情报学思想研究. 东北师范大学硕士学位论文，2009 年 5 月

53. 董光荣. 论情报意识.《中国图书馆学报》1992 年第 3 期

54. 郝凤云. 毛泽东与书报资料工作.《聊城师范学院学报》1993 年第 4 期

55. 化柏林，张新民. 情报学学科范畴研究的方法论.《情报学报》2007 年第 5 期

56. 梁战平. 情报学若干问题辨析.《情报理论与实践》2003 年第 3 期

57. 肖自力. 信息、知识、情报.《情报科学》1981 年第 3 期

58. 张浩. 直觉、灵感或顿悟与创造性思维.《重庆社会科学》2010 年第 5 期

59. 张晓军.《武经七书》军事情报思想初探.《军事历史》2002 年第 1 期

60. 赵红洲. 从"中介世纪"看图书情报.《情报学报》1982 年第 1 期

61. Alexander Orlov. The Theory and Practice of Soviet Intelligence. *Studies in Intelligence*, no. 2（Spring 1963）

62. Allen Donovan and Louis Ridenour. *Beacon Hill Report*. New York：Random House，1978

63. Allen W Dulles. *The Craft of Intelligence*. New York：Harper & Row，1965

64. Anthony Cave Brown（ed.）. *The Secret War Report of the OSS*. New York：Berkeley，1976

65. Arthur S. Hulnick. *Fixing the Spy Machine：Preparing American Intelligence for the Twenty First Century*. Westport，CT：Praeger，1999

66. Barton Whaley. *Stratagem：Deception and Surprise in War*. Cambridge：MIT，1969

67. Barton Whaley. *Codeword Barbarossa*. Cambridge：MIT Press，1974

68. Bruce D. Berkowitz & Allan E. Goodman. *Best Truth：Intelligence in the Information Age*. New Haven, Conn.：Yale University Press，2000

69. Christopher Andrew & Oleg Gordievsky. *KGB：The Inside Story of Foreign Operations from Lenin to Gorbachev*. New York：Happer Collins Publishers，1990

70. Christopher Andrew & Vasili Mitrokhin. *The Sword and the Shield：The Mitrokhin Archive and the Secret History of the KGB*. New York：Basic Books，2000

71. Christopher Andrew. Churchill and Intelligence. *Intelligence and National Security* 3/3

72. Christopher Andrew. *Her Majesty's Secret Services The Making of the British Intelligence Community*. New York：Viking Pengrin Inc.，1986

73. Christopher Roache, ed. Hamre: CI Needs to Accelerate Transformation to Avert Crisis. *The CIFA Track* (DoD: Counterintelligence Field Activity) 20 May 2003. https://www. cia. gov/library/center for the study of intelligence/csi publications/csi studies/studies/vol51no2/strategic counterintelligence. html♯5

74. Christopher roache ed. *CIA, Consumer's Guide to Intelligence.* Washington, D. C. : Central Intelligence Agency, 1995

75. Coral Bell. The October Middle East War: A Case Study in Crisis Management During Détente. *International Affairs* 50 (Oct. 1974)

76. Cynthia m. Grabo. *Anticipating Surprise: Analysis for Strategic Warning.* Washington, D. C. , Joint Military Intelligence College, 2002

77. David Kahn. *Hitler's Spies: German Military Intelligence in World War II.* New York: Macmillan, 1978

78. David Kahn. *Seizing the Enigma: The Race to Break the German U Boat Codes*, 1939—1943. Boston: Houghton Mifflin, 1991

79. David Kahn. The Intelligence Failure at Pearl Harbour. *Foreign Affairs*, Vol. 70, no. 5 (Winter 1991/1992)

80. David Kahn. Woodrow Wilson on Intelligence. *Intelligence and National Security* 9/3 (1994)

81. David S. Brandwein. Maxims for Analysts. *Studies in Intelligence* 22 (Winter 1978)

82. David T. Moore. *Critical Thinking and Intelligence Analysis.* Washington, D. C. : National Defense Intelligence College, 2007

83. Defense Science Board. Report of the Task Force on Strategic Intelligence Needs for Homeland Defense, no. 308 (Fall 2001)Donald P. Steury. *Sherman Kent and the Board of National Estimates: Collected Essays.* A Tribute to Kent. http:// www. cia. gov/cia/publication. html.

84. Executive Order 12333, *United States Intelligence Activities* [As amended by Executive Orders 13284(2003),13355(2004) and 13470(2008)]

85. Field Manual. Psychological Operations Techniques and Procedures. http:// www. enlisted. info/field manuals/fm 33 1 1 psychological operations techniques and procedures. shtml. FM34 - 60: Counterintelligence. http://www. fas. org/irp/ doddir/army/fm34 60/f34 60_5. htm

86. Gregory F. Treverton. *Reshaping National Intelligence in an Age of Information.* Cambridge: Cambridge University Press, 2001

87. Gus W. Weiss. The Farewell Dossier. *Studies in Intelligence* 39, no. 5 (1996)

88. Hallen D. Allison. Entry level Analyst's Tools and Skills Project

89. Harold P. Ford. A Tribute to Sherman Kent. *Studies in Intelligence* (Fall 1980), http://www.cia.gov/csi/books/shermankent/1tribute.html

90. Jack Davis. *A Compendium of Analytic Tradecraft Notes*. Washington, D. C. : Central Intelligence Agency, 1997

91. Jack Davis. *Paul Wolfowitz on Intelligence Policy Relations*. http://www.cia.gov/csi/studies/96unclass/davis.htm

92. Jamshid Gharajedaghi. *Systems Thinking: Managing Chaos and Complexity*. Boston: Butterworth Heinemann, 1999

93. Jay Luvaas. Napoleon's Use of Intelligence: The Jena Campaign of 1805. *Intelligence and National Security* 3/3 (1988)

94. Jeffrey Richelson. *A Century of Spies: Intelligence in the Twentieth Century*. New York: Oxford University Press, 1995

95. Jerom Clauser. *An Introduction to Intelligence Research and Analysis*. Lanham, MD: Scarecrow Press, 2008

96. John Ranelagh. *The Agency: The Rise and Decline of the CIA*. New York: Simon and Schuster, 1986

97. Joint Publication 1 - 02, DOD Dictionary of Military and Associated Terms (8 November 2010)

98. Joint Publication 2 - 0, Joint Intelligence (22 June 2007)

99. Joint Publication 3 - 13, Joint Doctrine for Information Operations, 1998

100. K. G. Robertson, ed. *British and American Approaches to Intelligence*. London: The Macmillan Press LTD, 1987

101. Klaus Knorr. Failures in National Intelligence Estimates: The Case of the Cuban Missiles. *World Politics* 16 (April 1964)

102. Ladislav Bittman. *The KGB and Soviet Disinformation: An Insider's View*. McLean, Va. : Vergamon Brassey's, 1985

103. Lisa Krizan. *Intelligence Essentials For Everyone*. Washington, D. C. : Joint Military Intelligence College, 1999

104. Loch Johnson, ed. *Handbook of Intelligence Studies*. New York: Routledge, 2007

105. Mark M. Lowenthal. *Intelligence: From Secrets to Policy*. Washington, D. C. : Congressional Quarterly Press, 2012

106. Michael Herman. *Intelligence Power in Peace and War*. Cambridge: Cambridge University Press, 1996

107. Michael I. Handel, ed. *Intelligence and Military Operations*. London: Frank Cass, 1990

108. Michelle Van Cleave. Strategic Counterintelligence: What is it and What should we do about it?" *Studies in Intelligence* 51, no. 2 (June 2007)

109. Michelle Van Cleave. *Counterintelligence and National Strategy*. Washington, D. C. : National Defense University Press, April 2007

110. Office Of The Director Of National Intelligence. National Intelligence Strategy, Aug. 2009

111. Office of the National Counterinteligence Executive. The National Counterintelligence Strategy of the United State. March 2005

112. Patrick Beesly. *Very Special Intelligence: The Story of the Admiralty's Operational Intelligence Centre*, 1939 - 45.

113. Garden City, New York: Doubleday, 1978

114. Peter Jenkins. *Advanced Surveillance*. United Kingdom, Intel Publishing, 2003

115. Peter Mead. *The Eye in the air: History of Air Observation and Reconnaissance for the Army*. London: Her Majesty's Stationery Office, 1983

116. Phillip Knightley. *The Second Oldest Profession: Spies and Spying in the Twentieth Century*. London: Pimlico, 2003

117. Richard K. Betts and Thomas G. Mahnken (eds.). *Paradoxes of Strategic Intelligence: Essays in Honor of Michael Handel*. London: Frank Cass Publishers, 2003

118. Richard Paul and Linda Elder. *The Miniature Guide to Critical Thinking Concepts and Tools*. Dillon Beach, CA: The Foundation for Critical Thinking, 2004

119. Richards J. Heuer. *Psychology of Intelligence Analysis*. Washington, D. C: Central Intelligence Agency, 1999

120. Rob Johnson. *Analytic Culture in the U. S. Intelligence Community*. Washington, D. C. : Central Intelligence Agency, 2005

121. Robert D. Steel. United States Marine Corps Comments on Joint Open Source Task Force Report and Recommendations (Working Group Draft), C4I2 Department, Resource Staff, 11 Jan. 1992

122. Robert Jervis. *Perception and Misperception in International Politics*. N. J. : Princeton University Press, 1976

123. Robert M. Clark. *Intelligence Analysis: A Target Centric Approach*. Washington, D. C. : Congressional Quarterly Press, 2010

124. Roberta Wohlstetter. *Pearl Harbor: Warning and Decision*. Stanford: Stanford University Press, 1962

125. Roger Z. George and James B. Bruce. *Analyzing Intelligence*.

Washington, D. C. : Georgetown University Press, 2008

126. Sherman Kent. A Crucial Estimate Relived. *Studies in Intelligence* (Volume 8, Issue 2)

127. Sherman Kent. *Strategic Intelligence for American World Policy*. New Jersey: Princeton University Press, 1951

128. Sherman Kent. The Need for an Intelligence Literature. *Studies in Intelligence* (September 1955)

129. Stanfield Turner. *Secrecy and Democracy: The CIA in Transition*. New York: Harper and Row, 1986

130. Stephen Peter Rosen. *Winning the Next War: Innovation and the Modern Military*. Ithaca, N. Y. : Cornell University Press, 1991

131. The Aspin Brown Commission. *Preparing for the 21st Century*. Washington, D. C. : Government Printing Office, 1996

132. The Commission on the Intelligence Capabilities of the United States Regarding Weapons of Mass Destruction, Report to the President of the United States (March 31, 2005)

133. U. S. Department of Defense. Conduct of the Persian Gulf War: Final Report to Congress (1992)

134. U. S. House of Representatives. *Permanent Select Committee on Intelligence*, IC21: *Intelligence Community in the 21st Century*. Washington, D. C. : Government Printing Office, 1996

135. United States, Congress, Joint Committee on the Investigation of the Pearl Harbor Attack, Pearl Harbor Attack, Hearings, 79th Congress. Washington, D. C. : Government Printing Office, 1946

136. Vernon Walters. *Silent Missions*. Garden City, NY: Doubleday, 1978

137. Viktor Suvorov. *Soviet Military Intelligence*. London: Grafton Books, 1986

138. Walter Laqueur. *The Uses and Limits of Intelligence*. Somerset, N. J. : Transaction Publishers, 1993

139. William R. Corson. *Armies of Ignorance: The Rise of the American Intelligence Empire*. New York: Dial Press/James Wade Books, 1977

140. William R. Johnson. *Thwarting Enemies At Home And Abroad*. Washington, D. C. : Georgetown University Press, 1987

141. William S. Brei. *Getting Intelligence Right: The Power of Logical Procedure*, *Occasional Paper Number Two*. Washington, D. C. : Joint Military Intelligence College, January 1996

后　记

　　1990 年夏天,刚刚离开书斋的我面临人生的重要转折——毕业分配。受政治风波的影响,当年的研究生分配非常困难,原本可以留在苏州的我不得不另谋出路。在同门师兄的帮助下,我走进了位于南京南郊的军营,开始了军旅生涯。

　　一切都是那么新鲜,那么神秘,无论是军队、学校,还是我今天从事的这个学科。由于懵懂,由于无知,由于热血,很多人不看好我的前程,我自己也感到迷惘。为了谋生,我敲起了键盘。几年之后,我的处女作问世,从此一发而不可收。20 年来,我在这个领域写了几十本书,发表了几十篇论文,算是找到了一条谋生之路。

　　我进入大学之时,中国的改革开放已经起步。英语、财经成为高考学子趋之若鹜的选择,但我从小喜欢看故事,因此在高考志愿表上,我只有两个选择,一是历史,另一是中文。很自然地,情报史(或者说情报故事吧)成了我的最爱。我坚信人生有涯,而情报工作又十分复杂,仅靠直接经验无法真正了解情报工作,更无法对其进行理性升华,因而历史是我们了解情报世界的最好的导师。若干年之后,我看到了美国学者戴维·卡恩的著作《希特勒的间谍》和《破译者》,以及其他许多案例研究著作,愈加相信我找到了情报研究的正途:不是从抽象的定义和概念出发,而是从鲜活的历史事实出发；不是从一知半解、一鳞半爪的直接经验出发，而是从系统、深刻的间接知识出发，去认识这个神秘的情报世界。

在我写的几十本书中，我比较喜欢《百年外交风云》和《谍报魔法师》，但影响最大的莫过于《大失误》。这是我国第一本以情报失误为专题的著作，虽然说不上是严格的学术研究，但对情报失误这个领域中的主要观点、存在问题，已经剖析得相当清楚。本书出版后反响极佳，迅速引起了情报研究界的注意，情报失误研究成为兄弟院校研究生的论文选题，我在这个领域的声誉也因此奠定。我的研究领域也从情报失误研究拓展到情报体制研究、战略情报与战略决策关系研究、战略欺骗研究、情报分析研究等。显而易见，这些课题都与情报失误相关。

我上面列举的那些课题大多不在我国传统的军事情报学研究范畴之内，写作一本以《军事情报学》为题的著作也不在我的计划之内。我从未在课堂上正式讲授过军事情报学，只是零零碎碎地在校园外面讲过一些专题，但在写作这些书、准备这些专题的时候，我对军事情报学有了一个全新的认识。我深信一门学科不应该只是由空洞的理论和教条组成，军事情报学的内容必定会随着军事情报工作的发展而更新，而我所做的研究正好切入了军事情报研究的核心。集腋成裘，这些零碎的讲稿积累起来，已经形成了一套完全不同于以往军事情报学著作的理论体系。因此，当我完成《中西情报史》和《中西情报思想史》，以及前面完成的《谍报魔法师》、《大失误》，以及《战略欺骗》、《情报分析方法论》之后，我认为写作一本《军事情报学》的时机已经成熟。历史研究、思想研究、理论研究，再加上写作中的《情报分析教程》（算是应用研究吧），我对军事情报学的认识已经完成。

细心的读者会发现，本书的体例与观点与我国传统的军事情报学不大相同，书中大量引述了孙子、克劳塞维茨、毛泽东和谢尔曼·肯特，以及其他情报研究名家的观点。我拿他们的观点相互印证，也与我自己的观点相互印证。我想从古今中外的情报理论与实践中，发现一些超越时空、超越国情的情报工作规律。我自信确实找到了这种规律。我的许多想法在实际工作中得到了印证。但即便如此，我依然认为，本书对军事情报学的认识，只是我的一家之言，依然存在极大的改进空间。我期待热心读者提出宝贵意见，以丰富、完善我对军事情报工作的认知。

感谢国关。我生性简单，对人生的复杂与苦难认识不足，这使我颇不适应这座校园。我曾是这座校园中的异类，我在这里碰得头破血流，我也曾经抱怨。不过，随着年齿渐长，随着堆砌的文字越来越多，我已不再那么热血，可以辩证地看待过去发生的一切。回首往事，我对"艰难困苦，玉汝于成"这一人生哲理有了更深刻的体验。我真诚地感谢这座校园。

感谢张梦白老师、陈英吴老师、叶伯华老师、宋渭澄老师，以及其他许多老师，他们引领我进入了知识的殿堂；感谢我的师兄陈国华与朱听昌，他们引领我进入这个校园；感谢储道立教授、李爱源教授、卢克旺教授、翟晓敏教授、郭铭远教授，他们引领我进入这个神秘的领域；感谢我的同事周桂银、宋德星、许汉成、刘强……他们的榜样是对我的鞭策；感谢我的合作者张魁、熊剑平、魏长春、张佳瑜……他们的帮助使我轻松地完成了著作；感谢我的学生刘微、庞喜海……他们的倾听使我充满了成就感；感谢刘峰、孙湛修、王京武、李岳红、钱洪良、朱俊、杜农一、王文明、李战子、季正明、董翔等领导，虽然我是一匹驽马，但他们却有伯乐一样的慧眼；感谢训练部和科研部的年轻参谋们，他们把各种课题和课程加在我身上，使我有了压力与方向。

我与十余家出版社有着良好的合作关系，我与大部分责任编辑建立了深厚的友谊，尤其是江苏人民出版社的沈耀才、姜克强、谢红，人民出版社的林敏，四川人民出版社的叶勇，内蒙古人民出版社的王爱民。我对他们深表感激。我尤其感激金城出版社的领导与蔡传聪、朱策英编辑，他们对中国情报事业的热爱，使我有机会把最新的情报研究成果介绍到中国来，把我对情报工作的认识系统地表达出来。

著述目录

1995 年

《试论珍珠港事件前美国的情报失误》在《世界历史》发表。本文系我国第一篇情报失误研究之作,开启了我国情报失误研究之门。

《从珍珠港事件和古巴导弹危机看情报失误发生的原因》在《情报杂志》发表。

1998 年

《大失误——20 世纪重大情报战失误之谜》由江苏人民出版社出版。本书系统介绍了 20 世纪重大的情报失误,是我国情报失误研究的第一部作品,出版后广受好评。

2003 年

《杜勒斯传奇:一个间谍大师的生命历程》由广西师范大学出版社出版。

《外国情报体制研究》由军事科学出版社出版。此书获 2003 年军队科技进步三等奖。

2004 年

博士论文《美国战略情报与决策体制研究》由陕西师范大学出版社出版。

2006 年

《谍影憧憧》和《威胁就在你身边》在军事谊文出版社出版。该书是"一防二反"配套读物。

"绝密行动丛书"全套九本开始在东方出版社出版。2012 年该套丛书重版。

2008 年

《波普尔的认知理论与情报分析》在《军事情报研究》发表。

《试论孙子的情报思想体系》在《滨州学院学报》发表。

《克劳塞维茨的情报思想——兼与孙子和毛泽东对比》在《德国研究》发表。

2009 年

《9·11 后美国情报管理体制的改革》在《江南社会学院学报》发表。

《第二次世界大战对情报工作的影响》在《军事情报研究》发表。

《情报分析与思维方法译文选编》在军事谊文出版社出版。

《外国重大情报失误案例研究》印发。

《第二次世界大战情报史》在解放军出版社出版。该书为 2005 年国家社科基金军事学项目。

2010 年

《情报研究中的五个问题》在《江南社会学院学报》发表。

与金城出版社签订合同,主编"情报与反情报丛书",译介西方情报学理论名著。

作为示范课教员主讲《军事情报学》。该课程获军队优秀教学成果一等奖、国家优秀教学成果奖。

《试论情报文化》在《解放军外国语学院学报》发表。

《情报文化对情报工作的影响》在《江南社会学院学报》发表。

2011 年

《无声的战争:了解情报世界》在金城出版社出版。

2012 年

《战略情报:为美国世界政策服务》在金城出版社出版。

《谋略——战争中的欺骗与突袭》在军事谊文出版社出版。

《战略欺骗与突然袭击译文选编》在军事谊文出版社出版。

2013 年

担任《情报杂志》特约编委。

《情报分析——以目标为中心的方法》在金城出版社出版。

《批判性思维与情报分析》在《情报杂志》发表。

《第二次世界大战前美国的武官情报工作》在《军事历史》发表。

《奥巴马政府的保密新政》在《保密工作》发表。

《试论反情报》在《保密科学与技术》发表。

2014 年

《斯诺登档案》在金城出版社出版。

《情报:从秘密到政策》在金城出版社出版。

《论国家情报管理体制——基于美国情报界的考察》在《情报杂志》发表。

《论情报的定义》在《情报杂志》发表。

《战略欺骗》在金城出版社出版。

2015 年

《情报搜集技术》在金城出版社出版。

2016 年

《战略情报的批判性思维》在金城出版社出版。

《情报分析与研究入门》在金城出版社出版。

《中西情报思想史》在金城出版社出版。

2017 年

《军事情报学》在江苏人民出版社出版。

《中西情报史》在江苏人民出版社出版。

《情报分析方法论》在金城出版社出版。